中国马克思主义文艺理论发展史论书系

中国
马克思主义文艺理论
发生学研究

Phylogenetics Research
of Chinese Marxist Literary Theory

刘永明◎著

中国文联出版社

图书在版编目（CIP）数据

中国马克思主义文艺理论发生学研究 / 刘永明著
. -- 北京：中国文联出版社，2024.5
　　ISBN 978-7-5190-5450-2

　　Ⅰ．①中… Ⅱ．①刘… Ⅲ．①马克思主义－文艺理论－研究－中国 Ⅳ．① A811.691

中国国家版本馆CIP数据核字（2024）第039484号

著　　者　刘永明
责任编辑　张超琪　于晓颖
责任校对　秀点校对
装帧设计　肖华珍

出版发行　中国文联出版社有限公司
社　　址　北京市朝阳区农展馆南里10号　　邮编　100125
电　　话　010-85923025（发行部）　010-85923091（总编室）
经　　销　全国新华书店等
印　　刷　三河市龙大印装有限公司

开　　本　710毫米×1000毫米　1/16
印　　张　25.5
字　　数　424千字
版　　次　2024年5月第1版第1次印刷
定　　价　98.00元

版权所有·侵权必究
如有印装质量问题，请与本社发行部联系调换

中国艺术研究院
基本科研业务费资助项目

自 序

2020年春，我申报中国艺术研究院基本科研经费资助项目"中国马克思主义文艺理论发生学研究"，后该项目获立项。这个项目源于我在2007年前后开始形成的、拟独立完成一部规划为七八卷本的《中国马克思主义文艺理论发展史》的学术设想。这个研究方向应该有其学术价值，至少学界类似方向或体量的科研成果不多甚至可以说没有。就文献检索来看，早在1993年，学者黄昌勇在《中国马克思主义文学理论发生论纲》一文中有"本文为作者书稿《中国马克思主义文艺理论史》现代卷之一章的纲要"[①]的说法，这是一个很超前的学术设想。我最开始的想法和黄昌勇所描述的内容（从他已发表的几篇文章内容来看）大体一致，也基本是以历史描述为研究范式和方法的理论史研究，只不过我规划的时段更细、更多一些而已。但随着近些年学术自觉的成长，我不想回到之前写作《左翼文艺运动与中国马克思主义文艺理论的早期建设》一书时以史料描述为主的那种研究方法，而更愿意以学术的姿态来研究中国马克思主义文艺理论发展史。因此，我的研究由"发展史"研究更多地转向"发展史论"研究，历史阐释成为我"中国马克思主义文艺理论发展史"研究的主要内容和方法，而历史描述则成为一个次要的内容。本书就是在这种思路下的研究成果的一种呈现，以论代史的学术倾向似乎已经形成。但至于本书是否实现了自己设定的研究目标，还有待时间的检验和方家的检视，以及我后续的研究成果能否形成。

刘永明

2023年4月7日

[①] 黄昌勇：《中国马克思主义文学理论发生论纲》，《长沙水电师院社会科学学报》1993年第4期。

目 录

绪 论   1

第一章 关于中国马克思主义文艺理论发生学研究   16

    第一节 关于发生学   18

    第二节 发生学与中国艺术理论研究   32

    第三节 马克思主义发生学方法   44

第二章 唯物史观与中国马克思主义文艺理论科学性的发生（上）   51

    第一节 从变易史观、维新史观到革命史观：中国近现代历史观的变迁   53

    第二节 唯物史观的传播和主流史观地位的确立   66

    第三节 唯物史观文学论：中国马克思主义文艺理论最初形态的发生   83

第三章 唯物辩证法与中国马克思主义文艺理论科学性的发生（中）   99

    第一节 唯物辩证法在中国的早期传播   101

第二节　唯物辩证法与革命文学理论从无产阶级化
　　　　到马克思主义化　　　　　　　　　　　　　　　119

第三节　从反映论艺术观到文艺反映论：
　　　　中国马克思主义文艺理论反映论的发生　　　　127

第四章　科学主义与中国马克思主义文艺理论科学性的发生（下）　145

第一节　中国近现代科学观念和科学主义的发展　　　149

第二节　科学主义与马克思主义的传播和科学地位的确立　　164

第三节　科学的文艺论：中国马克思主义文艺理论
　　　　科学主体观念的发生　　　　　　　　　　　　170

第五章　革命话语与中国马克思主义文艺理论革命性的发生（上）　179

第一节　近现代资产阶级民主主义革命话语的形成和演变　　181

第二节　无产阶级革命话语的形成和传播　　　　　　197

第三节　从文学改良、文学革命到革命文学：
　　　　革命话语文学论的兴起　　　　　　　　　　　216

第六章　阶级观念与中国马克思主义文艺理论革命性的发生（中）　227

第一节　中国近现代阶级观念的形成和发展　　　　　230

第二节　中国共产党早期阶级话语与文学革命
　　　　知识分子阶级认同的分化　　　　　　　　　　251

第三节　从自然生长性到目的意识性：
　　　　早期无产阶级文学观念的发生　　　　　　　　262

第七章　意识形态与中国马克思主义文艺理论革命性的发生（下）　275

第一节　"意识形态"概念的译介情况　276
第二节　"意识形态"概念科学性和革命性内涵的确立　285
第三节　中国马克思主义文艺理论"意识形态"理论的发生　292

第八章　近现代艺术人学与中国马克思主义文艺理论主体观念的发生　301

第一节　从民本到新民本：清末民初艺术人学思想的发展　302
第二节　从新民本到人本：新文化运动前中期艺术人学思想的发展　316
第三节　从人本、国民到阶级：新文化运动后期中国马克思主义文艺理论主体观念的发生　324

第九章　现实主义与中国马克思主义文艺理论艺术论体系的发生　335

第一节　中国近现代现实主义观念的发展与辩证唯物论现实主义的确立　341
第二节　现实主义意识形态性的确立　357
第三节　现实主义艺术论体系的初步建立　359

结　语　368

参考文献　370

后　记　393

绪　论

作为本书立论的基础，本绪论想简单说明而不是完全阐释三个问题。一是中国马克思主义文艺理论是一种什么样的理论体系，二是中国马克思主义文艺理论发生或起源研究的传统模式，三是本书的主要内容。

一、分类、辨型、定性：中国马克思主义文艺理论是一种什么样的理论体系？

1981年，美国学者海尔布隆纳在著作《马克思主义：赞成与反对》中，将"马克思主义思想一定存在可识别的同一性"，即马克思主义和其他思想体系的区别，界定为四大"识别要素"："哲学辩证法""对历史的唯物主义解释""对资本主义的社会分析""社会主义的信念"。[①] 很显然，海尔布隆纳是根据经典马克思主义与西方马克思主义的共性来定义"马克思主义"的，他的同一性或识别要素的归纳显然与俄苏、中国马克思主义不吻合。先不论他对马克思主义的反对部分（比如对马克思主义辩证法的批评）和没有看出西方马克思主义与经典马克思主义在实践上的巨大差别等，单就他归纳的马克思主义"对资本主义的社会分析"这条，就显然不符合俄苏、中国马克思主义的实际。虽然俄苏、中国马克思主义不乏对资本主义的批判，但对于落后的东方国家或者"山沟沟"里的马克思主义而言，对于无产阶级掌握政权的社会主义国家而言，反封建的任务和性质往往是第一位的，而发达的资本主义（至少在某种阶段）正是可遇而不可求的东西，即使有对资本主义的社会分析和批判，也属实是隔山打牛或者

---

① ［美］罗伯特·L.海尔布隆纳：《马克思主义：赞成与反对》，马林梅译，东方出版社2016年版，第1—11页。该书还有一个更早的、在中国马克思主义文艺理论领域有更大影响的译本，即［美］海尔布隆纳：《马克思主义：赞成和反对》，易克信、杜章智译，中国社会科学院情报研究所1982年版。

和影子打架，只是争一个领导权的问题，并不存在这样一种同一性或者识别要素。但这种"可识别的同一性"还是给了中国学者很大的启发，学者朱辉军参照海尔布隆纳的归纳，提出了马克思主义文艺理论的四个同一性，即：1. 唯物的艺术史观；2. 现实主义观；3. 无产阶级文艺观；4. 艺术辩证法。[1] 这个归纳法基本为学界所接受。笔者也经常以"艺术本质上的意识形态论""反映论认识论""政治上的无产阶级立场""以现实主义为中心的艺术论"来归纳马克思主义文艺理论的主要内核和特点，这与朱辉军的归纳基本一致但稍具体。但这不是我们这里讨论的重点。

同样的情况也出现在英国学者弗朗西斯·马尔赫恩为《当代马克思主义文学批评》（1992）所写的引言中。马尔赫恩说："'马克思主义'可以用恩格斯晚年所用的那些方式来表述：（1）关于生产方式的一般理论、生产方式发展的形式、危机和变形、人类历史中生产方式的结构作用；特别是：（2）关于资本主义生产方式的理论、资本主义的主要阶级以及它们之间的对抗、工人阶级反抗资本的斗争之间的有机关系和社会主义的历史可能性。这些都是历史唯物主义的构成性主题，特别是马克思主义思想文化结构得以产生的'真正基础'。它们是马克思主义这一题目的最低标志，是马克思主义使自身富有意义，从而确认一种连续的传统的核心因素。"马尔赫恩以"最低标志""核心因素"来描述统一的"马克思主义"。但也正如马尔赫恩接着说的那样："然而，它们从来不是一种单一的、只有一个声音的核心教义：即使在本世纪最黑暗的岁月里也不是。多样性的观点和各种观点的争论在马克思主义知识分子的生活中从来没有消失过。再说，像本书中所说的马克思主义一样，一种马克思主义文化比它继承的经典总要博大、多样，富有包容性。马克思主义之所以是历史的，不仅是因为它随时会发生变化，而且因为它自身完全是它寻求理解和代表的历史的一部分。历史是马克思主义的部分，正如马克思主义是历史的部分一样。它们相互蕴含在一个无休止的对峙状态中。"[2] 可以看出，界定马克思主义尚且存在这样明显的分歧，那界定马克思主义文艺理论、中国马克思主义文艺

---

[1] 参见朱辉军《马克思主义文艺理论的中国模式与苏联、西方模式之比较》，《天津社会科学》1992年第1期。

[2] ［英］弗朗西斯·马尔赫恩编：《当代马克思主义文学批评》，刘象愚等译，北京大学出版社2002年版，第1—2页。

理论就更加困难。

今天，我们通常把马克思主义文艺理论区分为经典、俄苏、中国和西方四个板块。[①]虽然对于西方马克思主义及文艺理论性质问题一直存有是马、非马、反马、偏马的争论，但西方马克思主义文艺理论作为马克思主义文艺理论整个版图的一个重要组成部分，基本已是国内马克思主义文艺理论研究界的一种共识。至于其他一些国别（如英、日、德、法、美）的马克思主义文艺理论，也就只好分属经典马克思主义文艺理论或者西方马克思主义文艺理论。[②]这种划分法就自然产生了通过比较、他者等外部视角，在分类、辨型、定性等维度来看中国马克思主义文艺理论是一种什么样的理论体系的问题。

第一，从分类的角度来看中国马克思主义文艺理论体系。

从源流—时空关系来讲，经典马克思主义文艺理论是源，俄苏、中国、西方马克思主义文艺理论是流，后三者是经典马克思主义文艺理论发展形成的三个流派或者三大发展模式，本研究将其统称为四大理论板块。在马克思主义文艺理论分类方面，国内学界没有太大的歧义，有一些分歧但也很小。比如，列宁主义文艺理论到底归于经典马克思主义文艺理论还是俄苏马克思主义文艺理论，不少学者是将列宁主义文艺理论归于经典马

[①] 参见朱辉军《马克思主义文艺理论的中国模式与苏联、西方模式之比较》，《天津社会科学》1992年第1期；刘纲纪《马克思主义美学研究与阐释的三种基本形态》，《文艺研究》2001年第1期；程正民《文化多样性与20世纪马克思主义美学、文艺学的多种形态》，《湖北大学学报（哲学社会科学版）》2008年第6期。

[②] 学界对中国马克思主义文艺理论是否能视为一个独立并行的理论板块有不同看法。参见张永清《时代境遇中的马克思主义批评理论》，《文学评论》2016年第5期；赵禹冰、张永清《从现象学美学到马克思主义文论——张永清教授访谈》，《东北师大学报（哲学社会科学版）》2018年第6期。后面这篇论文中，赵禹冰问："那么请老师进一步谈谈西方马克思主义与中国马克思主义文论比较，'西马'对'中马'的影响和借鉴。"张永清答："我个人的主观判断是：中国的马克思主义文论目前还处于借鉴他者的阶段，相关研究要么受到了'苏联马'要么受到了'西马'的深刻影响。尽管中国的马克思主义文论目前具有强烈的、自觉的理论创新意识，但还不具备足够的理论创新能力。我在原来写的一些文章比如《时代境遇中的马克思主义批评理论》一文就表达过这样一个观点：我们经常讲我们的马克思主义文论有'中国特色'，他们也可以说自己有'德国特色''英国特色'等等。从理论创新上讲，这些提法都无可厚非，毕竟谁都想有自己的理论特质。'中国特色'就意味着你要有你自己的原创，你要有你自己的理论品格。从文论角度看，'法兰克福学派'的文化批判有着鲜明的德国特色，'伯明翰学派'的文化研究有着突出的英国特色。毋庸置疑，中国的马克思主义文论固然有着属于自己的'中国特色'，但这个特色还不是很明显，中国马克思主义文论的理论彰显度、区分度还很不够，还需要我们不懈地去努力。"

克思主义文艺理论,[①]本研究倾向于将之归于俄苏马克思主义文艺理论。后面也会提到,在一些著名的马克思主义文艺理论发展史著作中也有同样的分类。

从实践类型来讲,经典马克思主义文艺理论的实践性并不明显,俄苏、中国、西方马克思主义文艺理论在实践上存在着很大差别。俄苏、中国马克思主义文艺理论偏向于建设性的政治实践,并指导产生了大量的艺术实践;而西方马克思主义文艺理论偏向于批判性的学术实践,并没有指导产生大量的艺术实践。因此,俄苏、中国马克思主义文艺理论在这个标准上可以归为一类,归属于"列宁—毛泽东主义"这个逻辑和实践体系。[②]但我们不认可马克思主义和列宁主义之间有断裂的说法。

从学理角度来讲,将中国马克思主义文艺理论放在中西文艺理论和整个马克思主义文艺理论的背景下比较,可以发现,中国马克思主义文艺理论和经典、俄苏马克思主义文艺理论可以归属为一类,是一种"本质—价值(意义)论"原理性的文艺理论体系,明显有别于西方文艺理论包括西方马克思主义文艺理论的形式主义、人文主义、科学主义的"批评—阐释"方法论文艺理论体系。西方现代文论包括西方马克思主义文艺理论都具有很强的批评方法论特点和技术分析倾向。至于具体可比较的内容方面就更多了,比如在西方马克思主义文艺理论谱系中的消费主义大众概念和俄苏、中国马克思主义文艺理论谱系中的历史主义大众概念就存在很大差别。

此外,所有的文艺理论之间还可以做客观主义和主观主义两种体系的区分。中国马克思主义文艺理论体系基本是一种客观主义文艺理论体系,反主观主义是它的一个鲜明特点。类似的还有内部(规律)研究和外部

[①] 参见朱辉军《马克思主义文艺理论的中国模式与苏联、西方模式之比较》,《天津社会科学》1992年第1期。
[②] 谭好哲在《后经典时期马克思主义文艺美学的形态与主题》(《山东大学学报(哲学社会科学版)》2011年第6期)中将经典马克思主义文艺理论之后的形态统称为"后经典时期马克思主义文艺美学",并区分为科学型、政治型、社会批判型和文化分析型四种理论形态,认为"将文艺与政治的关系、将文学的党性原则提高到一个新的理论高度和时代高度是苏联'十月'革命前后至第二次世界大战期间实际从事政治斗争并历史地成为社会主义运动领袖的一代马克思主义者,首先是列宁和毛泽东"。按照谭文观点,俄苏和中国马克思主义文艺理论体系都是政治型马克思主义文艺理论体系。谭文对既有学界对马克思主义文艺理论的分类、分型研究有个简单综述,可参阅。

（规律）研究区分法，曾经一段时间，中国马克思主义文艺理论因被定性为一种重在研究外部规律的文艺理论体系而引发争论。当然有学者（如周小仪）在这个基础上提出内在性和外在性理论体系的划分，①认为马克思主义文艺理论研究的是更为内在性的问题，恰恰应视其为内在性研究体系。

也有学者认为，在"时代—文体—理论"关系上，马克思主义文艺理论主要是对应19—20世纪世界范围内一家独大的小说文体的艺术理论体系，尤其是在现实主义小说文体基础上形成的艺术理论体系。这一说法有其合理性。因此有观点主张马克思主义文艺理论是一种文论体系，西方文论是一种诗学体系。这种区分也有利于我们对中国马克思主义文艺理论体系的认识。

第二，从辨型的角度来看中国马克思主义文艺理论体系。

关于马克思主义文艺理论内部不同体系形态之分，著名的有英国学者伊格尔顿的四模式说："概括而言，马克思主义批评大致可分为四种，每一种都与马克思主义理论内部的一定'区域'相对应，因而也与特定的（非常笼统地讲）历史时期相对应。它们是人类学的、政治的、意识形态的以及经济的——模式。"②即人类学模式、政治学模式、意识形态论模式以及经济学模式。同样情况也出现在马尔赫恩《当代马克思主义文学批评》引言中，马尔赫恩使用"相位"这个概念（实际指的是形态或阶段，笔者没有考证该词对应的英文是什么），以阿尔都塞为界，将我们统称的西方马克思主义文艺理论区分为两种历史形态，从而与经典马克思主义文艺理论一起，将马克思主义文艺理论区分为三种发展类型："关于马克思主义文论发端与发展的历史，一般可以分出三种不同的相位，但若把这些相位设想成一种向上运动的'阶段'，甚或一种不甚规范序列中的不同'时期'，都会产生错误的导向。人们熟悉的历史发展的所有模式都出现在本书中：兴盛与衰落、连续发展但有断裂和重组、替代但有停滞和回归。把这番预先的解释记在心上，我们就可能标出一种古典主义的或科学社会主义的相位，这一相位由马克思和恩格斯创立，一直强劲地持续到19世纪后半

---

① 参见周小仪2022年11月11日在北京外国语大学的讲座《阶级结构与情感表达》。因为系网上讲座，本人也可能理解有误，兹录于此仅供参考。

② ［英］伊格尔顿：《历史中的哲学、政治、爱欲》，马海良译，中国社会科学出版社1999年版，第109页。

期和20世纪前半期；一种具有自我风格的批判相位，这一相位从20世纪20年代兴起，在随后的30年中成熟和趋于多样化，然后在20世纪60年代确立一种'非正统的规范'；一种新的相位，这一相位起初为20世纪60年代早期的批判古典主义，在其后的10年间得到广泛传播，然后又在'唯物主义'和'反人文主义'之类含义宽泛的名目下迅速多样地发展、演变，这个发展演变的过程今天仍在继续。"[1]还有研究者将西方马克思主义文艺理论进行了进一步细分，如英国学者戴维·福加克斯将戈德曼的发生学模式与反映模式、生产模式、否定认识模式、语言中心模式等并列为西方马克思主义文学理论诸流派；[2]英国学者雷蒙德·威廉斯大致区分了经典马克思主义的历史和美学分析模式与新马克思主义（主要指后期西方马克思主义）的文化和语言分析模式。中国马克思主义文艺理论显然应属于历史和美学分析模式，只不过近年来走上文化和语言分析模式。

当然，中国学者对西方马克思主义文艺理论（美学）的辨型工作很早也有，如冯宪光在《"西方马克思主义"美学研究》中，分别以"坚持和发展现实主义的美学""走向浪漫主义的美学""维护现代主义的美学""读解文本的结构主义美学""艺术政治学的美学"和"走向文化学的美学"为题，勾画了"西方马克思主义美学"自20世纪20年代至90年代的发展面貌。[3]

但显然，在西方马克思主义文艺理论研究者那里，俄苏、中国马克思主义文艺理论的独立性是不被重视或承认的，在这点上，他们甚至还不如美国学者韦勒克在《文学研究中现实主义的概念》中，通过对"苏联及其卫星国"文论模式的明确厌恶姿态，间接承认了苏联马克思主义文艺理论体系的存在（当然这也不是"精神胜利法"）。好在西方马克思主义（新马克思主义）文艺理论在整个西方文论体系中还是有独立地位的。韦勒克在其为《20世纪世界文学百科全书》撰写的"文学批评"条目中称西马文论与心理分析、神话批评三足鼎立，为当今世界上"真正具有国际性的

---

[1] ［英］弗朗西斯·马尔赫恩编：《当代马克思主义文学批评》，刘象愚等译，北京大学出版社2002年版，第3页。
[2] 参见［英］戴维·福加克斯《马克思主义文学理论诸流派》，载［英］安纳·杰弗森等《西方现代文学理论概述与比较》，包华富等编译，湖南文艺出版社1986年版，第161—212页。
[3] 参见冯宪光《"西方马克思主义"美学研究》，重庆出版社1997年版。

文学批评"①。但需要指出的是，荷兰著名学者佛克马、易布思在《二十世纪文学理论》（1977）一书中，给了俄苏、中国马克思主义文艺理论独立地位。其第四章"马克思主义文学理论"分别讨论了"马克思、恩格斯和列宁""十月革命后的理论与实践""中国对马克思主义文学理论的接受""卢卡契与'新马克思主义'批评"。②

话说回来，从上文可以看出，在对中国马克思主义文艺理论分类辨型方面，我们无法依据单一逻辑轴来对中国马克思主义文艺理论体系进行定义。但中国学者在这方面做了许多工作。比如针对伊格尔顿的四模式说，中国学者王杰、段吉方认为该模式说不包括中国马克思主义文艺理论体系，主张将中国马克思主义文艺理论称为"中国审美意识形态的理论模式"③。中国学者的这些工作还可以分为早期比较研究阶段和近几年的理论自主创新阶段。在早期比较研究阶段，朱辉军是当代最早对经典马克思主义和中、苏、西马克思主义文艺理论进行系统比较研究的学者。1992年，朱辉军发表了《马克思主义文艺理论的中国模式与苏联、西方模式之比较》一文，对后来的研究产生了很大影响。④此外，李志孝、安涛、朱印海、谭善明、殷学明等都对中国、俄苏、西方马克思主义文艺理论有深入的比较研究。⑤其中以朱印海等著《中西马克思主义文艺理论观念比较研究》（2002年国家社科基金项目，2010年出版）最为系统，基本将中国马克思主义文艺理论体系确定为实践性体系、西方马克思主义文艺理论确定为否定性（批判性）体系。在自主创新阶段，21世纪第一个十年间兴起的

---

① 转引自陶水平《西方马克思主义文艺学的历史地位与现实意义——兼谈建设有中国特色的马克思主义文艺学》，《晋阳学刊》1993年第6期。
② 参见［荷兰］佛克马、易布思《二十世纪文学理论》，林书武等译，生活·读书·新知三联书店1988年版。
③ 王杰主编：《马克思主义文艺理论》，高等教育出版社2011年版，第13—14页。
④ 参见朱辉军《马克思主义文艺理论的中国模式与苏联、西方模式之比较》，《天津社会科学》1992年第1期。
⑤ 参见谭善明《文艺与意识形态的张力——中西马克思主义文论意识形态观念比较》，《长春工业大学学报（社会科学版）》2008年第1期；谭善明《审美超越意识形态的两条路线——中西马克思主义文论意识形态观念比较》，《太原大学学报》2008年第2期；朱印海等《中西马克思主义文艺理论观念比较研究》，中国社会科学出版社2010年版；谭善明《从政治到审美：20世纪中马文论意识形态观念的发展轨迹及其与西马差异》，《中国中外文艺理论研究》2011年卷；李志孝、安涛《中国现代马克思主义文艺理论的特点与局限——兼论与西方学派、苏联学派的区别》，《天水行政学院学报》2011年第1期；等等。

主题—关键词—话语研究或者概念史研究、近些年的中国马克思主义文艺理论三大体系建设研究，取得了丰富的成果，对中国马克思主义文艺理论体系的认识有了很大的发展。比如谭好哲、胡亚敏（及其团队）、张永清、王天保等从批评形态上对马克思主义文艺理论进行的区分和对"中国形态"的理论建构或期待，[①] 都有利于我们对中国马克思主义文艺理论体系性质的认识。

从客观上来讲，对中国马克思主义文艺理论的分类辨型确实存在着一定的理论困难，这也说明中国马克思主义文艺理论三大体系建设的必要和难度。而依据自身理论资源是个关键，比如李西建认为中国马克思主义文艺理论与经典马克思主义文艺理论的区别在于从意识形态论到观念形态论的变化，这一认识就很好地利用了毛泽东文艺思想的经典论断。[②] 这应该是未来我们的发展方向。

第三，从定性的角度来看中国马克思主义文艺理论体系。

依笔者所见，在现有关于中国马克思主义文艺理论体系本身根本性质的定性描述中，存在着两种类型：一类是主流的科学性、革命性、人民性（大众化）、民族性（中国化[③]）的定性，学界对这些定性描述没有太大的争议。另一类是存在着较大争议的一些定性描述，比如中国性和非中国性、实践性和非实践性、政治性（规范性）和非政治性、反映论和生产性、内部和外部（规律）研究、人文性和科学性、文学性和非文学性（政策性）、现代性和反现代性等诸多对立描述，这些定性描述虽然不是主流，有的只是在极小范围内得到讨论或争论，但也是一直困扰学界的一些学术问题，对这些问题，学界也迫切需要当年超越"断简残篇"论、构建马克思主义文艺理论体系论这样的研究成果。当然有些问题也早被讨论过，比如1990

---

① 参见谭好哲《后经典时期马克思主义文艺美学的形态与主题》，《山东大学学报（哲学社会科学版）》2011年第6期；胡亚敏《马克思主义文学批评"中国形态"探讨》，《中国文学批评》2015年第4期；张永清《时代境遇中的马克思主义批评理论》，《文学评论》2016年第5期；王天保《论马克思主义文学批评的三种形态》，《贵州大学学报（社会科学版）》2020年第2期。这方面的研究很多，相关综述从略。

② 参见李西建《延安文艺与20世纪马克思主义文艺理论中国化》，陕西师范大学出版总社有限公司2020年版，第236页。

③ 中国化和民族化内涵基本类似，有段时间学界强调中国化中有时代化的内涵，但近些年随着"中国化时代化"并列，中国化、时代化在内涵上差别趋大。

年冯宪光、朱辉军关于实践性的讨论,①但这个问题似乎也没有得到解决;后来还有实践本体论、实践存在论的一些学术讨论,②只不过这个问题和中国马克思主义文艺理论发展史研究并不紧密,在此我们不做过多的涉及。

第二类定性描述不是我们这里关注的重点,仅是本课题研究的一个理论参照。在第一类定性描述中,学界对革命性("批判性""先进性"可以归入革命性)、人民性(大众化)、民族性(中国化)有着异常充分的研究,学术成果非常丰硕,但对于科学性的研究却十分稀少,不仅学术专著疑无,就连学术论文也很少,即便是在研究新民主主义文化纲领的学术著作、论文中,对科学性问题的探讨也不多。因为很长时期以来,在中国马克思主义文艺理论研究领域,人们习惯于把"科学性"当作一个完全"自明的"(Self-evident)事实,当作理论的符号、标签来看待,少有人对中国马克思主义文艺理论科学性进行过系统性研究。

尽管如此,我们也可以看出,当代学者对中国马克思主义文艺理论体系性质的认识,还处于毛泽东"民族的科学的大众的"定性论断中,而我们的研究只不过让这个定性更为具体而已。这并不算遗憾,因为经典就是经典,其理论高度在那里。

二、传播—接受—中国化:中国马克思主义文艺理论发生或起源研究的传统模式

就现有史料来看,除了"跳棋式"(大跨度、大时段)的中国马克思主义文艺理论(包括文艺学、文学理论、艺术理论、文学批评、文学思潮、美学)发展史(包括专题史)研究之外,无论论文和著作,独立的、细致的中国马克思主义文艺理论发展史研究成果并不多,甚至可以用"少得可怜"来形容。

所谓不"独立",一种指的是中国马克思主义文艺理论发展史研究还多数包含在马克思主义文艺理论发展史的著述中,如吕德申主编的中国第

---

① 参见朱辉军《马克思主义文艺理论与现代中国文学》,《文艺报》1990年1月6日;冯宪光《中国的马克思主义文艺理论不是从实践中总结出来的吗?》,《文艺报》1990年4月28日;朱辉军《谈谈中国马克思主义文艺理论的产生——马克思主义文艺理论在中国之一》,《天津社会科学》1990年第6期。

② 参见董学文《文学理论研究"西马化"模式的反思》,《天津社会科学》2011年第3期。

一部《马克思主义文艺理论发展史》(1990)，有中国马克思主义文艺理论发展史一个板块；另外一种是连独立板块都没有的，如复旦大学中文系文艺理论教研室编著的《马克思主义文艺理论发展史》(1995年初版，2001年修订版)，这个版本虽然最早将西方马克思主义文艺理论写入马克思主义文艺理论整体框架，但将经典、俄苏、中国马克思主义文艺理论糅为一体，按时段进行分类，按人物进行论述，把普列汉诺夫文艺思想归入经典马克思主义文艺理论（第一编），列宁文艺思想虽没有归入经典马克思主义，但中国的李大钊、陈独秀、鲁迅、瞿秋白的文艺思想和苏联的文艺理论家们的文艺理论并列第二编，毛泽东文艺思想又和同时代以及稍晚点的苏联文艺理论归在第三编，第四编稍微纯粹一些，为西方马克思主义文艺理论。其研究情况，因与本书主题不太相关，所以相关综述在此从略。

也正因为研究成果不多，所以中国马克思主义文艺理论发生或起源研究有一种传统模式存在就显而易见，那就是"传播（译介）—接受—中国化"模式。这实际上只是一种历史描述模式。这种发展史历史描述模式体现在笔者能看到的绝大部分著述中，举其要者如下：

吕德申主编《马克思主义文艺理论发展史》(1990年)；

李衍柱主编《马克思主义文艺理论在中国》(1990年)；

朱辉军著《西风东渐——马克思主义文艺理论在中国》(1994年)；

复旦大学中文系文艺理论教研室编著《马克思主义文艺理论发展史》(1995年3月初版，2001年5月修订版)；

李衍柱、林宝全、潘必新主编《马克思主义文艺思想的发展与传播》(1995年)；

刘庆福主编、李春青等编写《马克思主义文艺理论发展简史》(1995年)；

王善忠主编、钱竞著《中国马克思主义美学思想的发展历程》(1999年)；

周忠厚、邹贤敏、印锡华、冯宪光主编《马克思主义文艺学思想发展史教程》(2002年)；

吴家荣著《中国化文论的历史进程》(2004年)；

马驰著《艰难的革命：马克思主义美学在中国》(2006年)；

郭志刚主编，刘勇等著《马克思主义与20世纪中国文学》（2006年）；

周忠厚、边平恕、连铁、李寿福主编《马克思主义文艺学思想发展史》（上、下）（2007年）；

朱立元等著《马克思主义文艺理论中国化研究》（2009年）；

季水河著《回顾与前瞻：论新中国马克思主义文艺理论研究及其未来走向》（2009年）；

宋建林、陈飞龙主编《中国马克思主义艺术理论发展史》（2011年）；

童庆炳主编《20世纪中国马克思主义文艺理论研究》（2012年）；

安涛著《20世纪中国马克思主义文学理论研究》（2017年）；

丁国旗著《马克思主义文艺理论在中国》（2017年）。

这种历史描述模式的主要特征很明显，第一，它往往包含着性质不同的"传播（译介）—接受—中国化"三个历史阶段的描述。如朱辉军《西风东渐——马克思主义文艺理论在中国》（1994）将这种历史描述模式的三个历史阶段分为"译介阶段""阐释阶段""独立阶段"，就是一个典型的例子。第二，与这种历史描述模式相适应的一个理论特征就是"人物论"。还以朱辉军氏著为例，对应这三个阶段的理论家就是瞿秋白、周扬和毛泽东。第三，这种历史描述模式还具有线性历史观的特征。"删繁就简"，从文学革命到革命文学、从左翼文艺到延安文艺，这种模式对中国马克思主义文艺理论发展史的描述非常单一，理论地形图或理论树非常简单。比如，对20世纪30年代的苏区文艺、新启蒙运动思想如何进入20世纪40年代延安文艺思想的历史和逻辑一般不涉及，这不能不说是一个遗憾。在我看来，从延安文艺整风运动主要针对的是左翼文艺运动的问题来看，苏区文艺在政治力和实践精神（实践性）上与延安文艺最为接近；如果说左翼文艺为中国马克思主义文艺理论提供了绝大部分论题和话语，那新启蒙运动就提供了解决左翼文艺问题和发展中国马克思主义文艺理论的原则和方法。因此说，苏区文艺和新启蒙运动在实践精神和方法论层面更为接近延安文艺精神。除左翼文艺之外，苏区文艺和新启蒙运动也是延安文艺思想的正源。当然，苏区文艺和左翼文艺不能截然分开，因为左翼文艺也有一条通过苏区文艺进入延安文艺的支线，如瞿秋白的苏区文艺实践。阐述这个理论问题将是笔者下一阶段研究的主要内容。

那除了这种历史描述模式之外就没有别的模式吗？其他具体模式确实不好说，但本书所采取的发生学模式却是很早就有的。1990 年 1 月，朱辉军发表了《马克思主义文艺理论与现代中国文学》(《文艺报》1990 年 1 月 6 日)，提出："有一个富于特色的地方是，中国马克思主义文艺理论，并不是直接从文艺实践中总结出来的。它先于文艺创作，在创作之前指导和引导创作，它本身具有相对独立的价值和意义。"这个观点引起了争论。冯宪光在《中国的马克思主义文艺理论不是从实践中总结出来的吗？》(《文艺报》1990 年 4 月 28 日)中认为，"这个观点显然是不够妥当的"。而后，朱辉军在《谈谈中国马克思主义文艺理论的产生——马克思主义文艺理论在中国之一》(《天津社会科学》1990 年第 6 期)予以回应，文章开篇即说研究中国马克思主义文艺理论的产生这个问题"具有发生学的意义"。[①] 显然，从他们关于中国马克思主义文艺理论发生与实践关系的争论来看，他们进行的是一种发生学的讨论，而不是简单的历史描述。因此说，朱辉军与冯宪光二人的讨论文章就是最早的以发生学方法研究中国马克思主义文艺理论发生问题的理论文章。

遗憾的是这一发生学研究模式后来没有发展起来。尽管如此，发生学性质的研究还是不断出现，前面我们提到 21 世纪 20 年来的主题—关键词—话语研究、观念史研究、思想史研究、概念史研究（并不仅限于中国马克思主义文艺理论学科）都具有发生学性质，这为我们的发生学模式的创立提供了丰富的理论资源。

三、本书的主要内容

在第一个问题中，我们坚持毛泽东对新民主主义文化即中华民族新文化根本性质的判断，中国马克思主义文艺理论是"民族的科学的大众的"马克思主义文艺理论体系。学界对于中国马克思主义文艺理论根本性质的判断也主要是科学性、革命性、人民性（大众化）、民族性（中国化）。由于以"传播—接受—中国化"模式为主，既往研究对于这些根本性质的描述性、评价性研究比较多，而对于这些根本性质的发生和形成的阐释相对

[①] 本研究一般在行文中标明争论或者讨论文章的出处及时间，有利于内容理解。

较少。这也是我们发生学研究的任务和意义所在。

发生学研究是以历史阐释为主的一种研究范式，而不是以历史描述为主的传统范式。借用医学术语，它不是一种内科式也不是一种外科式的研究，而是研究器官或机体发生史的一种范式。既往我们在本体论上对发生学的研究不够深入，本书第一章第一节，在综合学界已有研究的基础上，首次集中阐述了发生学的缘起和基本内涵，对发生学主要的四种类型、发生学方法做了基本的认识和规定。尽管这种认识仍旧非常粗疏和简单，但可以为我们下一步的中国马克思主义文艺理论发生学研究提供一个基本的认识论和方法论基础。

就研究内容而言，本研究从发生学的视角，重点对发生阶段，在型塑中国马克思主义文艺理论科学性、革命性、主体性、艺术性等本质规定性过程中，[①]起到"四梁八柱"作用的几大关键范畴的发生机理和过程进行研究。因此说，本发生学研究是"逻辑、历史、结构、主体"四维统一的研究范式。因为是发生时段的研究，所以我们较少讨论中国马克思主义文艺理论的整体"形态"问题。

这些关键范畴可以喻为中国马克思主义文艺理论的"理论骨架"或者"元话语"。依据它们在形成中国马克思主义文艺理论特性方面发挥的主要作用的不同，我们认为"唯物史观""唯物辩证法""科学主义"在形成中国马克思主义文艺理论科学性，"革命话语""阶级观念""意识形态"在形成中国马克思主义文艺理论革命性，"现代艺术人学"和"阶级主体"观念在形成中国马克思主义文艺理论主体性，"现实主义"在形成中国马克思主义文艺理论艺术论体系方面发挥着重要作用。对这些关键范畴在中国马克思主义文艺理论发生阶段的发生和功能的阐释就是本书的主要内容。

虽然与主题史、概念史、观念史、思想史、关键词等研究范式有类似的地方，但本书发生学研究并不是一种平行研究，而是共同指向"中国马克思主义文艺理论发生"这一事件或主题。

而本书发生学研究所谓的中国马克思主义文艺理论的发生阶段并没

---

① 至于"中国性"、"实践性"（"生产性"）、"政策性"这些质的规定性，或者因为对于中国马克思主义文艺理论本质规定性的构型作用不明显（部分在理论上还存在争议），或者因为已经融入其他范畴，所以没有独立纳入发生学研究范围。

有明确的时间上限，但下限基本是在1928—1929年"革命文学"论争之前，部分论述会延伸到1932年。这是因为，"革命文学"论争时，马克思主义的指导地位和马克思主义文艺理论的独立性、主体性（自主性）、体系性已经确立。因此有些对中国马克思主义文艺理论本质规定性形成有重大影响的关键范畴，如中国化或者民族形式问题、继承发展问题、现代化话语、民族国家话语、人民话语、社会主义话语、作为理论载体的鲁迅研究等，由于不处于发生阶段而没有被纳入本研究范围。如以社会主义话语为例，一是因为在中国马克思主义文艺理论发生期，在外延上社会主义大于马克思主义，不仅马克思主义开始传播之前社会主义思潮传播已久，而且马克思主义通常被认为是社会主义思潮之一，称为马克思派社会主义，因此，我们可以把社会主义当作一种理论背景；二是因为社会主义理论和话语并没有直接作用到中国马克思主义文艺理论的发生，虽然早在1926年，郭沫若最早提出"社会主义文学"的口号，郭沫若在《文艺家的觉悟》（1926年3月2日完成，5月1日《洪水》半月刊第2卷第16期发表）中提出："我们现在在所需要的文艺是站在第四阶级说话的文艺，这种文艺在形式上是写实主义的，在内容上是社会主义的。"在《革命与文学》（1926年4月13日完成，5月16日在《创造月刊》第1卷第3期发表）中，提出"表同情于无产阶级的社会主义的写实主义的文学"的口号，但作为一种文论的社会主义话语还是要到20世纪30年代才真正出现。因此，无论是科学性还是革命性，我们在中国马克思主义文艺理论发生学研究范畴中暂不讨论社会主义文论话语。这也就从反题角度帮助解释了我们为什么选择前面八大关键范畴作为本书发生学研究主要内容。

此外，发生学研究是一种开放性的研究。按照发生学研究方法，我们会发现型塑中国马克思主义文艺理论本质规定性的一些关键范畴或命题并不起源于中国马克思主义文艺理论谱系本身，中国马克思主义文艺理论早期的许多创立者甚至都不是"同路人"。发生学研究能够呈现、兼容中国马克思主义文艺理论发生时广阔的思想史背景和复杂的发展脉络。但这里也需要明确一点，发生学研究不是做自然主义态度的历史描述，它是有一定学术乃至政治立场的。①

　　最后要说的是，中国马克思主义文艺理论是建构性、同一性、总体性非常鲜明的一种理论体系。因此，本研究暗含的一个目的也是为了说明在上一个"三千年未有之大变局"历史语境下，中国马克思主义文艺理论发生的内生性动力和预设性逻辑相统一的规律和经验。今天，在习近平总书记指出的新的"百年未有之大变局"世界潮流和趋势下，也期望本研究成果能为 21 世纪中国马克思主义文艺理论的进一步发展发挥些微的作用和意义。

---

　　① 有些发生学和谱系学比较研究认为，发生学是自然的自发，谱系学是自觉的建构。参见王晓朝《"发生学""谱系学"的由来与关联》，《南国学术》2020 年第 2 期。

第一章　关于中国马克思主义文艺理论发生学研究

发生学诞生于19世纪中期的西方，是一门以生命体发生发展为主要研究对象、以生物形态分类和生命体（比如胚胎）发育为主要研究内容的自然科学。发生学在19世纪晚期延伸到哲学社会科学和人文科学，发展为以认识、观念的发生发展为主要研究内容的一门新兴思维学科和认识论、方法论体系。而"发生学研究从自然科学领域跨入社会科学领域，其间起着纽带和媒介作用的可以说是人类发生学"[①]。19世纪晚期，摩尔根《古代社会》(1877)和弗雷泽《金枝》(1890)等著作的出版促进了人类学和古代社会研究，也促进了艺术发生学的研究，如德国艺术史学家格罗塞在著名的《艺术的起源》(1894)中直接声明自己采取的是人种学（即人类学）的方法。[②]研究人类发生学的方法至今仍是研究各种社会科学方面发生学的基本方法。因此，发生学区分为发生学学科和发生学方法两种。

在自然科学领域，狭义的发生学专指胚胎学以及个体发生学、生物发生学、组织（器官）发生学等，广义的发生学还包括种系发生学、体质发生学乃至土壤发生学和各种系统发生学（如大气、生态）等。发生学与进化论等理论有着紧密联系，因为发生学是在宣传、验证进化论的过程中诞生的。如果以海克尔《生物体普通形态学》(1866)为发生学诞生标志，那它距离以达尔文《物种起源》(1859)为诞生标志的进化论，相差不到10年。而在哲学社会科学和人文科学领域，狭义的发生学主要指认识论发生学，而广义的发生学指的是研究认识、观念发生发展的一种方法

[①] 楼培敏：《发生学方法》，《社会科学》1986年第10期。
[②] 参见[德]格罗塞《艺术的起源》，蔡慕晖译，商务印书馆1984年版，第18页。

论以及这一方法论指导下的学科研究，如思维发生学、语言发生学、心理发生学、艺术发生学、文本发生学、比较文学发生学等。也就是说，狭义的认识论发生学所揭示的"原理"为广义的发生学研究提供了认识论、方法论。

皮亚杰说："一般说来，发生认识论的特有问题是认识的成长问题：从一种不充分的、比较贫乏的认识向在深度、广度上都较为丰富的认识的过渡。"① 在哲学上，狭义的发生学认识论（如以皮亚杰为代表的发生认识论）和马克思主义反映论认识论曾经被认为是对立的两种认识论，但学者经过广泛研究认为，二者可以统一在辩证唯物主义认识论体系中，发生学认识论对反映论认识论有所补充和丰富。② 因为二者在原理上是一致的，我们甚至可以直接将唯物辩证法的一些原理，比如内外因辩证原理、逻辑和历史相统一的辩证思维方法等，视为发生学原理或方法。

相比高级形态的唯物辩证法，发生学认识论虽然很初级，但发生学研究在方法论上具有鲜明的相对优势，尤其是在关于社会事物或现象早期缘起研究方面（这个在本章第一节会论及）。整个20世纪以至21世纪的近20年，发生学之于中国文艺理论研究，代表性的发生学研究并不是很多，有点影响的主要有五四新文化运动时期胡适对杜威（进化论）发生学方法和实验主义方法的宣传和推广，以及20世纪80年代以来的艺术发生学（含审美发生学）研究、戈德曼发生学结构主义马克思主义文艺理论研究、文本发生学和文献—发生学研究等。如果不把对戈德曼发生学结构主义马克思主义文艺理论的介绍纳入中国马克思主义文艺理论研究范畴的话，中国马克思主义文艺理论发展史对于自己早期的缘起还主要是以现象描述为主，并没有将发生学研究与中国马克思主义文艺理论发展史（尤其是缘起问题）的研究真正联系起来。③ 因此，对中国马克思主义文艺理论的缘起问题有进行发生学研究的必要。

本章所讨论和依据的发生学，不是作为认识论的发生学，更不是作

---

① ［瑞士］皮亚杰：《发生认识论原理》（纪念版），王宪钿等译，商务印书馆2017年版，第18页。

② 参见王玉樑《论反映与建构——辩证唯物主义反映论与皮亚杰的建构说辨析》，《甘肃社会科学》1991年第1期。

③ 这里仅就早期缘起研究这个点而言。中国马克思主义文艺理论发展史中的发生学研究并不鲜见，如高磊博士论文《〈讲话〉的发生学研究》（2009）等。

为学科的发生学，而是作为方法论的发生学，重点是关于中国马克思主义文艺理论最早成因的分析和历史解释，而不以寻找源头或描述演变过程为最终成果，以区别于传统的历史描述研究模式，也就是通常称之为起源学的研究模式。为此，我们先从了解何谓发生学和发生学方法入手，在系统回顾中国马克思主义文艺理论早期历史研究的传统叙事模式的基础上（见《绪论》），确定中国马克思主义文艺理论发生学研究有待证成的理论目标，为后面发生学研究方法的展开奠定基础。

第一节　关于发生学

从严格意义上来讲，在哲学社会科学和人文科学领域，[①]发生学应该是一门以"发生"为研究对象的学科。但学界对"发生"的本体论研究还很不充分，[②]所以发生学还不能称为一门真正的交叉学科或综合学科，称为一种方法论范畴可能会更为合适一些。因为，到目前为止，一般发生学原理还没有被完全抽象揭示出来，有的只有具体的发生学"原理"（比如语言学中的发生主义）。所以，许多人说的"根据/按照/符合发生学原理"之类的"原理"其实是不存在的，[③]许多研究中使用"按照发生学观点""从发生学角度""具有发生学意义"之类的说法，也很不严谨。至于简单移用"发生学"这个名词的研究就更多了，有的甚至除了题名有"发生学研究"五个字之外，正文中只字未提或基本不提"发生学"三字的情况也很普遍。

《中国大百科全书（第三版）》网络版"发生心理学"条也说："发生学本身作为多学科嫁接的学术用语和逻辑方法，是一种跨学科的自然—社会研究路径，包含历史发生学、现象发生学、生物发生学等多重分支。"[④]

---

① 以下主要称"人文科学"。

② 本体论研究的有楼培敏《发生学方法》（《社会科学》1986年第10期）、汪晓云《人文科学发生学：意义、方法与问题》（《光明日报》2005年1月11日）等。

③ 这是在不将发生学原理等同于唯物辩证法的前提下的论断。部分研究者论证了科学的发生学方法和唯物辩证法的关系，进而将唯物辩证法的原理赋予了发生学方法。参见张乃和《发生学方法与历史研究》（《史学集刊》2007年第5期）；彭树涛《中国梦的发生学维度研究》（博士学位论文，上海交通大学，2018年）等。

④ https://www.zgbk.com/ecph/words?SiteID=1&ID=242675&Type=bkzyb&SubID=137876（2022年1月20日）。

这一定义将发生学称为"多学科嫁接的学术用语和逻辑方法",无疑是契合其本质的,也揭示了目前许多"发生学研究"只是嫁接学术用语这一特点。关于这一点,有研究者提示需要加以规避。如牟学苑在《拉夫卡迪奥·赫恩文学的发生学研究》中指出:"人文科学中使用'发生学'的,范围较为驳杂;一般用其产生、发展、变化的意义,类似于'演化史'的意思,少数用其'起源','源头'的涵义,但普遍的情况是把这个词当作一个习见术语来使用,极少有人对其进行阐释,实际上这个词在人文科学中还远未形成较为统一的概念内涵。"[1]这个情况也反映在我国主流的大型辞书和百科全书中。比如冯契主编的《哲学大辞典(修订本)》(2001)说发生学方法是"反映和揭示自然界、人类社会和人类思维形式发展、演化的历史阶段、形态和规律的方法。主要特征是:把研究对象作为发展的过程进行动态的考察;有分析地注重考察历史过程中主要的、本质的、必然的因素",[2]但没有对发生学方法具体内容做进一步的说明。

此外,由于发生学研究的基本是起源问题,在实证材料不足的情况下,思辨的色彩就很强。主张艺术发生学研究的邓福星曾说:"探讨艺术发生的问题不能不借助于推测和设想,而且,任何艺术起源的理论都永远不能得到确证,因此,艺术发生学的理论应该都属于假说。"[3]研究对象的特殊性也给发生学带来了非科学性的影响。所以,在一些非正式场合,比如在一些网络论坛上,有的人就直接认为发生学是伪学科或者反哲学的。[4]

当然在这里,我们同样无法对发生学(包括发生学方法)给出一个本体论上的概念定义、一系列发生学原理的界定和统一的学科史描述。这也不是本书的任务。虽然发生学有诸多"不堪",但倒也不至于一无是处或者玄幻不定,至少在进化论、认识论、起源学、方法论等方面我们可以在本体论上给它一些规定性认识(当代学术在论证上尽量不采取定义的方法而采取规定的方法,也是一个流行的趋势),从而让它的方法论意义即比较优势得到凸显,成为我们人文科学研究的一般/一种方法。这就有点

---

[1] 牟学苑:《拉夫卡迪奥·赫恩文学的发生学研究》,北京大学出版社2010年版,第20页。
[2] 冯契主编:《哲学大辞典(修订本)》,上海辞书出版社2001年版,第318—319页。
[3] 邓福星:《艺术发生探讨方法与途径》,《艺术的发生》,生活·读书·新知三联书店2010年版,第279页。
[4] https://bbs.pinggu.org/forum.php?mod=viewthread&tid=5880014(2022年2月14日)。

类似"范式""现象学""知识考古（学）""谱系（学）""还原论""意识形态"等概念或者范畴，在中国，这些概念或者范畴虽然都是被拧巴着使用，但也有其一定的合理性和适应性，否则也不会被广泛使用和认可。发生学也大抵如此。

一、进化论发生学

原初谱系的发生学与进化论等理论（比如"进化树""生态学"等知识）有着紧密联系，因此，这种发生学我们称之为进化论发生学。进化论发生学的创始人是德国生物学家、哲学家恩斯特·海克尔（Ernst Haeckel, 1834—1919）。中国人对海克尔和发生学并不陌生，《鲁迅全集·坟》之《人之历史——德国黑格尔氏种族发生学之一元研究诠解》（1907）之"黑格尔"即海克尔。

海克尔是最早一批用具体科学理论验证和宣传进化论的科学家之一，他基于希腊词汇，提出了德语词汇"phylogenie"（"种系发生"），英文译为"phylogeny"，即种族的起源和演化。1866年，海克尔发表了《生物体普通形态学》，从理论上推断细胞核与遗传有关，提出了"生态学"这一思想。海克尔提出的生物"重演律"或"生物发生基本规律"理论曾被广泛接受，它通常被表述为"个体发生学重演系统发生"，即一个有机体在其生命周期内的发展，从胚芽到成体，依次反映其所属物种的连续祖先的成体阶段。"重演论"认为个体发育是它所属物种的形成和发展过程（系统发生）简短而迅速地重演。虽然海克尔的"重演论"已被否定，但是"系统发生""系统发育"等术语被沿用至今。[①]因此，自海克尔三卷本《系统发生学》（1894—1896）发表后，发生学开始成为一种显学或者跨学科学术用语。

也有研究者从纯自然科学发生学学科的角度，考察发生学的发生，认为发生学学科是英国生物学家W.贝特森（W. Bateson, 1861—1926）于1906年根据希腊语"繁殖"（generatione）一词正式命名的。[②]这一脉甚至把发生学的起源追溯到亚里士多德，反而忽视了进化论对于生物学、哲学

[①] 《中国大百科全书（第三版）》网络版"系统发生学"条，http://zgbk.com/ecph/words?SiteID=1&ID=153967&Type=bkzyb&SubID=112447。

[②] 参见张乃和《发生学方法与历史研究》（《史学集刊》2007年第5期）中的有关考证和注释。

社会科学和人文科学的特殊意义。这里，本书将其作为一种次要性的"发生学"起源说做个说明，以供参考。

发生学对应的英语单词常见的有genetics、geneticism、embryology、genealogy等，在当下的汉语语境中，这些词对应的自然科学意义都有更通行的汉语译法，如遗传学、胚胎学、谱系学等。自然科学意义上的"发生学"在汉语中现在一般指生物种系或形态特征的发生、发展。[①]

科学无国界，我国的进化论发生学起步不算晚，中华民国教育部1935年就发布了国立编译馆编订的《发生学名词》（商务印书馆1937年版）。同时期，商务印书馆还出版了日本八田三郎著、潘锡九译的《发生学》（1935），文化学社出版了鲍鉴清编的《发生学纲要》（1937）等。这些都是生命发生学著作，研究的都是胚胎学等内容。

进化论发生学是哲学社会科学和人文科学领域发生学研究的主要思想来源，也是最核心、基础的思想内容，曾经对中国社会和历史产生过深刻影响。仍旧以海克尔为例，他晚年的哲学巨著《宇宙之谜》（1899，核心思想是进化论和机械唯物主义一元论）在"五四"之前（1916—1917）就在《新青年》上有节译文发表（马君武译，时名《赫克尔一元哲学》），其无神论和唯物主义思想深刻影响了包括毛泽东、瞿秋白在内的许多伟大思想家和革命家，从而对中国社会和历史产生巨大影响。根据1917年年初毛泽东与友人的书信内容判断，毛泽东应该很早就读过这些译文，[②]而且1920年8月，马君武所译的《赫克尔一元哲学》译本由中华书局出版后，毛泽东等人在长沙创办的文化书社随即销售此书。除了早年深受海克尔影响之外，毛泽东一生重视和关注海克尔的思想和著作（尤其是其哲学方法——进化论发生学）几近60年，晚年还特意指示安排翻译（1971）和出版《宇宙之谜：关于一元论哲学的通俗读物》（1974）。该书当时政治局委员人手一册。

可以看出，在毛泽东、瞿秋白等人马克思主义思想形成过程中，进化论发生学与中国马克思主义以及文艺理论的发展有着紧密联系，因此，对进化论发生学的研究本身就是中国马克思主义文艺理论发生学研究的题中之义。

---

① 参见牟学苑《拉夫卡迪奥·赫恩文学的发生学研究》，北京大学出版社2010年版，第20页。

② 参见散木《毛泽东推荐给刘少奇的几本书》，《中国图书评论》2010年第1期。

需要说明的是，我国当代美学、艺术学的发生学研究虽然持进化论发生学立场，却没有看到进化论发生学自身发生这个环节，而是越过海克尔，将发生学直接对接进化论，从而形成了"进化论+起源论"的一种特殊理解和使用。比如："达尔文的生物进化论科学地证明了整个人类社会和自然界的历史是一个不间断的自然历史过程，从而为美学和艺术的发生学研究提供了自然科学的理论前提。"① 鉴于进化论发生学和进化论的关系，虽然这种理解在本质上没有什么太大区别，但作为学术研究来讲，不免有点简单。

二、认识论发生学

正如进化论对自然科学、哲学社会科学和人文科学都具有重要影响一样，进化论发生学对人文科学领域内的认识论发生学也有重要影响。认识论发生学也可以称为哲学论发生学，即对于认识论发生学的哲学讨论，其结论，在人文科学领域，也就具有原理性意义。

现在学者普遍把认识论发生学的创立归于皮亚杰。比如在哲学发生学研究初起的20世纪80年代，俞吾金认为："发生学方法的酝酿和提出，尤其要归功于瑞士心理学家、哲学家让·皮亚杰。皮亚杰关于发生认识论著作的问世，标志着这一方法日趋成熟。这是本世纪以来哲学方法论发展中的一个富有历史意义的事件。尽管皮亚杰的发生学方法主要是和关于儿童智力的实验联系在一起的，比较具体、狭隘，但我们可以赋予它更抽象、更宽泛的意义，从而把它作为考察各种哲学思想形成、发展的基本方法。"② 楼培敏也认为："发生学方法在上个世纪（指19世纪——引注）已经初具雏形。但作为一种独特的研究方法出现，是在本世纪（指20世纪）70年代，它和皮亚杰的工作分不开。美国心理学会在颁发给皮亚杰的奖状中把发生学方法同法国发生认识论一起加以肯定。有人认为，皮亚杰卓有成效的研究是和他独特的发生学方法分不开的，而发生认识论的创立，使发生学方法成为独立的，方法学意义上的学科方法。目前，已被运用于研

---

① 徐恒醇：《卢卡契关于审美发生学的理论》，载《美学》（第四卷），上海文艺出版社1982年版，第199页。
② 俞吾金：《论哲学发生学》，《复旦学报（社会科学版）》1986年第1期。

究哲学发生学、艺术发生学、审美发生学等学科。"① 直到2005年，汪晓云也认为："发生学作为一种研究方法与范式，是从自然科学'嫁接'到人文科学的。如果说自然科学发生学研究应归功于达尔文的生物进化论，那么，人文科学发生学研究则应该归功于皮亚杰的发生认识论。"②

但实际上，早在20世纪初期，进化论发生学对杜威认识论发生学就产生了很大的影响。杜威才是认识论发生学的最早创立者。1920年，杜威在其著名的哲学著作《哲学的改造》中即指出："坦诚地讲，从起源上来解释以系统的方法来处理绝对的存在（absolute Being）的哲学，被认为是预谋。但是，对我来说，用发生学（genetic）的方法进行探讨，比其他任何论理的驳斥能更有效地削弱这种哲学思考的理论化方式。"③这显然比皮亚杰《发生认识论原理》早了将近半个世纪。不仅如此，杜威的认识论发生学在20世纪初期就开始形成，④在《哲学的改造》发表之前就已经通过胡适的传播几乎同时期影响到我国，对我国五四新文学运动也产生了许多"发生学意义"上的影响。如1919年，胡适在《实验主义》中就说："到了实验主义一派的哲学家，方才把达尔文一派的进化观念拿到哲学上来应用；拿来批评哲学上的问题，拿来讨论真理，拿来研究道德。达尔文的进化论在哲学上的应用，便发生了一种'历史的态度'（The genetic method）。"⑤英文短语"The genetic method"的直译就是"发生（学）方法"，胡适将其翻译成"历史的态度"，有中国历史文化背景的原因，也可能和当时"发生学"概念（术语）还没有普遍进入中文人文社科语境的现实有关系。⑥对杜威—胡适的认识论、方法论发生学与五四新文学发生学研究，我们将另找机会做进一步的讨论，这里只是想说明，杜威的认识论发生学及其对于中国（尤其是文学艺术方面）的影响是早于皮亚杰的。⑦

---

① 楼培敏：《发生学方法》，《社会科学》1986年第10期。
② 汪晓云：《人文科学发生学：意义、方法与问题》，《光明日报》2005年1月11日。
③ ［美］约翰·杜威：《哲学的改造》，许崇清译，商务印书馆2004年版，第14—15页。
④ 参见张海晏《杜威的历史方法及胡适对它的诠释与应用》，载郑大华、邹小站主编《西方思想在近代中国》，社会科学文献出版社2005年版，第268—290页。
⑤ 欧阳哲生编：《胡适文集》（2），北京大学出版社1998年版，第212页。
⑥ 由于胡适对杜威哲学有许多错误的理解，也不排除胡适的错误阐释影响了杜威发生学方法的影响。
⑦ 杜威的发生学更具有方法论的性质，本应归在方法论发生学范畴，但鉴于胡适将其解释成"历史的态度"，因为更具认识论的意义，所以这里把它放在认识论发生学中讨论。

但不可否认的是，相比杜威，皮亚杰的认识论发生学在中国具有更大影响。皮亚杰认识论发生学以建构学说为中心，主张不能静止地看待认识论问题；人类知识的形成是包括着主体和外部世界在连续不断的相互作用中逐渐建立起来的一系列结构；强调认识的个体心理起源和历史发展；人的认识来源于动作，是主体对客体施加动作的结果；动作是外显的实际行动，运算是内化的、可逆的，并可协调成为系统的行动。在《发生认识论原理》中，皮亚杰提出发生学研究："我们认为有必要研究认识的起源；但是在这里我们从一开始就必须消除一种可能的误解，这种误解如果导致把关于起源的研究跟认识的不断建构的其它阶段对立起来则将是严重的。相反，从研究起源引出来的重要教训是：从来就没有什么绝对的开端。换言之，我们或者必须说，每一件事情，包括现代科学最新理论的建立在内，都有一个起源的问题，或者必须说这样一些起源是无限地往回延伸的，因为一些最原始的阶段本身也总是以多少属于机体发生的一些阶段为其先导的，如此等等。所以，坚持需要一个发生学的探讨，并不意味着我们给予这个或那个被认为是绝对起点的阶段以一种特权地位；这倒不如说是注意到存在着一个未经清楚界定的建构，并强调我们要了解这种建构的原因和机制就必须了解它的所有的或至少是尽可能多的阶段。"[1]皮亚杰区分了发生学研究和起源研究，"从来就没有什么绝对的开端"是经常被引用的一句名言。对于发生认识论，皮亚杰说："一般说来，发生认识论的特有问题是认识的成长问题：从一种不充分的、比较贫乏的认识向在深度、广度上都较为丰富的认识的过渡。""广义的发生学问题包括所有科学认识的进展问题，并且具有两个方面：一方面是事实问题（在某一特定阶段上的认识水平问题，和从一个阶段到下一个阶段的过渡问题），另一方面是认识的有效性问题（用进步或退步来评价认识问题，认识的形式结构问题）。"[2]"总之，这本书的内容是叙述一种认识论理论，这种认识论是自然主义的但又不是实证主义的；这种认识论引起我们对主体活动的注意但又不流于唯心论；这种认识论同样地以客体作为自己的依据，把客体看作一

---

[1] ［瑞士］皮亚杰：《发生认识论原理》（纪念版），王宪钿等译，商务印书馆2017年版，第17—18页。

[2] ［瑞士］皮亚杰：《发生认识论原理》（纪念版），王宪钿等译，商务印书馆2017年版，第18页。

个极限(因此客体是不依赖于我们而存在的,但我们永远也不能完全达到它);这种认识论首先是把认识看作是一种继续不断的建构:正是发生认识论的这后一个方面引起了最多的问题,也就是这些问题需要我们作出适当的叙述和充分的讨论。"①结合儿童心理实验,皮亚杰形成了一套理论和实证相结合的认识论发生学理论。毫无疑问,皮亚杰的认识论发生学理论在体系上比杜威要完整、系统和科学。

但显然,皮亚杰发生学认识论和马克思主义的能动反映论认识论有着很大的不同,而且皮亚杰本人在不了解列宁反映论全貌的情况下还曾公开批评过反映论。受其影响,在皮亚杰学说影响最炙热的20世纪80年代,以其一些观点为依据,我国出现了否定列宁反映论的学术观点,由此引发了一场学术争论。②

三、起源论发生学

无论是进化论发生学还是认识论发生学,在本质上都先天具有自我进化、自我反映的原初基因,因此,发生学不可避免地自带主体属性和光环。而这不仅是发生学认识论和反映论认识论发生抵牾的根本原因,也成了发生学和起源学对立的根源:人们往往把起源学研究视为一种客观研究而加以鄙视。但实际上,正如前面所述,在大量所谓发生学研究中,"发生"只是被当作一种自明性"习见术语"简单移用,也就是说,存在着一个用"发生"代替"起源"用作时髦学术术语的倾向。对这种实际是起源学研究的发生学,我们称之为"起源论发生学"。

但作为对发生学本体论的一种认识,强调发生学和起源学的区别是有学术意义的。2005年,汪晓云在其著名的《人文科学发生学:意义、方法与问题》一文中,对发生学和起源学的区别有一段经典论述,现摘抄如下:

---

① [瑞士]皮亚杰:《发生认识论原理》(纪念版),王宪钿等译,商务印书馆2017年版,第20页。
② 参见王振武《认识定义新探》(《哲学研究》1986年第4期),赵璧如《列宁的反映论和皮亚杰的发生认识论》(《心理学探新》1987年第2期)、《再论列宁的反映论和皮亚杰的发生认识论》(《中国社会科学》1988年第5期)等文章。

近年来，发生学作为观念与方法在人文科学领域运用日渐频繁，使用范围日渐广泛。然而，一些人在使用这一概念时存在着误解，最常见的是将发生理解为起源，将发生学理解为起源学。之所以出现这样的误解，是由于混淆了观念的发生与事件的发生。观念的发生与事件的发生是两个不同的概念，前者强调主观认识，后者强调客观现象，因此，发生学研究人类知识结构的生成，而起源学研究事件在历史中的出现；发生是逻辑推理概念，而起源是历史时间概念。

由于起源研究的是事件在历史中出现的源头，因此，起源研究在方法论上具有实证主义倾向，在认识论上具有经验主义倾向。但是，任何事情的起源从来就没有绝对的开端，以事件的发生作为起源，必然导致起源的绝对化，并且无法解释知识结构的生成机制。而发生学研究观念的发生恰恰能弥补起源学研究事件发生的不足。观念的发生强调知识结构生成的过程，也就是事物从一个阶段过渡到另一个阶段，这一阶段性的过渡不以事件和时间进行实证，而以观念进行推理，从而有效解决了起源研究将起源绝对化以及无法解释知识结构生成机制的问题。与起源研究的实证主义与经验主义相反，发生学研究通过探究认识的结构生成把握主客体的相互作用及其内在的本质与规律，从而解决了起源研究忽略主体性、只注重事件形式而不注重功能的不足。与起源研究相比，发生学研究具有客观性与历史性。

因此，作为人文科学研究的新方法与新视角，发生学强调的是对主客体共同作用的发生认识论原理的运用，这样，发生学就与我们日常所说的事件的发生以及相关的起源概念明显地区分开来。正是由于观念发生与事件起源的不同，严格意义上的发生学就具有认识论与方法论的意义，作为认识论，它有别于强调认识结果的经验主义；作为方法论，它有别于研究事件起源的实证主义。①

这段论述深受皮亚杰认识论发生学的影响（比如"从来就没有什么绝对的开端"），但汪晓云也有她认识深刻之处，尤其是"与起源研究的实证主义与经验主义相反，发生学研究通过探究认识的结构生成把握主客体的

---

① 汪晓云:《人文科学发生学：意义、方法与问题》,《光明日报》2005年1月11日。

相互作用及其内在的本质与规律，从而解决了起源研究忽略主体性、只注重事件形式而不注重功能的不足。与起源研究相比，发生学研究具有客观性与历史性"这个论断，对发生学研究的特性概括得非常准确、到位。

与此同时，这段论述还从方法论、认识论和研究对象上，论述了发生学和起源学的不同。这段论述之所以经典，还在于其印证了实际的理论批评效果。类似观点，盛宁在《文学事件》中译本的代译序中指出，伊格尔顿《文学事件》研究的是文学观念的发生，而不是文学起源这一事件：

> 经过以上这样一番梳理，我们或许会明白，伊格尔顿这一次就"什么是文学？"的提问，已不同于上一次在《导论》中对"什么是文学？"的提问。上次提问期待得到的问答是：现有所谓的"文学"可从哪些"非文学的角度"去读——例如，现象学、阐释学、接受美学、结构主义、符号学、后结构主义、精神分析学等等，从而将这些"文学"文本读出点别的"什么"——而这次的提问则是对"文学"本身（the notion or concept）的追问，即所谓"文学"这样一个"观念"及"文学"作为一种"文类"究竟是怎么产生的？讨论"观念"是怎么产生的，属于所谓的"发生学"（Phylogenetics）范畴。而说到发生学，经常有人将它混同于对事物起源（origin, genesis）的考察。究其原因，就因为他们将"观念"的发生混同于"事件"的发生。事实上，"观念"发生与"事件"发生恰恰是两个不容混淆、却又极容易混淆的不同概念：前者强调的是主观认识，后者则是客观现象；发生学研究的是人类知识结构的生成，而起源学则是考察事件在历史中的出现："发生"属逻辑推理概念，这门研究是要追寻人在认识世界和自我过程中萌生出哪些新的观念，对这些观念引发的主客体互动而形成新的认识加以考察，然后，在此基础之上建构起新的知识体系，并揭示其内在本质与规律；而"起源"的考证则纯属一个刻画历史时间的概念。所以，"严格意义上的发生学具有认识论与方法论的意义；作为认识论，它有别于强调认识结果的经验主义；作为方法论，它有别于研究事件起源的实证主义"。

想想伊格尔顿煞费苦心的努力，*The Event of Literature* 译作《文学的发生》不是更符合他的本意吗？①

由此可见汪晓云这一理论论述的重要性、影响力和价值。但笔者认为将发生学和起源学简单理解以至严重对立也存在一定问题，有必要为起源学研究辩护。

第一，起源学并不仅限于"研究事件在历史中的出现"。就中国马克思主义文艺理论发展史而言，我们对于任何理论事件的发生都会分析其产生的历史条件、时代背景和一些个人禀赋问题。历史条件主要指理论事件发生的直接、间接、决定性因素（原因），时代背景主要指理论事件发生时的内外部状况（环境），一个是大条件、一个是小条件，二者共同构成理论事件发生的外因；而个人禀赋则是内部条件，构成理论事件发生的内因。这些研究内容，既是客观的也是主观的，既是逻辑的（"外因通过内因起作用"的分析）也是历史的，既是发生学的也是起源学的。因此，以"经验主义""实证主义"来规定起源学并不符合理论事实。

第二，起源学研究并不仅限于事件发生在历史时间上的绝对性，"起源研究的是事件在历史中出现的源头"和"起源的绝对化"的说法本身也有点绝对化。在起源学中，"事件"往往是观念开始、形成、成熟不同阶段的"标志物"。起源学研究中的"青蛙的一生"，也不会从小青蛙讲起，至少要从小蝌蚪讲起。因此，起源学研究同样是历史的。

第三，从研究内容来讲，发生学和起源学都要研究观念的演化和事件的发生发展。观念和事件是内容和形式的关系，没有脱离内容的形式，也没有脱离形式的内容。因此，主张发生学研究观念及其生成机制，起源学只研究事件的发生是有一定局限性的。对此，有学者也指出：虽然"发生学的研究不应当是起源学的研究，但在实际的研究过程中，由于方法的不自觉，或研究本身的复杂性，有些冠名起源学的研究，又是可能包含了发生学的研究性质的，正是这样的复杂性，为发生学的研究提供了一定的思想资源"②。但需要说明的是，发生学研究的范围确实大于起源学的范围，所以在艺术学研究中，有学者明确指出："尽管艺术起源不等于艺术发生，

---

① ［英］特里·伊格尔顿：《文学事件》，阴志科译，河南大学出版社2017年版，第Ⅶ—Ⅷ页。

② 高磊：《〈讲话〉的发生学研究》，博士学位论文，苏州大学，2009年。

但艺术起源问题的确是艺术发生学的主要问题。"①

第四，从方法论来讲，"发生是逻辑推理概念，而起源是历史时间概念"，这种说法就类似将历史研究中的历史解释和历史描述进行了硬性区分，将项链中的珠宝和穿丝强行分割一样，没有看到二者实际上是一体的。起源学并不必然地不重视逻辑推理，发生学也不必然地忽视特定的历史时间。原因我们在前面第一点中已经分析了。

因此，关于发生学和起源学的关系认识，我们可以回到汪晓云对二者互补性认识的立场，视二者为不同研究"倾向"的互补，而不是一种缺位性的互补。因为不论是发生学还是起源学，都属于思想史范畴，都遵循还原性原则，只不过发生学有更为重视主体性、逻辑性的特点，重视观念的知识结构形成机制和内生动力研究（不少学科发生学下面有动力学性质的研究），重视历史阐释；而起源学有重视客观事实、历史史料的特点，重视历史描述，但也关注偶然因素后面的必然性。二者相辅相成，发生学研究不能也不应拒斥起源学的研究，相反还需要重视起源论发生学研究。

顺便要说的是，知识考古学非常类似起源论发生学。福柯的知识考古学在中国学界很有影响，这种以话语研究为中心，明显有别于或对立于思想史发生学和起源学研究的知识考古学，也具有发生学研究的特征，因此知识考古学能否被视为一种"话语论发生学"值得进一步讨论。②因为，在文艺理论领域从历史语义角度研究文学观念已是一门显学。比如王齐洲《中国古代文学观念发生史》（2014），就是采用"历史文化语义学"研究中国古代文学概念的一部专著，作者将文学概念放在其所发生的整个社会历史中进行动态考察，来清理中国文学观念建构的过程、原因和机制，是按照"发生学"的要求去探讨中国古代文学观念的发生，来构建中国古代文学观念发生史。类似这样的"话语论发生学"研究还有张德明《现代性及其不满：中国现代文学的张力结构》（2007）、余来明《"文学"概念史》（2016）等。只不过，"话语论发生学"是从属于起源论发生学，还是并列于起源论发生学而成为发生学类型之一，需要进一步论证和分析。

---

① 苗贵松：《新世纪初叶艺术发生学与艺术学学科主文献论》，载《艺术学》编委会编《艺术发生学的研究与维度》，学林出版社 2010 年版，第 266 页。
② 福柯的发生学也不限于知识考古学时期，他甚至有直接以发生学命名的文章。参见孙飞宇《方法论与生活世界》，生活·读书·新知三联书店 2018 年版。

四、方法论发生学

毫无疑问，发生学是一种方法论。但这种方法论到底是逻辑的还是历史的、实证的还是建构的，却存在着较大差异。如前所述，胡适认为发生学方法是一种"历史的态度"，而汪晓云认为发生学方法主要是一种逻辑分析的方法（前述《中国大百科全书（第三版）》网络版"发生心理学"条也说发生学方法是逻辑方法）；在杜威那里，发生学方法是和实验方法相对的论理方法，在皮亚杰那里，发生学方法是建构主义的。此外，发生学方法在自然科学和哲学社会科学、人文科学领域也有很大的不同。楼培敏指出发生学方法的多样性："发生学方法不是某种单独的方法，而是实验方法、观察方法、测试方法、证伪实验方法、个案研究和追踪方法、分析方法、抽象方法、结构方法等多种方法的联合应用。当然，在众多的具体研究手段和方法中，总有一二种基础方法，如皮亚杰以实验手段和结构方法为基础；哲学发生学目前尚以调查积累和归纳、抽象方法为基础等等。"① 因此，不同学科、不同学者，从自己的具体研究出发，就会形成不同的发生学方法论。比如高磊博士论文《〈讲话〉的发生学研究》就将自己的发生学方法定义为历史分析方法："我的研究方法，可以说是一般所言的历史研究法，即以自己的努力去努力恢复《讲话》当年产生的历史面貌。"②

因此，发生学方法论离不开逻辑分析与历史分析方法的统一。科学的发生学方法论和唯物辩证法方法论是一致的，是逻辑和历史相统一的方法。对此，早在19世纪末，意大利马克思主义者拉布里奥拉就把唯物辩证法阐发为"起源的方法"或"发生辩证法"。③

在本书看来，在抽象性上，科学的发生学方法论和唯物辩证法方法论并无二致，尤其是在矛盾律、因果律和偶然必然律等具体逻辑方法上。但在具体性上，发生学方法论又比唯物辩证法方法论要丰富具体得多。

第一，科学的发生学方法论更为强调客观辩证法，也就是对研究对象主体性的重视。以观念或理论事件研究为例，"发生学研究通过探究认识

---

① 楼培敏：《发生学方法》，《社会科学》1986年第10期。
② 高磊：《〈讲话〉的发生学研究》，博士学位论文，苏州大学，2009年。
③ 参见张乃和《发生学方法与历史研究》，《史学集刊》2007年第5期。

的结构生成,把握主客体的相互作用及其内在的本质与规律"①,这一说法确实体现了科学的发生学方法论的主要特点。因为,科学的发生学方法论往往视研究对象为一个有"生命"、有"意识"的有机主体,更为重视其发生发展的内生动力性(还不仅仅是内因),从而有利于对研究对象原初形态(形式)特殊性的成因、发生发展内在机制和内生逻辑(从自在到自觉)的分析和把握。因此,按照这一方法,我们同样需要将政党政治视为中国马克思主义文艺理论发生发展的内生动力之一来进行研究,但遗憾的是在本书中没有规划这方面的研究。

第二,科学的发生学方法论体现了科学研究对原初问题探究的方法论转向。户晓辉在《中国人审美心理的发生学研究》中说:"在起源或发生学研究的三个传统问题中,我将放弃对When(何时)的无效寻找,只关注How(怎样)和Why(为什么)的问题,即:中国人的传统审美心理是怎样形成的?为什么会这样形成?我对这两个问题的探索建立在运用新的理论视野来重新阐释考古学材料的基础上,目的不仅在于解决实际问题,也在于加强对理论的实证研究。"② 这种方法论转向,被视为科学性的一种体现,因此,发生学研究方法成了许多学科研究的内在要求,成了一种主流的学科方法。

第三,科学的发生学方法论更为强调跨学科、多视野的研究方法。比如艺术发生学借助了大量考古学、博物学、人类学甚至传播媒介学的研究成果,皮亚杰的发生认识论研究借助了大量心理学和教育学的研究成果和方法等。因此,发生学研究成了许多跨学科研究的重要方法。

第四,发生学方法体现了一种学科性。随着研究的深入,传统的学科名称表述难以体现学科研究所取得的丰富成果和所涵盖的范围。另外,在系统论等影响下,原先作为范畴存在的一些研究论域不断成长为该领域的次一级的学科,就好像起源问题发展为发生学学科一样。比如有学者对《资本论》的发生学研究就分为历史发生学、系统发生学、现象发生学、认识发生学等多个层次。③ 因此,许多研究被冠以"发生学研究"也是学

---

① 汪晓云:《人文科学发生学:意义、方法与问题》,《光明日报》2005年1月11日。
② 户晓辉:《中国人审美心理的发生学研究》,中国社会科学出版社2003年版,第4页。
③ 参见许光伟《保卫〈资本论〉:经济形态社会理论大纲》(修订版),社会科学文献出版社2017年版。

科研究发展的必然。

　　既往我们在本体论上对发生学的研究虽然不深入，但在这里，我们在综合学界已有研究的基础上，首次集中阐述了发生学的缘起和基本内涵，对发生学主要的四种类型、发生学方法做了基本的认识和规定。尽管这种认识仍旧非常粗疏和简单，但可以为我们下一步的中国马克思主义文艺理论发生学研究提供一个基本的认识论和方法论基础。当然，在进入正式研究（第二章）之前，我们还会对具体的发生学方法做进一步的说明和界定。

第二节　发生学与中国艺术理论研究

　　在技术成像还没有普及的19世纪欧美，普遍的生物学家、博物学家、医学家都是美术家，他们需要绘制大量优美、准确的插图来进行学术研究和著作出版。毫不例外，海克尔也是其中的佼佼者。海克尔认为生物学在许多方面与艺术学类似，他绘制的浮游生物和海母的图画生动地体现了生物世界的美。据说20世纪初期德国表现主义艺术也曾受到海克尔绘画的影响。这使得发生学和艺术学研究似乎具有一种特殊而神秘的天然渊源关系。

　　事实上，在哲学社会科学和人文科学领域，哲学、人类学、心理学、艺术学、教育学一直是发生学研究的"大户"，在中国，艺术学更是发生学研究的第一"大户"。根据中国知网社科"发生学"主题检索可视化数据显示（如图1-1），艺术学科发生学研究（红框部分）几乎占了发生学研究总量的三分之一。但要是在其中全文检索"海克尔"，又发现艺术学研究中几乎没有文章提及"海克尔"，由此可见中国艺术理论发生学研究之热可能另有源头，而且这个源头并不遥远。

图 1-1

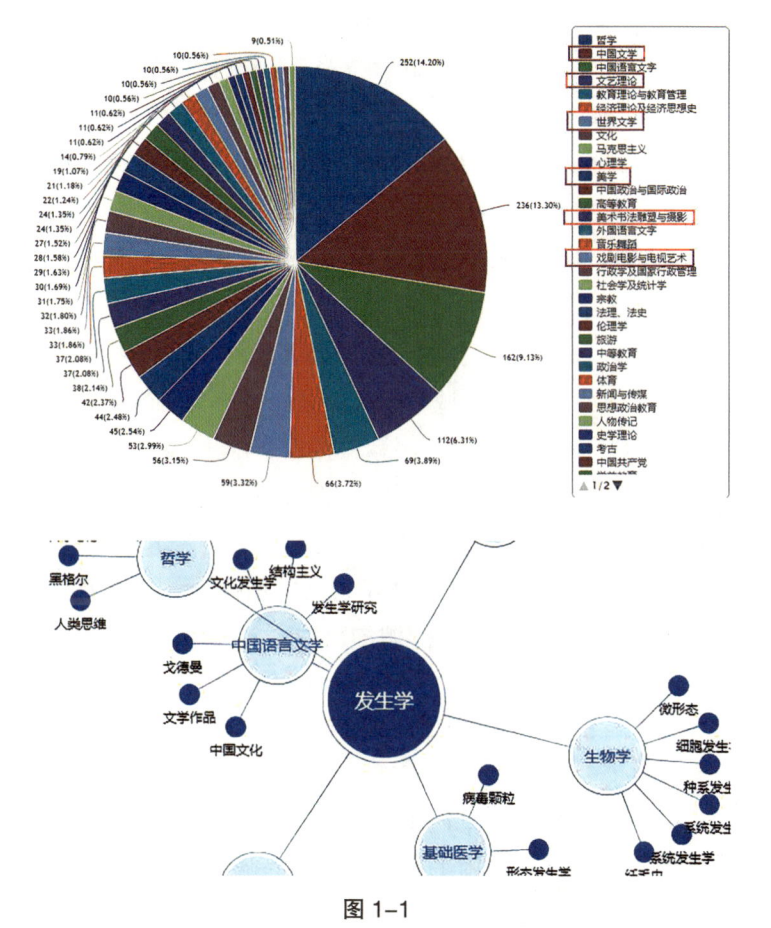

资料来源：中国知网社科"发生学"主题检索可视化数据。时间：2022年2月。

  前面我们说过，胡适对杜威认识论发生学的介绍虽然很早，但由于掩盖在进化论、历史主义、实用主义和经验（自然）主义等名义之下，杜威的发生学理论在很长一个时期内没有被人发现或者重视。胡适对杜威发生学理论介绍的情况也只是在近十几年才进入人们的理论视野。[①] 因此，杜威对我国艺术理论发生学研究不可能产生太大的影响。

  在中国，发生学作为一种方法和学科真正引起广泛注意还是20世纪

---

  ① 参见张海晏《杜威的历史方法及胡适对它的诠释与应用》，载郑大华、邹小站主编《西方思想在近代中国》，社会科学文献出版社2005年版；赵敦华《杜威的进化发生学方法》，2004年《中国现代外国哲学学会年会暨西方技术文化与后现代哲学学术研讨会会议手册·部分论文》；常宏《杜威的经验自然主义及其宗教观》，中央民族大学出版社2011年版；等等。

80年代初期的事情，发端于哲学、美学领域。

从译介角度看，蒋孔阳1979年翻译的英国李斯托威尔（Listowel）《近代美学史评述》（1980）一书，不仅提及发生学方法（没有详细说明），还设有一章"发生学的美学"，专门研究艺术的起源、史前艺术和原始艺术、各种艺术形态（类型）和儿童美感经验等。[①]此书产生了最早的学术影响。此外，蒋孔阳还为多部艺术发生学著作作序，比如郑元者的《图腾美学与现代人类》（1992）、于文杰的《艺术发生学》（1995）等，积极倡导发生学研究。蒋孔阳对当代艺术发生学研究的发展起了很大的推动作用。蒋孔阳之外，在艺术发生学研究领域，朱狄也是一个有开创性影响的人物。朱狄1982年出版《艺术的起源》（李泽厚主编《美学论丛》之一），这部著作基本上也属于译介性、综述性著作，"作者对19世纪以来，世界上许多著名学者对艺术起源问题探讨的途径、理论，对于艺术类型研究的情况，作了提纲挈领的介绍，其中，也表述了自己的见解"[②]。朱狄详细介绍、评述了一百多年来世界上关于艺术起源的六种主要理论，有些理论（及其理论家）时至今日国内学界还比较陌生（比如希尔恩），甚至其中提到的一些研究著作还没有译介过来。但沿着朱狄开创的道路，新时期以来的艺术发生学研究取得了丰富成果。

而在审美研究领域，最早产生影响的发生学研究是徐恒醇1981年以卢卡奇审美发生学为主题的硕士毕业论文（导师李泽厚）、1982年发表的《卢卡契关于审美发生学的理论》一文以及分别于1986年、1991年翻译的卢卡奇《审美特性》第一、二卷（当时计划三卷。全译本直到2015年才出版）。

卢卡奇基于实践为本体（有别于认识论本体）的反映论，根据人的活动的不同对象性特征，把人对现实的反映方式区分为日常生活的、科学的和审美的三种；并且认为，科学的和审美的反映方式是在日常生活的基础上逐渐分化形成的，并与日常生活处于相互作用之中，而审美反映具有区别于科学反映非拟人化本质的拟人化本质和形象特征。卢卡奇以人的日常生活和劳动为基点或基础，把巫术作为审美形成的中介，先讨论作为人的

[①] 参见［英］李斯托威尔《近代美学史评述》，蒋孔阳译，上海译文出版社1980年版。
[②] 章鉴：《探索，源于方法的科学性之中——读朱狄著〈艺术的起源〉》，《读书》1983年第9期。

美感基础的形式感是怎么形成的，继而转向审美的内在机制及其结构原理的探索，从逻辑与历史相统一的方法中揭示审美发生学机制。

徐恒醇在介绍卢卡奇审美理论时明确指出，卢卡奇使用了一种有别于之前的物态化研究方法的、特殊的起源学研究方法。徐恒醇说：

> 在艺术起源的研究中，如格罗塞（1862—1927年）对原始民族经济生活与艺术起源的考察，希尔恩（1870—？年）对原始艺术社会职能的分析，以及近几十年对旧石器时代洞窟壁画、雕塑等的大量调查研究，都是直接依据物态化的审美对象——原始民族艺术品或史前艺术遗迹进行研究的。这里所介绍和分析的卢卡契审美发生学理论，却属于另外一种类型。它所研究的重点不是放在物态化的史前艺术形态上，而是放在探索史前人本身审美意识形成的基础和过程上。显而易见，这一研究有它特殊的困难。它不可能有任何资料作为直接的依据。所以这一研究必须有它独特的方法。①

卢卡奇称这种研究方法就是马克思说的"人体解剖是猴体解剖的一把钥匙"的方法。卢卡奇说：

> 在这种情况下，科学只能满足和求助于重新建立的假说上。对于只限于研究发展过程一般原理的哲学说来，除此之外别无它法。我们已经将所要遵循的方法概括为：如马克思所说，人体解剖是猴体解剖的一把钥匙。由较高级的社会状态必然能够重建地推论出从中所发展的较低级的社会状态。就其各方面而言，重建的方法是由那些我们事实上已知的历史上出现的倾向所决定的。②

毫无疑问，这是一种以逻辑推论为主的研究方法。但即便如此，这一带有学科性质和方法论迭代意义的研究方法还是很有影响力的，随即在美

---

① 徐恒醇：《卢卡契关于审美发生学的理论》，《美学》（第四卷），上海文艺出版社1982年版，第200页。
② 徐恒醇：《卢卡契关于审美发生学的理论》，《美学》（第四卷），上海文艺出版社1982年版，第202页。

学、艺术学（包括文学）研究领域风行起来。

与此同时，作为人类学的一个分支，原始思维或者人类思维发生学的研究也兴盛起来，如叶舒宪《原始思维发生学研究导论》（1988）、张浩《思维发生学：从动物思维到人的思维》（1994）等成果相继出现。这些研究都极大地影响和推动了20世纪80年代以来美学、艺术问题发生学研究的发展。

一、审美（心理）发生和艺术起源问题的研究

从本质上讲，审美（心理）发生和艺术起源是两个不同学术方向，但由于有着紧密联系，所以二者常缠绕在一起，不仅不好区分，而且二者发生孰先孰后还是研究争论的一个重要内容。本书重点不在研究审美（心理）发生和艺术起源问题，对此不做严格的区分。

按照郑工的说法，20世纪中国艺术发生学研究分为两个时期。首先是受欧洲考古学和文化人类学的影响，在20世纪20年代形成第一个研究的高峰期，主要有蔡元培、林风眠、岑家梧等人，研究材料和基本观点多取自欧美学者，也开始注意运用中国古代文献和神话传说加以求证；20世纪80年代后，形成第二个研究的高峰期，主要有朱狄、邓福星、刘骁纯、郑元者等人，[1]开始从原始部落的艺术和20世纪的考古发现等外部现象的"原始状态"研究，转向人类审美心理的内部发生研究，在艺术与非艺术的中间环节上进行较为深入细致的探讨，提出各自不同的见解及理论假说。[2]

进入21世纪之后，由于艺术学学科地位的确立，引发了艺术发生学的全面发展，在表演艺术、造型艺术、语言艺术、一般艺术学、艺术形态和分类五个研究方向上取得了丰硕的成果，[3]形成了以"艺术何时、如何、何以发生"为主要问题式的艺术发生学研究模式。[4]艺术发生学成了一个多学科材料、多文化视野、多研究方法交融的新兴艺术学学科，并且和艺

---

[1] 还包括易中天。
[2] 参见郑工《20世纪中国艺术发生学研究》，《云南艺术学院学报》2003年第4期。
[3] 参见苗贵松《新世纪初叶艺术发生学与艺术学学科主文献论》，载《艺术学》编委会编《艺术发生学的研究与维度》，学林出版社2010年版，第265—285页。
[4] 参见郑元者《艺术之根：艺术起源学引论》，湖南教育出版社1998年版。

术人类学一道成为整个艺术学研究的基础或基点。[①] 由于艺术发生学研究成果很丰富，甚至产生了建设艺术发生学（主）文献学科的需求。[②]

关于审美（心理）发生和艺术起源，艺术发生学研究形成了艺术人类学和艺术哲学两种主要范式。前面介绍的艺术发生学基本属于艺术人类学研究范式，主要依据人类学、考古学、博物学、民族学、儿童心理学等学科的成就和材料进行研究，基本是实证性研究，这是主流。另外一种是哲学思辨性的研究，"人的本质""人的起源""文化的起源"等哲学观往往就成了这类研究的总观点和出发点。比如易中天《艺术人类学》（1992）通过对原始艺术（史前的和现代原始部落的艺术）的研究，阐述了一个基本观点：艺术是人类专门为实现人的确证而被创造出来的。在艺术中，人类通过情感的体验和传达，实现了人的自我确证和人与人之间的相互确证，这就是"艺术本质确证说"，即"艺术本质的人类学还原"。

与审美（心理）发生和艺术起源问题紧密相关的是艺术形态（包括艺术分类）问题。从海克尔开始，形态学就是进化论发生学的一个重要内容。1972年，苏联美学家卡冈撰写了《艺术形态学》一书，对这个学科进行了设计和论述，经过凌继尧、李心峰等学者译介和研究，[③] 艺术形态学、类型学学科在中国开始传播和成熟，成为20世纪80年代以来艺术发生学研究的重点内容和重要成就之一。

二、戈德曼的发生学结构主义（Genetic Structurlism）文学社会学研究

20世纪80年代后期，我国文艺理论界对戈德曼发生学结构主义文学社会学的译介也很大程度上推动了艺术学领域发生学研究的发展。

吕西安·戈德曼（Lueien Goldmann，1913—1970），法国社会学批评

[①] 参见袁恩培、徐顺智《论艺术学与艺术发生学学科建构——以格罗赛〈艺术的起源〉为研究对象》(《艺术百家》2012年第8期)，汪晓云《艺术发生学与艺术人类学》[《广西民族大学学报（哲学社会科学版）》2009年第1期]等文。

[②] 参见苗贵松《新世纪初叶艺术发生学与艺术学学科主文献论》，载《艺术学》编委会编《艺术发生学的研究与维度》，学林出版社2010年版，第265—285页。

[③] 参见凌继尧《文艺的形态学研究》[《安徽师大学报（哲学社会科学版）》1985年第4期]、《艺术殿堂的建构：卡冈〈艺术形态学〉导引》(江苏教育出版社1990年版)，李心峰主编《艺术类型学》(文化艺术出版社1998年版)，等等。

家，出生于罗马尼亚，师承卢卡奇，主要研究领域在小说创作上。戈德曼早年受卢卡奇影响，创立了自称为"文学的辩证社会学"的学说，后来因为结构主义20世纪60年代在西方盛行，他又改用了"发生学（或生成）结构主义"的标签，[①]并自称为一种新的"马克思主义的"研究文学作品的方法。他学术研究的最大特点就是将结构主义引入了文艺社会学。戈德曼认为作品世界的结构、某些社会集团的精神结构和产生这种精神结构（世界观）的历史（经济社会生活）之间是一种同构发生关系。发生学结构主义从研究文学艺术形式结构的演变与社会集团的精神结构的同构关系，来研究文学史，视文学史为新旧结构化关系的发生和演化史。戈德曼具有很强的方法论意识，特意撰写了《文学史的发生学结构主义方法》（《小说社会学》最后一篇[②]），阐述了这种发生学结构主义方法的基本原则，并比较了与这种方法有关的马克思主义和精神分析学文学批评流派的异同。因此，得益于其方法论，戈德曼的发生学结构主义获得了较高的学术地位，不仅在西方文艺理论界有一众子弟，而且其艺术社会学及其批评方法被称为发生学模式，与反映模式、生产模式、否定认识模式、语言中心模式等并列为西方马克思主义文学理论诸流派之一。[③]之所以有如此学术地位，主要是因为"戈德曼是马克思之后不再援引线性因果论，而是从整体的结构出发研究问题的学者""戈德曼的学说是文学社会学的第一个严密的体系"。[④]

戈德曼的代表作在20世纪80年代中后期被基本译介进入中国。如陆梅林选编的《西方马克思主义美学文选》（1988）就收入了戈德曼《文学史的发生学结构主义方法》一文和摘译了其代表作《隐藏的上帝》，吴岳添翻译了《论小说的社会学》（1988）、罗国祥翻译了《马克思主义和人文科学》（1989），等等。与此同时，随着在20世纪80年代对西方现代文学理论，尤其是文艺社会学理论的介绍、移植热潮，戈德曼的发生学结构主

[①] 另说受皮亚杰发生认识论影响。参见［法］戈德曼《马克思主义和人文科学》，罗国祥译，安徽文艺出版社1989年版，第325页。

[②] 该书正式中文译名为《论小说的社会学》（吴岳添译，中国社会科学出版社1988年版）。

[③] 参见［英］戴维·福加克斯《马克思主义文学理论诸流派》，载［英］安纳·杰弗森等《西方现代文学理论概述与比较》，陈昭全等译，湖南文艺出版社1986年版，第161—212页。

[④] ［法］戈德曼：《马克思主义和人文科学》，罗国祥译，安徽文艺出版社1989年版，第325—326页。

义在中国流传广布，客观上对艺术领域发生学研究的发展产生过很大的影响。如林青《法国当代文学批评与戈德曼发生学结构主义》（1987）、陶东风《论戈德曼的发生学结构主义文学史学》（1993）、刘俐俐《社会学方法在文本研究中转换的广阔空间——以戈德曼的文学社会学方法为个案》（2003）、刘月新《论戈德曼的文学解释学》（2009）、刘霞《戈德曼的发生结构主义对于文学批评的意义》（2010）等。而且在不少西方文艺理论（包括马克思主义文艺理论）教程中，戈德曼发生学结构主义都有一席之地，如朱立元主编《当代西方文艺理论（第三版）》（2014）等。因此，戈德曼对中国艺术理论发生学研究影响深远。

三、文本发生学和文献—发生学研究

同样，文本发生学和文献—发生学研究是两个不同的研究方向，也容易缠绕在一起。和前面我们不区分审美（心理）发生和艺术起源发生学研究不同，这里把它们放在一起，恰恰是为了有利于区分二者。

作为学科性的文本发生学起源于40年前的西方文论，是"形式文论"之结构主义发展而来的一种文学研究方法。[①]法国文论家皮埃尔–马克·德比亚齐（Pierre Marc de Biasi）是当代文本发生学的核心人物之一，他的代表性论著《文本发生学》[②]已经翻译出版，并且产生了一定的学术影响力。如龚奎林《"故事"的多重讲述与文艺化大众："十七年"长篇战争小说的文本发生学现象》（2013）就依据文本发生学方法，以自己独特的"文本发生学现象"视角进行研究，取得丰富的学术成果。[③]

关于文本发生学，德比亚齐在其著作的引言中开门见山地指出："通过草稿或准备性资料对作品进行诠释，30年来，这种诠释被称作'文本发生学'或'发生校勘学'。"[④]德比亚齐阐述了这种研究方法的理论史意义："'文本发生学'，这一正在飞速发展的年轻学科，是近30年来校勘方面最重要的新生事物之一。文本发生学通过写作手稿，通过把分析的对象

---

① 参见齐小刚《文本发生学原理及其方法论意义》，《当代文坛》2009年第2期。
② ［法］德比亚齐：《文本发生学》，汪秀华译，天津人民出版社2005年版。
③ 鉴于该著由作者博士论文（2009）修改而来，因此文本发生学实际学术影响的发生要早得多。
④ ［法］德比亚齐：《文本发生学》"引言"，汪秀华译，天津人民出版社2005年版，第1页。

从作者转向作家,从作品转向写作,从结构转向程序,从作品转向作品的起源,来对文本的手稿进行革新。文本发生学通过使其产生并致使它有了最后形式的一系列的提纲和版本,对作品进行客观的分析。其步骤旨在深入作家秘密的实验室中,重建寻找要认识自己的写作的内在空间。为了建立研究材料,出版并解释这些材料,文本发生学便与数码技术和超文本技术结合在一起。""这一综合的方法介绍了文本发生学的历史,技术和方法,并通过对福楼拜的《圣·朱丽叶修士的传说》(Legende de Saint Julienl'Hospitalier)进行具体分析的例子来阐明文本发生学的历史,技术和方法。"①

德比亚齐描述了文学手稿的分析原则:

> 文学手稿的分析原则要求尽可能多地关注作家的写作、行为、情感及犹豫的举动,主张的是要通过一系列的草稿和编写工作来发现作品的文本。是这些草稿和编写工作使文学手稿的分析得以产生,并使它有了最终的形式。什么是文学手稿分析的目的呢?就是为了更好地理解作品:了解写作的内在情况,作家隐秘的意图、手段、创作方法,经过反复酝酿而最终又被删除掉的部分,作家保留的部分和发挥的地方;观察作家突然中断的时间,作家的笔误,作家对过去的回顾,猜想作家的工作方法和写作方式,了解作家是先写计划还是直接投入写作工作的,寻找作家所用过的资料和书籍的踪迹等等。文本发生学使我们进入到作家的秘密工作实验室中,进入一部作品形成时的秘密空间里。发生学给文学评论带来了大量相似且未完成的资料,通过这些资料看作品中的主要秘密和贯穿整个作品的一切想像,要比在书中看得更清楚。文本发生学有点像是在寻找宝藏:这是一项关于材料符号标记的研究,这是一项深入到写作过程中的真正的调查,其计划是要寻找一种形式,出版的书籍通过这种形式能够继续神秘地依靠使其产生的写作过程存在着。②

---

① [法]德比亚齐:《文本发生学》"引言",汪秀华译,天津人民出版社2005年版,第171页。
② [法]德比亚齐:《文本发生学》"引言",汪秀华译,天津人民出版社2005年版,第3—4页。

对比这个描述，中国学者会发现这种重视史料的研究方法并不新鲜。首先，许多中国学者都会采取和熟练使用这种研究方法，甚至可以认为是中国学术的一种传统方法。但客观上也要看到，由于原始材料难得，中国学者的研究多数是"图书馆""数据库"模式，而文本发生学强调的是"档案馆"模式，尤其需要掌握第一手甚至是唯一的原始实体材料和档案。这种研究方法和近一二十年，中国文学史研究出现的"史料学"研究方法比较类似。也正因为原始材料并不为一般研究者所能够轻易接触到，加上电脑写作等新型写作方法和媒介的发展，文本发生学可以适用的范围将会越来越窄，所以说文本发生学学术前景并不乐观。其次，在我国，将发生学和文本、手稿结合起来进行研究的观念很早就有。巩富1991年即发表《文学的发生学批评方法》，该文似乎可以称为中国最早的文本发生学理论主张。巩富说："发生学批评可归结为文学的外部研究。它的手段是多样的，以上不过是几个主要方法。但不管如何，这种批评要求批评者要有严肃、认真的态度，掌握翔实的材料。还要求批评者在批评中一定要注意这么几点：一是作家创作素材的收集情况，二是作家创作冲动的契机，三是作家题材提炼、人物形象塑造的经过，最后是作家对手稿的修改过程。把握了解了这些，才可进行我们的发生学批评。"[1] 遗憾的是，这一文本发生学观念没有得到进一步学科化和原理化。这种现象在中国学术界很普遍，也很可惜，这也凸显了"三大体系"，尤其是学科体系、话语体系建设的重要性和意义。

　　相比文本发生学的考证、校勘特性，文献—发生学基本是一种诠释、阐释特性的发生学。如果把文本发生学视为外来学术资源的话，那么文献—发生学就可以称为本土化的发生学。文献—发生学由学者夏中义创导。2005年，夏中义在《"百年中国文论史案"研究论纲》中将自己始于1995年的研究方法定名为"文献—发生学"："《世纪初的苦魂》（上海文艺出版社，1995年），这是海内外学界第一部尝试用'文献—发生学'方法，来系统探究王国维人本—艺术美学与叔本华哲学之关系的比较美学专著。"[2] 对于文献—发生学方法的实质内涵，夏中义将其分为文献学和心理

---

[1] 巩富：《文学的发生学批评方法》，《内蒙古电大学刊》1991年第3期。
[2] 夏中义：《"百年中国文论史案"研究论纲》，《文学理论研究》2005年第6期。

诠释两个阶段和部分：

"文献—发生学"方法作为一种学术思维原则，其特点在于，对给定个案（它在百年文论史框架中呈示为人格载体，即学者或批评家）的研究须分两步走：

首先是在文献学层面予对象的理论（含批评）以整体性逻辑还原，即从百年文论演化谱系出发去陈述"他是谁"，与先哲和时贤相比，他为学术史—思想史贡献了什么，及其赖以贡献的知识学背景又是什么——这势必要求在文献学层面下苦功，因为你若不细嚼慢咽其主要著述，将无计享有发言权。无怪某些连通读一本书的耐心都没有，便下笔万言的恣肆汪洋者，一般不屑染指"个案"。

但同时又不止于文献学层面的陈述，而是旋即沉潜到心理学层面去探询对象，为何他能在百年文论史的"这一个"时段做出"这一个"理论（含批评），亦即勘探对象的学术行为赖以萌动与展开的直接心理动因——我将此称之为"发生学"研究。假如说，文献学研究旨在陈述对象"是什么"，那么，发生学研究则重在追问对象"为什么"。诚然，文献学研究与发生学研究，本是两种既可独立生成，又能互渗互动的操作水平，但一俟凭借方法的自觉，将上述异质水平的两大环节相耦合，便能使学问的触角坚韧地由表及里，由浅入深，独辟蹊径，别有洞天。①

这解释了为什么"文献—发生学"不能称为"文献发生学"的原因（"文献学研究旨在陈述对象'是什么'，那么，发生学研究则重在追问对象'为什么'"）。简言之，文献—发生学就是，"首先要通过文献阅读，链接出研究对象的学术思想轨迹。对某一文论家做出评判，就要对他不同时段留下的经典或重要文献做'地毯式'搜索和评述。其次，要对同一对象在不同时期的文献进行比较，发现同一对象在不同时段何以呈示学术变异的内驱力，并追问这内驱力的发生机制，由此揭晓蕴结于作者心理动因深

---

① 夏中义：《"百年中国文论史案"研究论纲》，《文学理论研究》2005年第6期。

处的历史基因（密码）"①。

可以看出，文献—发生学基本是一种诠释、阐释特性的发生学方法，但这种诠释因为强调重视被研究者的主体性，在这一点上又非常符合发生学的特性。所以说，文献—发生学是一种本土化的发生学方法。

以上我们重点介绍了当代中国美学、艺术学领域比较有影响的三个发生学研究案例。但在实际上，美学、艺术学领域的发生学研究（包括冠名在"发生学"下起源研究）主要是具体门类艺术史研究，尤其是艺术现象和作家作品研究。在元理论的影响下，发生学研究现已扩展到艺术史（文学史）学科本身的研究，即史学发生学的研究。同时，由于研究问题的路径或侧重点不同，发生学研究也形成了关于对象的历史发生学、系统发生学、结构发生学、现象发生学、认识发生学研究等类型（文本发生学其实也属于具体类型）。在此不赘述。

文艺理论史方面的发生学研究，虽然起步不晚，但并不是很多。1997年，斯洛伐克汉学家玛利安·高利克的《中国现代文学批评发生史（1917—1930）》就已经翻译出版；② 2007年，庄桂成出版《中国文学批评现代转型发生论：1897—1917年间的中国文学批评生态研究》；③ 2008年，傅莹出版《中国现代文学理论发生史》；④ 等等。这些著作虽然具有发生学研究意识，但没有严格界定和遵循发生学方法。此后情况有所改变，2014年，王齐洲的《中国古代文学观念发生史》就是有明确发生学方法论界定和遵循的学术著作。⑤ 但即便如此，在中国文艺理论（尤其是中国马克思主义文艺理论发展史）中，真正的发生学研究并不多，所以有很大的发展空间。

---

① 夏中义、李圣传：《百年文论史案与"美学大讨论"——上海交通大学博士生导师夏中义先生访谈》，《社会科学家》2014年第7期。
② [斯洛伐克]玛利安·高利克：《中国现代文学批评发生史（1917—1930）》，陈圣生等译，社会科学文献出版社1997年版。
③ 庄桂成：《中国文学批评现代转型发生论：1897—1917年间的中国文学批评生态研究》，中国社会科学出版社2007年版。
④ 傅莹：《中国现代文学理论发生史》，上海文艺出版社2008年版。
⑤ 王齐洲：《中国古代文学观念发生史》，人民文学出版社2014年版。

第三节　马克思主义发生学方法

回到中国马克思主义文艺理论研究发生学方法本身。这种方法到底是什么方法？它是独立于马克思主义方法论（唯物辩证法）而存在，还是等同于抑或隶属于唯物辩证法？它有没有自己独特、具体的内涵？在本课题研究中有无一些特殊的规定性？关于这些，我们在本节进行探讨。

一、关于马克思主义发生学方法

自20世纪80年代以来，用发生学方法研究马克思哲学或者马克思主义的理论问题，和对马克思主义发生学进行研究是一体两面。关于"用发生学方法研究马克思哲学或者马克思主义的理论问题"，有冯平《发生学的方法，功能性的定义——马克思"人的本质"理论之新见》（1987）、高惠珠《从哲学发生学的视野看实践唯物主义前景》（1990）、张一兵《列宁"哲学笔记"传统研究模式的发生学研究》（2008）、王华英《历史发生学视域下的马克思技术思想》（2008）、高磊博士论文《〈讲话〉的发生学研究》（2009）、陈留根《以发生学方法架构早期马克思主义中国化研究》（2009）、尹占文《中国人为什么接受马克思主义：发生学的再思考》（2014）、彭树涛博士论文《中国梦的发生学维度研究》（2018），等等。这样的研究很多，这里不做综述分析，我们把重点放在"马克思主义发生学"本体论研究方面。①

40年来，中国马克思主义发生学的研究，和常见的正反合三段式不同，走的是反正合的三段式。早在20世纪80年代，俞吾金在最早提出"哲学发生学"（1986）时，虽然涉及马克思对哲学是如何发生问题的阐释，但并没有正面提及马克思主义发生学的问题，也就是说"马克思主义发生学"并没有以正题的形式先出现。即便是后来延续俞吾金观点的高惠珠《从哲学发生学的视野看实践唯物主义前景》（1990）一文，也没有进入正题阶段。相反，王振武在《认识定义新探》（1986）中，从"选择性是认识固有的本质属性"出发，明确以"发生认识论给我们的启示"为路径，提出了选择性认识论为核心的新的认识定义，认为"新的认识定

---

① 本节所说马克思主义发生学研究均为当代中国的研究。

义"具有"主体性""中介性""目的性""创造性"等一般性质和具体内容。王振武认为："新的认识定义的提出，是人类认识自我反思发展的合乎逻辑的结论和现代科学技术发展的必然要求。从反映到选择，标志着认识论研究的重点由客体转移到主体，由知识客观性转移到相对性，由宏观一般规律转移到微观的具体机制，由认识的静态结果转移到动态的发生、发展过程。这是人类认识自我反思道路的新的起点。"[①] 这种"从反映到选择"（及其背后"选择哲学"的理论渊源），把马克思主义认识论的实质定性为（主体）选择，进而批评和放弃列宁反映论的观点，引发赵璧如、王丕、王天林、廖小平等人，围绕着皮亚杰发生学认识论和列宁反映论认识论进行了一场较大规模的讨论。[②] 因此，"马克思主义发生学"是以反题的形式先出现的。当然这是相对而言的一种说法。因为同时期，冯平在《发生学的方法，功能性的定义——马克思"人的本质"理论之新见》(1987)中，认为马克思在关于"人的本质"的认识上，"用历史发生学的方法来研究人的本质，开辟了一条认识人的本质的科学之路"。只不过他界定的马克思的发生学方法基本是进化论发生学："发生学方法，是从胚胎发生发育角度来研究事物的方法。它强调对象的存在及其本质是一种由低级向高级不断演进的过程，否定任何既成不变的存在物。无论是马克思的探索过程，还是其思想发展过程，最后所达到的结论，都充分体现了发生学的方法。"[③] 但这种论述也具有正题的意义。

围绕着皮亚杰发生学认识论和列宁反映论认识论的争论，主要集中在主客体这个原则问题的分歧上。后来的学者也普遍认识到，不论强调主客体哪一方面都不构成对另一方面的否定，二者是相辅相成的。皮亚杰发生学认识论的辩证性和客观性，其与辩证唯物主义认识论相一致的方面逐渐为大家所认识，比如皮亚杰的发生学认识论原理中的"同化"理论，就非常类似外因通过内因起作用分析的辩证思维方法。因此，皮亚杰发生学认

---

① 王振武:《认识定义新探》,《哲学研究》1986年第4期。
② 参见赵璧如《列宁的反映论和皮亚杰的发生认识论》(《心理学探新》1987年第2期)、《再论列宁的反映论和皮亚杰的发生认识论》(《中国社会科学》1988年第5期)，王丕、王天林《列宁反映论的实质之我见——与王振武同志商榷》(《心理学探新》1988年第3期)，廖小平《"选择哲学"的理论背景及其内在缺陷》[《长沙水电师院学报（社会科学版）》1991年第1期]等文章。
③ 冯平:《发生学的方法，功能性的定义——马克思"人的本质"理论之新见》,《求是学刊》1987年第1期。

识论对于整个认识论、对于马克思主义反映论认识论的重大理论贡献和意义为大家所接受、认可。①只不过大家对于发生学认识论是归整于马克思主义认识论还是"发展""补充"了马克思主义认识论,有不同的看法。②

进入21世纪后,"马克思主义发生学"开始进入正题、合题论证阶段。

2005年,唐正东在《从预设论到内生性历史发生学——马克思主义哲学史研究方法反思》中,初步涉及马克思主义发生学的一种形态——内生性历史发生学。唐正东不同意有的学者主张的,从逻辑脉络中的历史与编年意义上的历史之间的积极互动来深化对思想史的研究的方法,他认为这是根据唯物论加辩证法这个基点倒过来追求历史同一性的方法,这种方法深受苏东教科书模式的影响,是"把马克思复调式的哲学发生路径还原成某种同一性的线索"。他强调要超越当下时间性和立场的"预设论历史观",主张一种内在性历史发生学方法——"用一种彻底实证的文本分析法,来解读一个其本身就有内在逻辑的思想史对象"。他的理论前提是历史是有逻辑的(有别于福柯),"只有从彻底的文本分析出发,才能真正把握住马哲史的内在逻辑以及深层内涵。这就是我们所主张的内在性历史发生学的解读方法"③。近些年,在马克思主义文艺理论研究领域,胡亚敏的文本群研究方法就可以视为一种内在性历史发生学研究方法。

到了2007年,张乃和在《发生学方法与历史研究》中,从思想史的角度,通过梳理西欧近代发生学方法(实证的发生学方法和思辨的发生学方法)之间的内在矛盾,明确了唯物辩证法的发生学方法对之前发生学方法的超越意义,再结合马克思的经典文本,得出了"可以把唯物史观和唯物辩证法称为历史发生学和历史细胞学"的马克思主义发生学基本内涵的结论,以及回溯式研究方法和前瞻式叙述方法是马克思主义发生学具体方

---

① 参见钟天祥《"主体性认识论"的谬误》[《辽宁教育学院学报(社会科学版)》1990年第2期]、王玉樑《论反映与建构——辩证唯物主义反映论与皮亚杰的建构说辨析》(《甘肃社会科学》1991年第1期)、亓子杰《皮亚杰发生认识论的重大贡献》[《石油大学学报(社会科学版)》1992年第4期]、戴建秋《皮亚杰发生认识论研究——基于马克思主义认识论的分析视角》(硕士学位论文,安徽大学,2013年)等文章。

② 参见周和岭《列宁的反映论原则与发生认识论的贡献》,《安徽省委党校学报》1989年第4期。

③ 唐正东:《从预设论到内生性历史发生学——马克思主义哲学史研究方法反思》,《学术月刊》2005年第10期。

法的认识。他说："马克思以唯物史观和唯物辩证法为基础，把回溯式研究方法和前瞻式叙述方法有机结合起来，把结果与起源、静态与动态、结构与变化辩证统一起来，从而全面贯彻了唯物史观和唯物辩证法的原则，创立了马克思主义的发生学方法。"文章最后说："因此，马克思主义的发生学方法就是对现实及其发生前提和发生过程进行研究的方法。可以简单概括为'两点加过程'的研究方法，两点就是所研究对象得以发生的起点和终点，过程就是从起点到终点的生成转化。但是，在具体运用这一方法时，我们应当注意避免简单化和教条化。"[1]简言之，张乃和认为马克思主义发生学方法就是唯物辩证法，具体方法就是回溯式研究方法和前瞻式叙述方法的有机结合，也就是"两点加过程"的方法。

张乃和的论述是目前所见对马克思主义发生学本体论和方法论最完整、最深入的论述。他对于发生学词源、发生学和辩证法关系认识的考证，成了后来许多发生学研究尤其是马克思主义发生学研究的重要参考和依据。[2]

本书在这里没有借鉴其关于发生学起源的考证（如前所述"也有研究者从纯自然科学发生学学科的角度考察发生学的发生，认为'发生学'学科是英国生物学家W.贝特森（W. Bateson，1861—1926）于1906年根据希腊语'繁殖'（generatione）一词正式命名的"），而是独自从进化论发生学寻根溯源，为发生学另外确立了一个源头。但本书认可张乃和关于马克思主义发生学方法就是唯物辩证法，主要是逻辑和历史相统一方法的认识。他说，"马克思主义的发生学方法把历史的过程与结构有机结合起来，把逻辑与历史、规范与实证辩证统一起来"，马克思主义发生学"具有科学性、革命性和实践性特征，在马克思主义的历史研究方法体系中处于支配地位。然而，这并非意味着它是历史研究的唯一方法"。[3]虽然张乃和将马克思主义发生学方法具体化为"两点加过程"的方法，体现出"唯物辩证法—逻辑与历史统一的方法—'两点加过程'的方法"这样一个认识逻

---

[1] 张乃和：《发生学方法与历史研究》，《史学集刊》2007年第5期。
[2] 如李国泉《马克思历史规律理论的当代诠释》（中央编译出版社2019年版）第一章"马克思历史规律理论的发生学考察"，彭树涛、李建强《马克思主义发生学方法的超越及意义》（《思想战线》2019年第1期），杨令飞《法国新小说发生学》（人民文学出版社2012年版），等等。
[3] 张乃和：《发生学方法与历史研究》，《史学集刊》2007年第5期。

辑和路径规划，但本书认为"两点加过程"的方法归纳有点简单，而且容易落入前面唐正平所提出的"把马克思复调式的哲学发生路径还原成某种同一性的线索"的窠臼（当然还有别的不足）。

因此，接下来，我们就在其基础上，基于中国马克思主义文艺理论发生学研究的视角，对马克思主义发生学具体方法做进一步的确定。

二、中国马克思主义文艺理论发生学研究的具体方法

既然在性质上，马克思主义发生学方法就是唯物辩证法，是逻辑与历史统一的方法，是结构和主体统一的方法，是实证与思辨统一的方法，那么马克思主义发生学的具体方法也就隐藏在其中。而唯物辩证法是一个庞大的方法论系统，在其中，我们自然还需要进一步确定具体的方法。我们认为，内外因辩证方法是最适合中国马克思主义文艺理论发生（尤其是缘起问题）学研究的方法。

唯物辩证法内外因辩证原理认为，事物的内部矛盾（即内因）是事物自身运动的源泉和动力，是事物发展的根本原因，外部矛盾（即外因）是事物发展、变化的第二位的原因；内因是变化的根据，外因是变化的条件，外因通过内因起作用。

内外因辩证方法为什么是中国马克思主义文艺理论发生学研究最适合的具体方法？

第一，这主要是因为，中国马克思主义文艺理论发展史研究作为历史研究，它的主要任务和素养就是历史阐释和历史描述（历史叙事）。一般历史问题的研究，历史描述和历史阐释先后顺序并不需要严格区分。但对作为缘起问题的研究，历史阐释往往需要放在首要的位置。我们需要严格区分缘起研究和源起（起源）研究。起源问题上的发生学研究是缘起研究，不是单纯的起源学研究。发生学和起源学二者的区别和联系我们在前面已经介绍过。而所谓缘起研究，就是对事物发生的内外因进行阐释，主要阐释从 0 到 1 的问题，从无到有的问题，而不是先对事物发生现象和发展过程进行历史描述。当然历史描述（历史叙事）也是我们所需要的，尤其是在中国马克思主义文艺理论后来不同发展阶段的研究上（甚至会反过来成为主要的或者第一性的研究任务）。所以说，发生学研究的主要任务（历史阐释）的主要对象就是事物或现象发生的内外因。而且，重视发生

发展的历史条件、时代背景和个人禀赋问题，也是中国马克思主义文艺理论发展史研究尤其是缘起研究的优良传统。

第二，内外因辩证方法强调外因必须通过内因起作用。过去有种观点，由于过于看重中国马克思主义文艺理论发生和发展过程中的外源性因素，得出了中国马克思主义文艺理论"非中国性"的认识，这就是违反内外因辩证方法研究得出的一个错误结论。当然，这种认识有其极端化的特点，也有时代学术语境和学术思维（比如为了追求创造性而过于贬低自己的创造性）的原因。葛红兵在其《20世纪中国文艺理论批评史反思》中就提出："我的观点是20世纪中国文艺理论史基本上是一部外国文艺理论的引进史，而不是一部文艺理论的创造史。我的意思是说，中国20世纪文艺理论史缺乏理论上的原创性，因而缺乏独立的理论品格。"[①] 其本意是强调我们的文学批评理论需要原创性，只是有点矫枉过正。相似的还有对中国马克思主义文艺理论"非实践性""非文学性"性质的认识，都与没有很好把握外因、必须通过内因起作用的"必须"性有关。当然，内因和外因是相互依赖、相互联系的，在一定条件下还可以相互转化。但不论如何，在中国马克思主义文艺理论缘起问题的研究上，尤其需要重视内因的研究。至于中国马克思主义文艺理论自身主体性形成之后，内因（内部逻辑）更是成为中国马克思主义文艺理论发展的主要原因和动力。

第三，中国马克思主义文艺理论缘起问题发生学研究的重点是内因，那它具体指的是什么或哪些呢？从本书来讲，中国马克思主义文艺理论发生的内因，指的就是中国马克思主义文艺理论发生时的认识基础和思想观念。过去我们的一些研究，把中国马克思主义文艺理论的发生视为马克思主义在中国传播的结果。这也是把外因当作了主因，而且许多情况下因果关系是倒置的（外因当作内因）。比如对于资本主义和帝国主义的批判，马克思主义在中国传播之前就已经长期存在。同样的，现代人学（包括政治人学和艺术人学）、新历史观（包含唯物主义性质的历史观）、国民观、民族国家观、革命话语甚至阶级斗争理论等许多后来进入中国马克思主义文艺理论的观念，其实都在马克思主义在中国传播之前就已经存在了。但

---

① 葛红兵：《20世纪中国文艺理论批评史反思》，载《中国文学的情感状态》，山东文艺出版社2008年版，第110页。

这种存在不是一种单纯性、共时性的存在，它是一种历时性的存在，是思想发展逐渐累积下来的，因此，借用顾颉刚的"古史层累说"，我们把中国马克思主义文艺理论发生时国人的认识基础和思想观念统称为"思想层累"，寓意它是一层一层累积下来的。"思想层累"就是我们发生学要研究的主要内因，是发生学研究历史阐释的主要对象，也是本书的主要研究内容。当然，中国马克思主义文艺理论发生时的认识基础和思想观念存在着各种各样的具体情形，一种是之前就有，马克思主义传播之后内涵出现变化的思想观念，比如社会主义、革命、阶级；一种是之前之后都有，但内涵上没发生变化的思想观念，比如民族；一种是之前没有，之后才有的马克思主义思想观念，比如唯物史观、意识形态、奥伏赫变。这个需要我们在历史阐释中具体把握。

至此，我们可以把要采用的具体的中国马克思主义文艺理论发生学方法表述为：它遵循"唯物辩证法——逻辑与历史统一的方法（与黑格尔辩证法不同，马克思辩证法最终统一于历史而不是逻辑）——'内外因辩证方法'"的方法论逻辑层次，由历史阐释（分析的方法）再到历史描述（实证的方法）的形态，共同组成的一个发生学方法论体系。

这可能会引起疑问：既然这样表述，为什么不直接说唯物辩证法而非要从发生学角度绕过来呢？这里我们就需要回到前面关于发生学方法与唯物辩证法的优势认识上，因为它是我们发生学研究合理性所在。

当然，在明确了中国马克思主义文艺理论发生学研究方法"是什么"之后，我们还可以从它"不是什么"的规定性中来加深理解。综合前述，可以认为，发生学方法不是后视角或者上帝视角的全能（知）主义；不是预设论即框架论（即削足适履地使用和解释历史材料），也代表着一定程度上的反结构主义（结构主义认为整体对于部分有逻辑上的优先性）和各种范式论（以各种知识型来阐释历史）；反对视研究对象为单纯客体（性），尊重对象的主体性（类似"现实主义最伟大的胜利之一"）和内生动力；不是单一的线性描述；等等。而这些"不是"（或者"反对"）就是异于既往中国马克思主义文艺理论研究常见的方法。这样，从"是"与"不是"两个方面，我们能够建立对于中国马克思主义文艺理论发生学研究方法的基本认识。

第二章　唯物史观与中国马克思主义文艺理论科学性的发生（上）

黑格尔从客观唯心主义历史哲学出发，认为历史悠久、古老平静的中国是一个没有历史的国度。这里的历史指的是跃升式发展的历史，并不是时间上的循环历史，相反，黑格尔认为中国是最早出现信史的国家。① 而黄炎培的"历史周期律"和金观涛、刘青峰的"中国社会超稳定结构"等说法与黑格尔的这一认识有点类似。遗憾的是，黑格尔这个认识形成于19世纪20年代初期，他一方面没有看到中国社会早熟的一面（如郡县制、科举制、最早使用纸币等现代性事件和宗教神学不发达、社会精英一直占据主导地位等）；另一方面没能看到稍晚一点，自第一次鸦片战争开始，中国近现代社会发生的巨大历史变化，否则不会形成这样一个让后来中国人焦虑的观点。

对于中国近现代社会思想、历史的发展而言，历史观的变革至关重要。因为许多思想发展、社会运动、政治事件的发生都有着对应的历史观的重大变革，甚至主要是由新历史观推动发生的。因为当时人们对于历史观的理解就是等同于社会观、人生观、经济观、政治观等，如李大钊说："马氏述其历史观，却关联历史和社会。"② 当然，这里所说的历史观，不是泛化的历史意识，比如《三国演义》的开场白"天下大势，分久必合，合久必分"，而是指历史哲学意义上，主要呈现为理论形态的历史观。"在中国，严格意义上的历史观可以说只有现代才有，而现代历史观又是在引

---

① 参见［德］黑格尔《黑格尔全集：世界史哲学讲演录（1822—1823）》第27卷第Ⅰ分册，刘立群等译，商务印书馆2014年版，第114—115页。
② 李大钊：《马克思的历史哲学》，载钟离蒙、杨凤麟主编《中国现代哲学史资料汇编·第1集第8册·唯物论和唯物史观反对唯心史观的斗争（上）》，辽宁大学1981年版，第12页。

进西方历史哲学的基础上形成的。"①因此，我们这里所说的历史观尤其是主流历史观，指的都是历史哲学意义上的历史观。当然，凡事无绝对，中国古人也有抽象思维，并不缺乏抽象思考历史的能力，也有自己的历史哲学，只不过常以"君子曰"等之类的形式出现，②而缺乏西方历史哲学那种理论形态而已。③

中国近现代主流历史观发生过巨大变革。从晚清地主阶级改良派的天变道不变、道在器中的变易史观，到历史主义、理性主义的资产阶级维新派的进化论史观（中间还经历过从天演论到进化论两个阶段），再到资产阶级革命派的革命史观、民生史观，最后到马克思主义的唯物史观，中国近现代主流历史观在短短数十年之内发生了数次根本性变革，这极大地影响甚至决定了中国近现代社会的思想发展和历史进程。④

唯物史观是马克思的两大天才发现之一，是马克思主义的哲学基础，在马克思主义理论体系中具有核心地位。而唯物史观在中国最终主流地位的确立，第一是中国近现代历史观自我演化、变革的结果，它是在进化论史观、革命史观的基础上形成的。李泽厚在《中国现代思想史论》中也说："由进化论走到唯物史观，在中国知识群中，是顺理成章，相当自然的事。李大钊、陈独秀当年便是如此。李大钊在成为马克思主义者以前，歌颂着'青春''今'，呼喊着'新的、旧的'，追求进步，肯定进化。""人所共知，鲁迅在成为马克思主义者以前，也是进化论的信徒。"⑤第二是由唯物史观在马克思主义理论体系中的性质和地位所决定的。1921年1月21日，毛泽东在致蔡和森的信中说："唯物史观是吾党哲学的根据，这是事实。"⑥第三是马克思主义在中国传播的结果。"马克思主义传入中国后，

---

① 黄敏兰：《学术救国——知识分子历史观与中国政治》，河南人民出版社1995年版，第14页。
② 参见瞿林东主编《中国古代历史理论》上卷，安徽人民出版社2011年版，第16页。
③ 中外不少学者认为中国古代只有史学和史学观，没有历史观。参见雷戈《史观考——试论中国古代"历史观的空白"》，《学术月刊》2001年第5期；谭元亨《中国历史哲学演进新析》，《现代哲学》1994年第4期。
④ 这里的主流历史观主要指的是与历史进程有紧密联系的历史观。中国近现代史上由知识分子建立的历史观很多，包括章太炎的"俱分进化论"，常乃德的"生物社会史观"，朱谦之的"生命史观"，冯友兰的"新理学史观"，以及雷海宗、林同济的"文化形态史观"等，都不在我们讨论的范围。
⑤ 李泽厚：《中国现代思想史论》，东方出版社1987年版，第149页。
⑥ 毛泽东：《致蔡和森》，载中共中央文献研究室编《毛泽东书信选集》，中央文献出版社2003年版，第11页。

首先被传播和为人们所普遍熟知的是唯物史观。"① 马克思主义进入中国后，社会主义学说（阶级斗争和唯物史观）、政治经济学（剩余价值理论）、辩证唯物主义是依次传播开来的，并最终在20世纪30年代中后期完成马克思主义中国化。

唯物史观是中国马克思主义文艺理论的第一块基石，即最早、最主要、最重要的规定性之一，② 也是中国马克思主义文艺理论发生、确立的重要标志之一。如果没有唯物史观及其作为主流历史观地位的确立，就不可能有唯物史观文艺学即中国马克思主义文艺理论的发生与确立。因此，梳理、描述中国近现代主流历史观的发展，唯物史观的确立，唯物史观文艺学创立的过程，是中国马克思主义文艺理论发生学研究的第一项任务。

第一节 从变易史观、维新史观到革命史观：中国近现代历史观的变迁

中国古代历史观的主要问题式是天人关系，因此最先形成的历史观是自然主义的天道不变的天道史观和实质是社会本位的天命史观（天命也可以理解成天道的一面），后来的历史观基本上是二者演化的不同结果，比如春秋战国之际形成的伦理史观、宋明天理史观等。③ 所以，历史学家瞿林东在谈及中国古代历史观念的几个重要问题时认为："天人关系是探讨社会历史的存在及其所发生的种种变化，是'天命'安排的，还是社会历史中的人和人事决定的，这是社会存在和社会意识的关系。"④

围绕着天人关系不同辩证法要素的强调（比如对"人"这个要素，又

---

① 陶德麟、何萍主编：《马克思主义哲学中国化：历史与反思》，北京师范大学出版社2007年版，第19页。
② 学界一般认为马克思主义最先传入中国的是唯物史观。参见郭建宁《近代中国哲学历史观的演进与变革》，《长沙水电师院学报（社会科学学报）》1994年第4期；单继刚《社会进化论：马克思主义哲学在中国的第一个理论形态》，《哲学研究》2008年第8期。
③ 关于古代历史观发展脉络，有不同的归纳。如谭元亨《中国历史哲学演进新析》（《现代哲学》1994年第4期，第77—80页）认为："中国历史观是循着如下轨迹演进的：自然史观→伦理史观→佛教的本体论史观→实用理性史观→唯物史观。"
④ 瞿林东：《天人古今与时势理道——中国古代历史观念的几个重要问题》，《史学史研究》2007年第2期。

因为强调社会性、自然性、主体性的不同而形成不同的历史观），中国古代形成了丰富多样的具体的历史观："有老子的复古史观、阴阳家的循环史观、韩非朴素的进化史观、《周易》的变易史观、墨子的圣王史观、孟子的重民史观等。"① 这些历史观又可以进行分类，"从中国古代历史发展变化的动因看，由于其动因有天人之分，中国古代的历史观有天命史观、圣王史观和民众史观等；从中国古代历史发展变化的方向看，中国古代的历史观有循环史观、进化史观、复古史观等；从中国古代历史发展的必然趋势看，中国古代的历史观有'大一统'史观等"②。

其中，天命史观发源较早，甲骨卜辞以及青铜鼎器铭文上多次出现"受命于天"的刻辞，《尚书》明确记载着"天命"的字眼。天命史观后来经过汉代董仲舒的阐释，为中国历代封建王朝的建立提供了合法性基础，但也为后一个王朝推翻前一个王朝提供了合法性依据。"古代的天命史观往往与历史循环论相互补充。"③ 因此，结合着历史轮替，致"以人随君、以君随天"（董仲舒《春秋繁露》卷二）的天命史观和循环史观成为中国传统历史观的主流。④

两千年固然如此，但其他历史观仍旧留存，一旦时机到来，它就会从历史的指缝间流出成为主流历史观，比如中国近现代历史就为变易史观、民生史观、古代朴素的唯物史观、主体性史观、经世致用史观走到历史前台提供了历史契机。也就是说，这些古老的历史观就成为近代变易史观、维新史观（包括托古改制史观和天演—进化论史观）、革命史观和唯物史观等主流历史观接续发生发展的重要内因。

一、近代变易史观

自明清以来，传统的天命史观就受到学者的不断校正或者批评，这既有来自阳明心学一脉、以主体性人文主义思潮为主的批判（以戴震为代表），也有来自明末清初唯物主义、民本主义、启蒙主义思潮的充实和发

---

① 李修贵：《浅谈中国古代的历史观》，《沧桑》2009 年第 6 期。
② 李修贵：《浅谈中国古代的历史观》，《沧桑》2009 年第 6 期。
③ 黄玉军：《西学传入及对晚清历史观的影响——从天命、循环史观到进化史观的转变》，《济宁师范专科学校学报》2003 年第 2 期。
④ 这是一种简而化之的说法。中国古代历史理论是非常丰富和复杂的，参见瞿林东主编《中国古代历史理论》三卷本，安徽人民出版社 2011 年版。

展（以王夫之为代表）。在这两种思潮的影响下，以公羊学派为代表，清代前期、中期就开始了对天命史观的批判，到了清代中叶，"天"的内涵逐渐被"社会""人心"替换，从而为清代晚期（第一次鸦片战争前后）变易史观以及后来的第一阶段维新史观（托古改制公羊史观）的出现创造了条件。① 刘逢禄、龚自珍、魏源、廖平、康有为等都是清代治《公羊》学乃至开创今文学的代表性人物。

第一次鸦片战争前后，在内忧外患的情况下，中国社会进到了一个剧烈转型的历史时期，社会思潮也在发生巨大变化。在这个背景下，诞生了林则徐（1785—1850）、龚自珍（1792—1841）、魏源（1794—1857）等一批最早放眼看世界、主张变法更制、变古便民、提出变易史观的思想家。

比如龚自珍认为，"自古及今，法无不改，势无不积，事例无不变迁，风气无不移易"（《上大学士书》），反对"率由旧章"（《复林若州言时务书》），力主"通乎当世之务"（《对策》）。龚自珍针对封建顽固派拒绝任何社会变革、指责要求变革的人"嚣嚣然争言改法度"（《拟言风俗书》），他尖锐指出，"一祖之法无不弊"，强调"穷则变，变则通，通则久"（《乙丙之际篇议第七》），并据此提出了系列改革主张。

而见识过第一次鸦片战争的魏源则眼界更为开阔，不仅撰写了第一部中国人自己介绍世界各国历史、地理、经济、军事、科技、文化、宗教等各方面情况的巨著《海国图志》，还提出"师夷之长技以制夷"等著名主张。魏源同龚自珍一样，强调变革，他说："天下无数百年不弊之法，无穷极不变之法，无不除弊而能兴利之法，无不易简而能变通之法。"（《筹鹾篇》）魏源不仅认为变是永恒的，"五帝不袭礼，三王不沿乐""三代以上，天皆不同今日之天，地皆不同今日之地，人皆不同今日之人，物皆不同今日之物""故气化无一息不变者也……势则日变而不可复者也"，还甚至提出了顺应民众的变易方法，"变古愈尽，便民愈甚。……天下事，人情所不便者，变可复，人情所群便者，变则不可复"，非常重视民众的意愿和作用。（《默觚下·治篇五》）②

---

① 参见茭公《从天命史观向社会进化史观的过渡——论清代学人为中国社会自我演变所做的史观准备》，《南京大学学报（哲学·人文科学·社会科学）》2005年第6期。
② 参见郭建宁《近代中国哲学历史观的演进与变革》，《长沙水电师院学报（社会科学学报）》1994年第4期。

但龚自珍、魏源的变易史观是基于公羊三世说，因此他们的历史观具有循环史观的特性。比如龚自珍依据公羊三世说（董仲舒在今文经《春秋公羊传》中把春秋时期分为"有传闻世""有闻世"和"有见世"三个阶段，后来东汉何休在《春秋公羊传解诂》中又把它们分别称为"据乱世""升平世"和"太平世"）并加以改铸，把每一个朝代的历史都分为"治世""衰世"和"乱世"三个阶段，并认定当时的清王朝已经由"治世"堕落到"日之将夕，悲风骤至"的"衰世"。魏源同样深受公羊三世说的影响，将历史的演变分为"三世"，即"太古""中古"和"末古"，"三世"呈现为周而复始的历史循环过程。在魏源看来，当时历史已进入了"三世"中的"末古"（末世）阶段；在此阶段，积弊丛生、沉疴已久，因此，社会急需来一场"何不借风雷，一壮天地颜"（《北上杂诗》）的变革图新运动，即"变古便民"运动。①

不仅如此，龚自珍、魏源的变易史观还有坚持"势变道不变""道在器中"的不变成分，因此，在本质上，他们的历史观仍旧属于传统的天道史观、天命史观、循环史观范畴，并没有脱离地主阶级改良派历史观的性质。但尽管如此，他们的变易历史观还是拉低了天朝上国的身段，正视世界历史正在发生的变化，坚持"道在器中"又主张道器分离，为后来重视器物发展的地主阶级改良派洋务运动的发展起到了重要推动作用。变易史观和后来的"中体西用"等认识，在中国近现代历史上都发挥了重大的思想启蒙作用，其历史价值值得我们肯定。

二、维新史观

龚自珍、魏源之后，19世纪中期，王韬、黄遵宪等人由于漫游或者出使欧洲、日本，在他们介绍西方民主政治的同时，也提出了弱肉强食等竞争历史观，只不过还没有使用进化等概念。到19世纪末，虽然洋务运动取得了一些成绩，但伴随着中国社会危机进一步深化以及西学的进入，中国思想界要求进行制度层面变革的资产阶级思想开始出现，于是资产阶级改良派维新史观登上历史舞台，先后形成了托古改制史观、天演—进化论

---

① 参见陆玉胜《近代历史观的变革与启蒙》，《太原师范学院学报（社会科学版）》2019年第5期。

史观，这些史观推动了资产阶级维新运动的发生。

（一）托古改制史观

康有为历史观可以分为前后两个时期，前期是一种由近代变易史观、公羊史观向进化论史观过渡的托古改制史观。康有为最负盛名的三部著作中的《新学伪经考》《孔子改制考》都完成于1891年前后，也就是诞生于甲午海战之前，《大同书》虽然成书略晚，但也早在1884年就开始写作酝酿。在这些著作中，康有为提出了托古改制史观。康有为首先将儒家经典做了真伪区分。他站在今文经学派的立场，在《新学伪经考》中指出，《毛诗》《古文尚书》《逸礼》《左氏春秋》都是西汉末年刘歆为了"佐莽篡汉"的政治需要而伪造出来的。它根本不是孔子的真经，是为王莽新朝服务的"新学伪经"。故康有为宣称："阅二千年岁月日时之绵暖，聚百千万衿缨之问学，统二十朝王者礼乐制度之崇严，咸奉伪经为圣法。"（《新学伪经考·序》）康有为否定了东汉以来的儒学，也包括程朱理学，也就彻底否定了儒家政治思想赖以生存的重要理论基础——古文经学，从而将孔学与古文经学做了切割，再着力恢复孔学的"本来面目"。康有为认为《春秋》一书的宗旨在改制，《易经》的精神在强调"变易"（"穷则变，变则通，通则久"），从而把孔子塑造为彻底的变革家和革命者。这就是康有为的托古改制史观。虽然它在形式上是公羊学史观的延续，康有为将《春秋公羊传》所言的"有传闻世""有闻世"和"有见世"分别称为"据乱世""升平世"和"太平世"，但"康有为的三世说，是一种明确的进化论"，[①]也就是说，康有为虽然拖着一个传统天命史观和循环史观的"尾巴"，但其实质已经是资产阶级改良性质的维新史观。当然，它有别于后一阶段康有为明确的进化论史观。类似康有为历史观发展情况的还有不少，比如谭嗣同、前期的章太炎等。

（二）天演—进化论史观

1894年甲午海战失败，宣布了地主阶级改良派洋务运动及变易史观、资产阶级托古改制史观的失败。因此，甲午海战前后开始，严复（1854—1921）、康有为（1858—1927）、梁启超（1873—1929）开始宣传天演—进

---

① 荚公：《从天命史观向社会进化史观的过渡——论清代学人为中国社会自我演变所做的史观准备》，《南京大学学报（哲学·人文科学·社会科学）》2005年第6期。

化论史观。

　　1894年前后，严复着手翻译赫胥黎的《进化论与伦理学》即《天演论》一书。译稿先在学者群中流传，梁启超就是最先看到全部译稿的人之一。很快，天演论史观产生了很大的影响。严格意义来讲，"天演论"就是进化论。但由于"天演"这个词是个本土的、中性的中译词，出现得比"进化"早，"进化"是个日译词，具有主观正向性；加上严复对天演论"物竞天择、适者生存"的社会进化论阐释和对原著的曲译（也包括意译、缩写），《天演论》一书后来又成为中学教材，对维新思想家、辛亥志士和新文化运动领袖（乃至早期中国共产党人）三代知识分子产生过旷世影响，所以，天演论又具有有别于进化论的特殊意义。此外，近来有学者在康有为进化论史观是否受过严复天演论史观影响、[①] 天演论史观是否等同于进化论史观、"进化"是不是"evolution"的正确翻译等问题上有不同看法，[②] 因此，"天演论"及其史观的独立理论价值日益受到重视。与此相应，这里把天演论史观和进化论史观并列，并不笼统地归并在进化论史观名下，只是为了反映学术界对"天演论"史观独立价值的新的认识情况。当然，这两种史观和托古改制史观一样，都同属于资产阶级改良性质的维新史观，而维新史观是资产阶级改良主义的理论基础之一。尽管从后来的视角，这些历史观都可以称之为庸俗或机械进化论，但在当时已经是很先进的历史观了，是当时中国新兴资产阶级和封建专制主义进行思想斗争的重要武器，产生了巨大历史作用，具有巨大历史价值和意义。

　　鲁迅说严复"究竟是'做'过赫胥黎《天演论》的，的确与众不同，是一个十九世纪末年中国感觉锐敏的人"[③]。严复认为中国要"自强保种"（《译天演论自序》），只有向西方资本主义国家学习。为此，他翻译了许多西方资产阶级的哲学、经济学和社会学的名著，其中影响最大的是《天演论》。1895年，严复发表了《原强》一文，简要地介绍了达尔文的进化学

---

① 参见李合亮《中国近现代哲学的历史观》，《聊城大学学报（社会科学版）》2007年第1期；黄玉军《西学传入及对晚清历史观的影响——从天命、循环史观到进化史观的转变》，《济宁师范专科学校学报》2003年第2期。
② 参见张国荣《从"天演"到"进化"——清末民初进化论观念的生成与传播》，《淮北师范大学学报（哲学社会科学版）》2013年第3期。
③ 鲁迅：《热风·随感录二十五》，《鲁迅全集》第1卷，人民文学出版社2005年版，第311页。

说，提出了著名的"物竞天择"的说法，而他所译述的《天演论》则系统地介绍了西方近代进化论。严复翻译《天演论》目的在于通过翻译赫胥黎的著作来表达斯宾塞的社会达尔文主义（实际上赫胥黎不同意斯宾塞的观点），也就是把达尔文主义的观点扩大到社会历史领域。《天演论》中，严复提出了著名的命题"物竞天择，适者生存"，明确把"天演"之理的使用范围扩大到"万物"："以天演为体，而其用有二：曰物竞，曰天择。此万物莫不然，而于有生之类为尤著。"① 而严复的天演论史观虽然强调竞争，但受斯宾塞的影响，不主张剧烈变革。严复说："善夫斯宾塞之言曰：'民之可化，至于无穷，惟不可期之以骤'。"（《原强修订稿》）受其影响，康有为也认为："进化有渐进，仁民有渐进，爱物亦有渐进，此皆圣人所无可如何，欲骤而未能者也。"（《论语注·卷七》）而这恰恰就是天演——进化论维新史观的最大局限。同康有为一样，严复初始接受进化论史观时，也还是拖着天命史观和循环史观的"尾巴"。日本学者手代木有儿说："虽然严复同时根据未能发挥古人成果的事实强调传统中国的否定面，但这样的言论表示接受社会进化论后严复还没有完全放弃尚古史观。"② 就个人而言，严复要到1904年前后（《社会通诠》等著作中）才完全放弃天命史观和循环史观。

受严复、康有为影响，梁启超一度也持传统历史观和天演论史观，如梁启超历史观中的"三世六别"说（《论君政民政相嬗之理》）。但1896年间，梁启超和严复之间关于议会制的争论则导致梁启超后来转向全人类视角、世界视角的进化论史观，并且在1902年正式提出的《新史学》，从而彻底破灭了天命史观、公羊史观。梁启超的进化论史观批判了孟子"一治一乱"的历史循环论，一方面他指出历史都是向前发展、进化的，不是循环的，更不存在退化一说。他说："大地之事事物物，皆由简而进于繁，由质而进于文，由恶而进于善"（《论君政民政相嬗之理》），历史是不断由低级到高级向前发展进化的，是"今胜于古，后胜于今"的（《论支那宗教改革》），而且"世界之进化无穷"（《自由书·成败》）。另一方面，梁启超

---

① 严复：《天演论（慎始基斋本）》，载汪征鲁等主编《严复全集》第1卷，福建教育出版社2014年版，第83页。
② ［日］手代木有儿：《梁启超的史界革命与明治时期的历史学——关于晚清的进化论和历史观》，载上海中山学社编《近代中国》第十四辑，上海社会科学院出版社2004年版，第262页。

认为历史的发展进化"非为一直线,或尺进而寸退,或大涨而小落,其象如一螺线"(《新史学》),对历史进化的丰富性和复杂性有深刻的认识。梁启超撰写了大量进化论史观的政论、学术文章,如《中国专制政治进化史论》(1902)等,极大地扩大了进化论史观的影响。梁启超的进化论历史观非常系统、全面、深入,不仅宣传了进化论史观,还对近代史学由"君史"到"民史"、由考证史学到探索历史规律研究模式的转换产生了直接的影响,成为中国新史学的代表性人物。[①]梁启超的进化论史观和新史学甚至对整个东亚的历史观都产生了影响。因此,严复称赞梁启超,"其论史学尤为石破天惊之作,为近世治此学者所不可不知"(《与张元济书》)。

当然,梁启超进化论史观的形成和他的史学成就与他在日本的学术活动有很大联系。这就需要回到前面天演论为什么被进化论代替那个问题。一方面,进化论是和制汉语,它和国家、新民等概念一样,对思想与日本有密切渊源关系的、类似梁启超这样的启蒙思想家有很大的影响,而又由于梁启超的影响力,使得进化论史观的影响大于天演论;另一方面,日译进化论后面含有"主观力"的因素,更为强调人的因素,这在列强横行的时代,使得进化论史观更为符合当时人们对于社会变革的渴望。1902年,梁启超在《中国专制政治进化史论》中开篇说:"进化者,向一目的而上进之谓也。日迈月征,进进不已,必达于其极点。凡天地古今之事物,未有能逃进化之公例者也。"[②]这一说法就反映了当时人们对于进化论的情感态度。因此,天演论向进化论的变化,"不仅仅是使用习惯的问题,而是中国知识精英思想转化的反映"[③]。

而与梁启超同时代的马君武、杜亚泉、章太炎等人,或因为译介、阐述进化论史观,或者创立自己的进化论史观,积极参与到进化论史观的研究和介绍之中。如马君武1903年在《译书汇编》第11期上发表《社会主义与进化论比较》,1901年开始准备翻译达尔文《物种起源》,1903年发表

[①] 参见董根明《严复的进化史观及其对新史学的影响》,《中国社会科学院研究生院学报》2014年第6期。

[②] 梁启超:《中国专制政治进化史论·绪论》,载梁启超著,汤志钧、汤仁泽编《梁启超全集》第3卷,中国人民大学出版社2018年版,第424页。

[③] 张国荣:《从"天演"到"进化"——清末民初进化论观念的生成与传播》,《淮北师范大学学报(哲学社会科学版)》2013年第3期。

翻译的第三、四章，次年又完成第一、二、五章的翻译，1919年又重译全书并出版；杜亚泉1905年在《东方杂志》第4期上发表《物质进化论》；章太炎1906年在《民报》第7期上撰文《俱分进化论》，1907年在同盟会东京《民报》第16期发表《五无论》；等等。这使得进化论史观影响进一步扩大。

需要补充说明的是，这里的进化论史观指的是进化论在中国传播和发生过程中和中国近现代历史进程联系最为紧密的一段，因为从学术角度看，早在太平天国运动时期进化论就已经开始在中国传播，晚至20世纪20年代进化论还具有很大影响力，因此，这里的进化论史观只能作一种相对狭义的理解。[①]

三、革命史观

维新变法的失败与接下来的八国联军侵华和庚子赔款事件，说明了资产阶级改良主义思想和实践的失败，也极大地弱化了进化论史观的历史合理性。这与地主阶级保守势力和帝国主义势力强大有关，与资产阶级改良主义思想和维新史观的理论、历史和阶级局限性有关，也与维新史观在工具理性上的局限性有关。因为维新史观虽然彻底颠覆了"天不变，道亦不变"的传统天命史观和循环史观，成功完成了变易历史观的近代化转型并引进了西方的进化论史观，有力地促进了资产阶级思想启蒙和文化革新，虽然维新史观没有触及深层经济基础变革问题，在价值理性上将前一阶段洋务运动仅限于发展器物的认识推进到制度变革的阶段已经是难能可贵，但在工具理性层面，维新史观主张渐进、自然性的变革，惧怕和夸大革命带来的破坏性，主张改良、非暴力优于革命手段，期望实行自上而下变革等主张，在客观上造成了认识论和实践论上知行关系、主客体关系的不统一和矛盾，[②]这自然导致了改良主义的失败，也导致了后来更为激进的革命史观的出现。因此，许多知识分子从改良的迷梦中清醒过来，比如章太

---

① 参见张明国《进化论在近代中国社会的传播过程、特点及其原因》，《科学技术与辩证法》1996年第3期。

② 进化史观在内部发展过程中，这些关系认识也是在不断变化的。比如相比康有为走上层路线的保皇论，梁启超已经把进化史观的主体转移到国民、民族等主体上，这也是他在新民、少年中国、中华民族等问题上有开创性贡献的根本原因之一。

炎；而坚持进化论史观者后来多数成为保守人士，以康有为为例，1902年他发表《答南北美洲诸华商论中国只可行立宪不能行革命书》等文章诅咒革命，之后又率领门生以"满汉不分，君民共治"主张，与章太炎等革命派进行论战，结果走到了历史发展方向的对立面。

相比唯物史观的科学性，革命史观是一种价值理性和工具理性都非常鲜明的历史观，它主要是基于某种价值观或者立场，基于现实斗争的需要，而主张采取激烈斗争甚至暴力方式寻求变革的历史观，也包括以这种历史观解释历史的史学观。由于价值观和立场具有非常强的主观性和相对性，所以革命史观既可以是唯心的，也可以是唯物的。按照马克思主义的观点，只要相对先进的"经济力"（这种经济力不一定客观存在，甚至只是一种理论追求）对落后"经济力"的斗争都属于革命范畴，所以革命容易泛化，而且容易在价值理性和工具理性之间失衡，即如果革命史观的价值理性和政治立场符合客观历史，它就是积极意义上的革命史观，如果革命史观只是作为一种类似造反性质的工具理性，甚至发展成为一种极端或狭隘的意识形态，如一元单线的"惟我革命"论，那它往往会对历史的正向发展造成危害。所以革命史观不等于唯物史观，反而可以区分为唯物主义和唯心主义或者改良主义的革命史观。因此，对革命史观的理解一定要区分其性质、发展阶段和革命主客体关系等。到了唯物史观成为主流历史观后，无产阶级的革命史观与民族国家史观、近现代化史观、人民史观、阶级斗争史观等也就成为唯物史观的具体史观，因为唯物史观是个整体史观。这是后话。

中国近现代社会紧接着资产阶级进化论史观出现的革命史观，一开始在经济力上体现了先进生产力和生产关系的要求，所以它也是真正的革命史观，尽管它是资产阶级性质的革命史观。这属于历史唯物主义的常识性认识。

革命史观源于革命话语。学者陈建华《"革命"的现代性：中国革命话语考论》对中国近现代革命话语的发生发展情况有详细介绍。[①]但革命话语异于革命史观，比如倡导"三界革命"，使用革命话语最勤、贡献最大的梁启超进化论史观中就有大量的革命话语。梁启超最早引进了对

---

① 参见陈建华《"革命"的现代性：中国革命话语考论》，上海古籍出版社2000年版。

译"revolution"的和制汉语"革命",1902年梁启超发表的《释革》是最早比较改革、革命的理论文章。《释革》中他说:"'革'也者,含有英语之Reform与Revolution之二义","Reform者,因其所固有而损益之以迁于善,如英国国会一千八百三十二年之Revolution是也。日本人译之曰改革、曰革新。Revolution者,若转轮然,从根柢处掀翻之,而别造一新世界,如法国一千七百八十九年之Revolution是也,日本人译之曰革命。'革命'二字,非确译也","其前者吾欲字之曰'改革',其后者吾欲字之曰'变革'","中国数年以前,仁人志士之所奔走所呼号,则曰改革而已"。① 梁启超主张英国、日本式的"革命",反对法国式大革命,在政治上还是主张实行民主共和之前须先行君主立宪。所以说他的革命话语实际是一种进化论史观。

革命史观的真正出现始于"排满"的民族革命和资产阶级的民主革命,时间上和进化论史观相差无几,不少革命史观者都在短暂受到进化论史观的影响后转向批判进化论史观和保皇改良派,比如孙中山和章太炎等。

孙中山、早期章太炎、邹容、陈天华等为革命史观的发展作出了巨大贡献。首先是孙中山的民生史观在中国历史观发展史上具有断代的意义和性质,因为之前所有的历史观(包括维新派的进化论历史观)基本是"泛道德决定论"②的历史观,将历史的发展和人,尤其是统治者的道德问题紧密联系起来,可以说是一种道德史观,而孙中山"民生就是社会一切活动中的原动力"③的民生史观(不过他同时也说人民和阶级斗争也是原动力),把历史观的重心转移到经济民生方面,由此中国近现代历史观发生了根本性变革。孙中山的民生史观是一种革命史观,加之孙中山"旧民主主义革命的最大理论家和最高领导人"④的地位和他的革命实践活动,使得革命史观深入人心。其次是1903—1905年革命史观理论形态的确立和革命史观的普及。1903年,章太炎发表《驳康有为论革命书》、邹容发表《革命军》

---

① 李华兴、吴嘉勋编《梁启超选集》,上海人民出版社1984年版,第368—369页。
② 杨念群:《孙中山梁启超历史观比较论》,《近代史研究》1988年第1期。
③ 孙中山:《三民主义·民生主义》,《孙中山选集》下卷,人民出版社2011年版,第867页。
④ 冯友兰:《中国现代哲学史》,生活·读书·新知三联书店2009年版,第21页。

（章太炎序）、陈天华发表《猛回头》《警世钟》等，资产阶级革命史观基本形成。尤其是邹容的《革命军》，虽然仍以"仇满为用"，但文字不同于章太炎的奥古，被誉为"此诚今日国民教育之第一教科书也"（章士钊《介绍〈革命军〉》，《苏报》1903年5月14日），在宣传革命史观方面发挥了巨大影响力。此外，1903—1905年，以章太炎、汪精卫、胡汉民为代表的革命派（孙中山在背后指导、谋划）在日本与立宪派关于革命史观发生争论，宣传革命和为革命史观辩护，不仅批驳得保皇派求饶，而且使得社会革命观念深入人心，使得人们在工具理性上对革命有了更深的认识。

资产阶级革命史观的形成有其渊源，在不同的谱系和具体内容的理解上存在着很大差别，比如对于近现代革命史观的兴起是中国古代革命思想的复活还是西学东渐影响的结果，就有不同的看法。[①] 这类问题（包括革命史观的详细发展过程、影响和意义等）学界有许多很深入的研究，这里我们不做过多深入讨论，仅描述一下这一时期革命史观的主要内容。[②]

第一，革命史观基本不认可进化论史观在社会历史领域的合理性，认为人类社会有着不同于生物界的发展规则。蔡元培后来说："《天演论》出版后，'物竞'，'争存'等语，喧传一时，很引起一种'有强权无公理'的主张。"[③] 因此，当时的孙中山、章太炎、朱执信等对强调生存竞争的自然主义的进化论史观的非人道特性进行了批判，认为人类进化的原则是互助不是竞争，非理性的竞争不可能有民主和共和，人类社会进化的基础是民生问题，也就是孙中山说的"民生问题才可说是社会进化的原动力"（《三民主义·民生主义》）。而孙中山民生史观中的社会主义理想和成分，也是中国资产阶级革命史观在价值上高于西方资产阶级革命史观的地方。

第二，革命史观指出革命是社会历史发展的必然规律，是人类社会进化的动力。邹容认为："革命者，天演之公例也。革命者，世界之公理也。革命者，争存亡过渡时代之要义也。革命者，顺乎天而应乎人者也。革命者，去腐败而存良善者也。革命者，由野蛮而进文明者也。革命者，除

---

① 参见李维武《辛亥革命前十年间中国现代革命观念的形成》，《学术界》2011年第7期。
② 以下内容借鉴了马庆玲《近代历史观的嬗变——从变易史观到进化史观》（《哈尔滨市委党校学报》2008年第5期）一文中的研究成果，在此表示感谢。
③ 蔡元培：《五十年来中国之哲学》，载高平叔编《蔡元培哲学论著》，河北人民出版社1985年版，第276页。

奴隶而为主人者也。"而"上下古今，宗教道德，政治学术，一视一谛之微物，皆莫不数经革命之掏摝。"邹容赞美革命："巍巍哉！革命也！皇皇哉！革命也！""得之则生，不得则死。"①这是革命史观最核心也最具代表性的观点。

第三，革命史观认为，现实中国紧迫需要的是革命而不是改良。在当时民族危亡的时刻，只有革命多而猛才能使中国后来居上，才能加速前进摆脱落后地位。而进化史观按部就班、循规蹈矩的改良思想，只会让中国加速灭亡。1903年5月13日，《苏报》发表《敬告守旧诸君子》指出："居今日而欲救吾同胞，舍革命外无他术。非革命不足以破坏，非破坏不足以建设，故革命实救中国之不二法门也。……吾非敢强诸君以革命也，诸君既为四万万人之一分子，则不可不革命。"而梁启超直至1906年还在长篇大论《社会革命果为今日中国所必要乎》，反对孙中山的社会革命思想。

第四，革命史观驳斥了维新派的两个主要观点。一是维新派认为中国民智未开，不可骤进，可行立宪或开明专制而不能直接建立共和的观点。对此，章太炎提出革命可以开民智的思想，认为"今日之民智不必恃他事以开之，而但恃革命以开之"（《驳康有为论革命书》），孙中山后来也认为民智可以"有先知先觉之革命政府以教之"（《孙文学说·建国方略》）。二是维新派对革命流血牺牲和破坏性的指责。对此，章太炎在《驳康有为论革命书》中举例说，西方和日本各国都经历过对内外革命的流血牺牲，完全企图自上而下不流血的革命是不可能的；《苏报》之《敬告守旧诸君子》也引用英人克林威尔所言"非以血洗血，则不能改造社会"，强调革命必须流血，革命者愿为救四万万同胞而流血牺牲；而邹容的《革命军》更是借鉴欧洲资产阶级暴力革命的思想，第一次以民主革命纲领的形式提出通过暴力革命推翻清朝封建专制政府的思想。

初期的资产阶级革命史观有着狭隘的民族主义乃至种族主义倾向，对革命的先天不足（"矫枉必须过正"）等特性和暴力革命的危害性缺乏清醒认识，在一定程度上也主张"英雄革命"，后期又混入无政府主义的一些革命观念等局限性，存在着科学性不足等特点，但其作为历史观的相对先

---

① 邹容：《革命军》，载张枬、王忍之编《辛亥革命前十年间时论选集》第1卷下册，生活·读书·新知三联书店1960年版，第651页。

进性和革命性，还是对社会发展产生了极大的促进作用。革命史观从历史上来讲是进步的。

因此，客观上，1905年之后，资产阶级革命思想和革命史观基本成为主流历史观，关于革命问题的理论探讨逐渐引到革命政党建立、国家建设等问题上，比如1905年10月孙中山明确提出三民主义的民主革命纲领等。革命史观成为主流历史观，为后来（主要指20世纪上半叶）的辛亥革命、国民革命、共产革命的连续发生奠定了思想基础。王奇生将20世纪中国革命连续发生的现象形容为"高山滚石"效应。[①]但20世纪下半叶革命观念又发生"极化"和"祛魅"的翻转，则是另外一个话题了。

就在资产阶级革命史观成为主流史观的同时，另一种历史观也开始在中国传播、发展起来。

第二节 唯物史观的传播和主流史观地位的确立

主流历史观呈现着交替性，因此说某种历史观接替着前一历史观而来自然具有一定的合理性，前面所引李泽厚"由进化论走到唯物史观"就是这个意思。但既往学界有个主要而普遍的观点就是认为唯物史观是自"五四"时期才开始传播的，"唯物史观在中国的传播是从五四运动开始的，又是以日本为途径的"[②]。其他如："马克思主义的唯物史观，最初还是通过渊泉所译日本学者河上肇所著《马克思的唯物史观》里所援引的一些段落译介过来的，该文1919年5月5日—8日连载于北京《晨报》。"[③]"马克思主义传入中国后，首先被传播和为人们所普遍熟知的是唯物史观。在这方面，李大钊和陈独秀为宣传马克思主义唯物史观作出了突出的贡献。"[④]这种观点

---

① 王奇生：《高山滚石：20世纪中国革命的连续与递进》，《华中师范大学学报（人文社会科学版）》2013年第5期。

② 李其驹、王炯华：《唯物史观在中国的最初传播》，《东岳论丛》1983年第5期。

③ 朱辉军：《西学东渐——马克思主义文艺理论在中国》，北京燕山出版社1994年版，第16页。

④ 陶德麟、何萍主编：《马克思主义哲学中国化：历史与反思》，北京师范大学出版社2007年版，第19页。当然，狭义的"马克思主义中国化史"研究从五四新文化运动时期开始是合理的，比如顾海良总主编，丁俊萍分卷主编的《马克思主义中国化史》第1卷（中国人民大学出版社2015年版）就是从1919年开始的，因为它主要研究的是一种"马克思主义中国化"观念自觉的历史。

将唯物史观作为主流历史观的确立等同于唯物史观的传播，滞后了唯物史观在中国传播和发生的时间，一些历史事实，比如辛亥革命前社会主义讲习会等对唯物史观的传播就没有纳入历史描述范围，而这是唯物史观发展中的重要一环。

因此，这里需要辨析一个问题，那就是需要把马克思主义传入中国和马克思主义中国化区分开来，把唯物史观作为马克思主义和马克思学说在中国最初传播的一个范畴而不是概念来看待，把在中国最初传播的马克思主义经济史观、社会主义学说、《共产党宣言》，乃至阶级斗争学说、家庭私有制国家学说都视为唯物史观传播的具体内容，从而将唯物史观的传入及其过程与唯物史观作为主流历史观地位的确立区别开来，不局限于唯物史观概念和主流历史观地位。①

所以，我们把唯物史观在中国发生的时间节点，前推到与资产阶级改良派维新史观（尤其是进化论史观）、资产阶级革命史观并存过的阶段，也就是19世纪末期、20世纪初期。而真正具有唯物史观本体意识，从信仰（主义）和学术两个方面，整体介绍马克思主义唯物史观，以唯物史观进行思想论战，将唯物史观运用到各种思想和历史的研究中，即唯物史观成为主流史观，确实是从五四新文化运动时期才真正开始。因此，这里我们着重从发展阶段和国内传播路径描述唯物史观的传播和作为主流历史观地位的确立这一历史事实，至于"唯物史观"概念史、唯物史观传播路径（尤其是间接传播）、中国最先传播和发展唯物史观的根源（内外文化、历史和时代原因）、主体研究（如区分无意介绍者和有意传播者，有意传播者又可以区分为不同性质，比如无政府主义者、国民党人和共产党人基于不同意识形态对于唯物史观的传播宣传和研究，以及不同学术共同体、媒介、场域对唯物史观传播的影响等）、个体研究（不同理论家个体的具体情况如不同时期研究重点的差异和不同理论家个体之间的比较研究）、性质之别（信仰、主义还是学术立场的不同），以及特点特征、意义和价值等的历史阐释，就基本不涉及，这一方面是因为学界对此已经有大量优秀

---

① 这种加以区别的理论现象并不鲜见。比如北大哲学系现代中国哲学教研室编译资料室编的《中国现代哲学史教学资料选辑》（北京大学出版社1988年版）将五四运动之前（包括新文化运动中革命民主主义者）的马克思主义传播情况称之为"马克思主义哲学在中国传播的理论准备"阶段，维持着五四新文化运动时期是马克思主义传播和主流地位确立的统一性。

的研究成果,[①]另一方面也受这里的研究思路（关于唯物史观成为主流史观的历史阐释和描述）所限。

一、唯物史观在中国的早期传播

学者孙建华指出,马克思主义唯物史观在中国的传播"经历了一个由'盲目性'到'自发性'再到'自觉性'的艰难历程"[②]。我们这里把五四新文化运动之前唯物史观传播称为早期传播阶段。根据学者李军林《马克思主义在中国的早期传播及其话语体系的初步建构》的研究综述,这一大阶段涉及三个小阶段：一是最早地主阶级代表人物对马克思主义理论和实践（主要是事件）的传播,二是资产阶级改良派和早期革命派（或革命派早期阶段）对马克思主义及唯物史观的早期传播,三是无政府主义者对马克思主义及唯物史观的早期传播。[③]

（一）最早地主阶级代表人物对马克思主义理论和实践的传播

现有研究认为,中国人最早接触马克思主义是从耳闻目睹西方社会主义运动发端的。一些地主阶级的代表人物在19世纪70年代就介绍了普法战争、巴黎公社以及社会主义的有关情况,客观上在中国传播了马克思主义。1870年6月天津教案发生后,清政府派三口通商大臣、兵部侍郎崇厚前往法国道歉,同文馆毕业的张德彝以英文翻译的身份随使法国。他们在法国停留期间,正值巴黎革命爆发、巴黎公社诞生。"崇厚将他看到的情况记载于日记中,张德彝亦将其所目击的片段写入他的游记《三述奇》,这是迄今发现的中国人最早对巴黎公社的记载。"《三述奇》作为清朝使臣耳闻目睹的直接记录,为普法战争与巴黎公社留一信史。稍后,王韬翻译写了大量关于巴黎公社的报道,并汇编成《普法战记》一书,由中华印务总局于1873年刊刻发行,其影响在当时超过张德彝的《三述奇》。[④]此

[①] 李军林:《马克思主义在中国的早期传播及其话语体系的初步建构》,学习出版社2013年版。
[②] 孙建华:《论马克思主义在中国的早期传播及其中国化的基础——从进化论"道"之裂变到唯物史观的确立》,《河南社会科学》2010年第1期。
[③] 以下内容借鉴、部分直接引用了李军林《马克思主义在中国的早期传播及其话语体系的初步建构》（学习出版社2013年版）和孙建华《马克思主义中国化思想通史》（人民出版社2019年版）中的研究成果,在此表示感谢。
[④] 参见徐行《试论社会主义思潮在华传播的起始》,《南开学报》1999年第2期；薛晖《清朝使臣记载的普法战争与巴黎公社》,《新疆师范大学学报（哲学社会科学版）》2001年第2期。

外，高从望的《随轺笔记》是一部过去未与广大读者见面的国人巴黎公社目击记，也是一部和《三述奇》一样最早记录巴黎公社起义的中国日记。①另外，清政府最早派出的外交官们也零星地记载了一些社会主义信息。如派驻英、法、德、西班牙等国使馆参赞黎庶昌所著的《西洋杂志》，出使德国大臣李凤苞所写的《使德日记》，出使日本大臣汪凤藻翻译的《富国策》等书，都曾提到过共产党、社会民主党、社会主义和共产主义。而1873—1882年江南制造总局编译的《西国近事汇编》，也记录了国际共产主义运动的有关情况，并多次提到了社会主义学说。②

（二）资产阶级改良派和早期革命派对马克思主义及唯物史观的早期传播

早在1896年9月至1897年7月，孙中山在伦敦期间，就探讨了社会主义并知道了马克思，"孙在英国逗留期间，对社会主义运动和土地国有化运动感到兴趣，这是毫无疑问的"③。而在文献上，中国近代出版书刊中最早提到马克思及其学说的著作是《泰西民法志》。根据学者陈铨亚的考证，该书是胡贻谷将英国人克卡朴撰写的《社会主义史》节译而成的，1898年夏刊刻发行。书中写道："马克思是社会主义史中最著名和最具势力的人物，他及他同心的朋友昂格思（即恩格斯——引注）都被大家认为'科学的和革命的'社会主义派的首领。"作者还介绍了马克思的生平及其学说，对辩证唯物主义与历史唯物主义、科学社会主义、政治经济学作了详细的介绍和评价。遗憾的是，该书印数颇少，加上社会历史条件的局限，没能在中国思想界引起较大的反响。④1899年4月，《万国公报》121—124期连载了英国传教士李提摩太和蔡尔康节译本杰明·颉德《社会进化论》的《大同学》，其一、三、八章再次提到马克思的名字及其学

---

① 参见江庆柏《〈随轺笔记〉（手稿）——一部惟一目击巴黎公社起义的中国日记》，《南京师范大学文学院学报》2002年第1期；李长林《略议两部国人巴黎公社目击记》，《南京师范大学文学院学报》2003年第3期。

② 参见欧阳跃峰《社会主义学说在中国的早期传播》，《广州社会主义学院学报》2004年第1期。

③ [美]伯纳尔：《一九〇七年以前中国的社会主义思潮》，丘权政等译，福建人民出版社1985年版，第39页。

④ 参见陈铨亚《马克思主义何时传入中国》，《光明日报》1987年9月16日。关于最早"马克思"汉译及这段译文有很大争议，参见姜秀荣《马克思主义在中国最早翻译之梳》，《光明日报》2018年11月6日。

说。如："其以百工领袖著名者，英人马克思也。马克思之言曰，纠股办事之人，其权笼罩五洲，实过于君相之范围一国，吾侪若不早为之所，任其蔓延日广，诚恐遍地球之财货，必将尽入其手。然万一到此时势，当即系富家权尽之时，何也？穷黎既至其时，实已计无复之，不得不出其自有之权，用以安民而救世。"①《大同学》曾经被认为是中文书刊中最早提到马克思、恩格斯名字的著作而广为人知。②

接下来，资产阶级改良派对马克思主义和唯物史观进行了自发介绍和传播。中国人在自己的论著中最早介绍马克思及其学说的是资产阶级改良派梁启超。1902年10月2日，梁启超在《干涉与放任》中指出：由于近世资本主义社会的自由放任，因而有"社会主义者出而代之"，并声称"社会主义其必将磅礴于二十世纪"③。同月16日，他又发表《进化论革命者颉德之学说》指出："今之德国，有最占势力之二大思想，一曰麦喀士之社会主义，二曰尼志埃之个人主义。麦喀士谓今日社会之弊，在多数之弱者为少数之强者所压伏；尼志埃谓今日社会之弊，在少数之优者为多数之劣者所钳制。"④1903年年底，梁启超在《二十世纪巨灵托辣斯》一文中，再次提到"麦喀士"，称他是"社会主义之鼻祖"，并预言社会主义是"将来世界上最高尚美妙之主义"⑤。1904年2月，梁启超撰写了我国近代思想史上较早专论社会主义的文章——《中国之社会主义》，3月在《新大陆游记》第15节中有专论社会主义与中国的章节等。梁启超这些著作对于马克思主义学说最早输入中国和中国人的社会主义思想启蒙都具有重要意义和价值，但由于他的改良立场，所以他对于美国人施行社会主义的建议，"谢以进步有等级，不能一蹴而就"，⑥加以拒绝，表现了他思想认识上的局限性。

在梁启超以一种旁观者姿态介绍社会主义和马克思学说的同时，以唯物史观来介绍马克思主义和马克思学说的理论路径也开始出现。最早提到

---

① ［英］李提摩太节译、蔡尔康述：《大同学》，《万国公报》第121册，1899年4月，第29本，第18287—18288页。
② 参见北大哲学系现代中国哲学教研室编译资料室编《中国现代哲学史教学资料选辑》，北京大学出版社1988年版，第3页。
③ 梁启超：《干涉与放任》，《新民丛报》（第17号）1902年10月2日。
④ 梁启超：《进化论革命者颉德之学说》，《新民丛报》（第18号）1902年10月16日。
⑤ 梁启超：《二十世纪巨灵托辣斯》，《新民丛报》（第42、43号合刊）1903年11月2日。
⑥ 北大哲学系现代中国哲学教研室编译资料室编：《中国现代哲学史教学资料选辑》，北京大学出版社1988年版，第7页。

马克思主义就是唯物史观的观点、最早向国人介绍唯物史观的是留日学生马君武（1881—1940）。① 留日时期的马君武在思想上完成了改良主义向革命民主主义的转化。他与梁启超、孙中山等有交往，既是改良派《新民丛报》的作者，也是第一批加入中国同盟会的成员（1905）和革命派《民报》的主笔。马君武是进化论著作和马克思主义著作的主要译介者，他是第一个翻译并出版达尔文《物种起源》，也是最早在中文报刊上介绍包括《共产党宣言》《资本论》等马克思著作书目的中国人。1903年2月15日，马君武在《译书汇编》第2卷第11期上发表《社会主义与进化论比较（附社会党巨子所著书记）》一文。文中他指出："马克司者，以唯物论解历史学之人也。马氏尝谓：阶级竞争为历史之钥。"② 明确揭示了唯物史观之于马克思主义、社会主义的关键关系。为了让国人真正地了解"社会主义"为何物，马君武在文章后面专列"社会党巨子所著书记"，其中有"马克司所著书"5部（以法、英、德原文书名列出），即现译《英国工人阶级状况》《共产党宣言》《哲学的贫困》《政治经济学批判》《资本论》等著作（其中有与恩格斯的合著）。

正因为早期民主革命派信奉社会主义，所以这个时期他们将日本式阐释的社会主义学说积极输入中国。1903年，幸德秋水（无政府主义者）的《社会主义神髓》是日本早期社会主义的重要著作，标志着20世纪开头日本社会主义理论所能到达的最高水平，它和同年出版的片山潜的《我的社会主义》并称为日本明治时代社会主义的代表文献。这些社会主义著作对当时留日的陈独秀等人产生了很大影响。1903年9月，《社会主义神髓》原书出版三个月，就由《浙江潮》编辑所出版了中国达识译社的首译本，可见该书受欢迎程度及传播速度。③

在这些社会主义译著中，出现了唯物史观的介绍和评说。译著中最早提及唯物史观的是1903年上海广智书局出版的日本学者福井准造的《近世社会主义》，作者对马克思的学说予以肯定性评价，认为马克思的学说

---

① 参见王红霞《唯物史观在中国早期传播的价值特点探析（1902—1921）》，《文史博览（理论）》2014年第2期。

② 马君武：《社会主义与进化论比较（附社会党巨子所著书记）》，《译书汇编》1903年第11期。

③ 参见方红《〈社会主义神髓〉的早期译介与马克思主义在中国的间接传播》，《外语研究》2016年第5期。

"以讲究经济上之原则，而认信真理与正理"①。中国达识译社译本《社会主义神髓》向国人介绍了"经济基础决定上层建筑"这一原理，"有史以来，不问何处何时，一切社会之所以组织者，必以经济的生产及交换之方法为根底。即如其时代之政治及历史，要亦不能外此而得解释"。②不仅如此，还出现了偏向唯物史观介绍的学术现象。学者方红通过比较《社会主义神髓》原本和不同译本发现，日本社会主义学说首先重视的是马克思主义经济学说，即剩余价值学说（甚至还有意删去了马克思、恩格斯原著中阶级斗争学说的内容），其次是唯物史观。但在20世纪初的中国译介和传播情况中，则首重唯物史观，对于马克思主义经济学说（剩余价值学说）的介绍要到五四新文化运动时期才集中出现。这个现象，一方面和前一章提及胡适把杜威的发生学改为历史方法是一个道理，和中国人的历史思维有关；另一方面和当时的经济发展水平有关。

这一时期之后（大致以1905年为节点），也就是资产阶级革命史观成为主流史观的同时，唯物史观随着孙中山、朱执信、宋教仁、廖仲恺等人对社会主义学说、阶级斗争学说和马克思主义的宣传介绍，得到了进一步的传播。比如朱执信在《德意志社会革命家小传》《论社会革命当与政治革命并行》等文章中非常明确地、学术化地分析了马克思的唯物史观。他说："又尝曰：'于此问题当注意者有二：一者，其现以为经济上变迁之阶级对抗及阶级竞争。其二，则社会的运动（破资本家雇主之支配权促新社会生产力树立之社会分子所编成组织者）是也。'马尔克之意可于是以觇之。"③这些对于马克思主义和唯物史观的早期传播具有十分重要意义。

当然，与资产阶级改良派不是真信仰马克思主义一样，资产阶级早期革命派"借用马克思主义宣传自己的革命学说，试图把马克思主义纳入资产阶级的思想体系并依靠资产阶级共和国来推行社会主义"④，但他们的民生社会主义和民生史观、革命史观，在客观上也确实对马克思主义和唯物史观的传播作出了贡献。

---

① 转引自蔺淑英《"五四"前后中国先进分子选择唯物史观探源》(《中共党史研究》2009年第11期)，她也没有注明具体出处。
② 参见姜义华编《社会主义学说在中国的初期传播》，复旦大学出版社1984年版，第279页。
③ 广东省哲学社会科学研究所历史研究室编：《朱执信集》上册，中华书局1979年版，第15页。
④ 孙建华：《马克思主义中国化思想通史》，人民出版社2019年版，第15页。

（三）无政府主义者对马克思主义及唯物史观的早期传播

无政府主义是一种小资产阶级社会主义派别，产生于19世纪中叶的欧洲，是空想社会主义派别中一个比较消极的理论流派。早在19世纪晚期，中国的报刊就已经出现了无政府主义的一些零星报道，而形成一个思想潮流则要晚得多。辛亥革命前后，无政府主义有了很大的发展，直到五四新文化运动时期都具有很大影响力，中国第一代马克思主义者瞿秋白、毛泽东、周恩来、恽代英等人均曾信仰过无政府主义。无政府主义后来受到马克思主义的批判，到20世纪20年代国民革命时期，逐渐被边缘化。

1907年6月，刘师培、张继、章太炎（此时已经转向无政府主义者）等人在日本东京发起成立了我国第一个研究社会主义的团体"社会主义讲习会"，创办了《天义报》，宣传无政府主义，被称为"天义派"。几乎同时，旅居法国的吴稚晖、张静江、李石曾、褚民谊在巴黎创办了《新世纪》周刊，宣传无政府主义，被称为"新世纪派"。这两派后来也产生冲突。1911年7月10日，江亢虎等在上海成立"社会主义研究会"，11月5日改组为无政府主义政党——中国社会党，成为中国第一个以"党"命名的政治团体。

虽然无政府主义内部思想谱系复杂，流派众多，对待社会主义的态度不一，但都热衷于通过介绍社会主义理论来传播西方无政府主义理论，与此同时，也附带介绍了马克思主义和唯物史观。无政府主义者主要通过举办研究会和刊物进行宣传、研究无政府主义，具有相当的理论深度，因此对马克思主义的介绍，在"辛亥革命前各类报刊中，不仅介绍数量多，论述也有精到之处"[①]。

无政府主义者因为宣传社会主义，无意中成为中国最早译介马克思主义的一个学术群体，首次介绍和翻译了不少马克思主义经典著作（论著）。比如"社会主义讲习会"成立（1907年）后在机关刊物《天义报》上连续刊登了马克思、恩格斯著作的部分译文；该报在同年10月30日的第8、9、10卷的合册中，刊登了马尔克斯（即马克思）等著的《共产党宣言》预

---

① 吴雁南等主编：《中国近代社会思潮》（1840—1949）第2卷，湖南教育出版社1998年版，第405页。

告；接着，在12月的第13、14卷上登载了何震的《经济革命与女子革命》一文，并在文后附录了《共产党宣言》第二章关于家庭和婚姻制度的论述。1908年1月，《天义报》第15卷刊载了民鸣所译的恩格斯为1888年英文版《共产党宣言》写的序言；第16—19卷合刊，发表了民鸣根据日文译本翻译的《共产党宣言》第一章《绅士与平民》（即《资产者与无产者》）和申叔（刘师培）介绍《共产党宣言》的序；同期发表的《女子问题研究》一文，还摘译了恩格斯《家庭、私有制和国家的起源》第二章的几个段落。

中国社会党出版的《社会星》《新世界》《社会党月刊》等刊物也介绍了社会主义并提到了马克思的学说。1912年6月2日出版的《新世界》第2期，刊登了浙江绍兴人王缁尘以煮尘署名的《社会主义大家马尔克之学说》一文，这是中国第一篇把马克思学说当作社会主义理论主要代表的译文；[①] 同年，该刊还连载了恩格斯的《社会主义从空想到科学的发展》的第一、二节和第三节的一部分，这是该书在中国的最早译文。[②]

由于无政府主义者的唯心主义世界观，加之他们对马克思主义的实用主义态度（借以鼓吹无政府主义），因此凡是与无政府主义没有冲突的马克思主义观点，无政府主义者就支持，反之则概之以"此马氏学说之弊也"（刘师培《〈共产党宣言〉序》）加以反对，这种态度决定了他们不可能真正接受和正确介绍马克思主义。但他们在介绍社会主义和唯物史观时具有一定的学术性，分析介绍了唯物史观的一些基本原理和基本观点并明确表示了肯定的态度，因此在客观上促进了唯物史观的传播。如1908年1月15日《天义报》第15卷《关于恩格斯〈共产党宣言〉一八八八年英文版〉跋》编者按指出："《共产党宣言》发明阶级斗争说，最有裨于历史，此序文所言，亦可考究当时思想之变迁，欲研究社会主义发达之历史者，均当从此入门。"[③] 1908年3月《天义报》第16—19卷合刊《〈社会主义经济论〉首章译者识语》说："惟阶级斗争，则古今一轨。"[④] 均是唯物史观的

---

① 参见孙建华《马克思主义中国化思想通史》，人民出版社2019年版，第122页。
② 参见孙建华《马克思主义中国化思想通史》，人民出版社2019年版，第122页。
③ 北大哲学系现代中国哲学教研室编译资料室编：《中国现代哲学史教学资料选辑》，北京大学出版社1988年版，第18—19页。
④ 北大哲学系现代中国哲学教研室编译资料室编：《中国现代哲学史教学资料选辑》，北京大学出版社1988年版，第19页。

观点。

　　此外，无政府主义者偏于学术研究的特点，也为唯物史观在政治之外的学术领域的发展开拓了一种进路。1908年3月《天义报》第16—19卷合刊《〈共产党宣言〉序》中，申叔（刘师培）指出：唯物史观能够"以古今社会变更均由阶级之相竞，则对于史学发明之功甚巨，讨论史编，亦不得不奉为圭臬"[①] 为由，褒扬了唯物史观对史学研究的指导意义。在这一思路下，刘师培发表了《论共产制易行于中国》（《衡报》1908年第2号）和《论中国宜组织劳民协会》（《衡报》1908年第5、6号）等文章，运用马克思主义唯物史观考察中国历史的进程，得出了许多符合唯物史观的认识。这一进路，上承19世纪末20世纪初的史学革命和梁启超开创的"新史学"，下连20世纪30年代唯物史观史学派，具有相当重要的学术价值和意义。

二、五四新文化运动时期唯物史观的传播和主流历史观地位的确立

　　这里的"五四新文化运动时期"是个广义的概念，从1915年到1927年，大概有12年的时间。

　　这个时期，革命民主派（包括国民党人）和共产主义者都曾大力传播唯物史观，但后来国民党人为了争夺革命话语权和领导权，把民生史观思想体系化，转而对抗唯物史观；胡适、梁启超等新旧改良派则反对唯物史观的阶级革命和社会革命思想；而完成马克思主义转向的革命民主派和早期共产党人（包括其他先进知识分子）则紧密结合革命斗争实践，坚持唯物史观尤其是人民群众的历史主体观，创造了阶级分析理论和方法，在理论上既与资产阶级唯心史观，又与早期的经济决定论或机械决定论等庸俗唯物史观（把唯物史观理解成一个公式）划清了界限，摆脱了以物质为中心的指责，并通过20世纪20年代（部分延伸到30年代）与国民党人的民生史观、各种反马克思主义历史观（包括早期共产党人也支持过的意志论）的数场学术论战，凸显了唯物史观的科学性，并进一步扩大了影响力，从而确立和巩固了唯物史观的主流地位，创造了"唯物史观在30年

---

　　① 北大哲学系现代中国哲学教研室编译资料室编：《中国现代哲学史教学资料选辑》，北京大学出版社1988年版，第21页。

代初像怒潮一样奔腾而入"①的学术奇观,为国民大革命失败后唯物史观热(学术化、中国化)和无产阶级革命文学理论与实践的逆势发展作出了重要贡献。

(一)五四新文化运动时期唯物史观的传播

1915年9月,陈独秀在上海创办《青年杂志》。这个时期的陈独秀等人还是革命民主主义者,他们的历史观还是进化论史观,表现在《敬告青年》(陈独秀,1915)、《青春》(李大钊,1916)、《今》(李大钊,1918)等文本中的线性时间观念。相比同为革命民主派的国民党人,新青年思想家以及后来共产党人的唯物史观启蒙要晚一些。毛泽东在《中国共产党第七次全国代表大会的工作方针》里说:"以前有人如梁启超、朱执信,也曾提过一下马克思主义……朱执信是国民党员,这样看来,讲马克思主义倒还是国民党在先。不过以前在中国并没有人真正知道马克思主义的共产主义。"②

1.国民党人的唯物史观传播和批评转向

国民党人对唯物史观的态度经历了从五四时代的"热烈探讨"、20世纪20年代中期"公开批评"到20年代后期"全面否定"的发展过程。

现在学者认为,③五四时期国民党人传播马克思主义(唯物史观)主要原因有二。一是五四时期的政治局势、文化氛围是推动国民党人传播马克思主义(唯物史观)的重要因素;朱执信、胡汉民、戴季陶等的自身身份、所处环境决定了他们对马克思主义感兴趣;孙中山在一定时期对马克思主义的高度评价,推动了国民党人对马克思主义的传播。二是受第一次世界大战后世界社会主义蓬勃发展及中国社会形势变化的大环境影响,国民党人在革命屡屡受挫后积极探寻新的革命道路的结果。

国民党人传播马克思主义(主要是唯物史观)主要表现在:(1)国民党人通过举办报纸杂志、译介等方式传播唯物史观。如《建设》、《星期评论》、《觉悟》(上海《民国日报》副刊)等,刊载了多篇介绍唯物史观的

---

① 顾颉刚:《战国秦汉间人的造伪与辨伪》,载《古史辨》第7册,上海古籍出版社1981年版,第64页。
② 中共中央文献研究室编:《毛泽东在七大的报告和讲话集》,中央文献出版社1995年版,第5页。
③ 参见蔺淑英《近年来唯物史观在新民主主义革命时期的传播及影响研究述评》,《中共党史研究》2010年第12期。

译作，并转载在《每周评论》《晨报》等刊物上，介绍唯物史观的文章和评论。（2）组织翻译《共产党宣言》。《共产党宣言》是戴季陶委托陈望道翻译成中文的，原准备在《星期评论》上发表。陈望道翻译完后，《星期评论》已停刊，《共产党宣言》遂经陈独秀、李汉俊校对后，以社会主义研究社的名义出版。（3）宣传了唯物史观的主要内容并运用唯物史观的方法解读历史和观察现实，如胡汉民、朱执信、戴季陶、徐苏中等。（4）传播和研究了阶级和阶级斗争学说。认为阶级斗争作为社会改造的手段，是客观存在的，阶级斗争的根源是资本家对劳动的剥削，要消灭阶级竞争，只有废除阶级。

国民党人中当时宣传唯物史观的以胡汉民的贡献较大。学者李军林在《马克思主义在中国的早期传播及其话语体系的初步建构》（2013）中介绍说：

> 作为《建设》杂志的主编，胡汉民撰写了一些研究和应用马克思主义唯物史观的文章，代表作是《惟物史观批评之批评》。研究的主要内容包括三个方面：第一，阐明了唯物史观的含义，对唯物史观给予高度评价。他指出"唯物史观的意义，简单说，就是以经济为中心的历史观"，"包括社会组织进化论和精神生活之物质的说明两大部分，而阶级斗争学说又是当中一个重要关键"。并评价说"这个学说出，而社会学、经济学、历史学、社会主义同时有绝大的改革，差不多划了一个新纪元，许多人拿来比达尔文的进化论，确实有同等的价值"。第二，介绍了唯物史观的主要内容，并对当时批评唯物史观的错误见解进行了批评。胡汉民节译了《神圣家族》《政治经济学批判序言》《共产党宣言》《哲学的贫困》《雇佣劳动与资本》《法兰西内战》《资本论》等马克思、恩格斯著作中包含唯物史观的片段。他对9种错误观点进行了批评，包括"以法律的概念代替经济概念"的观点、"以历史的进化不认经济有最强决定之势力"的观点、唯物史观是宿命论的观点、科学决定经济观点等。这篇文章对唯物史观的传播作出了不小贡献，起到了正本清源、澄清是非的作用。第三，用唯物史观解读历史和观察现实，代表作是《中国哲学史之惟物的研究》《从经济的基础观察家族制度》《女子解放从何做起》等，主要涉及伦

理道德、家庭及妇女解放等领域。他认为，战国时期思想家辈出，思想空前活跃的原因就在于当时"社会经济的组织的根本变动"，从而"牵连到社会一切关系"的变化。此外，他还提出"所谓道德，往往是阶级的道德"，对中国社会"零碎的改造"没有效果，要进行"全部改造"等正确观点。①

除胡汉民之外，国民党人方面，（林）云陔在《星期评论》1919年10月10日、19日连载的《唯物史观的解释》也有很大影响。

在国民党理论家努力宣传唯物史观的同时，唯物史观成为中国共产党的指导思想。由于国民党人并不信仰唯物史观，这也为他们转而放弃并批判唯物史观提供了条件。在当时，孙中山等人明白唯物史观的革命价值，但为了建立一个属于自己的革命理论体系，确保民主革命指导思想的话语权，孙中山对唯物史观提出相应的批评。批评主要集中在"物质为历史的重心"和"阶级斗争是社会进化的原动力"两点上。在批判唯物史观的同时，孙中山进一步发展其民生史观的基本思想。1925年孙中山逝世，国共两党在统一战线内的斗争加剧，为了从思想理论上清除共产党的影响，国民党右派加紧建构"民生史观"思想体系以对抗"唯物史观"。孙中山逝世后，民生史观与唯物史观的对抗、斗争成为20世纪20年代后期国共关系的主题。②

2. 马克思主义者的唯物史观传播和研究与唯物史观成为中国共产党的指导思想

"十月革命一声炮响，给我们送来了马克思列宁主义。"③唯物史观是马克思主义的核心内容，也是早期马克思主义哲学的代名词。十月革命之后，李大钊发表《庶民的胜利》《Bolshevism的胜利》《新纪元》等文章，在完成由革命民主主义者初步转变为马克思主义者的同时，和陈溥贤等人

---

① 李军林:《马克思主义在中国的早期传播及其话语体系的初步建构》，学习出版社2013年版，第112—113页。
② 参见王贵仁《二十年代国民党人的唯物史观探析》(《时代人物》2008年第5期)、《从传播"唯物史观"到建构"民生史观"——解析1920年代国民党人对唯物史观态度的转变轨迹》(《社科纵横》2009年第11期)。
③ 毛泽东:《论人民民主专政》，《毛泽东选集》第4卷，人民出版社1991年版，第1471页。

开始传播马克思主义，即（首先是）唯物史观。

1919年5月5日，在马克思诞辰101周年之际，《晨报》开辟了"马克思研究"专栏，发表了渊泉（陈溥贤）翻译的河上肇著作《马克思的唯物史观》（《晨报》1919年5月5—8日），这是第一篇专门介绍唯物史观的文章。与此同时，李大钊在《新青年》第6卷第5、6号分上下篇，发表了著名的《我的马克思主义观》（5月号封面出版时间为1919年5月，实际出版时间则为该年9月，实际开始写作时间应该在5月之前或同期。①之前渊泉发在《晨报》的两篇文章《马克思奋斗生涯》《马克思的唯物史观》也转发在这一期），系统介绍了马克思学说体系和马克思主义的"唯物史观""阶级竞争说""经济论"，实际上也就是后来通称为马克思主义哲学、科学社会主义和政治经济学三大部分的基本原理。文章中李大钊认为"唯物史观也称历史的唯物主义"，但唯物史观不是马克思的首创，马克思的唯物史观在于其特殊性，"于从前的唯物史观有伟大的功绩"。李大钊文章转译了河上肇对马克思《哲学的贫困》《共产党宣言》《〈政治经济学批判〉序言》（现译）等文章中唯物史观思想的译文，然后在比较马克思唯物史观和其他唯物史观之后指出："马克思的唯物史观有二要点：其一是关于人类文化的经验（济）的说明；其二即社会组织进化论。"②第一点就是关于社会存在和社会意识的认识，第二点是关于生产力和生产关系的认识；然后再进行整体论述。

2006年，日本学者石川祯浩中文版《中国共产党成立史》（袁广泉译，中国社会科学出版社），其"扬陈抑李"的观点引起很大争论。③就现有史料来看，陈溥贤当时的译文确实比李大钊《我的马克思主义观》早见

---

① 河北教育出版社1999年版《李大钊全集》第3卷《我的马克思主义观》题注："原文分上下两篇，先后发表于《新青年》第六卷第五号和第六号，一九一九年五月、十一月先后出版，署名李大创。从当时有关报刊刊登的《新青年》出版广告看，第六卷第五号的实际出版时间应是一九一九年九月，而从文中标明参考了一九一九年八月三日出版的《每周评论》第三十三号来看，此文上篇在一九一九年八月三日前尚未定稿，参见刘维《一个必要的考据》（载一九六〇年八月四日《光明日报》）。一九一九年五四运动特别是六三罢工后，北洋军阀政府对革命者大肆逮捕，李大钊被迫离京返乡，在昌猿五峰山进行写作。此文及《致若愚、慕韩》《再论问题与主义》《五峰游记》等文均系在五峰山所写。"

② 李大钊：《我的马克思主义观》，载中国李大钊研究会编注《李大钊全集》（修订本）第3卷，人民出版社2013年版，第14页。

③ 参见丁晓强《关于中国早期马克思主义传播者的一则考证》，《光明日报》2006年7月31日；许全兴《有关"渊泉"的考证及其他》，《光明日报》2006年8月28日；等等。

刊（更早的还有其《近世社会主义鼻祖马克思之奋斗生涯》刊于《晨报》1919年4月1—4日）。但二者文体不同（译与述的区别），写作目的不同（陈溥贤文章是作为"研究的资料"的纯译介，李大钊文章是作为"改造原动的学说"而稍加整理零碎资料后的转介[①]），文章体量相差悬殊（李大钊文章约2.4万字，是陈溥贤文章的4倍），李大钊表达了鲜明的马克思主义立场（"我的"）。另外，李大钊后来还发表了系列关于唯物史观的文章，比如《唯物史观在现代史学上的价值》（主张将唯物史观称为经济史观，避称"经济决定论"，这为唯物史观在后来的科学发展和自我革新确定了方向）、《史学要论》（首次论述了唯物史观对历史研究的指导作用，并呼吁用唯物史观对中国历史"进行改作或重作"）等文章，在唯物史观发展史上都是具有重要节点意义的。再者，李大钊是第一个在高等学府讲授唯物史观的教授，有案可稽的是李大钊至少在1922年10月前在北京大学政治、史学两系讲授"唯物史观"（见《北京大学日刊》1922年10月31日《通告》）。[②] 此外，李大钊和陈溥贤1916年一起进入晨钟报（《晨报》前身）社任编辑，李大钊曾任第一任总编并写代发刊词《晨钟之使命》，陈溥贤后任总编，《晨报》"马克思研究"专栏后面一直有李大钊的影响。因此，虽然陈溥贤也发表了不少介绍马克思主义的著作，但在马克思主义和唯物史观的传播研究和影响力方面，李大钊的历史地位显然高于陈溥贤。所以，后来学界都公认李大钊"是五四时期在中国传播和运用唯物史观的杰出代表之一，是在中国系统传播唯物史观的第一人"[③]。

当然，这里所谓"第一人"是个相对说法。因为同在《新青年》第6卷第5号上，李大钊文章之前还有顾兆熊《马克思学说》一文（重点介绍

[①] 安雅琴：《陈溥贤〈马克思的唯物史观〉与李大钊〈我的马克思主义观〉文本关系考——基于唯物史观的相关论述》，《中共党史研究》2016年第2期。

[②] 田子渝："李大钊是第一个在高等学府讲授唯物史观的教授。有案可稽的是李大钊至少在1922年10月前在北京大学政治、史学两系讲授《唯物史观》（见《北京大学日刊》1922年10月31日《通告》），但迄今没有看见讲义。目前见到实物的是李汉俊在武昌高师讲授的《唯物史观讲义初稿》（武昌正信印务馆代印）与《唯物史观讲义初稿（乙）》两种，基本内容相同，但文字上较大的变化。两份讲义准确时间待考，估计时间在1922年夏至1924年夏之间。"引见田子渝《我国对唯物史观的最初传播》，载中共一大会址纪念馆编《中国共产党创建史研究》，上海人民出版社2012年版，第213页。

[③] 蔺淑英：《近年来唯物史观在新民主主义革命时期的传播及影响研究述评》，《中共党史研究》2010年第12期。

唯物史观的第二部分"唯物的历史观及批评",分四节)和"马克思研究"专栏第一篇文章陈启修《马克思的唯物史观与贞操问题》(原载《新青年》1919年5月创刊号,原题《女子贞操的金钱价值》),都是最早一批唯物史观研究著作。

此后,陈独秀、李达、李汉俊、蔡和森、恽代英、施存统等人都发表了许多介绍和主张唯物史观的文章。不仅如此,包括国民党人胡汉民等在内,还开始了唯物史观的运用研究,将唯物史观运用到伦理道德、思想史研究等领域,进一步扩大了唯物史观的影响力。如《物质变动与道德变动》《阶级与道德学说》《马克思的唯物史观与贞操问题》等,《中国哲学史之唯物的研究》更是用唯物史观研究中国哲学史的开端。此外,自1920年起,除了公开领域,在私人通信之间也流行唯物史观的交流。蔡和森与陈独秀、毛泽东等人的书信中(有些也公开发表),对唯物史观、阶级斗争学说(这个时候已经开始讨论阶级专政理论)的讨论都是重点。比如蔡和森在给陈独秀的信中自称"和森为极端马克思派,极端主张:唯物史观、阶级战争、无产阶级专政"[①]。

(二)唯物史观主流地位的确立

新思想往往是在批判旧思想和接受各种思想批判的过程中成熟的,唯物史观也不例外。几乎在与陈溥贤最先开始宣传马克思唯物史观的同时,对唯物史观的理论批评也开始了。1919年7月25日—8月5日《晨报》发表了《马氏唯物史观的批评》,这是一篇节译自日本《改造》杂志的译文,原著为贺川丰彦的《唯心的经济史观之意义》,译者不明,这篇文章甚至早于李大钊《我的马克思主义观》形成之前。而在发表《我的马克思主义观》的"马克思研究"专号上同时刊登的五篇中,也有关于马克思和马克思主义的批评文章。而胡汉民1919年12月1日在《建设》上发表的《唯物史观批评之批评》,洋洋洒洒两万字,列举了国外学者对唯物史观的七种批评并为唯物史观辩护。对胡汉民这篇文章,学者张立波认为:"李大钊的文章从总体上解说了马克思主义学说的方方面面,胡汉民则仅仅局限于唯物史观领域。如果说李大钊是中国思想界全面系统介绍马克思主义的第一人,那么,胡汉民可谓中国思想界系统全面介绍唯物史观的第

[①] 蔡和森:《马克思学说与中国无产阶级》,《新青年》1921年第9卷第4号。

一人。他的这篇文章除了我们上面谈到的内容，还包括对唯物史观主旨的介绍以及唯物史观的文本依据，五四新文化运动时期关于唯物史观的解说高度大抵就是如此了。"①据此，张立波进一步认为："1921年以后，对唯物史观的批评依然存在，但就基本思想而言，似乎不再有什么新的东西。在一定范围内，马克思的唯物史观已经成为确定无疑的'真理'。"②但这个观点有点激进。正如张立波所指出的："对唯物史观的批评，一开始就沿着两个向度展开：一是对唯物史观本身的批评，二是对唯物史观在中国的适用性的批评。"③对第二个问题的真正解决可能要等到唯物史观主流地位确立之后。因为，唯物史观先成为共产党人建党的指导思想，其影响力先在一党范围之内；之后，早期共产党人和马克思主义者发挥理论武器的优势，主要在20世纪20年代，通过六七场以唯物史观为核心的理论大论战，进一步扩大了唯物史观的影响力，从而使得唯物史观主流历史观地位得到最终确立，不仅解决了唯物史观在中国的适用性问题，也推动了以毛泽东等为代表的新的马克思主义理论家和阶级分析方法等早期中国化唯物史观的出现。

"五四"之后，思想文化界形成了马克思主义、自由主义、保守主义、国家主义、无政府主义、唯意志论等不同思潮鼎立的格局。随着马克思主义影响的扩大，除了和国民党人论战之外，马克思主义和各种非马克思主义与反马克思主义的思想进行了论战。第一场就是五四期间发生在李大钊和胡适之间的"问题与主义"之争，之后还发生了"社会主义论战"、与无政府主义的论战、"科玄论战"、与国家主义的论战、中国社会性质和社会史论战等。这些论战，唯物史观取得了理论胜利，这不仅传播了唯物史观，更是确立了唯物史观的主导地位。

而体现唯物史观地位转变的最典型的例子就是费觉天。1920年12月15日，费觉天在《评论之评论》第1卷第1号上发表《驳马克思底唯物史观》，以唯意志论等理论资源来批驳马克思的唯物史观，是当时批判唯物史观的代表作之一。但文章发表之后不久，费觉天在与郑振铎通信中（郑振铎《文学与革命》，《文学旬刊》1921年7月30日第9期）又最早提出

---

① 张立波：《唯物史观在中国的早期传播：批评与辩护》，《学习与探索》2010年第3期。
② 张立波：《唯物史观在中国的早期传播：批评与辩护》，《学习与探索》2010年第3期。
③ 张立波：《唯物史观在中国的早期传播：批评与辩护》，《学习与探索》2010年第3期。

了"布尔什维克"意义上的"革命文学""革命的文学家"口号，极大地促进了中国无产阶级革命文学的发展。他甚至还在1927年出版了国内第一部论述阶级斗争的理论著作《阶级斗争原理》。① 虽然费觉天最终没有成为马克思主义者，但他思想转变的这个过程，② 客观上也反映了唯物史观主流地位的形成。

因此说，五四运动后不久，中国先进知识分子普遍接受了唯物史观。唯物史观成为中国共产党建党的指导思想和思想基础。接受唯物史观的先进知识分子也主要是建立中国共产党的第一批党员或者早期党员，中国共产党成立后，随着早期共产党人重视宣传、善于宣传，举办各种革命理论刊物，积极倡导和领导无产阶级文化革命等工作的展开，唯物史观也就慢慢向文学艺术理论方面传播，逐渐形成了中国马克思主义文艺理论的最初一个理论形态："唯物史观文学（艺术）论。"③

第三节　唯物史观文学论：
中国马克思主义文艺理论最初形态的发生

一般理解，唯物史观第一层级，即最根本、最核心（即"全称"意义）的表述就是社会存在决定社会意识（当然，"元"级的表述就是物质第一性），第二层级（即"具体称"意义）的表述就是社会生产力决定社会生产关系，社会经济基础（由社会生产关系中起决定作用部分的总和构成）决定社会上层建筑和与后者相适应的社会意识形态。至于阶级文学论和意识形态论（文学是社会意识形式的一种、一切文学艺术都是宣传等理论规定，以及列宁主义的建党学说和党性原则等），则是从前面两级发展出来的第三层级（甚至更低层级）的唯物史观了。

五四时期，人们通常把唯物史观第一、第二层级逻辑关系概括为"唯

---

① 参见郭辉、冯兵《信仰的彷徨：五四时期费觉天思想研究》，《太原理工大学学报（社会科学版）》2010年第4期。

② 学界关于费觉天思想的完整原貌、费觉天和李大钊的关系、费觉天思想转变情况有待深入研究。参见郭辉、冯兵《信仰的彷徨：五四时期费觉天思想研究》，《太原理工大学学报（社会科学版）》2010年第4期。

③ 在本文中，"唯物史观文学论"等同于"唯物史观艺术论"。

物史观公式（方程式）"，主要就是马克思在《〈政治经济学批判〉序言》中阐述的唯物史观的主要内容。这一观点（唯物史观"分层级说"）也是当时流行观点，如1919年8月17日，李大钊在《再论问题与主义》中说："依马克思的唯物史观，社会上法律、政治、伦理等精神的构造，都是表面的构造。他的下面，有经济的构造作他们一切的基础。经济组织一有变动，他们都跟着变动。换一句话说，就是经济问题的解决，是根本解决。经济问题一旦解决，什么政治问题、法律问题、家族制度问题、女子解放问题、工人解放问题，都可以解决。可是专取这唯物史观（又称历史的唯物主义）的第一说，只信这经济的变动是必然的，是不能免的，而于他的第二说，就是阶级竞争说，了不注意，丝毫不去用这个学理作工具，为工人联合的实际运动，那经济的革命，恐怕永远不能实现，就能实现，也不知迟了多少时期。"[①]

而唯物史观文学论指的是以第一、第二层级唯物史观为主要理论特征的文学论，它和无产阶级革命文学理论、意识形态理论一样，都是中国马克思主义文艺理论的早期形态或内容。三者都是全称唯物史观（社会存在决定社会意识）的具体内容，一定程度上，阶级文学论和意识形态论都是唯物史观文学论的具体化，比如阶级社会文学艺术必定具有阶级性，就是从唯物史观（社会结构理论）推论出的观点。但区别是，唯物史观文学论更倾向于理论形态，倾向于从社会历史和经济面，即社会结构理论解释文学艺术和社会生活的关系，解释文学艺术的发生起源等问题，涉及的多是一般性原理；而无产阶级革命文学理论、意识形态理论更倾向于从政治功利主义立场出发要求文学艺术，对文学和政治的关系、对作家和作品等有系列论述。唯物史观文学论较为强调科学性，注重实然性研究，而无产阶级文学论和意识形态论更为强调立场和倾向性，具有非常强的应然性，一科学性一革命性，这是二者的最大差别。1932年，胡秋原在《唯物史观艺术论：朴列汉诺夫及其艺术理论之研究》中说"科学底美学，放弃'应当怎么样'的范畴，科学底美学不与艺术何等的命令"[②]，暗示的就是二者之

[①] 李大钊：《再论问题与主义》，载中国李大钊研究会编注《李大钊全集》（最新注释本）第3卷，人民出版社2006年版，第6—7页。
[②] 胡秋原编：《唯物史观艺术论：朴列汉诺夫及其艺术理论之研究》，上海神州国光社1932年版，第32页。

间的这种差别。

相比无产阶级革命文学论、意识形态论，唯物史观文学论发生较早也较为成熟，在20世纪30年代之后逐渐成为中国马克思主义文艺理论的理论背景。而无产阶级革命文学论、意识形态论因为缺乏唯物史观的总体性（辩证法的缺乏），从形成初期直到"革命文学"论争时期都问题丛生，并且和资产阶级革命文学理论长期缠绕在一起，这就使得中国马克思主义文艺理论在早期出现了一种混沌状态。直到1932年无产阶级革命文学理论马克思主义化之前，[①]唯物史观文学论和阶级文学论、意识形态文学论之间还存在着张力关系和相互抵牾之处。围绕着唯物史观文学论，鲁迅和郭沫若等人还发生过论战，秉承普列汉诺夫唯物史观文学论的胡秋原等人与左翼文艺更是分道扬镳——唯物史观文学论逐渐被阶级文学论和意识形态论代替或弱化。这也是形成20世纪30年代中国马克思主义文艺理论出现不同谱系分流的根本原因。

从理论逻辑上，社会主义学说也属于唯物史观的范畴，但由于社会主义学说的理论历史出现早，当时的人们（比如李大钊）也认为马克思主义是欧洲社会主义学说之一，加上社会主义学说（即使包括科学社会主义理论在内）在中国马克思主义文艺理论体系（尤其是早期阶段）中一直不是一种完整独立的理论形态，更多的是一种目标愿景，并没有形成一个独立的理论脉络，[②]所以本书并不将其纳入发生学讨论范围。但需要说明的，受苏联文论影响，中国后来也出现了"社会主义现实主义"理论体系，中华人民共和国成立后，"社会主义文艺"也逐渐有了一个独立的理论脉络，对此，笔者在后续研究中将会深入讨论。

一、唯物史观文学论：中国马克思主义文艺理论的最初理论形态

唯物史观文学论随着第一、第二层级唯物史观在中国的传播同时出现。1919年，陈溥贤的《马克思的唯物史观》与李大钊的《我的马克思主义观》分别以河上肇的《马克思的唯物史观》《马克思的社会主义的理论

---

① 这是本书从辩证法角度讨论中国马克思主义文艺理论发生的一个理论点，在后面章节会详细论述。

② 这是一个相对的说法。1921年李达译《唯物史观解说》"艺术"一章就是"社会主义文艺论"。

体系》为译源译述而来,均转译了马克思的《哲学的贫困》《共产党宣言》《〈政治经济学批判〉序言》等文章中的唯物史观,其中就涉及文学艺术。当然,这个时候也涉及意识形态(观念形态)论,但其性质主要还是将文学艺术作为社会结构理论中的意识形态形式来理解的,因此,这里需要与后来强调意识形态性的意识形态文学论区别开来。这个情形在当时是个普遍现象,包括胡汉民(《唯物史观批评之批评》)。对文学艺术意识形态性的强调要到20世纪20年代从德语引进"意德沃罗基"等概念之后。

陈溥贤在《马克思的唯物史观》中说:

> 人类因为他们生活的社会的生产(一),所以他们进了一定的,必然的,和他的意志独立的关系(二);换一句话说,人类要进了适应他们物质的生产力,一定发展的发展程度的生产关系,而这种生产关系的总和,就构成社会上经济的构造,这就是社会真正的基础了,构造法制上、政治上的建筑物,适应社会的意识形态(三);物质生活的生产方法,可以决定社会的政治的及精神的一切生活的过程。人类的意识不能决定人其存在,人类的社会的存在倒可以决定人类的意识(四);社会的物质的生产力(五),到一定发展的阶段,与从来在那范围内所活动的当时生产关系,以及仅在法制上所表现的所有关系,就会发生冲突,而这种关系,原来不过是生产发展的形式,到了这个时候,就变成束缚生产力的发展,于是乎社会革命的时代就来了(六),因为经济的基础,发生变动,所以在这基础上面的建筑物,也就要徐徐或是急速革起来了。
>
> 我们要观察这种变动,我们要先明白这两种的区别。就是由自然科学可以研究的经济的生产条件上面,所发生的物质的变化;与使人人意识这种冲突,下决战的决心的,那些法制上、政治上、艺术上以及哲学上的形态,简单说来就是观念上的形态,是不可不区别的。这种变革时代,若要从该时代的意识,下个判断,那就好像要以一个人对于自己的事情如何着想,去判断这个人的(七),一定是毫无所得的。意识这个东西,由物质的生活的矛盾,及社会的生产力与其生产

关系之间，所存在的冲突，才可以说明的。①

李大钊的《我的马克思主义观》摘译了十余段共三千余字有关唯物史观的经典言论，其中有一段即是我们今天所熟知的《〈政治经济学批判〉序言》（李大钊当时称之为《"经济学批评"序文》）中提到艺术作为"社会意识形式"和"意识形态的形式"与上层建筑和经济基础的关系的一段话。李大钊当时的译文如下：

> 人类必须加入那于他们生活上必要的社会的生产，一定的、必然的、离于他们的意志而独立的关系，就是那适应他们物质的生产力一定的发展阶段的生产关系。此等生产关系的总和，构成社会的经济的构造——法制上及政治上所依以成立的、一定的社会的意识形态所适应的真实基础——物质的生活的生产方法，一般给社会的、政治的及精神的生活过程，加上条件。不是人类的意识决定其存在，他们的社会的存在反是决定其意识的东西。社会的物质的生产力，于其发展的一定阶段，与他从来所在那里面活动当时的生产关系，与那不过是法制上的表现的所有关系冲突。这个关系，这样由生产力的发展形式变而为束缚。于是乎社会革命的时代来。巨大的表面构造的全部，随着经济基础的变动，或徐，或激，都变革了。当那样变革的观察，吾人非常把那在得以自然科学的论证的经济的生产条件之上所起的物质的变革，与那人类意识此冲突且至决战的，法制上、政治上、宗教上、艺术上、哲学上的形态，简单说就是观念上的形态，区别不可。②

这段引文的现译文是：

> 人们在自己生活的社会生产中发生一定的、必然的、不以他们的意志为转移的关系，即同他们的物质生产力的一定发展阶段相适合的

---

① ［日］河上肇、渊泉（陈溥贤）译：《马克思的唯物史观》，载林代昭、潘国华编《马克思主义在中国：从影响传入到传播》（下），清华大学出版社 1983 年版，第 12—13 页。
② 李大钊：《我的马克思主义观》，载中国李大钊研究会编注《李大钊全集》（修订本）第 3 卷，人民出版社 2013 年版，第 13 页。

生产关系。这些生产关系的总和构成社会的经济结构，即有法律的和政治的上层建筑竖立其上并有一定的社会意识形式与之相适应的现实基础。物质生活的生产方式制约着整个社会生活、政治生活和精神生活的过程。不是人们的意识决定人们的存在，相反，是人们的社会存在决定人们的意识。社会的物质生产力发展到一定阶段，便同它们一直在其中运动的现存生产关系或财产关系（这只是生产关系的法律用语）发生矛盾。于是这些关系便由生产力的发展形式变成生产力的桎梏。那时社会革命的时代就到来了。随着经济基础的变更，全部庞大的上层建筑也或慢或快地发生变革。在考察这些变革时，必须时刻把下面两者区别开来：一种是生产的经济条件方面所发生的物质的、可以用自然科学的精确性指明的变革，一种是人们借以意识到这个冲突并力求把它克服的那些法律的、政治的、宗教的、艺术的或哲学的，简言之，意识形态的形式。①

对比现译文，陈溥贤、李大钊从河上肇那里引进的"意识形态"和"观念上的形态"②分别指"社会意识形式"和"意识形态的形式"（低"社会意识形式"一个层级）。由于当时"上层建筑"这个概念还没有出现，所以李大钊有的时候也将"观念（的）形态"充上层建筑之用，比如李大钊1923—1924年的长文《马克思的历史哲学与理恺尔的历史哲学》中的"观念的形态"在做"意识形态形式"理解之外也做"上层建筑"之用："马氏认社会的构造是个整个的东西，有其基址，亦有其上层，经济关系是其基址，观念的形态是其上层，上层与基址相合而成此构造。"③因此，这一时段唯物史观的传播为唯物史观文学论奠定了第一原则：那就是文学艺术是（社会）意识形态形式之一。

---

① 中共中央马克思恩格斯列宁斯大林著作编译局编译：《马克思恩格斯选集》第2卷，人民出版社2012年版，第2—3页。

② 一般认为陈溥贤、李大钊"意识形态"这个概念来自河上肇。董学文、凌玉建《汉语语境中意识形态概念泛化源头略说——以李大钊1919年后一些文本为考察对象》(《湖南社会科学》2008年第4期）中说："李大钊所引用的'意识形态'一词，来自河上肇的著作中的'意识形态'概念，这应该是没有任何疑问的。"但"观念（的）形态"不好做此定论。

③ 李大钊：《马克思的历史哲学与理恺尔的历史哲学》，载中国李大钊研究会编注《李大钊全集》（最新注释本）第4卷，人民出版社2006年版，第388页。

1919年6月,《每周评论》主编陈独秀因散发爱国传单被捕,胡适接任了该刊编辑工作,刊物方向很快发生了变化。7月20日胡适在《每周评论》第31期上发表《多研究些问题,少谈些"主义"》一文,劝说人们"多多研究这个问题如何解决,那个问题如何解决,不要高谈这种主义如何新奇,那种主义如何奥妙",因为"'主义'的大危险,就是能使人心满意足,自以为寻着包医百病的'根本解决',从此用不着费心力去研究这个那个具体问题的解决法了"。在该文中,胡适还嘲讽说:"空谈好听的'主义',是极容易的事,是阿猫阿狗都能做的事,是鹦鹉和留声机都能做的事。"在家乡避难的李大钊看到这篇文章后,致信胡适谈了一些意见,好在当时学风民主,胡适为它加了"再论问题与主义"的标题登在《每周评论》第35期上(8月17日)。李大钊在《再论问题与主义》中,首先针对胡适"少谈些主义"的主张明确指出:"我可以自白,我是喜欢谈谈布尔扎维主义的。……我总觉得布尔扎维主义的流行,实在是世界文化上的一大变动。我们应该研究它,介绍它,把它的实象昭布在人类社会……"[①] 就是说,李大钊这时已公开宣称自己所奉行的"主义",就是"科学派"的社会主义,是"布尔扎维主义",也就是马克思列宁主义。

　　而这场在李大钊《我的马克思主义观》上半篇实际见刊之前发生的"问题与主义"之争,对于唯物史观文学论更有意义。这是因为,它直接解决了《什么是新文学》中"学理""主义"的内涵问题。1920年1月4日,李大钊在《星期日周刊》"社会问题号"上发表《什么是新文学》,文章很短,全文如下:

什么是新文学

(一九一九年十二月八日)

　　现在大家都讲新文学,都作新文学了。我要问大家:"什么是新文学?"
　　我的意思以为光是用白话作的文章,算不得新文学;光是介绍点新学说、新事实,叙述点新人物,罗列点新名辞,也算不得新文学。

[①] 李大钊:《再论问题与主义》,载中国李大钊研究会编注《李大钊全集》(最新注释本)第3卷,人民出版社2006年版,第4页。

我们所要求的新文学，是为社会写实的文学，不是为个人造名的文学；是以博爱心为基础的文学，不是以好名心为基础的文学；是为文学而创作的文学，不是为文学本身以外的什么东西而创作的文学。

现在的新文学作品中，合于我们这种要求的。固然也有，但是终占少数。一般最流行的文学中，实含有很多缺点。概括讲来，就是浅薄，没有真爱真美的质素。不过撷拾了几点新知新物，用白话文写出来，作者的心理中，还含着科举的、商贾的旧毒新毒，不知不觉的造出一种广告的文学。试把现在流行的新文学的大部分解剖来看，字里行间，映出许多恶劣心理的斑点，夹托在新思潮、新文艺的里边。……刻薄、狂傲、狭隘、夸躁，种种气氛充塞满幅。长此相嘘以气，必致中乾，种种运动，终于一空，适以为挑起反动的引子。此是今日文学界、思想界莫大的危机，吾辈应速为一大反省！

我们若愿园中花木长得美茂，必须有深厚的土壤培植他们。宏深的思想、学理，坚信的主义、优美的文艺，博爱的精神，就是新文学新运动的土壤、根基。在没有深厚美腴的土壤的地方培植的花木，偶然一现，虽是一阵热闹，外力一加摧凌，恐怕立萎！

一九一九年十二月八日自北京寄

署名：守常

《星期日周刊》"社会问题号"
1920年1月4日[①]

由于前面有《再论问题与主义》《我的马克思主义观》表明李大钊完成了马克思主义立场的转向，尤其是《再论问题与主义》中"主义"有特定所指，所以这里的"坚信的主义"毫无疑问指的是马克思主义。因此，《什么是新文学》是我国第一篇将马克思主义与新文学联系在一起的文本，

---

① 李大钊：《什么是新文学》，载中国李大钊研究会编注《李大钊全集》（最新注释本）第3卷，人民出版社2006年版，第129—130页。

通常被认为是中国马克思主义文艺理论的开端之作,[①] 具有非常特殊的理论意义。过去有些学者认为这篇文章强调"以博爱心为基础",主张"博爱的精神",主张"为文学而创作的文学,不是为文学本身以外的什么东西而创作的文学",都说明李大钊的文学观念还是民主主义文学观念,不能算是马克思主义文学观,这固然有一定的道理,但如果从文本群的角度来看,这篇文章无疑是马克思主义文艺理论文本性质的。虽然这篇文章没有涉及具体的理论主张,但考虑到《我的马克思主义观》涉及文学艺术的有关原理,我们可以判断其主张的是唯物史观文学论,即文学艺术的意识形态形式和上层建筑属性(当然也包含着其他唯物史观文学论认识,比如"为社会写实"的思想,只不过不为唯物史观文学论所特有而已)。

而在唯物史观文学论早期发展中,不得不提到一本在当时产生很大影响力的译著《唯物史观解说》。1921年5月,由上海中华书局出版的《唯物史观解说》,是我国首本专门介绍唯物史观的普及性读物。作者赫尔曼·郭泰(Herman Gorter,1864—1927),荷兰社会主义者,生平不详;中文翻译者李达,在翻译过程中,得到李汉俊的大力帮助。根据"译者附言"可知:"这书有日文的译本,是日本堺利彦从德文本译成日语的。可是堺氏的日译本中,缺字的地方太多,还有柯祖基的'序文'和'艺术'一章、'结论'一章,都未曾译出。所以我用德文本和日文本两书对照,缺的地方,都补上了。这部书可算是完全译本。"柯祖基即考茨基。李达还将马克思在《〈政治经济学批判〉序言》中对唯物史观精髓译成中文即"附录 马克思唯物史观要旨"。补译的"艺术"一章即第11章,篇幅不长,主要内容有这样几点:一是将艺术问题定性为精神问题,即"关于所谓精神问题的艺术问题",这按照现在概念体系的理解,也就是说艺术是意识形态形式之一,并且明确说无产阶级目前还没有艺术这种高级精神享受;二是强调艺术问题随着社会关系改变而改变,"人对于人的关系改变了,艺术也不能不随之改变";三是社会主义艺术和资本主义艺术的本质区别,"这个艺术,又一定刚与社会主义的个人之与资本主义的个人不同的一样,与资本制度下的艺术有霄壤之别的",而这种差别产生的原因,"这个差别

[①] 学界对这个问题有争议。参见朱德发《试探五四文学革命的指导思想》,《五四文学初探》,山东人民出版社1982年版,第1—47页。

的发生，不待说，是由于现在根基于私有财产和赁银劳动的生产关系，变而根基于共有财产和共同劳动的了"。①这里阐述的是具体到文学（艺术）论的唯物史观一般原理。而依据笔者所见史料来判断，《唯物史观解说》中"艺术"这一章可谓是最早的（也是最直接的）唯物史观文学论了。只不过和之前从社会结构理论谈论文学艺术不同，这里的唯物史观文学论更多的是从社会形态理论（社会主义文艺和资本主义文艺比较）来谈论文学艺术。由于《唯物史观解说》出版后在当时就有很大影响力，除了多次出版印刷外，许多马克思主义者予以积极回应和介绍推广，如沈泽民的《看了郭泰底〈唯物史观解说〉以后》（1921）等，可以说，该书在唯物史观文学论启蒙方面具有重大意义。

另外，据田子渝、徐方平、刘文杰的研究发现，这一时期对宣传唯物史观文学论和无产阶级革命文学贡献比较大的有《今日》杂志。田子渝说："《今日》则是第一家较为集中传播了无产阶级革命文学的杂志。它发表了《革命的文学》（樊晓云）、《无产阶级与文学》（胡南湖）、《艺术与民众的精神》（王中君）、《近代艺术的新气运》（王中君）、《无产阶级的文化训练》（王中君）、《历史以前底文化阶级》（Eengels 著，熊得山译）等文章，阐释了无产阶级文化理论。"田子渝认为："宣传无产阶级革命文学。这是《今日》十分突出的贡献。"这贡献主要表现在三个方面："应用唯物史观给文学以正确的社会定位""阐述无产阶级革命文学的历史使命""介绍俄罗斯黄金时代的文学"。《今日》杂志1922年2月15日创刊于北京，由北京新知书社发行。胡鄂公、熊得山和邝摩汉等人联合创办，主编熊得山。《今日》杂志原计划为月刊，一年两卷，一卷六册，实际并未按月出版，现在所见到的有3卷共10期，最后一期第3卷第2期，1923年8月25日发行。该刊发行后，就遭到《向导》的批评。新中国成立后，《五四时期期刊介绍》中批评《今日》杂志"一面在'宣传'马克思主义，一面却贩运了不少的机会主义和修正主义的东西"，"是反动官僚资产阶级的喉舌，反动官僚和投机政客的工具"②。

---

① ［比利时］郭泰：《唯物史观解说》，李达译，载汪信砚主编《李达全集》第1卷，人民出版社2016年版，第391—477页。

② 田子渝：《〈今日〉杂志评价》，载中共一大会址纪念馆、上海革命历史博物馆筹备处编《上海革命史资料与研究》（第10辑），上海古籍出版社2010年版，第331—343页。

二、俄苏唯物史观文学论的传播与中国唯物史观文学论的初步发展

中国的马克思主义文艺理论始于十月革命之后。在以俄为师的时代，俄苏马克思主义文艺理论很快影响到我国马克思主义文艺理论的发生发展，其中普列汉诺夫、卢那察尔斯基是影响最早、最大者之一。鲁迅在1929—1930年不到一年时间内，先后翻译出版卢那察尔斯基、普列汉诺夫的《艺术论》。普列汉诺夫、卢那察尔斯基二人文学观的基础都是唯物史观文学观，而唯物史观更是普列汉诺夫"研究文艺问题的一根红线"[①]。因此，在李大钊等人确立唯物史观文学论一般原理之后，俄苏唯物史观文学论在具体理论上对我国唯物史观文学论的初步发展产生了很大的影响，是我国早期马克思主义文艺理论发展的重要理论资源。比如普列汉诺夫的艺术与社会生活的认识、艺术劳动起源说和论原始民族艺术、艺术生产理论、艺术形象性和自主性理论、艺术反映的社会心理中介说、（晚期的）艺术阶级性和功利主义态度、对待西方现代派的全盘否定态度等，以及卢那察尔斯基文艺和生活关系的认识、文艺政策、同路人理论等，都深刻影响了中国早期马克思主义文艺理论，尤其是唯物史观文学论的发展。

这里以普列汉诺夫唯物史观文学论的传播为例。在中国第一个介绍普列汉诺夫文艺思想的是任国桢。他1924年辑译了《苏俄的文艺论战》一书，于1925年出版，其中就翻译了瓦勒夫松的《蒲力汗诺夫与艺术问题》的文章，简要地介绍了普列汉诺夫运用唯物史观研究原始艺术，研究阶级社会的艺术所得出的结论，以及他的文学评论和对文艺批评的意见。为了突出普列汉诺夫的影响，书名还特意标注"附：蒲力汗诺夫与艺术问题"。鲁迅为该书写了"前记"。"前记"中，鲁迅说"别有蒲力汗诺夫与艺术问题一篇，是用Marxism于文艺的研究的"，这是我国第一次将马克思主义与文艺研究相提并论的表述，可以认为是中国最早的"马克思主义文艺理论"概念表述。数年后（1929年），鲁迅还在《艺术论·〈论文集《二十年间》第三版序〉译者附记》中盛赞"中国则先有一篇很好的瓦勒夫松的短论，译附在《苏俄的文艺论战》中"[②]。

---

① 复旦大学中文系文艺理论教研室编著：《马克思主义文艺理论发展史》（修订版），中国文联出版社2001年版，第101页。

② 鲁迅：《译文序跋集》，《鲁迅全集》第10卷，人民文学出版社2005年版，第348页。

而此后的"革命文学"论争（1928—1929）引发了普列汉诺夫和卢那察尔斯基著作的译介潮，其实也就是唯物史观文学论译介潮，当时人们统称唯物史观（部分意义上也指的是马克思主义文艺理论）是"科学艺术论"。

普列汉诺夫著作的第一位译者是林柏（伯），1929年他重译了普列汉诺夫的《艺术论》（英文版），[①]该书收入"论艺术""论原始民族的艺术""再论原始民族的艺术"等三封没有地址的信，由于一年后这部书又有了鲁迅的译本，所以它的影响不太大，后来的人也很少知道它。尽管如此，它作为普列汉诺夫的文艺论著在中国的第一个译本，其历史功绩是不应该被抹杀的。[②]

鲁迅则在1929年翻译、1930年7月在上海光华书局出版了普列汉诺夫的《艺术论》，其《〈艺术论〉译本序》则提前发表于1930年6月1日《新地月刊》（即《萌芽月刊》第1卷第6期）。《〈艺术论〉译本序》中，鲁迅对普列汉诺夫做了全面介绍，并特别提到普列汉诺夫对于马克思主义艺术理论的贡献就在于唯物史观。首先，鲁迅强调普列汉诺夫艺术理论对于马克思主义艺术理论的贡献。他说："蒲力汗诺夫也给马克斯主义艺术理论放下了基础。他的艺术论虽然还未能俨然成一个体系，但所遗留的含有方法和成果的著作，却不只作为后人研究的对象，也不愧称为建立马克斯主义艺术理论，社会学底美学的古典底文献的了。"[③]其次，鲁迅指明普列汉诺夫的艺术观就是唯物史观艺术论。他说："第一篇《论艺术》首先提出'艺术是什么'的问题，补正了托尔斯泰的定义，将艺术的特质，断定为感情和思想的具体底形象底表现。于是进而申明艺术也是社会现象，所以观察之际，也必用唯物史观的立场，并于和这违异的唯心史观（St.Simon, Comte, Hegel）加以批评，而绍介又和这些相对的关于生物的美底趣味的达尔文的唯物论底见解。"[④]普列汉诺夫的唯物史观艺术论既与唯心史观艺

[①] 1929年4月上海南强书局出版。
[②] 刘庆福：《普列汉诺夫的文艺论著在中国之回顾》，《学术月刊》1985年第9期。
[③] 鲁迅：《二心集》，《鲁迅全集》第4卷，人民文学出版社2005年版，第267页。
[④] 鲁迅：《二心集》，《鲁迅全集》第4卷，人民文学出版社2005年版，第268页。又，普列汉诺夫《艺术论》中相同意思的原译文是："当此之际，我不用含胡的言语，我要说，对于艺术，也如对于一切社会现象一样，是从唯物史观的观点在观察的。"见《鲁迅译文集》第6卷，人民文学出版社1958年版，第489—490页。

术论相区别，又主张"从生物学到社会学"，强调文学艺术是社会现象。这对鲁迅本身也有很大的影响，鲁迅后来在《三闲集·序言》中说了这样著名的一段话："我有一件事要感谢创造社的，是他们'挤'我看了几种科学的文艺论，明白了先前的文学史家们说了一大堆，还是纠缠不清的疑问，并且因此译了一本蒲力汗诺夫的《艺术论》以救正我——还因我而及于别人——的只信进化论的偏颇。"[1] 最后，在受当时"阶级性"论战的影响，鲁迅在"译本序"中对普列汉诺夫关于艺术阶级性观点做了有意强调，在介绍普列汉诺夫唯物史观文学论科学性面相的同时，又展示了其革命性面相，这为后来文艺阶级性论战、与"自由人"胡秋原的论战等，埋下了理论伏笔。

与此同时，1929年，冯雪峰根据藏原惟人的日译本重译了普列汉诺夫晚年（1912—1913）写的一部重要文艺论著《艺术与社会生活》（1929年8月水沫书店出版，"科学的艺术论丛书"之二），该书出版后，1930年再版一次。此外，冯雪峰还据藏原惟人的日译本重译了普列汉诺夫两篇论著的部分内容。一是《论法兰西的悲剧与演剧》，这是普列汉诺夫著名文章《从社会学观点论十八世纪法国戏剧文学和法国绘画》的节译（原节录者是S.舍姆柯夫斯基），它连载于1929年8月出版的《朝花旬刊》第1卷第7期、第8期上。二是《文学及艺术底意义——车勒芮绥夫斯基底文学观》，系普列汉诺夫名著《尼·加·车尔尼雪夫斯基》的第1部第3篇的第1章。[2] 在这些文章中，普列汉诺夫集中论述了文艺与阶级斗争的问题，强调了文艺的阶级属性。

在当时，鲁迅、冯雪峰的这种译介具有明确的目的性和倾向性，在为批判文艺超阶级论和艺术自由论做准备的同时，对马克思主义文艺理论的革命性面相也做了进一步的强化，理论上也在一定程度上开始远离唯物史观文学论的科学性。因此，到了1932年，瞿秋白辑译著名的马克思主义文艺理论论著论文集《现实》时，收有普列汉诺夫的四篇文章《论易卜生的成功》《别林斯基的百年纪念》《法国的戏剧文学和法国的绘画》《唯物史观的艺术论》，并在自撰的长篇评论性文章《文艺理论家的普列哈诺夫》

---

[1] 鲁迅：《三闲集》，《鲁迅全集》第4卷，人民文学出版社2005年版，第6页。
[2] 参见刘庆福《普列汉诺夫的文艺论著在中国之回顾》，《学术月刊》1985年第9期。

中，联系普列汉诺夫政治上的错误而批评普列汉诺夫唯物史观文学论公式化和机械论的错误，从而在根本上扭转了之前鲁迅对普列汉诺夫的肯定姿态。这种理论转向，和当时苏联已经开始的普列汉诺夫—莆理契批判有很大联系，也和中国无产阶级革命文学理论诞生以来革命性面相一直在不断加强的理论逻辑有很大关系。在这种大趋势下，即使是鲁迅也难以避免。对此我们在其他地方再加以详述。

作为理论副线，胡秋原在1928年从武汉逃到上海后，卷入了当时正在激烈进行的"革命文学"论争，论争中胡秋原表现了一定的艺术本位思想，为艺术真实性、审美性和自主性辩护，反对为政治宣传而否定文学性。1929年，赴日留学后，胡秋原专门搜集有关普列汉诺夫的著作进行研读和写作，于1930年完成了普列汉诺夫研究专著《唯物史观艺术论：朴列汗诺夫及其艺术理论之研究》（上海神州国光社1932年出版，计80万字）。"在三十年代初我国关于普列汉诺夫的文艺著作的译本和研究论著有限的情况下，他的这本书提供了比较详实的研究资料，其中对普列汉诺夫艺术理论的客观评价，许多介绍在今天看来仍是忠于原著的。"[①] 因此，胡秋原自称自己的"方法是唯物史观"，"是从朴列汗诺夫……出发，研究文艺的人"。所以，当左翼文艺风头正健的时候，胡秋原则以"马克思主义文艺理论之拥护"的姿态，提出"文学与艺术，至死也是自由的，民主的"，要求"勿侵略文艺"，反对"只准某一种文学把持文坛"，[②] 挑战马克思主义文艺理论革命性面相，引发左翼文艺界与"自由人""第三种人"论战，这场论战实质就是唯物史观文学论自我的论战。尤其是胡秋原以普列汉诺夫为马克思主义（文艺理论）正统的主张，认为普列汉诺夫观点和孟什维克有很大差别，[③] 但这和当时苏联为了树立"列宁正统"而批判"普列汉诺夫正统"背道而驰，因此胡秋原自然会在论战中输得彻底。

---

① 彭立鸿：《普列汉诺夫与中国现代文艺思潮》，硕士学位论文，西南师范大学，2003年。
② 参见胡秋原《勿侵略文艺》（《文化评论》1932年第4期）、《钱杏邨理论之清算与民族文学理论之批评——马克思主义文艺理论之拥护》（《读书杂志》1932年第1期），等等。
③ 参见胡秋原《关于拙编唯物史观艺术论及其他》，《唯物史观艺术论：朴列汗诺夫及其艺术理论之研究》，上海神州国光社1932年版。

三、唯物史观文学观的退隐

虽然胡秋原有着歪用普列汉诺夫文艺思想的故意（比如承认普列汉诺夫关于艺术阶级性的认识，但又主张超阶级文艺论），但他矫枉必须过正、竭力维护唯物史观文学观甚至发展马克思主义文艺理论科学性的意图也很明显，客观上有着维护唯物史观文学论科学性基本面的意义，但在当时革命性压倒科学性的理论趋势下，也无力发挥太大的作用。

这主要是因为，唯物史观文学论只能提供一个基本原理，这既是当时左中右各种文人都提倡唯物史观文学论的根本原因，[①]也是唯物史观文学论已不能满足当时无产阶级革命文学理论发展需要的根本原因。当时是什么被需要？学者程凯指出，无产阶级革命文学论争发生，主要的原因就是当时无产阶级文学面临着意识斗争和无产阶级意识生成的需要，即小资产阶级主体无产阶级意识转换的需要，而唯物史观文学论满足不了这种需求。"革命文学"论争中，"虽然郭沫若并非有意从消极的角度理解唯物论，但他和李初梨之间关于青年应不应该当'留声机器'的论争实际暴露出以唯物史观为基础论述主体意识状态的不足"[②]。

因此，经历了1928—1932年的理论斗争，"在'科学'与'实践'之间固有的矛盾和张力"之间，[③]着力于"解释世界"的认识论性质的唯物史观文学论，只能让位于"改变世界"的实践性质的无产阶级革命文学理论。当然，这种转换不是一下就完成的，比如戴望舒译法国伊可维支著《唯物史观的文学论》（1930），虽然当时左翼人士就很不满，认为还有资产阶级观点，[④]但还是被纳入《科学的艺术论丛书》出版。

而受到抑制的唯物史观文学论则进一步向科学领域退隐，"从言论界

[①] 程凯描述了当时唯物史观文学论勃发的情形，参见程凯《1920年代末文学知识分子的思想困境与唯物史观文学论的兴起》，《文史哲》2007年第3期。
[②] 程凯：《1920年代末文学知识分子的思想困境与唯物史观文学论的兴起》，《文史哲》2007年第3期。
[③] 程凯：《1920年代末文学知识分子的思想困境与唯物史观文学论的兴起》，《文史哲》2007年第3期。
[④] 参见施蛰存《我们经营过三个书店》，《沙上的脚迹》，辽宁教育出版社1995年版，第20页。但施蛰存又说是因为翻译进度问题，没有赶上《科学的艺术论丛书》出版，见第111页。

转向了研究领域、知识领域"①。只不过与此同时,经典马克思主义文艺理论资源开始直接影响中国,革命文学理论无产阶级化开始向马克思主义化转向,②中国马克思主义文艺理论也就迎来了新的历史发展阶段,否则的话,无产阶级革命文学理论也有可能走向穷途末路。

---

① 程凯:《1920年代末文学知识分子的思想困境与唯物史观文学论的兴起》,《文史哲》2007年第3期。

② 关于这个问题,我们在艺术辩证法与中国马克思主义文艺理论的发展章节中详细讨论。

第三章 唯物辩证法与中国马克思主义文艺理论科学性的发生（中）

按照我们今天对于马克思主义哲学的理解，辩证唯物主义是由辩证唯物论、唯物辩证法和辩证唯物主义认识论三部分组成的。但在中国马克思主义哲学传播和研究的过程中（尤其是初期、早期），这些概念之间使用不是很规范，经常使用不同的词来指称辩证唯物主义。比如较早阐述马克思辩证法的瞿秋白就是"辩证（法）唯物论"和"唯物辩证法"混着使用的（而且更倾向于使用前者），毛泽东也使用"辩证法唯物论"这个概念，而李达则使用"唯物辩证法"这个概念，如他主编的《唯物辩证法大纲》，就将这种习惯从20世纪20年代一直用到60年代。另外，在马克思主义哲学批评者那里，比如20世纪30年代的"唯物辩证法"论战双方，也是使用"唯物辩证法"来涵盖我们今天理解的马克思主义哲学中的辩证唯物主义。因此，在20世纪二三十年代，在总称或领称、指称辩证唯物主义这个方面，"辩证唯物主义""辩证（法、论）唯物论""唯物辩证法"之间是没有区别的。

除了这种外部混用，在唯物辩证法内部还有一种混用，那就是辩证法、认识论、逻辑学三者经常混用。辩证法、认识论、逻辑学三者同是列宁的思想。列宁曾经指出，"在《资本论》中，逻辑、辩证法和唯物主义的认识论（不必要三个词：它们是同一个东西），都应用于一门科学"[1]，又在短文《谈谈辩证法问题》（写于1915年）中明确指出"辩证法也就是（黑格尔和）马克思主义的认识论"[2]。所以，本章所说的，作为中国马克思

---

[1] 列宁：《黑格尔辩证法（逻辑学）的纲要》，《哲学笔记（1895—1916）》，《列宁全集》第2版（增订版）第55卷，人民出版社2017年版，第290页。

[2] 列宁：《谈谈辩证法问题》，《哲学笔记（1895—1916）》，《列宁全集》第2版（增订版）第55卷，人民出版社2017年版，第308页。

主义文艺理论内在规定性之一的具体的唯物辩证法，指的就是辩证唯物主义的认识论和论理学（论理学即对于客观世界发展法则和逻辑思维法则的认识和运用）。用毛泽东《辩证法唯物论（讲授提纲）》中的解释就是："唯物辩证法是唯一科学的认识论，也是唯一科学的论理学。唯物辩证法研究吾人对外界认识的发生及发展，研究由不知到知，由不完全的知到更完全的知的转移，研究自然及社会的发展法则在人类头脑中日益深刻和日益增多的反映，这就是唯物辩证法与认识论的一致。唯物辩证法研究客观世界最一般的发展法则，研究客观世界最发展的姿态在思维中的反映形态，这就是唯物辩证法研究现实事物的各过程及各现象的发生发展消灭及相互转化的法则，同时又研究反映客观世界发展法则的人类思维的形态，这就是唯物辩证法与论理学的一致。"[1]因此，相比唯物史观和辩证唯物论更为强调世界本体论、历史本体论性质，具体的唯物辩证法更为强调认识论和论理学的方法论性质。本书所称"唯物辩证法"一般或主要指的是这种意义上的唯物辩证法，即具体的唯物辩证法；至于研究对象所称的"辩证法"（包括早期被当作"思索法"理解的辩证法或黑格尔意义上的辩证法），只能根据具体内容区分，一般情况下本书所称"唯物辩证法"主要指的是马克思主义（唯物）辩证法。当然，有些唯物辩证法专门研究逻辑法则，这个我们就不过多地介入。

相应地，唯物辩证法进入文艺理论可以分为两个阶段，第一个阶段是方法论阶段（即强调作为论理学方法论的唯物辩证法），比如20世纪20年代后期的"唯物辩证法创作方法"，以及前左翼文人顾凤城1930年《新兴文学概论》中说的："我们这里所指的辩证法，即是马克思的唯物辩证法"，"上面我们不惮烦地说明辩证法的公律，我们要把握到唯物辩证法，我们才能懂得普罗列塔利亚文学的内容与形式的问题"等；[2]第二个阶段是认识论阶段（即强调作为认识论的唯物辩证法），这个阶段要到20世纪40年代，以蔡仪为代表的反映论艺术论确立后才成立。

回到中国马克思主义文艺理论发生这个阶段。除了唯物史观，唯物辩证法进入文艺理论并得到科学的认识和运用，也是中国马克思主义文

---

[1] 毛泽东：《辩证法唯物论（讲授提纲）》，合江日报社1947年版，第15—16页。
[2] 顾凤城：《新兴文学概论》，上海光华书局1930年版，第93、101页。

艺理论科学性发生的重要因素。但从客观情况来讲，迟至1932年年底之前，左翼文艺运动内部关于唯物辩证法的争论（比如体现在瞿秋白和王礼锡的争论之间），都说明中国马克思主义文艺理论的发生发展对于唯物辩证法的认识和运用还处于不完整和不正确的阶段，而其真正成熟要待至1937年毛泽东《辩证法唯物论（讲授提纲）》形成之时。第一是因为，虽然我国古代也有辩证思想，但相比唯物史观，唯物辩证法在中国没有一个完整的、体系性的、前理论状态的思想基础和发展脉络，成熟度也不高，所以唯物辩证法的外来性特征很明显，人们对唯物辩证法的接受有一定的难度和过程；第二是因为，唯物辩证法思想虽然传入中国并不比唯物史观晚，但受重视程度不够，以致在外来理论影响和中国人功利性思维的作用下，机械唯物论和庸俗辩证法在中国马克思主义文艺理论发展初期先泛滥开来，造成了很大的影响；第三是因为，人们在掌握和运用唯物辩证法上也具有一定的难度，甚至一定程度上可以讲，一百多年来，中国马克思主义文艺理论发展史上出现的各种理论偏差和错误，比如在主观和客观、革命性和艺术性、批评的政治标准和艺术标准、人性人道主义等方面一系列错误的形成，都与这个问题（掌握和运用上的难度）有最大的和最直接的联系。

但即便如此，唯物辩证法第一个阶段的传播也促进了1932年左右，无产阶级革命文艺理论马克思主义化转向的完成，对于中国马克思主义文艺理论科学性的确立具有重要作用。

第一节 唯物辩证法在中国的早期传播

"辩证"这个词在中国《唐书》中就有。而作为和制汉语和哲学学科词语的"辩证法""唯物辩证法"这些概念或词汇，根据德国汉学家李博在其名著《汉语中的马克思主义术语的起源与作用：从词汇—概念角度看日本和中国对马克思主义的接受》中的考证，最早都是在日本出现，然后移植到中国。[①]李博对"辩证法"在日本的出现过程考证比较详细，但

---

① 参见［德］李博《汉语中的马克思主义术语的起源与作用：从词汇—概念角度看日本和中国对马克思主义的接受》，赵倩等译，中国社会科学出版社2003年版，第293—298页。

对于这个词进入中国的过程和环节说得比较笼统，他说："日语当中的'benshō-hō'这个词看来是到了20世纪的20年代才进入中国。"①由于李博著作完成时间比较早（1978），但汉译本又不算晚（2003），所以他的许多观点虽然是错误的，但又影响很大。比如他说："我们已经说过，开始的时候，中国的共产主义者对马克思的辩证法不甚感兴趣。而'辩证法'这个词——就现在已经研究过的材料来看——在20年代中国人所著的中文马克思主义文献当中没有出现过，这一定也和年轻的中国马克思主义者对辩证法思想方法的漠视有关。一直到30年代初，像'唯物辩证法'和'辩证唯物论'这样的词只出现在欧洲马克思主义作品的中文译文里。其最早的证明是SL2，它把斯大林的措辞，唯物辩证法，就是'马克思批判和革命的方法'的说法，翻译成了中文。""在1929年的《新术语辞典》里，我们能找到第一次由中国来描述的唯物辩证法的特点。"②受史料限制，加上说话武断，李博的许多说法基本都是错误的。③因为实际上，在"五四"前后，中国人对于黑格尔的辩证法概念是很熟悉的，不仅中国人在自己的著述中很早就使用了"辩证法"这个概念，而且早期中国的共产主义者对辩证法是很感兴趣的，在20世纪20年代中国人所著的中文马克思主义文献中已经频繁出现了"辩证法"这个词。

除了李博这种认识有误差之外，中国学者对于辩证法和唯物辩证法在中国的早期传播也曾有过一些错误认识。一是认为，唯物辩证法的传播明显落后于唯物史观的传播。比如："马克思主义传入中国后，首先被传播和为人们所普遍熟知的是唯物史观。在这方面，李大钊和陈独秀为宣传马克思主义唯物史观作出了突出的贡献。至于马克思主义的辩证法思想则是由瞿秋白在较晚时间引入国内，通过李达的积极研究和宣传，直到毛泽东在

---

① [德]李博：《汉语中的马克思主义术语的起源与作用：从词汇—概念角度看日本和中国对马克思主义的接受》，赵倩等译，中国社会科学出版社2003年版，第294页。

② [德]李博：《汉语中的马克思主义术语的起源与作用：从词汇—概念角度看日本和中国对马克思主义的接受》，赵倩等译，中国社会科学出版社2003年版，第295页。

③ 其他如"意识形态"一词，李博也认为"李大钊是其中的第一位"，是他在《我的马克思主义观》中，"把汉语词'意识形态'引入了中国政治术语当中"（见[德]李博《汉语中的马克思主义术语的起源与作用：从词汇—概念角度看日本和中国对马克思主义的接受》，赵倩等译，中国社会科学出版社2003年版，第312—313页）。其实，这个汉语词在李大钊这篇文章之前，已见于渊泉《马克思的唯物史观》译文（参见谈敏《1917—1919：马克思主义经济学在中国的传播启蒙》（中），上海财经大学出版社2016年版，第1096页）。

延安时期才得到较为系统的理解和深刻论述。"① 二是认为，瞿秋白是中国最早传播唯物辩证法的马克思主义者。对此，学者周淑芳予以了明确"否定"，认为"瞿秋白不是在中国传播辩证唯物主义的第一人、不是传播马克思主义辩证法的第一人"②。而学者田子渝经过考证后更倾向于认为，李汉俊才是唯物辩证法的最早传播者，他说："关于唯物辩证法的导入，迄今为止我国学界一致认为，1924年瞿秋白的《社会哲学概论》《现代社会学》《社会科学概论》（简称'三讲义'）等讲义是第一次将辩证唯物主义传播到我国的。历史并非如此，在'三讲义'前两年，即1922年，李汉俊撰写的《唯物史观不是什么？》（以下简称《什么？》，全文约1.3万余字）就比较详细地传播了马克思的辩证法。"③ 等等。

对此，本书根据自己对于史料的阅读认为，唯物史观和唯物辩证法是同时在五四运动前后开始传播的，不存在着唯物辩证法明显晚于唯物史观的历史事实；④ 和唯物史观一样，唯物辩证法在其传播之初就伴随着批评和质疑；⑤ 李汉俊是1919年《马氏唯物史观概要》译者的可能性最大；李汉

---

① 陶德麟、何萍主编：《马克思主义哲学中国化：历史与反思》，北京师范大学出版社2007年版，第19页。

② 周淑芳：《瞿秋白在马克思主义中国化中的理论贡献》，武汉大学出版社2016年版，第69、70页。

③ 田子渝：《我国对唯物史观的最初传播》，载中共一大会址纪念馆编《中国共产党创建史研究》，上海人民出版社2012年版，第218—219页。

④ 但从当时人们普遍意识的角度上，辩证法概念确实晚于唯物史观流行起来。这体现在词语编撰上。[清]汪荣宝、叶澜著《新尔雅》（上海民权社1903年版）有"共产主义""社会主义""唯物论""唯物主义"等条目和内容，没有出现"辩证（法）"条目。唐敏杲编纂《新文化辞书》（上海商务印书馆1923年版）收有"唯物史观""辩证法"条目，但没有"唯物辩证法"条目。吴念兹、柯伯年、王慎名合编《新术语辞典》（上海南强书局1929年版）则同时有"唯物史观""唯物辩证法"条目和内容。

⑤ 如1919年10月7—9日、12—14日，《觉悟》刊登了高田保马译、衡重译的《姑罗巴利教授的唯物史观评》，讲到了当时对唯物史观研究、辩护和搏击的著作特别多，"从没有像马克斯的唯物史观这样，同时候受很敷浅的批评和犀利深邃的批评"。在众多批评著作中，"加伯里教授所著的 Ole Premesse Filesof ohe bel Socialsmo 这一部书、议论确实、始终没有失他很严肃的'客观的态度'、要算批评马氏学说里面最有价值的书了"。（10月9日）讲道："到了神圣的家族这一篇上，他对于辩证法的观念论、就有非常叹美的样子。非特是如此，并且可以知道唯物论思想发展的最初时期了，到了哲学的评论、共产党宣言、经济学批判许多书上看起来不但是马克斯的思想、是全变化了就是这因变化出来的唯物论的思想，也能够精密地发表了。"该文对马克思唯物史观和辩证法进行了较为深入的批判。转引自方红《马克思主义在中国的早期翻译与传播》，上海三联书店2016年版，第302页。

俊在传播唯物史观、唯物辩证法方面贡献巨大；从20世纪20年代初中期开始，列宁辩证法和辩证法规律的传播开始成为重点；瞿秋白在将唯物辩证法引入文艺理论方面有着重大贡献。

一、"五四"前后唯物辩证法的传播情况

根据《马克思主义在中国早期传播史料长编（1917—1927）》史料所载，第一篇宣传马克思主义辩证法的文章是1919年7月18日《晨报》刊登的译文《马氏唯物史观概要》。[①] 这一判断是符合历史事实的。《马氏唯物史观概要》译文刊于《晨报》副刊[②] "马克思研究"专栏，全文分为9节，从7月18日至24日分7期连载完。译文标明译自日本《社会主义研究》杂志，但未标明原著者和译者。关于原著，日本学者石川祯浩考证为1919年4月《社会主义研究》创刊号所载堺利彦翻译L.Budin 的原作；[③] 关于译者，有认为是李达、有认为是陈溥贤。[④] 此观点也值得商榷。本文倾向于认为译者是李汉俊，具体分析见后述。

《马氏唯物史观概要》核心内容是翻译了马克思《〈政治经济学批判〉序言》（今译名）中关于社会存在决定社会意识、经济基础决定上层建筑的那段话[⑤]并加以了详细解释，其中也关乎唯物辩证法。关于辩证法，《马氏唯物史观概要》首先认为马克思学说不是哲学而是科学，马克思学说就是由"唯物史观"和"辩证论的唯物论"两个东西构成的："马克思学说的构成分子，就是当时世上所流行的辩证论的思索法和唯物论的观察法。他

---

① 参见田子渝《评介〈马克思主义在中国早期传播史料长编（1917—1927）〉》，载张黎明编《中共创建史研究（第1辑）》，上海人民出版社2016年版，第212页。
② 当时主要发表这类文章的第七版还不称为副刊。
③ 参见[日]石川祯浩《中国共产党成立史》，袁广泉译，中国社会科学出版社2006年版，第335页。
④ 参见谈敏《1917—1919：马克思主义经济学在中国的传播启蒙》（中），上海财经大学出版社2016年版，第1086页。
⑤ 石川祯浩依据陈溥贤与《晨报》的关系、1919年陈溥贤系列翻译文章、《马克思的唯物史观》和《马氏唯物史观概要》译文情况，判断译文作者是陈溥贤（参见[日]石川祯浩《中国共产党成立史》，袁广泉译，中国社会科学出版社2006年版，第8页）。吕延勤主编《马克思主义在中国早期传播史料长编：1917—1927》（2版）（长江出版社2020年版，第50页）也明确载明该文为"日本社会主义者堺利彦著、陈溥贤译"，但没有说明理由，估计是从石川祯浩的观点而来。而学者谈敏通过对译文具体词汇的分析和比较，尤其是对1903年幸德秋水《社会主义神髓》等更早中译本术语词汇的考证后，认为"此译本未必为渊泉所译"（参见谈敏《1917—1919：马克思主义经济学在中国的传播启蒙》（中），上海财经大学出版社2016年版，第1096页）。

学说的新特征，就在把这两个东西，结合拢起来就是了。换一句话说，就是从黑智尔哲学之中，采了进化的思索法，和唯物论结合起来罢了。所谓'唯物史观说''辩证论的唯物论'就是这个东西。"① 文章还反驳了对辩证唯物论的诬蔑，指出"世人往往将辩证法，看作有诡辩的意味，又往往将唯物论看作我欲我利的意味，或看作快乐主义的意味，或看作不近人情毫无理想的一种东西"，这是"大错"的。文章指出，辩证法是进化的思索法，"就是将一切事物，作为历史的考究"，而唯物史观就是主张唯物论的人，把辩证论的思索法应用在'人类社会的历史研究'上头，这就是'唯物史观'。这就是马克思学说的根据"②。但文章并不能区分黑格尔辩证法和马克思辩证法的不同，文章认为马克思的辩证法就是辩证论的思索法、进化论思索法和唯物论的观察法的"三合一"，虽然文章将辩证法和诡辩加以区分，说"辩证法并没有诡辩的意味"，"其实这辩证法，可算是进化的思索法"，③可以看出，文章对于唯物辩证法认识的局限性是很明显的。

《晨报》连载完《马氏唯物史观概要》后，紧接着连载对唯物史观和唯物辩证法持批评态度的《马氏唯物史观的批评》一文。译文总计5节，《晨报》"马克思研究"专栏于1919年7月25日—8月5日分12次连载完。译文标明"节译日本《改造》杂志'社会主义批判'"，没有署著译者名。石川祯浩认为："原著为收于《改造》1919年7月号的贺川丰彦著《唯心的经济史观的意义》。"④由于《马氏唯物史观的批评》的反马克思哲学的立场，这篇文章较少受到关注，其译者也无人考证。《马氏唯物史观的批评》在内容上有柏格森理论的影子，文章大意是强调"物""人""我"对立，认为唯物史观是强调"物"的科学哲学，不是有"我"的价值哲学；文章主张唯心论的经济史观，主张价值哲学，重视人的心理；它认为马克思主义唯物史观运用到经济史观是不妥的，是以自然科学的法则运用到需要使用价值哲学的领域，是不对的，它认为马克思主义唯物史观有"人"但无"我"，牺牲了社会心理这个要素。《马氏唯物史观的批评》一文两处

---

① 《马氏唯物史观概要》，《晨报》1919年7月18日，第7版。
② 《马氏唯物史观概要》，《晨报》1919年7月18日，第7版。
③ 《马氏唯物史观概要》，《晨报》1919年7月18日，第7版。
④ ［日］石川祯浩：《中国共产党成立史》，袁广泉译，中国社会科学出版社2006年版，第8页。

提到黑格尔的辩证法（连载1、连载10），认为马克思的唯物史观就是黑格尔辩证法加达尔文的进化论在经济学领域的运用，认为，"（马氏）用唯物史观来建立经济学，简直是把海格尔的辩证法完全搬到经济学里，所以他那经济学，不对的地方也很不少"，"而现今的学者，依然离不了马氏的法则，实在可笑"（连载1），"因为唯物史观，是从海格尔的历史哲学，抄袭成经济史的，又想加上进化论的意味，于是海格尔式的辩证法，就跑到进化论里去打了一个转身"（连载10）。

从内容上来看，虽然这篇文章和《马氏唯物史观概要》对唯物史观一赞一损，但对于马克思辩证法的理解，这两篇文章都持马克思辩证法是黑格尔辩证法加达尔文进化论的理解。这个应该是当时中日学术界对于马克思辩证法的通识。但这点到了著名的《新青年》第6卷第5号（前面说过，第5号虽然标着是5月出版，但实际是10月见刊）就有了新的进展。无政府主义者（黄）凌霜《马克思学说的批评》一文虽然延续了对马克思辩证法的批评，但已经意识到马克思辩证法是黑格尔辩证法的颠倒，只不过他认为马克思辩证法的颠倒又颠倒回观念论了："马氏所用的方法，还不出黑格尔（Hegel）的辩证法之外。他虽然说过若是要这个方法合于理性，必要将他转过来，搁在一个唯物的根据之上，但是他自己却不能处处依着这个范围立论。难道马氏不知严格的唯物方法的断案，不能离事实太远的么？他的著作，本来要以科学为根据，不从预存的观念，和从表面观察所谓现社会的进化律，推演下来，以为断案，然而他最后的断案，却是一个预存的观念！简单说，马氏不过把辩证的事业，代了前人辩证的观念罢了。空想会弄坏了科学，马氏恐怕不能自辞其咎罢。"[①]

由此可以看出，在马克思辩证法传播之初，国人对黑格尔辩证法是有基本了解的；国人对马克思辩证法的最初传播，是从对马克思辩证法整体上的错误理解和批判开始的，当时人们对于马克思辩证法的传播还没有深入马克思辩证法的具体内涵，而且对于唯物辩证法的介绍与批评也一直从属于对唯物史观的介绍与批评。

这种情况维持一段时间后，到了1921年年底和1922年年初，对于唯物史观同时也对于辩证法的批判和误解就累积成一个很大的理论问题需要

---

① 凌霜：《马克思学说的批评》，《新青年》1919年第6卷第5号。

解决，在这种理论情况下，李汉俊的《唯物史观不是什么？》也就当仁不让地出现了。

1922年1月23日、31日，上海《民国日报》副刊《觉悟》用了4个版面刊登李汉俊的《唯物史观不是什么？》一文。文章分为九节谈了八个问题："一 绪言""二 唯物史观不是哲学""三 唯物史观不是哲学的唯物论""四 唯物史观不是物质惟一主义——唯物史观论者不是物质唯一主义论者""五 唯物史观不是诡辩的唯物论""六 唯物史观不是赫格尔哲学""七 唯物史观不是单纯的唯物的历史观""八 唯物史观不是盲目的经济史观""九 唯物史观不是机械论"。

《唯物史观不是什么？》延续了《马氏唯物史观概要》《马氏唯物史观的批评》对马克思学说做哲学和科学的两分法，具体论述了唯物史观（包括唯物辩证法）与黑格尔的辩证法和费尔巴哈唯物论（旧唯物论）的联系与本质区别，批驳了社会上对唯物史观的种种误解与歪曲，澄清唯物史观与近代唯物主义、诡辩唯物论、"盲目的经济史观"、机械唯物论等的区别（由于当时哲学术语不发达，还不能准确表述新旧唯物论、唯心辩证法和唯物辩证法之间的差别，因此表述上非常缠绕）。

《唯物史观不是什么？》在第三节、第五节等小节中重点论述了唯物辩证法问题。首先，文章沿用了《马氏唯物史观概要》《马氏唯物史观的批评》中关于唯物辩证法的说法，再次强调唯物史观是"辩证法的思索法和唯物论的观察法"的"巧妙地结合"："马克斯学说底组成分子是辩证法的（即进化的）思索法和唯物论的观察法。这辩证法的思索法和唯物论的观察法，在马克斯底当时就已经存在，他底学说底特征就在巧妙地结合了这两个方法。换句话说，就在把赫格尔哲学里面的进化的思索法，连结到唯物论的观察法了的一点。如斯而成立的马克斯科学，就叫作'唯物史观'，亦叫作'辩证法的唯物论'或'进化的唯物论'"，还说"唯物史观是把赫格尔在他唯心的哲学里面使用的辩证法的思索法，应用到唯物论的辩证法的唯物论；是把达尔文在他生物进化论里面使用的论理，应用到人类社会底历史的人类社会进化论"，从而在唯物论这个根本点上，将马克思辩证法与黑格尔的辩证法做了本质上的区分，这在马克思辩证法传播史上具有重大的理论意义。其次，文章还将唯物辩证法与诡辩论、形而上学思索法做了区分："又有许多人，错解辩证法为诡辩的意思，把马克斯底唯物史观（或辩证法的唯物论）误认为诡辩的唯物论。这也是绝对的错误。辩证法绝不是什么诡辩，只是进化的思索法，或历史的思索法。"还说："这种思索底过程与方式，未曾入过形而上学推理里面，辩证法却是要在事物底根本的关系、联系、运动、起源，和终结上，理解事物及其表现（即观念）。上述自然界底种种过程都是确实证明辩证法自身底思索法的。辩证法的思索法，只是极合理的思索法，并不是什么诡辩。"最后，文章集中阐述了世界是不断矛盾运动的辩证法则，明确指出"辩证法就是在事物底根本的关系、联系、运动、起源及终结上，理解事物及其表现（即观念）的思索法"①。《唯物史观不是什么？》依据或引入的是恩格斯的《社会主义从空想到科学的发展》的辩证法理论，文章中大量引用了恩格斯的语句，这对于唯物辩证法从本体论认识到方法论认识的发展转化、从整体论认识到辩证法具体规则认识的发展转化起到了重要作用。学者田子渝认为："《唯物史观不是什么？》成为唯物史观的传播由本体论进入辩证法阶段的标志，给马克思主义初期传播注入了新鲜血液。"②这一说法也适用于对唯物辩证法传播阶段发展的认识。

  呼应前面的问题，通过比对《唯物史观不是什么？》《马氏唯物史观概要》《马氏唯物史观的批评》三个文本的内容、学术术语和文章思路，我们可以发现许多共同点，比如哲学和科学的二分法、思索法辩证法、进化论唯物论等，甚至针对《马氏唯物史观的批评》对马克思唯物史观不重视社会心理的指责，文章也有专门的反驳内容。再综合李汉俊在日本和回国后的情况，虽然李汉俊回国后没在北京生活活动，但李汉俊（包括李达）无疑与李大钊、陈溥贤一样，是中国马克思主义传播的日本渠道中的重要人物，所以，我们这里判断，《马氏唯物史观概要》《马氏唯物史观的批评》译者是李汉俊的可能性更大一些。

  在《唯物史观不是什么？》发表的同年4月，施存统翻译出版了日本高畠素之著《马克斯学说概要》，第2章第2小节就是"唯物论和辩证法"，核心意思是，世界是不断变动的，"存在是变化（或发达）底不断变

---

① 以上引文见李汉俊《唯物史观不是什么？》，载中共一大会址纪念馆编《中共一大代表早期文稿选编（1917.11—1923.7）》（上），上海人民出版社2011年版，第527—541页。
② 田子渝：《我国对唯物史观的最初传播》，载中共一大会址纪念馆编《中国共产党创建史研究》，上海人民出版社2012年版，第220页。

化的过程",唯物辩证法就是将这种变化"应用到人类社会及其各种制度底进化"之中。①

二、20世纪20年代中期对唯物辩证法的译介和探索

1923年之前,唯物辩证法基本笼罩在唯物史观甚至是马克思学说之下,其独立地位没有得到凸显。进入1923年以后,对唯物辩证法的传播开始进入主体阶段,进入对具体规律规则的译介、探索和运用阶段。与此同时,对俄苏唯物辩证法尤其是列宁、普列汉诺夫的唯物辩证法思想的介绍开始成为重点。如《新青年》季刊第10卷第1号(1923年6月15日出版)瞿秋白《世界的社会改造与共产国际(共产国际之党纲问题)》首次提到马克思主义之"辩证法的唯物论"(Matariulisme Dialectione);《新青年》季刊第10卷第3号(1924年8月1日出版)刊载了普列汉诺夫的《辩证法与逻辑》与阿多那斯基的《马克思主义辩证法底几个规律》等重要文献。

1923年3月1日,中国旅欧党团组织在巴黎编辑出版的《少年》第7号上发表了一篇署名"石夫"②节译自阿多那斯基著的、法文版《马克思主义辩证法底几个规律》。③《马克思主义辩证法底几个规律》分为5节,介绍了马克思主义辩证法的五个规律:"唯物主义辩证法底第一个规律就是毫不要以流行在社会关系上底观念与这些关系的实际相混;就是看社会的实际是怎样就是怎样",也就是思想(意识)是由人生存的物质条件所决定的。"唯物主义辩证法底第二个规律,需要在实际底全部中研究实际,除开一切抽象作用、一切意象学,举凡所有都应该取来注意,取来作完全的精密研究",也就是说要注重全局与局部的关系,要以统揽全局的观念观察事物的发展。第三个规律是"辩证法的方法又叫我们要全在运动中研究",在运动中研究问题是辩证法观察事物的方法论。第四个规律是"革命的马克思主义不许理论与实事分离",唯物辩证法是理论必须联系实际

---

① [日]高畠素之:《马克斯学说概要》,施存统译,商务印书馆1922年版,第19—20页。
② "石夫"一度被认为是瞿秋白。根据学者王磊考证,"石夫"是尹宽的笔名。参见王磊《马克思主义辩证法在中国早期传播的一篇重要文献——〈马克思主义辩证法底几个规律〉译文作者考》,《党史研究与教学》2014年第5期。
③ 笔者所见现有文献,均没有载明阿多那斯基(V.Adoralsky)的国籍,疑俄罗斯—苏联国籍的可能性大些。

的。第五个规律是"没有抽象的真实，凡真实都是具体的"，即任何事物都是变化着的，没有永远不变的"真实"。①这篇文章表面上是介绍马克思主义辩证法的几个规律，实际目的是说明列宁对马克思主义唯物辩证法在俄罗斯革命中的灵活运用。它在每条规律描述中都引用了列宁作为例子："在列宁生平，发现很多这个规律的应用。"②自此以后，关于列宁的辩证法就成为唯物辩证法传播的一个重点。如列宁逝世后，《新青年》第11卷第1号（1925年4月22日出版）纪念专号上的多篇译文中对列宁的革命辩证法都有提及。

这篇文章后来稍作修改，一年后再次发表在《新青年》第10卷第3号上，同期还发表了郑超麟译、普列汉诺夫著的《辩证法与逻辑》一文。《辩证法与逻辑》主要内容是回击对马克思主义辩证法的各种批评，比较了马克思主义辩证法与黑格尔辩证法的区别，强调马克思主义辩证法是唯物的、革命的、历史的（运用于社会主义）等特性："唯物论把辩证法置于'足上'、同时除去黑格儿所盖上的神秘之幕，而又阐露它的革命性。"③正如题目所标明的那样，文章对唯物辩证法的介绍更多地结合了形式逻辑、矛盾逻辑等话题来讨论唯物辩证法，从而将唯物辩证法的规律展示在中国人面前。

这两篇译文在马克思主义尤其是唯物辩证法的中国早期传播史上具有重要地位。如"黄楠森等在其主编的著作《马克思主义哲学史》第6卷《马克思主义哲学在中国的传播和发展》中明确指出：'这是两篇向中国人民介绍马克思主义唯物辩证法的较早中文译文'，田子渝在其论文《在历史语境中审视马克思主义在我国的早期传播》中直接称《几个规律》是'第一篇宣传马克思辩证法规律的专论'"④。

---

① 阿多那斯基：《马克思主义辩证法底几个规律》，石夫节译，《新青年》（季刊）1924年第10卷第3号。

② 阿多那斯基：《马克思主义辩证法底几个规律》，石夫节译，《新青年》（季刊）1924年第10卷第3号。

③ 蒲列哈诺夫（Plekhanoff）：《辩证法与逻辑》，郑超麟译，《新青年》（季刊）1924年第10卷第3号。

④ 王磊：《马克思主义辩证法在中国早期传播的一篇重要文献——〈马克思主义辩证法底几个规律〉译文作者考》，《党史研究与教学》2014年第5期。

三、20 世纪 20 年代中后期，瞿秋白、李达等对于唯物辩证法的研究和运用

瞿秋白对于马克思主义辩证法的接触比较晚，在《世界的社会改造与共产国际（共产国际之党纲问题）》（1923 年 6 月 15 日《新青年》季刊第 10 卷第 1 号）首次提到马克思主义之"辩证法的唯物论"（Matariulisme Dialectione）。但由于瞿秋白较长时间在俄罗斯—苏联和共产国际工作，所以他对马克思主义和唯物辩证法的认识很快丰富和成熟起来。1923—1924 年，瞿秋白回国后担任上海大学社会学系教授，为教学需要，在翻译国外经典著作的基础上，编辑整理出了一系列的马克思主义哲学讲义。其中最著名的是《社会科学概论》《社会哲学概论》《现代社会学》三篇，通称为"三讲义"。"三讲义"以及 1926 年年初的《唯物论的宇宙观概说》《马克思主义之意义》从不同角度阐述马克思主义哲学基本原理和规律，特别是较系统地阐释和运用了唯物辩证法，在当时中国的马克思主义传播界令人耳目一新。

瞿秋白对于唯物辩证法的传播有三个特点和贡献。一是对马克思主义的整体性介绍。受列宁对马克思主义三大组成部分是一块"整钢"认识的影响，瞿秋白对马克思主义哲学的介绍突出了整体性、关系性，突出阐释了马克思主义哲学（"总宇宙观"）和唯物史观、唯物辩证法、认识论等各组成部分的宏观关系，是中国第一个把唯物辩证法与唯物史观作为一个整体来看待的马克思主义理论家（我们这里仍然使用唯物史观和唯物辩证法的说法，因为"辩证唯物主义"等说法要到 20 世纪 30 年代斯大林的表述之后才开始普遍流行）。瞿秋白在《马克思主义之意义》（1926）一文中，对当时的马克思主义传播不是很满意："中国对于马克思主义理论上的研究，至今还是异常的贫乏，对于唯物史观的介绍往往不大确切和明了。通常对于唯物史观及马克思主义的译名，即如'唯物史观'一词都嫌疏漏，马克思的哲学学说决不能以唯物史观概括得了。所以，必须知道马克思主义的真切的意义。"[①]他指出没有唯物辩证法，国内马克思主义的传播和研究是不完整的，强调了唯物辩证法在马克思主义体系中的独立价值和它在

---

① 瞿秋白:《马克思主义之意义》,《瞿秋白文集·政治理论编》第 4 卷, 人民出版社 2013 年版, 第 21 页。

马克思主义哲学四大构成部分（辩证法唯物论的总宇宙观、唯物史观、政治经济学、科学社会主义）中所具有的根本的方法论意义。二是对唯物辩证法研究代表了当时最高的理论水平。瞿秋白的"三讲义"在中国第一次详细地介绍了马克思主义辩证法的矛盾运动、否定与否定、量变与质变三大规律。他指出马克思主义辩证法是考察宇宙、社会、思维的方法论，矛盾运动是"现实的宇宙及社会的'根本属性'"，[①]在三大规律中起主导作用。和不满足于"唯物史观"一词一样，瞿秋白对"辩证法"这个译名也不满意，他主张用"互辩法""互变律"[②]的译法，将恩格斯所说的自觉辩证法称为"互辩法唯物论"[③]。三是突出了对列宁主义辩证法的介绍。瞿秋白是中国介绍列宁主义和列宁辩证法的第一人。列宁的辩证法理论可以分为理论辩证法和革命辩证法两个部分，理论辩证法如列宁阐述的辩证法法则的诸要点，如对立统一、普遍联系和永恒发展、否定之否定、量变质变、矛盾的普遍与特殊的关系等认识；革命辩证法是列宁在革命问题上阐述的辩证法或者唯物辩证法的运用，如落后国家无产阶级革命理论、无产阶级政党理论等，其核心是和具体实际相结合，灵活运用辩证法。瞿秋白非常强调马克思主义辩证法的革命意义，他说："马克思主义的唯物辩证法是无产阶级斗争的思想上理论上的武器。"[④]但瞿秋白对于列宁革命辩证法的理解主要是学理上的，还不能真正掌握列宁主义革命辩证法的精髓，因此瞿秋白在20世纪20年代的革命实践中犯了严重错误，而这已不在这里的讨论范围了。也正由于瞿秋白对于革命辩证法存在机械理解和运用，所以瞿秋白在20世纪20年代中后期，在中国无产阶级革命文学运动推广苏联"拉普""唯物辩证法创作方法"方面发挥了重要作用；也因为瞿秋白在辩证法问题上十分强调无产阶级的革命立场，以致在20世纪30年代初期与王礼锡等发生唯物辩证法论争时，其"革命性"的唯物辩证法理论反而在"科学性"上显得落后于论争对手。这个我们在下一小节将提到。

除了传播马克思主义之外，瞿秋白还参与了批判"东方文化派"、胡适实用主义和戴季陶主义等几场大论战，在传播和运用唯物史观、唯物辩

[①] 瞿秋白：《瞿秋白文集·政治理论编》第4卷，人民出版社2013年版，第347页。
[②] 瞿秋白：《瞿秋白文集·政治理论编》第2卷，人民出版社2013年版，第442页。
[③] 瞿秋白：《瞿秋白文集·政治理论编》第4卷，人民出版社2013年版，第20页。
[④] 瞿秋白：《瞿秋白文集·政治理论编》第2卷，人民出版社2013年版，第503页。

证法等方面作出了重要贡献。虽然瞿秋白传播唯物史观的影响大于唯物辩证法，但他传播马克思主义唯物辩证法尤其是三大规律的贡献却是独一无二的，因此，瞿秋白通常被誉为中国唯物辩证法启蒙第一人、中国传播辩证唯物主义第一人，当然这个"第一"主要指的是贡献方面。[1]

李达自1919年起就开始研究介绍科学社会主义，后来在中国共产党建党筹备阶段主编半公开刊物《共产党》（建党后担任地下性质的人民出版社社长）。这个时期（1920—1921），李达还结合与研究系（梁启超、张东荪等）发生社会主义论战，批判第二国际、第四国际[2]，撰写了大量论著，在传播马克思主义的同时，重点阐释马克思主义阶级斗争理论和建党学说，这对中国共产党的创建作出了重大理论贡献。

虽然李达在唯物史观和唯物辩证法方面略晚于瞿秋白，比如被称为"中国人自己写的最早的一部联系中国革命实际系统论述唯物史观的专著"[3]《现代社会学》（1926年出版）就晚于瞿秋白的《现代社会学》（1924年出版）。由于20世纪20年代中后期，瞿秋白更多地转入具体的革命实践和政治斗争，1930年之后更是转入左翼文艺运动，所以李达在这两个方面的理论成就要大于瞿秋白。

比如唯物史观研究方面，不仅《现代社会学》在理论上"初步形成了一个有中国特色的唯物史观理论表述体系"[4]，而且在当时产生了很大的影响力，在1927年大革命时期"差不多人手一册"，大革命失败后，李达和该书因"宣传赤化甚力"被反革命派通缉。[5]即便如此，该书在五六年之

---

[1] 此处参考了李禾风《论瞿秋白对辩证唯物主义的传播》（硕士学位论文，武汉大学，2017年）有关内容。但部分内容值得商榷，比如李达介绍列宁主义和批评第二国际其实并不比瞿秋白晚。

[2] 这个"第四国际"是1921年10月由英、德、荷、葡等国的共产主义极左派团体在柏林成立的组织，存在的时间不长。这与1938年9月由托洛茨基及其支持者建立的"第四国际"不是同一组织，但许多观点类似。

[3] 江明：《展读遗篇泪满襟——记李达和吕振羽的交往》，《文献》1980年第4期。转引自陶德麟《〈李达全集〉总序》，载汪信砚主编《李达全集》第1卷，人民出版社2016年版，第11页。

[4] 陶德麟：《〈李达全集〉总序》，载汪信砚主编《李达全集》第1卷，人民出版社2016年版，第12页。

[5] 陶德麟：《〈李达全集〉总序》，载汪信砚主编《李达全集》第1卷，人民出版社2016年版，第12页。

内再版 16 次，足见其影响之大、成就之高。①

而在唯物辩证法研究方面，李达接续了瞿秋白的研究，但比瞿秋白显示了更高的理论自觉，研究更为系统和持续，也取得了更高的理论成就。李达对唯物辩证法的研究主要集中在 1927—1937 年这个时期。1927 年大革命失败后，李达潜回上海。这个时期（1927—1932），李达意识到，"辩证唯物论的研究和宣传在当时还是薄弱环节。大革命以前马克思主义在中国的传播基本上还限于社会革命论和唯物史观"，国内还处在"开始研究辩证唯物论的时候"，最需要的是"很好的入门书"。因此，他的第一步工作是翻译介绍唯物辩证法，5 年间翻译了 7 本名著，有 4 本是唯物辩证法的著作，其中苏联西洛可夫等的《辩证法唯物论教程》（与雷仲坚合译并校改全文），1932 年 9 月出版后立即受到广泛重视。毛泽东在 1936 年 11 月到 1937 年 4 月阅读了该书的第三、四版，作了摘要和批注，这对于毛泽东《辩证法唯物论（讲授提纲）》的形成有很大的影响。②1932 年 8 月，李达转移到了北平，此后 5 年间，除了继续译介马克思主义著作之外，还撰写了 200 多万字的论著，而唯物辩证法则是其中的重要内容。李达这个时期关于唯物辩证法研究的代表作是《社会学大纲》（1935 年北平大学法商学院作为讲义首次印行，补充修改后 1937 年 5 月由上海笔耕堂书店出版），该著将近 50 万字，第一篇是"唯物辩证法"，第二篇至第五篇是历史唯物论（包括"当作科学看的历史唯物论""社会的经济构造""社会的政治建筑""社会的意识形态"）。由于《社会学大纲》在当时被公认为对马克思主义哲学介绍最全面最准确的图书，又是中国人对马克思主义哲学的独立思考后形成的独立理论体系，加之该书面向大众化的教科书形式和献给英勇抗战战士们的爱国主义立场，使得该书出版后广泛流传，一版再版。毛泽东在延安也是一再批读该书，并在向延安哲学研究会和抗日军政大学推荐该书时，指出这是"中国人自己写的第一本马列主义的哲学教科书"③。"唯物辩证法"作为该书的第一篇，不仅体现了李达对于唯物辩证法

---

① 参见陶德麟《〈李达全集〉总序》，载汪信砚主编《李达全集》第 1 卷，人民出版社 2016 年版，第 12 页。
② 参见陶德麟《〈李达全集〉总序》，载汪信砚主编《李达全集》第 1 卷，人民出版社 2016 年版，第 14 页。
③ 陶德麟：《〈李达全集〉总序》，载汪信砚主编《李达全集》第 1 卷，人民出版社 2016 年版，第 16 页。

作为马克思主义哲学认识论基础的高度重视，而且体现了他对于唯物辩证法的深刻认识，使得"该书无疑是我国唯物辩证法运动达到成熟阶段的一个重要标志"[①]。20世纪60年代，李达决心重新主编一部《马克思主义哲学大纲》，分《唯物辩证法大纲》和《唯物史观大纲》两大部分，也是把《唯物辩证法大纲》放在前面得以完成，而《唯物史观大纲》则因为各种原因没能实现。

四、20世纪30年代初期唯物辩证法成为哲学主潮

1933年12月，年仅23岁的艾思奇写完《二十二年来之中国哲学思潮》（1934年1月《中华月报》第2卷第1期）。文章从当时"唯物辩证法的哲学是新的前进人们的哲学"的既成事实这一认识出发，"我们可以回溯到五四文化运动中去找它的萌芽"，系统分析总结了辛亥革命以来22年间中国哲学主潮的发展历史，描述了唯物辩证法成为哲学主潮的过程。

> 在"科学与人生观之论战"中，陈先生已正式提出唯一的唯物史观的意见了。事实是这样的：前进的资产阶层的使命告终之后，即五四文化运动终了后，哲学上的史的发展便分成两条平行的而又互相争斗着的主流，一是堕落的世纪末哲学，一是唯物史观的思潮。如果用欧洲的情形来对比，则黑格尔可算是欧洲资产阶级的前进哲学之顶点和没落点，此后便是两大主流的平行的斗争的发展；一是叔本华、柏格森、尼采、倭根以至狄尔泰等人的人生问题道德问题的潮流；一是从马克思、恩格斯至伊里奇的唯物辩证法的潮流，前者是堕落的资产阶级欲在精神中求慰安的企图，后者是前进的阶层在物质中求胜利的怒潮。中国的哲学思潮也就是这样地发展下来的，不过1927年以前是人生问题较优胜的时代，1927年以后没落阶级的丑态已暴露无遗，前进阶层的哲学才达到支配力的顶点的时代。于是唯物辩证法风靡了全国，其力量之大，为22年来的哲学思潮史中所未有，学者都公认这是一切任何学问的基础，不论研究社会学、经济学、考古学，或从

[①] 陶德麟：《〈李达全集〉总序》，载汪信砚主编《李达全集》第1卷，人民出版社2016年版，第17页。

事文艺理论者，都在这哲学基础中看见了新的曙光，许许多多旧的文学者及研究家都一天一天地"转变"起来。人道主义者的鲁迅先生抛弃了人道主义，李石岑先生撇开了尼采，朱谦之先生听说也一时地成为辩证法唯物论者。①

艾思奇所说的唯物辩证法是包括唯物史观在内的马克思主义，指的就是"从马克思、恩格斯至伊里奇的唯物辩证法的潮流"，认为到1933年时，唯物辩证法已经达到"支配力的顶点"，被"不论研究社会学、经济学、考古学，或从事文艺理论者""都公认这是一切任何学问的基础"。遗憾的是艾思奇没有看到李大钊等人的理论贡献。与此同时，艾思奇也指出，1927年新文化运动之后，中国唯物辩证法的发展也深受机械论的影响，对应到革命文艺运动，也就是"革命文学"论争时期和"左联"成立初期的机械唯物论和庸俗社会学。这其中有列宁（伊里奇）的哲学，也有"因为有'投机者'存在的缘故，种种不正确的倾向便从内部发生，于是在唯物辩证法的名义之下……但披着唯物论的外装的另一种唯心论便在辩证法之中发展起来，正确的唯物辩证法不能不另用一番心力与之抗争，与之分裂，这分裂的过程也与欧洲的情形很类似，尤其与苏联的哲学论战之过程相一致"②。艾思奇说：

> 1927年的新文化运动将布哈林的机械论、蒲格达诺夫的机械论与经验批判论等与普列汉诺夫、德波林、伊里奇的哲学毫无分辨地输入了中国。分裂的第一阶段和1923年至1930年的苏联一样，是对于机械论的批判。布哈林的机械观最初受到了清算。"社会史的论战"中在方法论的问题上也有着机械论与辩证法之争。张如心先生的哲学活动也可以算作代表者，此外还有种种的翻译介绍。但在机械论批判之后哲学又停滞于普列汉诺夫与德波林的形式主义之门限。苏联的德波

---

① 艾思奇：《二十二年来之中国哲学思潮》，《艾思奇全书》第1卷，人民出版社2006年版，第119页。
② 艾思奇：《二十二年来之中国哲学思潮》，《艾思奇全书》第1卷，人民出版社2006年版，第120页。

林是反对机械论之中心人物,但他自己又终于使辩证法哲学脱离了社会政治而成为空洞的书本学问。在1931年至1932年遂受到许多新的学者之批判。在中国,德波林的清算是直到1933年才开始,而胡秋原先生到此时还拼命地替德波林与普列汉诺夫张目。我们所能看见的有系统的著述可以说只有一本"教程"的翻译。①

艾思奇认为,经过22年的思想斗争,唯物辩证法成为哲学主潮。但他也指出,"最近半年以来","旧的没落哲学之死灰复燃的时期又到来了","哲学的论坛上就有以生命为主的哲学之出现。张东荪也在大反对其'动的逻辑'。朱谦之先生忽又回到柏格森的老家,要以黑格尔来解述直觉哲学了"。②对此,艾思奇认为只是一时的回潮,造成这种情况的主要原因是外因。他说:"这一种倾向之出现,也与外国的情势一致,一方面是因为德波林哲学也最后受到了清算,虚伪的唯物论已无法披着'投机者'的外装而存在,只好作露骨的现面;一方面是军权独裁政治的发展,对各种言论实行高压,而没落的生命哲学、存在论哲学,在日本和德国都因此得以抬头于指挥刀的保护中。"③而对于唯物辩证法内部,他则认为唯物辩证法经过内部的清算,已是铁板一块,唯物论"经过了两次的清算,偷入者无门可入,结果便成为正面的刀兵相见。目前就是正面刀兵的时代"④。也就是说,1933年时,唯物辩证法已经成熟并成为哲学主潮。

唯物辩证法的这个发展过程及意义,和我们后面将要描述的,在唯物辩证法的推动下,革命文艺理论无产阶级化和无产阶级革命文艺理论马克思主义化的两次转变过程是吻合的。

---

① 艾思奇:《二十二年来之中国哲学思潮》,《艾思奇全书》第1卷,人民出版社2006年版,第120页。
② 艾思奇:《二十二年来之中国哲学思潮》,《艾思奇全书》第1卷,人民出版社2006年版,第120页。
③ 艾思奇:《二十二年来之中国哲学思潮》,《艾思奇全书》第1卷,人民出版社2006年版,第121页。
④ 艾思奇:《二十二年来之中国哲学思潮》,《艾思奇全书》第1卷,人民出版社2006年版,第121页。

五、艺术领域对唯物辩证法的译介和传播①

艾思奇写作《二十二年来之中国哲学思潮》的时间是1933年，这个时候他只看到了1927年新文化运动以来直到"唯物辩证法论战"前期唯物辩证法发展的一些情况。如果他能看到后来唯物辩证法的发展，可能会得出20世纪30年代是"唯物辩证法运动的年代"或者"唯物辩证运动十年"这类认识。因为，20世纪30年代初发生了"唯物辩证法论战"，初中期李达、艾思奇的唯物辩证法研究和中后期毛泽东对于唯物辩证法的研究，加上持续十年之久（1927—1937）的唯物辩证法引进热潮，使得20世纪30年代可以称为"唯物辩证法运动的年代"，是可以与"左翼文艺运动十年"或者"红色的三十年代"相媲美的一个学术年代。

这十年间（1927—1937），艺术领域也大力译介和传播唯物辩证法。1928年"革命文学"论争开始后，革命文艺理论界意识到唯物辩证法的重要性，非常重视普列汉诺夫的辩证法理论的译介和传播，"1929年这一年，在当时的中国文化中心上海一连出版了普列汉诺夫的三本重要著作：杜国庠署名吴念慈自英文译出的《史的一元论》（即《论一元论历史观之发展》），林柏自英文译出的《艺术论》（即《没有地址的信》），冯雪峰自日文译出的《艺术与社会生活》"。"1929年7月15日出版的《春潮》月刊第1卷第7期，曾经发表了鲁迅翻译的普列汉诺夫撰写的《论文集〈二十年间〉第三版序》。冯雪峰还以画室笔名翻译了普列汉诺夫的《论法兰的悲剧与演剧》一文，发表在1929年8月1日和10日出版的《朝花旬刊》第1卷第1期和第2期上。""1930年新出版的普列汉诺夫著作又增加了七种，有的甚至同一年出版两种或四种译本。"②此外，胡秋原对普列汉诺夫艺术辩证法思想在中国的传播也起了重要作用。1932年胡秋原翻译发表了佛理采的《朴列汗诺夫与艺术之辩证法底发展问题》长文，出版了《唯物史观艺术论：普列汉诺夫及其艺术理论之研究》等著作。

除普列汉诺夫之外，布哈林等人的辩证唯物论思想对这一时期中国

---

① 本小节和下文的"第二节 唯物辩证法与革命文艺理论从无产阶级化到马克思主义化"节自拙文《艺术辩证法与中国马克思主义文艺理论百年思想史》，该文内容更为详细。本书定稿时该文尚未见刊。

② 史料引见高放、高敬增《普列汉诺夫著作在中国民主革命时期的传播》，《教学与研究》1982年第4期。

马克思主义文艺理论辩证法思想的影响也很大。李铁声1928年在创造性《文化批判》第3号上发表了布哈林《辩证法的唯物论》一文,第二年又将其与哥利夫《辩证法及辩证的方法》一文结集为《辩证法底唯物论》出版(1929年江南书店)。合集将哥利夫《辩证法及辩证的方法》一文置于布哈林《辩证法的唯物论》之前,主要讨论的是辩证法本体论的内容,由此可见辩证法问题在理论认识中的重要性在增强。

与此同时,唯物辩证法同时作为一种认识论和论理学,伴随着20世纪20年代开始的唯物辩证法运动,(马克思主义唯物辩证法即认识论中的)反映论艺术观念也开始在中国传播,而这对于中国马克思主义文艺理论科学性的发生发展意义重大。

第二节 唯物辩证法与革命文学理论 从无产阶级化到马克思主义化

马克思主义认为,唯物辩证法是"作为包括精神发展在内的一切发展的动力"①。理论上,唯物史观和唯物辩证法的交互作用是形塑20世纪中国马克思主义文艺理论历史形态或理论地形图的主要力量(当然具体实践也是重要力量)。相比唯物史观文学论热潮在20世纪30年代初的消退,唯物辩证法对中国马克思主义文艺理论的发展则是一种持续性的力量,从而使得中国马克思主义文艺理论的发展更具有理论建构性。如果说最早(1921—1924)的无产阶级革命文学理论,在大革命时期(1924—1927)一度转向国民革命革命文学理论,更多的是时代趋势使然的话,那么大革命失败后,革命文学理论的无产阶级化就是一种有目的的理论建构。比如,成仿吾在《全部的批判之必要——如何才能转换方向的考察》(《创造月刊》1928年3月1日第1卷第10期)中说:"我们的文艺现在已经到了应该实行方向转换的阶段。在这个分野认定自己的天职的人们应该起来做一次文艺的良心的总结算,而获得革命的意识。"而他所依据的认识论就

---

① [苏]马·莫·罗森塔尔主编:《马克思主义辩证法史:从马克思主义产生到列宁主义阶段之前》,汤侠声译,人民出版社1986年版,第10页。

是唯物辩证法，尤其是质量互变理论。他说："一种运动非在已经发展无余之后，决不消亡；并且更高级的运动非有可以实现的条件在旧的运动中怀胎而且发达到相当的程度，是决无从实现的。这是辩证法的唯物论所昭告我们的。"因此他说："文艺决不能与社会的关系分离，也决不应止于是社会生活的反映，它应该积极地成为变革社会的手段。"很显然，以成仿吾为代表的学者们发动"革命文学"论争具有高度的唯物辩证法和认识论自觉。

所以说，唯物辩证法是促进中国马克思主义文艺理论发生发展的重要内外因和表现之一。唯物辩证法运动的直接结果是推动了20世纪20—30年代革命文艺理论的两次转型：一次是"革命文学"论争引发的革命文学理论无产阶级化，一次是1932年经过一系列论争、内部整顿和引进经典马克思主义文艺理论之后的无产阶级革命文学理论马克思主义化，从而完成中国马克思主义文艺理论的真正发生，为后一阶段马克思主义文艺理论中国化做好了理论准备。

一、五四革命文艺理论的无产阶级化

新文化运动初中期的新文学运动完成了文学革命到革命文学的转化，这一时期的革命文学主张是以反封建为主的旧民主主义性质的、艺术学（本体论）性质的革命文学主张。1917年3月李大钊在《俄国革命之远因近因》中首次使用了资产阶级民主主义意义上的"革命文学"一词，他说："革命文学之鼓吹。俄国之文学，人道主义之文学也，亦即革命主义之文学也。"[①] 五四运动后，由于无产阶级革命理论和无产阶级政治运动的兴起，革命文学理论迅速分化，其中激进的革命文学一系迅速无产阶级化，革命文学理论再度政治化、社会学化、去文学化，由文学立场重新回归社会意识。

1922年中国共产党二大之后，在政治理论领域开始了民主主义革命领导权的探索，到1924年时，党内无产阶级革命领导权理论基本成熟。[②] 相

[①] 李大钊：《俄国革命之远因近因》，载中国李大钊研究会编注《李大钊全集》第2卷（最新注释本），人民出版社2006年版，第4页。

[②] 参见禾兮《我党首倡无产阶级对民主革命领导权思想的是谁》（《社会科学研究》1986年第6期）、陶用舒《三论无产阶级领导权的首倡——兼与赵楚芸、徐应麟二同志商榷》（《益阳师专学报》1993年第3期）等。

对应的，革命文艺理论的无产阶级意识也得到不断加强，到1927年时，无产阶级革命文学基本创立，五四革命文艺完成了无产阶级化转向。

1923年5月27日，郭沫若发表《我们的文学新运动》，提出以"无产阶级的精神"，"反抗资本主义的毒龙"。这是"五四"文学革命以来的新思想新见解。同一时间郁达夫发表《文学上的阶级斗争》，被认为是中国最早的"无产阶级文学"主张。现代文学史家李何林认为郭沫若、郁达夫这两篇文章是文学上无产阶级意识开始形成的标志。与此同时，社会政治革命领域对革命文学的认识问题也开始出现讨论，部分从事实际革命工作的早期共产党人，如邓中夏、恽代英、萧楚女、沈泽民等，先后发表多篇文章探讨文学如何适应社会、配合革命的问题。如1924年5月17日，恽代英在与王秋心的通信《文学与革命》中，第一次提出无产阶级"革命文学""革命的文学"概念。在文艺理论方面，1924年3月成仿吾发表《艺术之社会的意义》，离开艺术本位转向社会意识，李何林认为这是文学革命向革命文学转变的宣言书；同年8月1日，蒋光慈在《无产阶级革命与文化》的论文中，同样提出了"无产阶级文学"的命题。1925年5月，沈雁冰发表《论无产阶级艺术》，论述无产阶级艺术的产生，初步表达了作者对于无产阶级文学的主张；同年，郭沫若翻译了日本河上肇的通俗经济学著作《社会组织与社会革命》后，自称已经成为马克思主义者。1926年5月，郭沫若发表《革命与文学》，提出了著名的"表同情于无产阶级的社会主义的写实主义的文学"这一口号。1928年，在"革命文学"论争中，李初梨发表《怎样地建设革命文学》，认为1926年郭沫若《革命与文学》"是在中国文坛上首先倡导革命文学的第一声"，他在文章中用大号黑体字写着："革命文学，不是谁的主张，更不是谁的独断，由历史的内在的发展一连络，它应当而且必然地是无产阶级文学。"1928年2月，成仿吾在《创造月刊》上发表了《从文学革命到革命文学》，最先提出"从文学革命到革命文学"的理论命题，同时也标志着革命文艺无产阶级化的正式完成。①这一系列的论述和发展，促进了革命文艺理论无产阶级化，即"普罗文学"的转向。

---

① 史料见张大明《社会主义现实主义与中国革命文学（上）》(《新文学史料》1998年第3期)。

但革命文艺的无产阶级化并不是马克思主义化。由于理论资源的间接性，导致了革命文艺理论的历史局限和不足。1928—1929年的"革命文学"论争和1930年"左联"成立初期的几场具有明显理论缺陷的论战，恰恰说明革命文艺马克思主义化的任务还没开始。这是因为，在1932年之前，被当作马克思主义文艺理论而在中国传播的并不是真正的马克思主义文艺理论，或者至少可以说不是经典的马克思主义文艺理论。"革命文学"论争之前，中国左翼文艺界受到了苏联无产阶级文化派及庸俗社会学理论的影响。虽然1928年"革命文学"论争开始后，左翼文艺理论界开始有意识地提出马克思主义化的问题，如创造社从1928年年初起，明确提出提倡无产阶级革命文学和宣传马克思主义为两大任务，创造社"革命文学"论争的阵地《文化批判》发刊时引用了列宁的名言："没有革命的理论，就没有革命的运动"[①]，并把介绍和阐述马克思主义称为"一种伟大的启蒙"[②]；而太阳社成员钱杏邨在其《力的文艺·自序》中也力倡"应用Marxism的社会学的分析方法"。但事实上，"革命文学"论争初期创造社、太阳社宣传的所谓"马克思主义文艺理论的基本观点"和"分析方法"实际上有不少是错误的观点（尤其是受"拉普"影响），它们并非直接来自经典马克思主义理论。

这种情况的产生和国际上马克思主义文艺理论的整理、传播过程有着紧密联系。在20世纪20年代之前，马克思主义奠基人关于文学艺术的一些论述还没有得到完整的整理，马克思恩格斯一些重要的手迹资料不仅被考茨基和伯恩斯坦所领导的第二国际有意封存，而且在已出版的相关著作中，一些极其重要的内容或观点被随意删减或篡改。因此在20世纪30年代以前的苏联文艺理论界甚至流行着这样一种观点："马克思和恩格斯不仅没有创立马克思主义美学，而且根本没有专门研究过艺术问题，除了经典作家可以用作'例证'的某些片言只语，或者至多只是某些粗略的评语之外，他们没有留下任何同美学问题有关的论述；他们关于某些艺术作品、

[①] 李初梨：《一封公开信的回答》，《文化批判》1928年第3期。现《列宁全集》第2版第5卷（人民出版社1986年版）第23页的译文为"没有革命的理论，就不会有革命的运动"。
[②] 成仿吾：《祝词》，《文化批判》1928年第1期（创刊号）。

文艺活动家的评论也纯属'个人爱好'的性质。"[1]因此，在20世纪20年代苏联文艺理论界被奉为马克思主义文艺理论奠基人和重要成员的名单非常复杂，有普列汉诺夫、弗理契、梅林、拉法格、考茨基等。情况到了中国就更为复杂。1932年以前被看作马克思主义文艺理论家的除了苏俄的普列汉诺夫、卢那察尔斯基、沃隆斯基、托洛茨基、弗理契、波格丹诺夫之外，还包括日本的平林初之辅、青野季吉、藏原惟人等以及美国的一大批马克思主义和非马克思主义学者。与此同时，被作为马克思主义思想引进的文艺理论也非常复杂，它们来自马克思主义发展上的不同阶段以及论争的不同派别，良莠不齐、真伪难辨，对我国马克思主义文艺理论的发展有过非常消极的影响。[2]对此，当代学者刘柏青曾指出："中国的左翼文艺运动，大体上以一九三二年为界，在这之前，所受的日本无产阶级文艺思潮的影响，不只是福本主义，而且也包括青野季吉和藏原惟人等人。而这种影响，又和普列汉诺夫、弗理契的影响，波格达诺夫、德波林的影响，拉普的影响，紧紧地交错在一起。"[3]

过分强调阶级意识和阶级立场，加之理论资源的间接性，对马克思主义基本原理缺乏全面系统的了解和辩证使用方法，必然导致革命文艺理论的诸多历史局限和不足。比如初期革命文学理论（包括左翼文艺理论）忽视艺术特性和创作规律的功利主义艺术观、精英主义的化大众的主体观念和静止的人民大众客体观念、组织上的对内宗派主义和对外关门主义错误、创作上的唯物辩证法（主观化理念化）、作品标语口号化和公式化（革命的浪漫蒂克、革命加爱情）、艺术批评上的简单粗暴、文学史上对五四新文学的过低评价、不要"同路人"等，都和中国马克思主义文艺理论发展初期的这一特点有关。

与理论上的不足和局限相一致，革命文艺在完成无产阶级化转向后还迅速组织化、政党化，即"布尔什维克化"。血的教训促成了革命文艺理论马克思主义化阶段的到来。

---

[1] [苏]阿普列相：《三十年代对马克思恩格斯美学遗产的研究》，转引自艾晓明《中国左翼文学思潮探源》，湖南文艺出版社1991年版，第167—168页。

[2] 本部分论述引见本文作者《1932年：中国左翼文艺运动历史分期的时间逻辑》（《中国文学研究》2020年第2期）。

[3] 刘柏青：《三十年代左翼文艺所受日本无产阶级文艺思潮的影响》，《文学评论》1981年第6期。

二、无产阶级革命文艺理论的马克思主义化

"革命文学"论争和文艺大众化讨论中，以鲁迅、茅盾等有大量创作经验的革命作家，基于自身的生命经验和艺术体验，对革命文艺早期的历史局限和不足，自然会比那些激进的青年理论家有更深刻的认识。因此，以鲁迅为代表的革命作家，产生了革命文艺理论马克思主义化的必然要求。1925年4月鲁迅在《苏俄的文艺论战》序言中明确说"用marxism于文艺的研究"，并且自1926年起，亲自翻译苏联、日本等马克思主义文艺理论著作；1929—1930年鲁迅、冯雪峰策划"科学的艺术论丛书"（原名"马克思主义文艺论丛"，计划12种，实际出版7种，外2种，合计9种），出版了普列汉诺夫、卢那察尔斯基等的著作；1930年鲁迅在"左联"成立大会上说"攻击我的文章当然很多，然而一看就知道都是化名，骂来骂去都是同样的几句话。我那时就等待有一个能操马克斯主义批评的枪法的人来狙击我的，然而他终于没有出现"[①]，就包含着对真正唯物辩证法的急切期待。

到了20世纪30年代，情况发生了很大改变。由于马恩全集的出版和一系列新材料的发现，在苏联形成了广泛学习和宣传马克思主义美学和文艺理论的高潮，革命文艺理论的发展也迫切需要马克思主义的指导和借鉴苏俄创作经验。因此，到1932年前后，革命文艺理论马克思主义化阶段开始到来。这个变化的标志性事件有三个：一是组织上、政治上，"左联"进行了较大的改革。1931年11月，"左联"通过新决议《中国无产阶级革命文学的新任务》，标志着左翼文艺从左倾盲动的政治领域回到了文学阵地；1932年3月"左联"进行了改组，下设创作批评委员会、大众文艺委员会、国际联络委员会三个小组，其中创委和众委的区别更进一步明确了大众文艺创作（包括工农通讯运动）与作家创作之间的分工，不再要求作家只写工农兵通讯，标注着作家主体性的回归。这两个文件标志着"左联"在路线、纲领和主体性问题上开始了马克思主义化的转向。二是理论上正本清源，克服庸俗辩证法和机械辩证法，引入马克思主义艺术辩证法。1931年11月，由冯雪峰、瞿秋白共同起草的"左联"新决议《中

[①] 鲁迅：《对于左翼作家联盟的意见》，《鲁迅全集》第4卷，人民文学出版社1981年版，第236页。

国无产阶级革命文学的新任务》，提出了"作家必须成为一个唯物的辩证法论者"①的任务，已经显示辩证法问题成为左翼文艺的一个重要理论问题。1932年，瞿秋白根据苏联公谟学院（苏联共产主义学院）的《文学遗产》第1—2期材料译述出版的论文集《"现实"——马克斯主义文艺论文集》（瞿秋白生前未出版本论文集，但其最重要的《马克斯、恩格斯和文学上的现实主义》一文发表于1933年4月1日《现代》第2卷第6期，署名"静华"）。②瞿秋白在论文集中着重介绍了马克思、恩格斯关于现实主义创作方法的论述，第一次向左翼文坛介绍了恩格斯关于现实主义的基本原理，论述了关于现实主义文学的倾向性、作家世界观和创作方法的关系，要莎士比亚化不要席勒化，关于"典型环境中的典型性格"，关于作家和阶级的关系等重要问题。这全是当时困惑左翼文艺理论界的一些重要问题。这些文章和观点的译介，给当时左翼作家文艺创作中较流行的肤浅的革命浪漫主义倾向敲响了警钟，对纠正片面地、过度地强调世界观对创作方法的决定作用，甚至把世界观和创作方法机械等同起来的"左"倾错误提供了极有说服力的理论依据，从而确立了马克思主义文艺理论对中国革命文学运动的理论指导地位。因此，艾晓明说："由于瞿秋白的努力使中国文学界对马列主义文艺思想了解与苏联同步开始了。"③此外，1931年，《北斗》第3期发表了由冯雪峰翻译的"拉普"领导人法捷耶夫的《创作方法论》，介绍修正了的唯物辩证法创作方法；同年丁玲发表的《水》被认为是新的唯物辩证法创作方法的典范，评论家（如冯雪峰、钱杏邨）对作品表现的"新旧辩证法""主体辩证法"（"同路人"作家如何转变为无产阶级作家、写作主体与大众的同一、创作主体如何在创作实践中发生转化等）给予了高度评价；④1933年年初，胡风发表《现阶段上的文艺批评之几个紧要问题》，极为强调唯物辩证法的意义和作用；1933年11月1日，周扬发表《关于"社会主义的现实主义与革命的浪漫主义"——"唯物辩证法的创作方法"之否定》，批判"唯物辩证法的创作方法"，并最早

---

① 《中国无产阶级革命文学的新任务》，《文学导报》1931年第1卷第8期。
② 参见瞿秋白《"现实"——马克斯主义文艺论文集》，《瞿秋白文集·文学编》第4卷，人民文学出版社1986年版，第3页。
③ 艾晓明：《中国左翼文学思潮探源》，湖南文艺出版社1991年版，第173页。
④ 参见吴舒洁《"旧的东西中的新的东西的诞生"：二十世纪三十年代左翼文学运动中丁玲"转变"的辩证法》，《文艺理论研究》2021年第1期。

介绍苏联"社会主义现实主义"创作方法到国内。这都大大增强了辩证法在艺术理论体系中的地位,对马克思主义艺术辩证法的发展产生了很大的影响。三是组织上克服关门主义错误。时任中央宣传部部长的张闻天在1932年年底和1933年年初两度发表《文艺战线上的关门主义》,主要针对的就是"文化运动中一些做领导工作同志",谈的第一个问题就是在对待"第三种人"与"第三种文学"时"我们的同志中间所存在着的非常严重的'左'的关门主义"[1]。党内高层的批评和建议对鲁迅、瞿秋白、周扬、冯雪峰等产生了很大的影响,也对克服左翼文艺运动第二个比较大的历史局限,即关门主义错误发挥了重要作用。

因此说,1932年前后,革命文艺在整体上从理论到方法论两个层面开始了马克思主义化的转向。当然,这种转向不可能是一次性彻底完成的,庸俗唯物论和辩证法、机械唯物论和辩证法等教条主义错误和宗派主义错误不是轻易能够认识和清除掉的。以周扬《关于"社会主义的现实主义与革命的浪漫主义"——"唯物辩证法的创作方法"之否定》一文为例,虽然对创作方法有很好的论述,但在世界观和创作方法问题上,依然存在和"唯物辩证法的创作方法"类似的以世界观决定文艺创作的弊病。但这种质变是显然存在的,所以,刘柏青说:左翼文艺的历史局限,"到了一九三二年以后,逐渐减弱。在与'自由人''第三种人'进行论战时,有更多的人能够独立地运用马克思主义的理论观点,得出正确的结论。当然,这一场论战也暴露了左翼理论家的弱点;但总的说来,是把马克思主义的文艺理论水平提高了一大步"[2]。

我们这里主要是从宏观上或者整体趋势上归纳艺术辩证法的态势,并不代表这个阶段人们对艺术辩证法认识的全部,相反,这一时期革命文艺理论家在许多具体艺术问题上有着深刻的艺术辩证法论述。比如鲁迅《对于左翼作家联盟的意见》开头即提出:"我以为在现在,'左翼'作家是很容易成为'右翼'作家的。"[3]鲁迅从艺术辩证法角度分析了革命作家艺术

---

[1] 张闻天(署名:歌特):《文艺战线上的关门主义》,《斗争》1932年第30期。
[2] 刘柏青:《三十年代左翼文艺所受日本无产阶级文艺思潮的影响》,《文学评论》1981年第6期。
[3] 鲁迅:《对于左翼作家联盟的意见》,《鲁迅全集》第4卷,人民文学出版社1981年版,第236页。

家在面临困难时必然会有的分化,提醒革命作家艺术家对于发展革命文艺的困难或者残酷的一面要有现实的清醒的认识,是关于主体辩证法的深刻见解。革命作家中类似鲁迅这样关于革命文艺的辩证法认识是大量的,都是中国马克思主义文艺理论发展史上的重要成就,对此需要我们进一步的整理、研究。

第三节　从反映论艺术观到文艺反映论:
中国马克思主义文艺理论反映论的发生

1915年,列宁在著名短文《谈谈辩证法问题》中明确指出:"辩证法也就是(黑格尔和)马克思主义的认识论。"[①]1960年,李达在《毛泽东对马克思主义认识论的发展》中也明确说:"认识论是辩证法""反映论是马克思主义认识论的核心"。[②]这些判断,说明了反映论与马克思主义认识论及辩证法的关系。

马克思主义和马克思主义文艺理论的认识论是"能动的革命的反映论"。经典马克思主义作家没有说过马克思主义的认识论是"能动的革命的反映论",这一术语最早出现在毛泽东《新民主主义论》(1940)中。这一术语也是过去为数不多由中国提出而为国际上通用的哲学术语之一。[③]

在《新民主主义论》中,毛泽东指出:"一定的文化(当作观念形态的文化)是一定社会的政治和经济的反映,又给予伟大影响和作用于一定社会的政治和经济。"接着提出:"马克思说:'不是人们的意识决定人们的存在,而是人们的社会存在决定人们的意识。'他又说:'从来的哲学家只是各式各样地说明世界,但是重要的乃在于改造世界。'这是自有人类历史以来第一次正确地解决意识和存在关系问题的科学的规定,而为后来列宁所深刻地发挥了的能动的革命的反映论之基本的观点。"[④]毛泽东用"能动

---

① 列宁:《谈谈辩证法问题》,《哲学笔记(1895—1916)》,《列宁全集》第2版(增订版)第55卷,人民出版社2017年版,第308页。
② 李达:《毛泽东对马克思主义认识论的发展》,载汪信砚主编《李达全集》第19卷,人民出版社2016年版,第370、355页。
③ 参见冯契主编《哲学大辞典(修订本)》,上海辞书出版社2001年版,第2345页。
④ 毛泽东:《新民主主义论》,《毛泽东选集》第2卷,人民出版社1991年版,第664页。

的革命的反映论"概括了在社会存在决定意识和说明世界改造世界问题上马克思主义的认识论和实践论,所以,"能动的革命的反映论"这一表述既可以认为是马克思主义的认识论和实践论,也可以认为是实践论基础上的认识论。1942年,毛泽东在《在延安文艺座谈会上的讲话》上指出:"一切种类的文学艺术的源泉究竟是从何而来的呢?作为观念形态的文艺作品,都是一定的社会生活在人类头脑中的反映的产物。革命的文艺,则是人民生活在革命作家头脑中的反映的产物。"①就是根据这一认识论而形成的经典论述。因此,我们可以视文艺反映论为中国马克思主义文艺理论的经典贡献之一。

虽然毛泽东"能动的革命的反映论"的表述只有一次,但由于出现在《新民主主义论》中,其影响之大可以想见。而明确将"能动的革命的反映论"判定是马克思主义认识论,则是始自1961年艾思奇主编的《辩证唯物主义历史唯物主义》。该书上编"辩证唯物主义"第八章"认识和实践"第一小节标题即"马克思主义的认识论是能动的革命的反映论"。②自此,文艺反映论就成为马克思主义认识论范畴下中国马克思主义文艺理论对于文艺本质或根本属性最重要的规定性之一,而流行起来。③

后来的研究者,习惯将文学是社会生活的反映的所有观点都纳入文艺反映论,形成文学反映论"在新中国成立之前就已存在三十年"④的认识,这个判断有其合理的地方,但也不尽符合文艺理论发展史实。这是因为,首先,文学艺术是社会生活的反映的观点,并不是马克思主义文艺理论谱系特有的或者独创的理论或观点,虽然中国马克思主义文艺理论早期理论家也使用这个观点,但其理论资源并不在马克思主义,而且中国马克思主义文艺理论早期发展还在一定程度上批评了文学是社会生活反映的观点;其次,列宁对中国马克思主义文艺理论文艺反映论的影响主要是哲学

---

① 毛泽东:《在延安文艺座谈会上的讲话》,《毛泽东选集》第3卷,人民出版社1991年版,第860页。
② 1961—1965年李达受毛泽东委托主编《马克思主义哲学大纲》上册即《唯物辩证法大纲》(1978)时,"能动的革命的反映论"也是作为小节标题出现的,只是由于该书当时没有出版,所以实际影响不如艾思奇主编的《辩证唯物主义历史唯物主义》。
③ 这个形成过程,张永清在《马克思主义文学反映论在新中国的确立与巩固》(《文艺研究》2021年第9期)中有详细说明。
④ 张永清:《马克思主义文学反映论在新中国的确立与巩固》,《文艺研究》2021年第9期。

认识论，而列宁论托尔斯泰的"镜子说"虽然很早就进入中国，但"镜子说"一直没有成为中国马克思主义文艺理论文艺反映论的合法组成部分；最后，在中国马克思主义文艺理论发展史上，不仅存在着一个反映论艺术观到文艺反映论的转换过程，甚至存在着一个从批判反映论文艺观到接受文艺反映论的理论过程。可以说，文艺反映论的发生史在一定程度上也体现了中国马克思主义文艺理论发展史上的中国性即民族特性。

但自20世纪80年代以来，文艺反映论受到各种批评和质疑，在马克思主义文艺理论内部就受到历史唯物主义一元论、人道主义论、艺术生产论、存在论、主体论（思维和情感）、实践论、特殊意识形态论、价值论、审美论乃至形式论等各种理论的冲击和来自内部的拓展，但整体而言，文艺反映论并没有被彻底否定，仍旧是中国马克思主义文艺理论科学性存在的重要基础之一。因此，对中国文艺反映论发生之初的反机械直观、重视实践等特性和本来面目的更多认识，也许能够改变我们对文艺反映论的一些偏见或者不公正的看法。

一、革命文艺理论无产阶级化之前的反映论艺术观

在中国马克思主义文艺理论正式滥觞之前，文学艺术是社会生活或时代的反映的认识已经是文艺理论界的常识。甚至可以说，在1942年毛泽东《在延安文艺座谈会上的讲话》发表"作为观念形态的文艺作品，都是一定的社会生活在人类头脑中的反映的产物"论断之前，文艺理论界对文学艺术是社会生活的反映的认识已经有20多年。只不过二者是两种完全不同哲学基础的反映论。

早在"五四"之前，陈独秀在《文学革命论》（1917年2月1日《新青年》第2卷第6号）中提倡"建设新鲜的、立诚的写实文学"；"五四"之后，李大钊在《什么是新文学》（1920年1月4日《星期日》第26号）中提倡"我们所要求的新文学，是为社会写实的文学"。这里的"社会写实"以及其他人使用的"社会写照""直写事实"等概念，都可以认为是文学艺术是社会生活的反映的早期认识。而郭沫若在《生命底文学》（1920年2月23日上海《时事新报·学灯》）中说："生命与文学不是判然两物，生命是文学底本质。文学是生命底反映。离了生命，没有文学。"这显然是受到柏格森哲学思想的影响。后来鲁迅受厨川白村《苦闷的象征》影响的

文学观，穆木天所主张的文学艺术是内心生活的象征、写实文学是作家艺术家内意识的结晶和体验的反映等文学观，都可以说是生命反映论艺术观的延续或发展。

在中国最早使用"文学艺术是社会生活的反映"这一命题的则是瞿秋白。1920年7月，瞿秋白在北京新中国杂志社出版的《俄罗斯名家短篇小说集》序言中明确说："文学只是社会的反映，文学家只是社会的喉舌。只有因社会的变动，而后影响于思想，因思想的变化，而后影响于文学。"①瞿秋白以俄国十月革命后出现的"特殊文学"为例，说明这正是俄国政治上、经济上变动的反映。而同年8月，瞿秋白被北京《晨报》聘为特约通讯员派到莫斯科采访。结合瞿秋白俄文专修馆的学习经历，瞿秋白的这一思想认识显然来自俄苏文学理论，但由于史料太少，目前难以考证瞿秋白这一认识形成的理论根源和过程。

不仅瞿秋白，郎损（茅盾）在《社会背景与创作》（1921年7月10日《小说月报》第12卷第7号）中列举俄罗斯、波兰、犹太、匈牙利等国家或民族的文学"怨以怒"的特点时指出，"这正可作'文学是时代反映'的强硬证据了"。不久，1922年8月，茅盾在松江第一次暑期学术演讲会上的演讲中说："西洋研究文学者有一句最普通的标语：是'文学是人生的反映（Reflection）'，人们怎样生活，社会怎样情形，文学就把那种种反映出来。譬如人生是个杯子，文学就是杯子在镜子里的影子。"②这里不仅提到反映论，还有类似于列宁"镜子说"的意味。但茅盾并不满足于文学艺术只是社会的反映，还补充了"人种""环境""时代""作家的人格"等也属于"文学与人生"的范畴，明显有着丹纳社会学的影响。后来，1935年3月，茅盾在《〈中国新文学大系·小说一集〉导言》中回忆时也说："这一句话（指'将文艺当作高兴时的游戏或失意时的消遣的时候，现在已经过去了'——引注），不妨说是文学研究会集团名下有关系的人们的共通的基本的态度。这一个态度，在当时是被理解作'文学应该反映社会的现象，表现并且讨论一些有关人生一般的问题。'这个态度，在冰心，庐隐，王统照，叶绍钧，落华生，以及其他许多被目为文学研究会派的作

---

① 瞿秋白：《〈俄罗斯名家短篇小说集〉序》，《瞿秋白文集·文学编》第2卷，人民文学出版社1986年版，第248页。
② 茅盾：《文学与人生》，《茅盾全集》第18卷，黄山书社2012年版，第306页。

家的作品里，很明显地可以看出来。"①

我们将这种文学观命名为反映论艺术观，而且可以看出，反映论艺术观是一个很大的"筐"，什么东西都可以往里面装。虽然反映论艺术观在一开始就很复杂，但也可以看出，以当时瞿秋白和文学研究会成员为代表，文学艺术界已是普遍认可但又不满足于文学艺术仅是社会生活的反映的说法，认为文学艺术反映社会生活之外还有表现人生诸问题的一面，这显然比狭义的反映论（只是社会生活的反映）前进了一步。虽然茅盾发表了不少反映论艺术观，但据此就认为"茅盾最早使用反映范畴来论述文学的本质"②稍难成立，只能说这是当时的一种普遍认识。

不过，需要说明的是，由于当时术语发育不成熟或者使用不规范的问题，作为接受反应的"反应"也常使用"反映"一词，比如中国马克思主义文艺理论发展史上非常著名的《苏俄的文艺论战》（1925，任国桢译，鲁迅做"前记"）一书就是这种情况，而这不在我们讨论的范围。

二、革命文艺理论无产阶级化过程中对反映论艺术观的批评

在建构无产阶级革命文学理论的过程中，早期共产党人也是反映论艺术观的主要创导者，但其主张在内涵上也比之前单纯的"文学艺术是社会生活的反映"前进了一步，体现了对于主体意识和能动反映过程与反作用的重视。反映论艺术观存在着从社会生活的反映向作家意识的反映再向作家阶级意识的反映的过渡。

1924年，萧楚女在《艺术与生活》（1924年7月5日《中国青年》第38期）中说："只可说生活创造艺术，艺术是生活底反映——艺术虽不能范围一切，却能表现一切。只可说艺术的生活，应该要求表现一切的自由，却不可说艺术是创造一切的。"沈泽民在《文学与革命的文学》（1924年11月6日《民国日报》副刊《觉悟》）中说："因为无论我们怎样夸称天才的创造力，文学始终只是生活的反映。"如果说萧楚女、沈泽民还是一种传统的反映论艺术观主张的话，那么蒋光慈的认识就有了质的飞越。蒋侠僧（蒋光慈）在《唯物史观对于人类社会历史发展的解释》（1924年8

---

① 茅盾：《〈中国新文学大系·小说一集〉导言》，《茅盾全集》第20卷，黄山书社2012年版，第526页。
② 旷新年：《回顾与反思：文艺反映论的潮起潮落》，《文艺争鸣》2013年第10期。

月1日《新青年》第10卷第3号）中除了阐释唯物史观的"意识是生活的反映"观点之外，还设问自答："现在就要发生问题了：既然一切意识的形式是社会生活的反映，则筑物对于基础是否有反感的作用？一切哲学、法律、艺术发生后，对于社会生活能无影响么？无产阶级独裁制之政治的形式是否将资产阶级的生产制度变为社会主义的？社会主义思想是否形成一种力量？倘某种艺术是社会关系的产物，然而此种艺术既成之后，对此社会关系能无反感的作用么？""对于此问题，我们可以肯定地给一答案：筑物对于基础有相当的反感的作用。"1925年，光赤（蒋光慈）在《现代中国社会与革命文学》（1925年1月1日《民国日报》副刊《觉悟》）中说："自从文学革命以来，所谓写实主义一名词，漫溢于谈文学者的口里。我们以为文学是社会生活的反映，当然不反对写实主义，并且以为写实主义可以救中国文学内容空虚的毛病。不过我们莫要以为凡是写实的都是好文学，都是为我们所需要的文学。"和茅盾一样，蒋光慈显然不满足于文学艺术对社会生活做直观机械、自然主义的写实反映，他说："文学是社会生活的反映，一个文学家在消极方面表现社会的生活，在积极方面可以鼓动，提高，兴奋社会的情绪。"相比茅盾更多的是从宽度来发展反映论，蒋光慈已经是在深度上大大发展了反映论艺术观。因此，从蒋光慈对一般反映论艺术观的不满可以看出，这时，能动的革命的反映论已经是呼之欲出了。

到了"革命文学"论争时期，这个特征就更为明显，比如1927年，成仿吾在《完成我们的文学任务》（1927年1月16日《洪水》第3卷第25期）中明确说"文艺是生活基调的反映"，但到了1928年，他在《全部的批判之必要——如何才能转换方向的考察》（1928年3月1日《创造月刊》第1卷第10期）中的观点有了进一步发展，他说："文艺决不能与社会的关系分离，也决不应止于是社会生活的反映，它应该积极地成为变革社会的手段。"相同情况也发生在李初梨身上。李初梨在《怎样地建设革命文学》（1928年《文化批判》第2期）中指出："文学，与其说它是社会生活的表现，毋宁说它是阶级的实践的意欲。"他甚至批评蒋光慈："我们分析蒋君犯了这个错误的原因，是他把文学仅作为一种表现的——观照的东西，而不认识它的实践的意义。"而这已经明显可以看出马克思主义实践论的影响，这也是后期创造社在反映论问题上比太阳社理论水平略高一筹的表现。此外，克兴（傅仲涛）《小资产阶级文艺理论之谬误——评茅盾君底〈从牯岭到东京〉》（1928年《创造月刊》第2卷第5期）也是要求革命文艺是意识形态的反映："革命文艺要成为无产阶级底文艺，也断不是因为描写了工农，为工农诉苦；就是因为它所反映的意识形态，是促进农工的解放为工农谋利益的意识形态。这种形态使群众一天天地明了统治阶级底罪恶，一天天组织化，革命化，对于统治阶级是根本没利益的。"

对这种由客体反映向主体反映、由生活反映到意识形态反映、由反映论到实践论的发展，过去我们的一些研究者（包括笔者在内）并没区分新旧反映论的不同，单纯地将后者视为20世纪20年代无产阶级革命文学理论从阶级意识生成的角度对旧反映论的批评，从而将这种充满主体性要求的反映论当作形而上学反映论或狭隘"意识形态论"的组成部分加以批判，甚至以此附和西方马克思主义理论，比如卢卡奇等对列宁反映论的批评，看成是能动性对机械论、主体性对客体性、真实性对倾向性的批判，这显然是错误的。

这是因为，首先，从反映论艺术观的角度来看，相比旧的反映论艺术观，它是进步的。"革命文学"论争时期，反映论对于反映内容的逐步扩大，对反映的特殊性、反映反作用的认识都有了新的进步发展。比如蒋光慈、钱杏邨就对反映主体"情绪"之类范畴非常感兴趣，钱杏邨甚至专门作文《革命文学与革命情绪——读〈幻象的残象〉》（1928），因此有学者称之为"时代情绪反映论文学观"[①]。所以说，无产阶级革命文学理论家所主张的反映论（其背后有着俄苏、日本庞杂的理论来源），和鲁迅、茅盾所强调的能动的、艺术的反映论在本质上是一致的，二者只不过在理论方向上殊途而已。其次，"革命文学"论争各方都批判了机械直观反映论。1928年，蒋光慈在《关于革命文学》（1928年2月1日《太阳月刊》第2期）指出："倘若文学是表现社会生活的，那么我们现在的文学就应当把这种冲突的现象表现出来。但是在别一方面，文学并不是机械的照像，文学家自有其社会的特殊的背景。"后期创造社在其理论刊物《文化批判》1928年第1期"新辞源"栏目"辩证法的唯物论"条目中也说："辩证法的唯

---

① 李金花：《钱杏邨文学批评的"马克思主义理论资源"》，《西南民族大学学报（人文社会科学版）》2018年第2期。

物论——虽是一种唯物论，但不是单调地主张物质先于精神，精神为物质的反映；也不像机械的形而上学的唯物论，视事物的运动为一方面的因果关系所发生的连续运动或循环运动。它——辩证法的唯物论——是以世界为一个无限的实在的总体，在这个总体之中，全体与部分及部分与部分之间，皆有着恒久不灭的交互作用。"这种对机械直观反映论的批判，在视为极左文论的"革命文学"理论中比比皆是（当然他们内部对于反映论的相互批判则是另外一个话题了①）。20世纪八九十年代反映论批判者以机械直观、非实践性来批评早期革命文学理论，多少有些历史隔膜的原因。

因此，我们不能因为在特定理论建设阶段，在内外论争中因为更强调什么（比如阶级性、意识形态性、作家倾向性、世界观）就认为天然地在反对什么（比如真实性、艺术性），就认为"'革命文学论争'，对反映论文艺观的形成带来某些负面效应"②，这是不合适的。

不过，虽然反映论艺术观在20世纪20年代初期就已经是一个流行观念，早期共产党人也将反映论艺术观引入马克思主义文艺理论谱系，但这种反映论艺术观还不能称其为马克思主义文艺理论的文艺反映论。

三、无产阶级革命文艺理论马克思主义化过程中对列宁反映论和"镜子说"的传播和接受

1932年前后，无产阶级革命文艺理论开始马克思主义化，在这期间，列宁的反映论和"镜子说"开始传播和接受，而这对于文艺反映论的最终形成产生了至关重要的作用。

首先是列宁的反映论。

我们知道，从哲学反映论来看，"反映论"这一术语是由列宁最终确立并使用的。③ 列宁关于反映论的主要著作是1908年完成的《唯物主义和

---

① 关于这个话题可参见张广海博士论文《"革命文学"论争与阶级文学理论的兴起》（北京大学2011年）、张立军博士论文《中国早期（1915—1930）俄苏马克思主义文论接受研究》（辽宁大学2019年）。

② 朱立元:《对反映论艺术观的历史反思》,《马克思主义美学研究》集刊1999年卷。

③ 列宁在《唯物主义和经验批判主义》（1908）中使用了批判对象巴扎罗夫"反映论"的表述（参见《列宁全集》第2版（增订版）第18卷，人民出版社2017年版，第114页）；在《谈谈辩证法问题》（1915）中说"形而上学的唯物主义的根本缺陷就是不能把辩证法应用于反映论，应用于认识的过程和发展"（参见《列宁全集》第2版（增订版）第55卷，人民出版社2017年版，第311页）。

经验批判主义》和1895—1916年所写的有关哲学的读书摘要、评注、札记和短文，后者由苏联共产党（布尔什维克）中央列宁研究院于1929—1930年汇集为《哲学笔记》，编入《列宁文集》第9、12卷正式出版。《唯物主义和经验批判主义》提出了哲学上唯物主义和唯心主义两条根本对立的认识路线，全面阐述了辩证唯物主义关于反映论的基本思想，得出了辩证唯物主义认识论的三个重要结论。《唯物主义和经验批判主义》最早的中译本名为《唯物论与经验批判论》，笛秋、朱铁笙合译，上海明日书店1930年7月出版。20世纪30年代，毛泽东多次阅读和批注的这一译本，对毛泽东哲学反映论思想的形成和发展有很大影响。《唯物主义和经验批判主义》反映论思想无疑是中国哲学反映论和文艺反映论的重要思想来源。而《哲学笔记》的完整中译本在中国出现得比较晚（要到20世纪40年代中后期才有完整的中译本），但其中重要的篇章，《谈谈辩证法问题》和《黑格尔"逻辑学"一书摘要》分别于1930年和1936年被翻译介绍到中国，对20世纪30年代中后期毛泽东哲学思想的形成也有直接影响，比如《矛盾论》中对两篇文献的直接引用有十余次之多。我们说列宁的哲学反映论是中国哲学反映论和文艺反映论的重要思想来源，是就毛泽东反映论思想发展而言的，但在文艺领域，列宁反映论的传播和接受过程就较为复杂和曲折。

确切来讲，在无产阶级革命文艺理论马克思主义化之前还有一个列宁主义化的过程或阶段（大致是从"左联"成立之初到1932年年底的三年时间内。当然这两个阶段并不矛盾），也就是中国无产阶级革命文学运动为配合苏联反对普列汉诺夫作为"正统马克思主义"地位，"将理论提高到列宁的阶段"的理论运动，为树立阶级性和党性（"党派"）原则而开展的一系列批判或论争。这个批判和论争（涉及列宁反映论的）由两个部分组成。

一是引进苏联对于普列汉诺夫—莆理契的批判。具有代表性的是瞿秋白的《论莆理契》（1932年9月15日《文学月报》第3期）与论文集《现实》第三部分中辑译的评述普列汉诺夫的一篇文章《文艺理论家的普列哈诺夫》和四篇普列汉诺夫文章。由于后五篇文章当时未发表，所以影响有限，影响比较大的就是《论莆理契》。《论莆理契》是一篇述译性质的文章（前言部分提到是依据苏联公谟学院的研究），其核心思想是批判普列汉夫—弗理契文艺思想一脉中的"客观主义"(即机械的科学主义态度)和异于反映论的符号象征论,而主张列宁主义的阶级性、党性原则("党派的文艺批评")和反映论。在当时,列宁通常被译为"乌梁诺夫"或"伊里支"。《论弗理契》认为:"照普列哈诺夫的学说,人的意识是和实质相符合的。因此,他就有一种所谓'象形论',说艺术的作用等于中国埃及的象形文字。他的学说是:人的意识仅仅只和实质相符合;所以即使用象征,用符号,用象形来表示这个世界,也还是和实质'相符合的'。"瞿秋白认为:"所谓符号——和'镜子里的形象'是不同的;符号只要是一种相当的记号,足以表示实际生活里的形象就够了。这样说法,意识就变了并不是实质的反映,而只是一种别致的'象征',符号,象形——没有现实世界那种丰富的内容,当然更不能够去影响现实世界,不能够包括现实世界的多方面。弗理契在普列哈诺夫的这种影响之下,也常常把文学上的形象叫作'象征'。"[①]文章指出:"真正的马克思主义对于艺术的观点,还是乌梁诺夫的。乌梁诺夫认为艺术反映实质,艺术是一种特别的上层建筑,一种特别的意识形态,它反映实质而且影响实质:意识是实质的'镜子里的形象',实质并不受意识的'组织',而是实质自己在'组织'意识;然而意识并不是消极的,它的确会有影响到实质方面去;阶级是在改变着世界而认识世界。弗理契的这种错误——波格达诺夫式的错误,是由于他所受的普列哈诺夫的影响而来的。"[②]列宁主义认为实质和意识是不同的,艺术作为"镜子里的形象",是反映和影响实质而不是象征实质。就文字表述而言,瞿秋白对于列宁的反映论转述还是一种哲学化描述,比较抽象。著名的马克思主义文艺理论史家吕德申先生主编的《马克思主义文艺理论发展史》(1990)说《论弗理契》"详尽地阐明了列宁的反映论思想"[③],主要指的还是哲学反映论思想,并不是文艺反映论思想。

二是在和"自由人""第三种人"论战中,通过批判主张"普列哈诺夫正统论"的胡秋原来批判普列汉诺夫。胡秋原对普列汉诺夫和弗理契有

[①] 瞿秋白:《论弗理契》,《瞿秋白文集·文学编》第2卷,人民文学出版社1986年版,第270—271页。

[②] 瞿秋白:《论弗理契》,《瞿秋白文集·文学编》第2卷,人民文学出版社1986年版,第270页。

[③] 吕德申主编:《马克思主义文艺理论发展史》,高等教育出版社1990年版,第432页。

很深的研究，甚至可以说是普列汉诺夫—莆理契理论的中国化身。在"自由人"文艺论战前后，胡秋原翻译了佛里采（即莆理契）的《艺术社会学》（1931），出版了《唯物史观艺术论：普列汉诺夫及其艺术理论之研究》（1932）等著作，加上他在日本时期（1929—1931）就有可能直接接触到了马克思恩格斯的原著（比如马克思恩格斯论文艺的书信）[①]，因此对艺术规律、艺术自主性相较于论争对手有更为深刻的认识。这也是左翼文艺理论家非常忌惮的地方。比如他不排斥文艺反映政治，不反对阶级性，但反对以政治干涉与束缚文艺，这本身是合理的，只不过他有些说法过于偏激，比如文艺"至死也是自由的"等。在反映论问题上，胡秋原从艺术主体性和本体性出发，非常强调艺术反映的真实性和形象性，尤其是强调艺术反映现实是一种间接反映，反对艺术家将艺术作为政治留声机。胡秋原甚至直接引用马克思恩格斯的观点来反对左翼文艺运动中的各种狭隘功利主义文艺观，比如他在《浪费的论争》（1932年12月《现代》第2卷第2期）中说："马克斯严厉地劝拉萨尔创造戏曲，'要效仿莎士比亚，不要效仿释勒，不要将许多个性，变为时代精神之喇叭……'。不要当喇叭，就是说不要当一个纯留声机。易嘉先生（即瞿秋白——引者注）要知道高尔基等之所以伟大，在他是革命的春燕，不是革命的鹦鹉啊。"[②]但胡秋原没有看到马克思恩格斯也主张倾向性这点，因此和左翼阵营在艺术真实性和倾向性（世界观、党性）、文艺自由等问题上激辩时，也存在着很大的理论短板。由于理论上辩不过胡秋原，左翼阵营（主要以冯雪峰为代表）制定的论战策略就是在政治上给胡秋原定性为"托派"之类，以普列汉诺夫是孟什维克为威胁，还称胡秋原是托洛茨基派，让胡秋原很是顾忌和不满。如冯雪峰在《并非浪费的论争》（1933年1月《现代》第2卷第3期）说，胡秋原"最气我曾说过他是社会民主主义派托罗茨基派的文艺理论家，但如果胡秋原先生不改正自己的错误，不真的从反动派别里面脱离出来，则虽更气些他也还是这样的一个理论家"。张闻天出面叫停了这场论战，鲁迅为了示好还给胡秋原赠送了一张普列汉诺夫的画像并邀请胡秋原

---

① 参见李金花《20世纪30年代胡秋原与左翼论争再思考》，《东岳论丛》2018年第6期。
② 在中国马克思主义文艺理论发展史上，对马克思恩格斯致拉萨尔信内容的介绍，最早出现在1925年任国桢译《苏俄的文艺论战》中《认识生活的艺术与今代》一文（原著者瓦浪司基）的第二部分。

回访。由于胡秋原本人不明白后面的党争情况,所以一直以为文艺自由论辩是自己的完全胜利。[①]而后来的"第三种人"苏汶看似出来帮忙实则帮了不少倒忙,不仅"不是一切文学都是有阶级性的"(《"第三种人"的出路——论作家的不自由并答复易嘉先生》)说法让胡秋原不满意,而他提出的"镜子"一说更是被诟病,自己还受到了鲁迅的重点批判。

但客观上,虽然左翼文艺界与"自由人""第三种人"论战的理论水平不算高,却对列宁反映论的传播和文艺反映论的正式形成贡献巨大。因为就目前的中国马克思主义文艺理论发展史研究所见,"能动""革命""反映""列宁"等这些文艺反映论构成要素在这个时期基本形成。

第一,周扬在《自由人文学理论检讨》(1932年12月16日《文学月报》第5、6号合刊)中,最早将"能动性""革命性"并列:"总括起来说:以一面在艺术的根本认识上,抹杀艺术的阶级性、党派性,抹杀艺术的积极作用和对于艺术的政治的优位性,来破坏普洛文学的能动性、革命性,一面以普洛文化否定论作理论基础,来根本否认普洛文学的存在,在意识形态领域的文学上解除普洛列塔利亚特的武装,这就是胡秋原,这位自由主义的马克思主义文学理论家的任务。"到了《关于现实与现象的问题及其他——杂谈式地答苏汶巴金两先生》(1933年10月15日《文艺》第1卷第1期),周扬则首次将"能动""反映"和"列宁(伊里支)"并列:"同时,也不能用上面的说法来否认人底认识之能动的作用。作家底世界观虽然要受他底阶级主观底限制,但在一个客观现实的矛盾表现得比较急激的环境里面,如果他真地有艺术家底锐敏的感觉,如果他是诚实地想努力从现实出发,追索客观现象间的联系,那么,表现在客观现象里的真理,就有可能在他底头脑中得到某一程度的反映(关于认识问题的伊里支底模写说),使他底世界观发生分裂或变化作用。倒转来说,在相当的条件之下,没落阶级的作家在认识过程上是能够脱离阶级性底限制而向真理接近的。"这两篇文章都提到列宁,提到能动性、革命性、反映等术语。虽然两篇文章都还是强调革命性(阶级性甚至党性),但已经能在能动的革命的反映论内涵这点上甚至可以看出恩格斯的现实主义的"伟大胜利之一"的影子了。据此,我们可以判定,能动的革命的反映论基本是在无产

[①] 参见郭帅《十九路军与"自由人"论争》,《中国现代文学研究丛刊》2018年第2期。

阶级革命文艺理论马克思主义化过程中出现的，其本身也是无产阶级革命文艺理论马克思主义化的一个重要内容。

第二，就术语而言，最早的文艺"反映论"一词出现在周扬《文学的真实性》（1933年5月1日《现代》第3卷第1期）一文中。周扬文章中指责苏汶的反映论是"镜子反映论"，但其意味是否定性的。周扬说："苏汶先生虽然正确地主张了文学的真实性，但他对于文学真实性的理解，却是极其模糊的、混乱的、不正确的。"他引用苏汶在《"第三种人"的出路——论作家的不自由并答复易嘉先生》（1932年10月《现代》第1卷第6期）中的"反映论"："苏汶先生说过下面似的话：'所谓反映（指文学的反映——引用者），即如镜子反映人形，不过把这种生活照出来，如此而已。美的照出来是美，丑的照出来是丑，不掩饰丑，同时也不抹杀美，此之谓反映。这是与赞助某一阶级的斗争毫无关系的。'"对此，周扬评价说："苏汶先生的这种镜子反映论，完全否定了认识的主体（作家）是社会的、阶级的人这个自明的事实，因而把认识的内容（作品）看成一种'与赞助某一阶级的斗争毫无关系'的东西，一种超阶级的镜子的反映。"周扬批评了苏汶的"镜子反映人形"的"镜子反映论"。

第三，最早的列宁文艺反映论的运用，则出现在1933年9月艾思奇的《文艺的永久性与政治性》（原载《新哲学论集》，上海读者书房1936年版）。艾思奇文章呼应当时左翼文艺和"自由人"论战中的客观性和主观性问题，在讨论艺术永久性中的政治性和真实性关系问题时，提到"以日本的代表理论家川口浩的意见来说罢，依着伊里奇的反映论，川口浩是主张文艺即现实的反映的"。两月后（1933年11月），艾思奇又在《"诗人自己的道路"》（同载《新哲学论集》）中用列宁的文艺反映论思想对读马克思的文艺真实性思想，说："Realism普遍通称为'写实主义'，一般地说，却有'真实性'的意味。那即是说，卡尔·马所要求于文艺的是真实性，也即是以后依里奇的反映论里所主张的'现实的反映'。"由此可以看出，艾思奇这个时期对于列宁反映论还是偏真实性反映的理解。

相比艾思奇，这个时期的周扬可能还处于反映论艺术观阶段（如果考虑到周扬批评苏汶的具体用词以及周扬与车尔尼雪夫斯基之间的理论渊源关系，我们甚至可以认为这个时期周扬还没有完全受到列宁文艺反映论的影响），并没有将文艺反映论和反映论艺术观区分开来。真正体现周扬接受列宁文艺反映论的理论文本是1937年他到达延安之前三个月发表的《我们需要新的美学——对于梁实秋和朱光潜两先生关于"文学的美"的论辩的一个看法和感想》（1937年6月15日《认识月刊》创刊号）。文章中，周扬说："朱先生用'形相的直觉'来说明艺术创作的本质，这和我们所主张的艺术的反映论是正相反对的。"而"我们所主张的艺术的反映论"具体内涵是什么呢？周扬说："在我们，形象是现实通过作者意识的反映，所以对于艺术重要的是客观现实的反映的忠实；在朱先生，直觉是作者情趣性格在事物上的返照，所以重要的是主观的性分的深浅。这是对于创作的两种不同的态度，这两种态度是根本对立的。"虽然周扬主要强调作家意识和真实反映两个要点，但结合数年前，周扬在与"自由人""第三种人"论争中对"反映"的理解，我们可以认为，周扬这时强调的艺术反映论已是列宁的反映论，即后来毛泽东表述的"能动的革命的反映论"。

其次是列宁的"镜子说"。

列宁的"镜子说"有西方理论渊源。由于西方早期思想中有个理念摹仿说（现实世界、艺术世界是对理念世界的摹仿），所以西方最早出现的重要文论之一是摹仿论（其实"镜子""反映"说也有，如古代罗马政治家、哲学家和雄辩家西塞罗曾说："喜剧应该是人生的镜子，品性的模范，真理的反映"[①]）；文艺复兴之后，西方逐渐兴起了"镜子说"。

学者旷新年在《回顾与反思：文艺反映论的潮起潮落》（2013）一文中系统梳理了西方文论"镜子说"的发展过程，兹录于此："文艺复兴时代但丁、薄伽丘、卡斯特尔维屈罗等人仍然沿用和强调艺术模仿自然的观念，但已经注重和突出想象和虚构在创作中的作用。而达·芬奇、塞万提斯、莎士比亚提出'镜子说'来代替'摹仿说'。但丁把上帝看作是一面'最光亮的镜子'。莎士比亚在《哈姆雷特》中借主人公之口宣称演员应当'拿一面镜子去照自然'。达·芬奇对'镜子说'作了全面而深刻的说明：'画家应该独身静处，思索所见的一切，亲自斟酌，从中提取精华。他的作为应当像镜子那样，如实地反映安放在镜前的各物体的许多色彩。作到这一点，他仿佛就是第二自然。'但是，同时他又告诫不要把自己完全

[①] 陆梅林、龚依群、吕德申主编：《马克思主义文艺学大辞典》，河南人民出版社1994年版，第65页。

当成一面机械的镜子：'那些作画时单凭实践和肉眼的判断，而不运用理性的画家，就像一面镜子，只会抄袭摆在面前的一切东西，却对它们一无所知。'雨果在《〈克伦威尔〉序》里说：'我们记得好像已经有人说过这样的话：戏剧是一面反映自然的镜子。不过，如果这面镜子是一面普通的镜子，一块刻板的平面镜，那么它只能映照出事物暗淡、平板、忠实、但却毫无光彩的形象；大家知道，经过这样简单的映照，事物的色彩就失去了。戏剧应该是一面集聚物像的镜子，非但不减弱原来的颜色和光彩，而且把它们集中起来，凝聚起来，把微光变成光彩，把光彩变成光明。'别林斯基说诗歌'像凸出的镜子一样，在一种观点之下把生活的复杂多彩的现象反映出来，从这些现象里汲取那构成丰满的、生气勃勃的、统一的图画进所必需的种种东西'。"[①]可以看出，在西方，相对于摹仿说，"镜子说"是一种进步，也是充满褒义的一个概念或范畴。

经典马克思主义作家也使用"镜子"作为批评话语。比如，马克思说："自由报刊是人民用来观察自己的一面精神上的镜子，而自我审视是智慧的首要条件"[②]；恩格斯考察了历史上存在过的各种性爱形式，并指出小说是婚姻形式的最好的镜子："小说就是这两种缔结婚姻的方法的最好的镜子：法国的小说是天主教婚姻的镜子；德国的小说是新教婚姻的镜子。"[③]列宁之前，卢森堡、普列汉诺夫都曾使用"镜子说"进行文艺批评（甚至直接用以评论托尔斯泰），因此，列宁以"镜子说"作为反映论的比喻，这在西方文化语境中是很正常的。当然，列宁的"镜子说"已经是被唯物辩证法改造过了的"镜子说"。

但在中国，情况不一样。中国古代文论没有反映论，但有"镜子"隐喻。著名学者乐黛云在《中西诗学中的镜子隐喻》中说："为什么西方总是用镜子来强调文学作品的逼真、完全、灵动，而中国却往往用镜子来形容

[①] 旷新年：《回顾与反思：文艺反映论的潮起潮落》，《文艺争鸣》2013年第10期。更早材料可参见涂途《艺术反映论的来龙去脉》，《文艺理论与批评》1989年第1期；乐黛云《中西诗学中的镜子隐喻》，载乐黛云主编《欲望与幻象：东方与西方——国际比较文学学会第十三届年会（东京）中国学者论文集》，江西人民出版社1991年版，第219—229页。

[②] 马克思：《第六届莱茵省议会的辩论（第一篇论文）》，《马克思恩格斯全集》第1卷，人民出版社1995年版，第178页。

[③] 恩格斯：《家庭、私有制和国家的起源》，《马克思恩格斯选集》第4卷，人民出版社2012年版，第82页。

作者心灵的空幻、平正和虚静呢？这可能与中西思维方式的不同有关。"①所以，以中国人的思维方式是并不乐于接受这种理论的，因此，在中国文艺理论中"镜子""镜子式"往往是个略带贬义性质的词。比如1925年，沈雁冰（茅盾）在《文学者的新使命》（1925年9月13日《文学周报》第190期）中说："文学决不可仅仅是一面镜子，应该是一个指南针。"②此外，虽然列宁论托尔斯泰的系列文章自20世纪20年代末开始被引进中国，但在当时反映论艺术观尚且受到批评或质疑的理论环境中，"镜子说"就更难以被接受。

第一，列宁"镜子说"的译介情况。

1908年，列宁写《唯物主义和经验批判主义》的同时写了论托尔斯泰的系列批评文章的首篇《列夫·托尔斯泰是俄国革命的镜子》（今译），这是一篇带有总论性质的文章，可以视为《唯物主义和经验批判主义》所确立的哲学反映论在文艺批评领域的具体运用。列宁"镜子说"系列文章的中译情况，目前所见，最早译本是嘉生（即彭康）译《托尔斯泰——俄罗斯革命的明镜》和《托尔斯泰》两篇文章，均刊于1928年10月10日《创造月刊》第2卷第3期。"这是现知列宁这两篇文章在中国的最早译文。"③周扬《自由人文学理论讨论》《关于"第三种人文学"的倾向与理论》主要引用的是第一篇文章内容。20世纪30年代是翻译列宁论托尔斯泰系列著作的一个高峰，先后有何畏、陈淑君、瞿秋白、周学普、克己等人的翻译。④其中，1932年瞿秋白翻译了两篇文章《列甫·托尔斯泰像一面俄国革命的镜子》《L.N.托尔斯泰和他的时代》和一篇《关于列宁论托尔斯泰的两篇文章的注解》，第一篇刊于1934年9月《文学新地》创刊号（署名商廷发），后两篇译文生前未发表，这个也影响了列宁"镜子说"的传播。

---

① 乐黛云：《中西诗学中的镜子隐喻》，载乐黛云主编《欲望与幻象：东方与西方——国际比较文学学会第十三届年会（东京）中国学者论文集》，江西人民出版社1991年版，第227页。
② 不过《文学研究会丛书缘起》（1921年6月10日《东方杂志》第18卷第11号）也说："我们觉得文学是决不容轻视的。他的伟大与影响，是没有什么东西能够与之相比的。他是人生的镜子。"
③ 刘庆福：《列宁文艺论著在中国翻译出版情况》，《北京师范大学学报》1984年第4期。
④ 参见刘庆福《列宁文艺论著在中国翻译出版情况》，《北京师范大学学报》1984年第4期；李衍柱主编《马克思主义文艺理论在中国》第四编《马克思主义文艺论著在中国的翻译和出版》，山东文艺出版社1990年版，第283—284页。

第二,"镜子说"还先被苏汶等人用作否定文艺有阶级性、倾向性的理论依据。

苏汶提出了"如镜子反映人形"的说法,成为被批判的靶子(如前述)。因此,在中国马克思主义文艺理论发展史上,尤其是"左联"成立初期关于文艺阶级性、与"自由人""第三种人"论战中,"镜子说"反而以批判对象的形式出现,所以当苏汶用镜子来比喻反映论,才会被周扬贴上"镜子反映论"的标签加以批判。

当然,左翼文艺理论并不否定"镜子说"。冯雪峰在更早一点的《关于"第三种文学"的倾向与理论》(1933年1月1日《现代》月刊第2卷第3期新年号)一文中,虽然是"奉旨"结束与"自由人""第三种人"的论战,但也在批评苏汶"镜子说"的同时,为列宁的"镜子说"辩护:"如苏汶先生所说的镜子,到底不能是超阶级的镜子。在伟大的艺术家托尔斯泰的镜子中所照出的俄国的革命(请看伊里支的论文《作为俄国革命之镜子的托尔斯泰》,一九〇八年所作),到底和马克思主义者的镜子所照出的革命有绝大的不同的;托尔斯泰镜子中所照出的俄国的生活,社会的虚伪,资本主义的榨取,政府的专制……以及农民的贫穷,痛苦及其反抗等等(即伊里支所称赞的托尔斯泰的伟大的方面),是到底和马克思主义者的镜子所照出有绝大不同的。"

虽然左翼文艺界也为列宁的托尔斯泰"镜子说"辩护,但"镜子说"在中国语境中也确实不具理论活力,所以在后来的中国马克思主义文艺理论发展史上,"镜子说"既没有成为一个重要的理论范畴,也没有成为一个重要的批评概念。

但这已经不重要了。因为这时文艺反映论的基本内涵已完全具备,只需要毛泽东最后的命名而已。因此,毛泽东在《新民主主义论》《在延安文艺座谈会上的讲话》中提出"能动的革命的反映论",只是"逻辑与历史的统一",辩证法在逻辑上先完成统一的必然结果。

综上看出,在文艺反映论发生史上,存在着一个反映论文艺观向文艺反映论转换的过程;文艺反映论的反映内容并不仅限于社会生活,它还包括人生问题和各种主体意识,包含了主客观统一、真实性和倾向性统一等要求;文艺反映论的发生既有列宁哲学反映论影响的重要因素,也有中国左翼理论家对"镜子说"的谨慎态度。文艺反映论的发生史体现了中国马克思主义文艺理论发展的民族理论思维特性。对中国文艺反映论发生之初的反机械直观等特性的更多认识，也许能够改变我们对文艺反映论的一些偏见或者不公正的看法。

第四章 科学主义与中国马克思主义
　　　　文艺理论科学性的发生（下）

从实践是检验真理的唯一标准出发，我们可以认为，理论和实践的统一，亦即理论在实践上的可预见性和可证实性，是中国马克思主义文艺理论的科学性。这个不需要我们额外的论证。"可预见性"虽然不是一个严格的学术术语，但在许多学科都能见到；而"可证实性"是逻辑实证主义区分科学边界的哲学术语，含义较为复杂。本文仅是在很浅显的意义上即逻辑和经验上都可检验证实的意义上使用这两个概念，特指理论指导实践的有效性和预见性，即理论的可实践性。

在中国马克思主义文艺理论发生期，中国马克思主义文艺理论的科学性在指导创作实践上是有缺陷的、不成熟的，但它本质上也是一种科学性的开始，因此我们将这种科学性称为中国马克思主义文艺理论的早期科学性。

中国马克思主义文艺理论早期科学性的发生，在内涵上是唯物史观和唯物辩证法的确立，比如毛泽东在《新民主主义论》中说，马克思关于意识和社会存在关系、哲学家说明世界和改造世界关系的论述，"这是自有人类历史以来第一次正确地解决意识和存在关系问题的科学的规定"，[①] 说的就是这个意思；早期科学性的发生，在形式上是中国马克思主义文艺理论作为一个科学主体观念的形成，以及围绕着这个主体的态度（包括价值观、情感甚至是信仰等）。二者（或者说三者）共同促成了20世纪20年代中国马克思主义文艺理论作为科学的文艺论或艺术论观念的发生和确立。

中国马克思主义文艺理论早期科学性的形成和19世纪末至20世纪初

[①] 毛泽东:《新民主主义论》,《毛泽东选集》第2卷，人民出版社1991年版，第664页。

中国科学观念和科学主义的发展有着紧密联系。[①] 中国近现代科学主义主要指唯科学主义或科学至上主义的科学信仰或崇拜、科学意识形态等世界观、人生观，比如科学救国思潮等。它是一种价值判断，一种"替代性的意识形态"[②]，它把科学视为一种社会公理，把科学精神视为一种现实主义，是近现代科学观念（思潮、精神）发展的结果，是后者的一种特殊形态。科学主义主要体现在社会科学领域，它有两个主要特征：一是相信"科学万能"，认为科学方法可以认识一切，科学规律/原则可以解释/分析一切，科学途径可以创造一切；二是一种排他性的信仰，具有宗教性，普遍地对人文精神（这里特指玄学性质的人文学）持拒止态度。这两个特征使得科学主义"被看作是一种在与科学本身几乎无关的某些方面利用科学威望的一种倾向"，非职业科学家和非科学领域学者对科学主义反而推崇备至并且影响巨大，[③] 在当时，"中国人的想象力已完全被科学精神所掌握""科学精神渗透所有这些运动"，以至"无论是从实际的还是象征的意义，中国是从20世纪开始把科学作为一种教条来接受的"。[④] 科学主义对于中国马克思主义文艺理论的发生具有重要的影响。因此，本书不同于将20世纪文艺观念版图主要区分为科学主义、人文主义和马克思主义三大体系的通常做法，而是把中国马克思主义文艺理论早期科学性发生的逻辑置于科学主义的影响下（但不是唯一影响），从而将科学主义和中国马克思主

---

① 本文将"科学主义""唯科学主义"视为同一概念，并不置褒贬。本文对"（唯）科学主义"的理解类似邱若宏的观点："笔者对上述极端化、片面化的观点实在不敢苟同，因为五四科学思潮是一个比科学主义思潮宽泛得多的概念，凡是传播科学、弘扬科学、赞颂科学的思想都可以归于科学思潮，而科学主义只是科学思潮中将科学价值推到极致的一种的倾向。五四时期，科学主义确实是整个科学思潮中一个重要特征，或者说重要组成部分。"（邱若宏：《传播与启蒙：中国近代科学思潮研究》，湖南人民出版社2004年版，第282—283页）关于这两个概念的辨析，可参见范岱年《唯科学主义在中国——历史的回顾与批判》，《科学文化评论》2005年第2卷第6期。

② 吴国盛：《什么是科学》，广东人民出版社2016年版，第13页。

③ 这里主要是从社会思想文化领域科学主义角度而来的说法。真正的科学家群体对科学思潮和科学精神的传播有很大贡献，本文对这方面内容（包括科学实践）不做涉及；这方面内容可参见朱华《近代中国科学救国思潮研究》（人民出版社2010年版）、李丽《科学主义在中国》（人民出版社2012年版）等著作。

④ [美]郭颖颐：《中国现代思想中的唯科学主义（1900—1950）》，雷颐译，江苏人民出版社1989年版，第1、14、10、4页。按：本文并不主要研究科学主义本身，因此没有使用和辨析"唯科学主义"（scientism）概念。作为价值观的科学主义的内涵也是很复杂的，关于这个问题可参见汪晖《科学的观念与中国的现代认同》（见《汪晖自选集》，广西师范大学出版社1997年版）一文对中国现代科学观念（或者说科学意识形态）的深入分析。

义文艺理论的发生研究统一起来。

美籍华裔学者郭颖颐在其著作《中国现代思想中的唯科学主义（1900—1950）》（1965）中，大致描述了唯物主义一元论科学主义成为科学主义最高形式的过程。综合该书的内容可以认为，1900—1950年，中国现代思想史上的科学主义经历过三次迭代：第一次是20世纪初，尤其是"科玄论战"之后，即便有着第一次世界大战的惨痛教训和以罗素等为代表的西方（现代）文明对东方古老文明的加持，科学一元论世界观还是取代传统价值观和器道观成为世界观主潮（在当时主要是用"人生观"这个词），科学主义不仅成为社会公理，而且进入美与爱等情感要素的分析中（例如心理学家唐钺的科学主义）。第二次是20世纪20—30年代，中国社会性质和中国社会史论战后，由于"辩证唯物论对时代的要求与事件之间矛盾的解释似乎是独具特色、颇合时宜的理论，因而成为在唯物主义哲学流派中占主导地位的观点"[①]，在科学主义内部，唯物主义一元论科学主义战胜经验论科学主义（后者也称为实验主义、实用主义、经验主义，可以称为一种"属人"的唯物论科学主义。如果从1919年的"问题与主义"之争算起，二者的博弈历史很长）成为世界观和方法论主潮。当然，在对立面看来，唯物主义一元论科学主义一般被视为教条主义科学主义，比如中国社会性质论战中双方依据马克思主义社会类型划分理论裁切中国历史所表现的教条主义和直线历史观。第三次是20世纪30年代末到40年代初，经历过对唯物主义一元论科学主义内部教条主义（包括在广义的"主观主义"里面）的一系列批判后，在《实践论》《矛盾论》《新民主主义论》《在延安文艺座谈会上的讲话》等一系列经典文献中，形成了"民族的科学的大众的"新民主主义文化纲领和对艺术科学的新认识。如毛泽东在《新民主主义论》中提出："这种新民主主义的文化是科学的。它是反对一切封建思想和迷信思想，主张实事求是，主张客观真理，主张理论和实践一致的。在这点上，中国无产阶级的科学思想能够和中国还有进步性的资产阶级的唯物论者和自然科学家，建立反帝反封建反迷信的统一战线；

---

① ［美］郭颖颐：《中国现代思想中的唯科学主义（1900—1950）》，雷颐译，江苏人民出版社1989年版，第132页。

但是决不能和任何反动的唯心论建立统一战线。"①《在延安文艺座谈会上的讲话》中,毛泽东提出"艺术科学的标准"。②再通过后来的延安文艺实践,中国马克思主义文艺理论科学性即理论和实践相统一的可预见性和可证实性得以最终确立,从而在实证论上弥补了归纳法的不足,完成了中国马克思主义文艺理论科学性的逻辑循环和自我确证。

中国马克思主义文艺理论发生于科学主义第二次迭代时期,是当时科学主义倾向、情势的产物。从科学主义一系列的逻辑关联中(这个也是本章需要说明的主要问题之一),人们很早就将马克思主义文艺理论认定为一种科学艺术论,从而在价值论上主观赋予了马克思主义文艺理论在艺术理论体系中高人一等的地位。这是科学性和教条性的一种混合,也就自然形成了中国马克思主义文艺理论早期科学性具有唯物论、决定论、公理论(认为可以按照预定的规则进行分析)等特性。这种早期科学性不仅将自然科学和社会科学、人文科学作简单等同,③将科学等同于进步力量(科学公理等于社会公理,公理是革命的力量,科学主义是一种线性历史观等),强调经济决定论,将科学研究方法成果的马克思主义当作教条,反过来对文学艺术做出各种规定性,把文艺理论当作一种可以规范性的科学,同时对文学艺术这类人文现象的精神性、能动性和主体性等方面的特殊性重视不够、认识不深刻,甚至予以攻击。④所以,中国马克思主义文艺理论早期科学性存在着明显的教条主义特性(也可以称之为一种非科学性的科学性),并不具有可证实性(不具有《在延安文艺座谈会上的讲话》后有大量经典作品出现的可实践性)。但尽管如此,早期科学性对于中国马克思主义文艺理论科学性的发生和发展起到了特殊作用,对后来一直延伸到新民主主义论中的科学性认识(可联系到中国共产党对自身理论科学性的建

---

① 毛泽东:《新民主主义论》,《毛泽东选集》第2卷,人民出版社1991年版,第707页。
② 毛泽东:《毛泽东选集》第3卷,人民出版社1991年版,第869页。
③ 我们这里暂且把文学艺术称之为人文科学。
④ 郭颖颐说:"吴稚晖坚定地相信正是中国文化中这种专注于精神的因素使西方的观察者看到东方文化中的所谓'精神性'。而这种精神性正是愚昧迷信的藏身之所;对他来说没有什么比这更讨厌的了。"参见[美]郭颖颐《中国现代思想中的唯科学主义(1900—1950)》,雷颐译,江苏人民出版社1989年版,第39页。

构和认识）都有深远影响。①因此，在这里，我们把教条主义科学主义也纳入科学性范畴，一并讨论中国马克思主义文艺理论早期科学性的发生。

中国马克思主义文艺理论早期发生史中，许多问题（比如现实主义艺术论以及 20 世纪 80 年代的人道主义讨论）都和科学主义有着紧密联系和具体相关，这个问题我们在后面章节有详细论述，本章只分析一般意义上科学主义对中国马克思主义文艺理论尤其是其早期科学性发生的影响。当然，鉴于我们前面两章已经对唯物史观和唯物辩证法与中国马克思主义文艺理论科学性发生问题做了详细论述，本章则主要论述在科学主义影响下，中国马克思主义文艺理论作为一个科学主体观念的形成过程。

第一节　中国近现代科学观念和科学主义的发展

中国近现代科学主义是从近现代科学观念和思潮发展过来的。19 世纪末 20 世纪初，中国从日本引进"科学"概念并形成一种科学思潮，但在当时特殊的历史时期和国人价值理性、工具理性（"救亡图存""保种图强"）作用下，科学的社会意义和功能得到特别的重视和强调，并且在 20 世纪初期逐步形成了科学等于公理、力量、革命、进步等一系列观念，科学主义开始形成。1915 年，陈独秀在《青年杂志》创刊号发表《敬告青年》大力倡导科学观念后，科学主义在社会文化思想领域产生广泛影响，进一步成为批判传统思想文化、倡导民主与科学的利器，科学主义进入一个全新发展阶段。20 世纪 20—30 年代，经历过"科玄论战""中国社会性质论战"等，唯物一元论科学主义取得主导地位，这一方面促进了马克思主义的早期传播和发展，另一方面也在发生学意义上形成了马克思主义文艺理论早期机械、教条等特点。

---

① 近现代科学观念和科学主义对中国近现代思想的形成有着全方位的影响，比如对中国近现代历史观、世界观、人生观、民族国家观念、科学制度化的形成都产生了很大的影响。对这些问题，学界有很深入的研究。可参见［美］郭颖颐、汪晖等人的著作。受议题所限，本节仅从科学主义尤其是唯物主义一元论科学主义对中国马克思主义文艺理论体系科学性发生发展的影响进行梳理。

一、近代科学观念和科学主义的发轫

我国古代虽然有"科学"这个词,但宋元以前的"科学"一词不少是"科举"的讹误或者"科举之学"的略语。最早北宋《文苑英华》收录唐末罗衮《仓部柏郎中墓志铭》和明朝以来的一些典籍、文章中,虽然有确切的"科学"一词,但多数也还是指"科举之学",少数指"人有医治道教四科学"之类的"分科之学",这个和后来的总体性的科学概念没什么联系。[①] 尽管中国古代没有现代意义上的科学概念,但并不等于中国古代没有科学观念,这是另外一个话题,在此存而不论。[②] 而后来发展成为类似"科学"概念的"格致"一词,则源自儒家经典《礼记·大学》,最早主要指道德修养方法的"格物致知"说。到了宋元时期,"格致"被理学化(认识论意义,一种唯心主义认识论、方法论、人性论、真理论和价值论的统一理论)之外,也有了科学方法的一些内涵,有了表示考证、研究的意思(科学方法论意义),因此出现了理学和科技相连的最早研究成果:"元朝的刘因、许谦重视考订和经验知识的积累,许氏弟子朱震亨(1281—1358)以周敦颐和朱子学为指南,把医学作格物致知之一事,写成《格致余论》,这是理学与科技直接发生关联的最初例证。"[③] 到了明代中后期,西方传教士带来的西方科学技术开始影响我国,实证主义思想开始出现,而徐光启首倡"格物穷理之学",其内涵开始科学化,非常接近后来的自然科学概念,这为后来认为"格致"是"科学"概念源头的说法提供了理据。再后来,在明末清初王夫之等思想家提出"经世致用"等功利主义和实证主义思想的基础上,鸦片战争之后,洋务派不少思想家大力倡导和大兴"格致之学""格致之理",这时,这种"格致"一词基本等同于狭义的科学概念了。不过在当时,由于"中学为体"的立场,洋务派以及维新派人士早期阶段都普遍认为西学是源自中学,这是一个共性。[④] 但在

---

① 参见周程、纪秀芳《究竟谁在中国最先使用了"科学"一词?》,《自然辩证法通讯》2009年第4期。
② 参见吴国盛《什么是科学》(第二版),商务印书馆2023年版。
③ 汪晖:《科学的观念与中国的现代认同》,《汪晖自选集》,广西师范大学出版社1997年版,第216页。
④ 参见樊洪业《从"格致"到"科学"》,《自然辩证法通讯》1988年第3期;汪晖《科学的观念与中国的现代认同》,《汪晖自选集》,广西师范大学出版社1997年版,第210—221页。

东亚，到了19世纪中叶，西方的science概念传入日本。1874年，"科学"概念最早使用者西周（1829—1897）在《明六杂志》上首次将science对译为"科学"这一词语形式，[①]并且形成了关于百科学术的统一观的科学价值观。[②]在中国，19世纪末20世纪初，"科学"一词从日本传入中国后，中国人对科学的认识开始超越器与技，走向学与理，"科学""技术"开始分立，"科学"的认识论、方法论、知识论、价值论整体呈现，"功用""进步"意义开始凸显，其意义远在之前强调"分科之学"的"科学"之上。自此，中国人的科学观念开始围绕着科学概念而展开，并逐渐在价值论上由自然科学走上社会科学，发展为科学主义。科学思潮和科学主义不仅对中国传统学术体系造成强烈冲击，还对中国社会演变产生了很大的影响。

但当代学界对近代中国史上谁最早使用和传播现代意义上的"科学"概念，有康有为（杨文衡、樊洪业、席泽宗、冯天瑜）、梁启超（袁翰青）、严复（汪晖）、王国维（朱发建）、唐廷枢（周程、纪秀芳）等不同说法。[③]对这个问题的考辨（以及他们各自科学观念的发展史与比较研究）不是我们这里的重点，[④]但可以肯定的是，这些早期启蒙思想家都为近现代科学观念的发展和科学主义的发轫作出了各自的贡献。

首先是1897年，康有为最早将日文"科学"移译为中文。是年，康有为辑译《日本书目志》（上海大同译书局），该书的第一册卷二"理学门"中列有："《科学入门》，普及舍译，《科学之原理》，本村骏吉著。"这是在中文里首次出现现代意义上的"科学"一词。但从条目可以看出，康有为早期基本还是在自然科学和技术意义上使用"科学"概念。

与康有为不同，同时期的严复则更多在思想革命和社会学意义上讨论"科学"问题，只不过他前期主要使用"格致"概念，后来"格致""科学"并用；由"格致"到"科学"，存在着一个过渡情势。由于严复在宣

[①] 也有学者认为西周的"科学"还不能完全理解为science的译词，同时代的中村正直是以"学术"对译science。参见沈国威《科学》，江苏人民出版社2023年版，第30页。

[②] 参见汪晖《科学的观念与中国的现代认同》，《汪晖自选集》，广西师范大学出版社1997年版，第223页。

[③] 参见周程、纪秀芳《究竟谁在中国最先使用了"科学"一词？》，《自然辩证法通讯》2009年第4期；朱发建《最早引进"科学"一词的中国人辨析》，《吉首大学学报（社会科学版）》2005年第2期。

[④] 参见李丽《科学主义在中国》，人民出版社2012年版。

传西学、天演论和进化史观上的影响力，虽然他使用"格致"这个"科学"概念，但他对传统理学和心学的"格致"学的批判和强调科学、引进西学的"群学"立场，使得严复对于中国近现代"科学"概念和观念的传播和发展、科学主义萌芽的贡献尤其大。比如他在《原富》（亚当·斯密原著，1898年开译，1902年出版）中说，"科学中一新理之出，其有裨益于民生日用者无穷"，[①]在更早的《原强》（1895）中说："夫唯此数学者明，而后有以事群学，群学治，而后能修齐治平，用以持世保民以日进于郅治馨香之极盛也。呜呼！美矣！备矣。"[②]在《原强》的修订稿（1901）中，严复说斯宾塞"宗天演之术，以大阐人伦治化之事。号其学曰'群学'，犹荀卿言人之贵于禽兽者，以其能群也，故曰'群学'""又用近今格致之理术，以发挥修齐治平之事"。[③]因此说，严复"这样的世界观恰恰是在科学知识的基础上，以实证和进化的方法为内核，以群学为指归的。在这样的一个体系中渗透了严复以救亡图存为目的对科学和民主的诉求。正是这样的特殊的爱国热忱使得他对源自于西方的科学寄予厚望，赋予科学救亡图存的使命，导致了对科学的价值化的理解，具有科学主义的特征"[④]。也正因为如此，我们这里把中国近现代科学主义的源头推到了严复这里。

与康有为、严复同时代的梁启超（虽然他们之间在思想上有代际）也大力倡导"格致"和"科学"。如1902年，梁启超在《新民丛报》上发表《格致学沿革考略》，专门讨论了"格致学"的范围，追述了它的历史，并且在该文中好几处用了"科学"，如"一切科学""科学革新之气运""科学之方针"等，皆系泛指各门学问。[⑤]虽然在具体"格致"问题上梁启超的论述不如严复深刻（严复有1877—1879年在英国系统学习西学的经历），但梁启超对求真、客观、自由的"科学精神"的发扬却是独树一帜

[①] 汪征鲁、方宝川、马勇主编，张华荣点校：《严复全集》第2卷，福建教育出版社2014年版，第515页。

[②] 汪征鲁、方宝川、马勇主编，李帆、李学知校：《严复全集》第7卷，福建教育出版社2014年版，第16—17页。

[③] 汪征鲁、方宝川、马勇主编，李帆、李学知校：《严复全集》第7卷，福建教育出版社2014年版，第24页。

[④] 李丽：《科学主义在中国》，人民出版社2012年版，第77页。

[⑤] 梁启超：《梁启超全集》第3集，中国人民大学出版社2018年版，第543—552页。

的，①同样对近现代科学观念和科学主义的发展发挥了很大作用。

近来学界也有强调王国维在移译、阐发"科学"概念方面有首功。学者朱发建考察发现，1899年，王国维为日本人著《东洋史要》中译本（樊炳清译）"序"中说："自近世历史为一科学，故事实之间，不可无系统。抑无论何学，苟无系统之知识者，不可谓之科学。中国之所谓历史，殆无有系统者，不过集合社会上散见之事实，单可称为史料而已，不得云历史。""余尤愿读是书者，就历史上诸般之关系，以解释东方诸国现时之社会状态，使毋失为科学之研究，乃可贵耳。"文中"科学"一词两见，该文末有王氏自署日期（光绪二十五年十一月），时间明确，且是书有1900年东文学社排印本，不容置疑。又1900年，王国维为徐有成等译著《欧罗巴通史》（日本人箕作元八、峰岸米造合著）"序"中说："凡学问之事，其可称科学以上者，必不可无系统。"署名日期为光绪二十六年十二月，是书南京大学图书馆收藏有光绪二十六年版，东亚译书会铅印本，该序文后收录于《静安文集续编》。因此他认为："王国维使用'科学'一词，不仅是有明确时间，而且明确指出'有系统'的知识为'科学'，据此可以认为王国维是中国近代最早、含义明确地使用'科学'一词之人。"②对此本文存而不论。

虽然关于谁最早移译、阐释"科学"概念有很多说法，但就中国马克思主义文艺理论发生学研究而言，这个问题并不重要。而重要的是，在19世纪末20世纪初，这些早期启蒙思想家虽然一定程度上仍旧受到传统儒家思想尤其是理学思想的羁绊，他们的科学话语还在"修齐治平"等传统话语里打转（这点和西方有把科学置于形而上学、神学之下的传统类似），一方面强调科学和宗教的对立（反宗教迷信），另一方面又把科学宗教化、信仰化，但尽管如此，他们客观上还是对传播现代科学观念发挥了重要的启蒙作用，也为后来科学主义的流行奠定了基础。

---

① 参见王果明《从"格致学"到"科学"——近代中国对"科学"认识的深化》，《中州学刊》1990年第2期。

② 朱发建：《最早引进"科学"一词的中国人辨析》，《吉首大学学报（社会科学版）》2005年第2期。

二、20世纪初期科学主义的形成

进入20世纪后,科学观念和思潮很快被宗教化、历史观化、意识形态化、价值观化,即科学主义正式形成。学者汪晖虽然没有从科学主义形成史来定义这种变化,但他从思想史角度最早或较早指出了鲁迅和早期无政府主义者在这方面的贡献。[①]

1907年6月,张静江、李石曾和后来在1923年"科学与人生观"论战即"科玄论战"中发挥了重要作用的吴稚晖在巴黎创办了无政府主义刊物《新世纪》,他们形成了无政府主义的一个重要派别。从创刊始,他们便从人类进化(即历史)、革命和公理的角度来谈论科学并主张科学革命、思想革命和社会革命:"人类进化,脑关改良,科学以兴,公理乃著,此新世纪革命之本原。与科学乃公理为反对者,即迷信与强权也。"[②]他们认为,"科学"等于"公理","公理"等于他们所谓"革命"的目的,"革命"又是实现"科学"和"公理"(在他们理解是一种理想社会秩序)的途径或者工具:"科学公理之发明,革命风潮之澎涨,实十九、二十世纪人类之特色也。此二者相乘相因,以行社会进化自然之公理。盖公理即革命所欲达之目,而革命为求公理之作用。故舍公理无所谓为革命,舍革命无法以伸公理。""凡不合于公理者皆革之,且革之不已,愈进愈归正当。故此乃刻刻进化之革命,乃图众人幸福之革命。"[③]这可算是20世纪中国"科学革命化"的早期源头。虽然他们主张的革命是无政府革命,但这种科学加革命的科学公理等于社会公理的科学主义范式却在中国近现代思想史上确立起来了。所以郭颖颐认为《新世纪》"第一期包含的一个信条预示着随后几十年的趋向"[④]。

但和无政府主义者将科学和"迷信与宗教"完全对立不同,同时代的鲁迅则看到了科学宗教化的积极一面,为20世纪初期科学主义提供了一

[①] 参见汪晖《科学的观念与中国的现代认同》,《汪晖自选集》,广西师范大学出版社1997年版,第208—305页;《"科学主义"与社会理论的几个问题》,《去政治化的政治:短20世纪的终结与90年代》,生活·读书·新知三联书店2008年版,第161—230页。
[②] 真(李石曾):《祖宗革命:家庭革命之一》,《新世纪》1907年第2号。
[③] 《新世纪之革命》,《新世纪》1907年第1号。
[④] [美]郭颖颐:《中国现代思想中的唯科学主义(1900—1950)》,雷颐译,江苏人民出版社1989年版,第9页。

种不同的范式,亦暗示了科学主义的最终归宿。与无政府主义者认为"迷信与宗教为一流,与彼相反者,则科学之真理"①不同,鲁迅看重宗教迷信后面的精神力量,认为宗教信仰对于人类生存和发展来讲是必不可少的(严复、梁启超也持类似观点)。1908年,鲁迅在日本东京发表的《破恶声论》中说:"人心必有所冯依,非信无以立,宗教之作,不可已矣","伪士当去,迷信可存,今日之急也"。②这对于主张科学的鲁迅来讲,显然不是为了提倡旧式宗教迷信,而是提倡"以科学为宗教":"特为易信仰,而非灭信仰昭然矣。"而他理解的宗教化的科学或者科学化的宗教指的又是什么呢?鲁迅借用海克尔《作为宗教和科学之间的纽带的一元论》一书中主张建立"一元论的宗教"的观点,认为这种新宗教就是"理性之神祠,以奉十九世纪三位一体之真者。三位云何?诚善美也"。③对此,汪晖认为:"这是笔者所见最早、最明确地把'科学'同宗教相提并论的文章。"④而后来的历史也正好印证了科学宗教化的趋势。

所以说,在科学概念传入不久的辛亥革命之前的20世纪初期,宗教化、历史观化、意识形态化、价值观化的科学主义思潮就开始形成。尤其是鲁迅对海克尔"终立一元之说"的介绍,也契合后来一元论科学主义的发展趋势。当然,在初期,科学主义的这些特性在量或程度上的发展还比较弱,随着主体性(比如情感性)的增加,这些特性逐渐增强并扩散到社会思想文化的方方面面,逐渐成为一种权威,使得科学主义发展成为一种运动形态即盛行状态。

三、五四新文化运动与科学主义的普遍认同

科学主义虽然在20世纪初期已经形成,但其影响力范围主要限于当时的思想精英,甚至还是身处海外的思想精英,所以在国内不可能立即产生很大的影响。因此,在辛亥革命前后以及后来的军阀统治的一段时期,

---

① 真(李石曾):《三纲革命》,《新世纪》1907年第11号。
② 鲁迅:《破恶声论》,《鲁迅全集》第8卷,人民文学出版社2005年版,第29、30页。
③ 鲁迅:《破恶声论》,《鲁迅全集》第8卷,人民文学出版社2005年版,第29—31页。
④ 汪晖:《科学的观念与中国的现代认同》,《汪晖自选集》,广西师范大学出版社1997年版,第237页。

虽然科学观念和科学思潮的影响力在逐渐扩大，[①]整个社会的科学技术水平也在逐渐提高，但科学主义对于传统社会世界观、人生观的有力冲击还没有开始。到了1915年，作为思想解放运动的五四新文化运动则高举民主（人权）与科学两面旗帜，把科学当作改造社会的手段，乃至当作一种意识形态来宣传。因此，五四新文化运动在社会思想领域大力倡导科学主义，几年下来，作为一种社会思想文化的科学主义在中国得到普遍认同和流行，"迅速地成为一种建立在近代中国救亡图存基础上的意识形态"[②]。

陈独秀是五四新文化运动科学主义的开创者和旗手。1915年9月，在其著名的《青年杂志》创刊号发刊词《敬告青年》中，陈独秀提出了新青年必须具有的新的六种精神——"六义"。其中第五种是"实利的而非虚文的"，他认为西方精神文明来自物质文明，而物质文明来自西方的功利主义和实证主义传统："自约翰弥尔（J.S.Mill）'实利主义'唱道于英，孔特（Comte）之'实证哲学'唱道于法，欧洲社会之制度，人心之思想为之一变"，他认为德国的"科学大兴，物质文明造乎其极"，"无不齐集于厚生利用之一途"。因此，他提倡青年要专注于现实问题和实用性，反对"事之无利于个人或社会现实生活者"[③]。这种对功利性、实证性的强调自然导致对科学的重视，因此，对青年的第六种精神要求——"科学的而非想象的"也就自然而然提出。

（六）科学的而非想象的

科学者何？吾人对于事物之概念，综合客观之现象，诉之主观之理性而不矛盾之谓也。想象者何？既超脱客观之现象，复抛弃主观之理性，凭空构造，有假定而无实证，不可以人间已有之智灵，明其理由，道其法则者也。在昔蒙昧之世，当今浅化之民，有想象而无科学。宗教美文，皆想象时代之产物。近代欧洲之所以优越他族者，科学之兴，其功不在人权说下，若舟车之有两轮焉。今且日新月异，举凡一事之兴，一物之细，罔不诉之科学法则，以定其得失从违；其

[①] 关于五四新文化运动前后，科学技术和科学教育、科学团体和科技期刊的发展、贡献和影响，可参见邱若宏《传播与启蒙：中国近代科学思潮研究》，湖南人民出版社2004年版。

[②] 李丽:《科学主义在中国》，人民出版社2012年版，第84页。

[③] 陈独秀:《敬告青年》，《青年杂志》1915年第1卷第1号。

效将使人间之思想云为，一遵理性，而迷信斩焉，而无知妄作之风息焉。

国人而欲脱蒙昧时代，羞为浅化之民也，则急起直追，当以科学与人权并重。士不知科学，故袭阴阳家符瑞五行之说，惑世诬民；地气风水之谈，乞灵枯骨。农不知科学，故无择种去虫之术。工不知科学，故货弃于地，战斗生事之所需，一一仰给于异国。商不知科学，故惟识罔取近利，未来之胜算，无容心焉。医不知科学，既不解人身之构造，复不事药性之分析，菌毒传染，更无闻焉；惟知附会五行生克寒热阴阳之说，袭古方以投药饵，其术殆与矢人同科；其想象之最神奇者，莫如"气"之一说；其说且通于力士羽流之术；试遍索宇宙间，诚不知此"气"之果为何物也！

凡此无常识之思，惟无理由之信仰，欲根治之，厥维科学。夫以科学说明真理，事事求诸证实，较之想象武断之所为，其步度诚缓；然其步步皆踏实地，不若幻想突飞者之终无寸进也。宇宙间之事理无穷，科学领土内之膏腴待辟者，正自广阔。青年勉乎哉！①

在这段文字中，在强调科学是现代文明基础的认识之上，陈独秀还表达了几个重要思想：一是激进的反传统思想，在第二段中陈独秀全盘否定了传统文化；二是将科学和想象对立，陈独秀根据自己对于历史不同时代的划分，认为"宗教美文，皆想象时代之产物"，宗教美文均被认为是过去时代的虚妄之物；三是激进的功利主义立场，"科学之兴，其功不在人权说下，若舟车之有两轮焉"，"国人而欲脱蒙昧时代，羞为浅化之民也，则急起直追，当以科学与人权并重"；四是唯科学是从的机械立场（唯科学论），"今且日新月异，举凡一事之兴，一物之细，罔不诉之科学法则，以定其得失从违"，认为科学法则是定一切"从违"的法则。

此外，陈独秀还在《再论孔教问题》（1917）中说："人类将来真实之信解行证，必以科学为正轨……人类将来之进化，应随今日方始萌芽之科学，日渐发达，改正一切人为法则，使与自然法则有同等之效力，然后宇

---

① 陈独秀：《敬告青年》，《青年杂志》1915年第1卷第1号。

宙人生，真正契合"；①在《人生真义》(1918)中说："生存的时候，一切苦乐善恶，都为物质界自然法则所支配"；②在《答适之》(1923)中说："离开了物质一元论，科学便濒于破产"；③等等。

由此可以看出，在新文化运动之初，陈独秀在社会科学领域就表现出激进的科学主义与人文主义对立立场，其思想极端和偏激已经呈现，这些思想对后来的新文化运动和科学主义的发展产生了很大的影响。另外在精神和物质关系上，陈独秀虽然有唯物一元论色彩，但也表现了机械、教条的特点，这对后来的唯物论一元论科学主义的教条性产生了很大的影响。

不过在"矫枉必须过正"的思想革命年代，偏激和教条性也有其合理性和客观效果，那就是在新文化运动时期，科学观念已经得到了普遍的认同（甚至在程度上超过了对民主观念的体认④）。到1923年"科玄论战"时，胡适才会有一段著名的话广为流传："这三十年来，有一个名词在国内几乎做到了无上尊严的地位；无论懂与不懂的人，无论守旧和维新的人，都不敢公然对他表示轻视或戏侮的态度。那个名词就是'科学'。这样几乎全国一致的崇信，究竟有无价值，那是另一问题。我们至少可以说，自从中国讲变法维新以来，没有一个自命为新人物的人敢公然毁谤'科学'的。"⑤因此说，新文化运动时期科学主义得到了普遍认同。

当然，在"科学"和"非科学"之间，"科学"这种程度和地位的获

---

① 陈独秀：《再论孔教问题》，《新青年》1917年第2卷第5号。
② 陈独秀：《人生真义》，《新青年》1918年第4卷第2号。
③ 陈独秀：《答适之》，载张君劢、丁文江等《科学与人生观》，岳麓书社2012年版，第32页。
④ 根据金观涛、刘青峰的数据分析显示，相比之下，"科学"一词在《新青年》中不仅使用频度高于"民主"，而且几乎全是正面使用：1920年，特别是《新青年》变为共产党机关报以后，对"民主"评价越来越趋于负面。在《新青年》杂志中对和"民主"，有关理念正面评价的关键词使用只有404次，而负面评价的使用达764次。相比之下，"科学"一词在《新青年》中不仅使用频度高于"民主"，而且几乎全是正面使用，再结合我们在前文所举的其他刊物使用"科学"一词的频度分析，我们就可以得出一个与以往观点不同的结论。这就是：在新文化运动中科学和民主虽然是新知识分子极力要推广的两种新观念，但实际上这两种观念却并不对等。"科学"被不同思想流派的知识群体共同推崇，一直是新文化运动中反迷信、反传统的符号，也是后来提出的新人生观的基础，成为建构新政治文化的要素；而"民主"不但使用频率相对较少，其价值也越来越受质疑。从这一结论来看整个20世纪的中国政治文化，也可以解释为什么此后民主和科学在中国现代观念中的命运如此不同，民主观念及相应的制度建设一步履维艰。参见金观涛、刘青锋《中国近现代观念起源研究和数据库方法》，《史学月刊》2005年第5期。
⑤ 胡适：《序》，载张君劢、丁文江等《科学与人生观》，岳麓书社2012年版，第9页。

得是包括吴稚晖、蔡元培、陈独秀、胡适、李大钊、傅斯年等一批（包括后来完成马克思主义转变的）资产阶级民主主义启蒙思想家和《科学》月刊派自然科学家共同努力的结果。[①] 比如1919年，傅斯年在回顾《新潮》的创办经过时指出，当时商定杂志的精神为"批评的精神、科学的主义、革新的文词"[②]。当然，在"科学主义"内部也是存在着不同体系性观点和认识之别（比如胡适主张的经验论科学主义[③]），另如对于科学方法、[④]科学精神、科学价值等许多问题的探讨，对于封建迷信（灵学）的批判等，科学主义的成就是全面的。对此学界有大量详细的研究成果可供参考，在此不做更多的论述。

四、"科玄论战"与科学主义权威地位的确立

上引胡适这段话虽然描述了经历过新文化运动之后科学观念盛行和科学主义权威树立的情形，但显然还是有夸张的成分，否则就不会有科学主义和人文主义（偏文化保守主义者）之间"科玄论战"的发生。也正因为科学主义之流行，才会引发人文主义者的批判。而人文主义者对科学主义挑战的失败，更进一步造成了科学主义事实上权威地位的确立。

1923年2月，张君劢在清华大学作题为《人生观》的讲演（刊于14日《清华周刊》）。在讲演中他宣传科学不能解决人生观问题，引发一些持科学立场的科学家不满。地质学家丁文江和张君劢（二人为好友）当面激辩两小时无果，后撰写《玄学与科学——评张君劢的〈人生观〉》一文予以批驳。张君劢演讲的主要内容是说明科学与人生观的五点差异：即科学是客观的而人生观是主观的、科学为推理支配而人生观由直觉主导、科学重分析而人生观重综合、科学服从因果律而人生观遵从自由意志、科学致力于想象的统一性而人生观源于人格之单一性。结论是"科学无论如何发达，而人生观问题之解决，决非科学所能为力，唯赖诸人类之自身而已"。

---

① 有人称之为科学思潮的两大支流。参见邱若宏《传播与启蒙：中国近代科学思潮研究》，湖南人民出版社2004年版。
② 傅斯年：《〈新潮〉之回顾与前瞻》，《新潮》1919年第2卷第1号。
③ 参见[美]郭颖颐《中国现代思想中的唯科学主义（1900—1950）》，雷颐译，江苏人民出版社1989年版。
④ 参见危明星《"整理思想的利器"——〈新潮〉同人的逻辑学译介与新文化运动中科学方法的分化》，《中国现代文学研究丛刊》2023年第2期。

丁文江则批评张君劢"西方为物质文明，中国为精神文明"的说法肤浅，指出："至于东西洋的文化，也决不是所谓物质文明、精神文明，这样笼统的名词所能概括的。"文章最后说："主观的、直觉的、综合的、自由意志的、单一性的人生观是建筑在很松散的泥沙之上，是经不起风吹雨打的。我们不要上他的当！"①从而引发关于科学与人生观的一场论战。论战自张君劢清华讲演起，到1924年8月陈独秀发表《答张君劢及梁任公》止，前后历时一年多。参战人数多达四五十人，参战报刊累计十余种。

这场论战又称为科学与玄学论战，简称"科玄论战"。在论战过程中，胡适、吴稚晖、唐钺、王星拱、任鸿隽等为丁文江呐喊，习惯上被称为科学派，基本是自由主义知识分子；而梁启超、张东荪、林宰平、瞿菊农等或明或暗替张君劢助威，习惯上被称为玄学派（丁文江称张君劢为"玄学鬼"），基本是文化保守主义知识分子。无政府主义者和其他一些人士也参与了论战。论战后期，马克思主义者陈独秀、瞿秋白、邓中夏、萧楚女等也相继参战，史称唯物史观派，他们对科玄双方都有批评，而实际是支持科学派。

以我们今天的眼光来看，玄学派的观点比科学派更具学理性，②李泽厚形容后者是"乐观却简单的决定论的论点"；③就主观上来讲，论战双方都认为对方失败了，但就客观影响而言，还是科学派取得完全胜利。这是由历史条件所决定的。论战使得科学主义有了进一步的发展，权威地位得以确立："在这次论战中，非科学家的支持给了唯科学主义在中国的兴起以明确的实质意义。"④

而马克思主义者的加入，尤其是陈独秀、胡适二人通过论战论文集

---

① 参见刘钝《"科玄论战"百年祭》，《中国科学报》2023年2月10日。
② 如果考虑到五四运动后社会普遍的烦闷心理和生活困顿情况，青年人自杀成为一个社会问题时，玄学派的合理性就更为明显。
③ 李泽厚："如果纯从学术角度看，玄学派所提出的问题和所作的某些基本论断，例如认为科学并不能解决人生问题，价值判断与事实判断有根本的区别，心理、生物特别是历史、社会领域与无机世界的因果领域有性质的不同，以及对非理性因素的重视和强调等等，比起科学派虽乐观却简单的决定论的论点论证要远为深刻，它更符合于20世纪的思潮。""这场论战却很明显地是以'玄学鬼'被人唾骂，广大知识青年支持或同情科学派而告终。"参见李泽厚《中国现代思想史论》，东方出版社1987年版，第59页。
④ [美]郭颖颐：《中国现代思想中的唯科学主义（1900—1950）》，雷颐译，江苏人民出版社1989年版，第13页。

《科学与人生观》（1923）所作序言进行的论战，为论战增加了新的性质，演变为二人的科学主义之争。在序言中，陈独秀批评说："什么先天的形式，什么良心，什么直觉，什么自由意志，一概都是生活状况不同的各时代各民族之社会的暗示所铸而成"，"张君劢举出九项人生观，说都是主观的，起于直觉的，综合的，自由意志的，起于人格之单一性的，而不为客观的，论理的，分析的，因果律的科学所支配。"最后，陈独秀批评胡适、张君劢："我们相信只有客观的物质原因可以变动社会，可以解释历史，可以支配人生观，这便是'唯物的历史观'。我们现在要请问丁在君先生和胡适之先生：相信'唯物的历史观'为完全真理呢，还是相信唯物以外像张君劢等类人所主张的唯心观也能够超科学而存在？"①论战总结阶段，陈独秀主张唯物史观科学主义，批判心物二元论或多元论科学主义，将"科玄论战"引到唯物史观方向。

此外，论战中瞿秋白也认为：论战"所论的问题在于承认社会现象有因果律与否，承认意志自由与否，别的都是枝节"。瞿秋白认为，社会现象同自然现象完全一样，有其"因果的必然"，社会发展的"最后原因"是生产力，最后结果是社会主义，这就是历史发展中的"天道"。一切英雄豪杰、理想家或天才，只有成为社会变革的"历史工具"，才能得到真正的自由。②邓中夏也声称："唯物史观派，他们亦根据科学，亦应用科学方法，与上一派（指科学）原无二致。所不同者，只是他们相信物质变动（老实说，经济变动）则人类思想都要跟着变动，这是他们比上一派尤为有识尤为彻底的所在。"③我们知道，真正的历史唯物主义不是这样看待问题的，是科学主义和人道主义在唯物辩证法上的统一，但遗憾的是，唯物史观派和科学派一样犯了简单决定论、绝对化的错误，最后还是落入了"玄学派"所批评的"纯物质的纯机械的人生观"（梁启超语）之中。④

"科玄论战"是"问题与主义之争""社会主义论战"之后，中国马克思主义发展史上的一场重要论战。由于当时对马克思主义的理解普遍很肤

---

① 陈独秀：《序》，载张君劢、丁文江等《科学与人生观》，岳麓书社2012年版，第6、3、7页。

② 瞿秋白：《自由世界与必然世界》，《新青年》1923年第2期。

③ 邓中夏：《中国现在的思想界》，载《中国现代思想史资料简编》第2卷，浙江人民出版社1982年版，第173页。

④ 胡适：《序》，载张君劢、丁文江等《科学与人生观》，岳麓书社2012年版，第9页。

浅，这场论战所体现的马克思主义理论水平并不高，但这场论战在进一步提高科学主义话语地位的同时，对于马克思主义科学性质认识的传播和科学地位的提升起到了很大的促进作用，因为在这种科学主义思潮下，作为社会科学的马克思主义被视为是一种绝对科学的社会科学，不仅得到了大力传播和发展，而且获得了一种权威地位。

五、中国社会性质论战与唯物一元论科学主义的绝对胜利

1923—1924年的"科玄论战"中，科学主义派别中还存在着以胡适为代表的经验论科学主义和自由主义人生观等其他科学主义派别，唯物一元论科学主义和唯物史观并没有取得绝对的胜利。但随着历史的发展和马克思主义的广泛传播，从20世纪20年代后期至30年代，陆续发生中国社会性质论战、中国社会史论战、中国农村社会性质论战和唯物辩证法论战等一系列论战，这些论战标志着唯物一元论科学主义和唯物史观取得绝对地位和权威。正如研究者张文涛指出的那样，这些论战，"无论是在时人还是后人眼中，均笼罩在马克思主义理论框架之下"[1]。李泽厚说："论战各方，即使不属于中共或托派，甚至是共产党的反对者，都大体接受了马克思主义基本学说，并以之作为论证的理论依据。包括胡秋原、方亦如等人也如此。论战中各方共同使用如'帝国主义''封建制度''阶级关系''商品经济'等概念词汇也基本上属于或遵循着马克思主义理论学说的范围。"[2]郭颖颐说："1928年论战的方法和主题可说是马克思主义的。参战者希望能使中国历史和社会符合社会的辩证发展规律，使之融于广阔的世界具有宇宙意义。参战者都认为自己是社会科学家，并制定出一套解释中国历史的方法论。"[3]因此说，到20世纪20年代后期，唯物一元论在科学主义谱系中取得了绝对的胜利。

当然，这个和唯物一元论科学主义主要活跃在社会科学领域活动有关，因为在当时国内外民族矛盾、阶级矛盾异常尖锐的情势下，实用主义、马赫主义、实证主义、自由主义等科学主义和人生观与社会科学和社

---

[1] 张文涛：《国民革命前后的阶级观念研究》，人民出版社2021年版，第315页。
[2] 李泽厚：《中国现代思想史论》，东方出版社1987年版，第71页。
[3] ［美］郭颖颐：《中国现代思想中的唯科学主义（1900—1950）》，雷颐译，江苏人民出版社1989年版，第133页。

会革命存在着隔靴搔痒的关系，这也是唯物一元论科学主义取得一家独大的根本原因之一。

但我们为什么还在科学主义范畴中讨论唯物一元论科学主义？主要的原因是这些"马克思主义"论战中体现的科学主义具有严重的教条主义和机械论倾向，论战中不少观点是按照"马克思主义"的一些判断去裁切历史、枉断现实，是一种"六经注我"式的科学主义。[①]这一点尤其表现在中国社会史论战阶段，为了让中国历史符合马克思主义关于社会阶段和社会性质的划分，一些论战参与者对中国历史做了许多教条主义的分析。

这种科学主义特点，在同时期中国马克思主义文艺理论的发生发展中也有类似呈现，比如"革命文学"论争时期（1928—1929）和"左联"成立初期（1930—1932），就存在着严重的教条主义、机械唯物论和庸俗社会学倾向。

因此，到了20世纪20年代后期，科学主义意义上的马克思主义达到了类似"惟我革命"一样的"惟我科学"的一种巅峰状态。这对于广大左倾知识分子和热血青年具有致命的吸引力。对此，后来对"（唯）科学主义"进行批判反思的范岱年（教育家、哲学家、"科玄论战"参与者范寿康的二子）以亲身经历说："我本人的经历也可以表明马克思主义唯科学主义在青年知识分子中的影响。1940年，当时我14岁，住在重庆赖家桥，我和住在附近的孩子剧团的小朋友们一起学了《社会发展史》，我也常到政治部第三厅的图书馆去借阅苏联和进步小说，初步受到马克思主义的启蒙。1948年，在共产党领导的学生运动的影响下，我接受了马克思主义，在浙江杭州参加了革命，也参加了'科学时代社'，这是一个中共地下党领导的进步青年科学工作者组成的科学团体，有许多大学的理工科青年教师参加。我在这里第一次学习了'自然辩证法'。当时我因为缺乏哲学、科学哲学和人文学科的素养，幼稚地以为：学习了历史唯物论和社会发展史就掌握了社会发展的普遍规律；学了自然辩证法就掌握了自然界发展的普遍规律，对马克思主义作了唯科学主义的理解。"[②]

---

① 参见［美］郭颖颐《中国现代思想中的唯科学主义（1900—1950）》，雷颐译，江苏人民出版社1989年版，第137页。

② 范岱年：《唯科学主义在中国——历史的回顾与批判》，《科学文化评论》2005年第2卷第6期。

"学习了历史唯物论和社会发展史就掌握了社会发展的普遍规律；学了自然辩证法就掌握了自然界发展的普遍规律，对马克思主义作了唯科学主义的理解"，这句话很好地说明了当时对马克思主义的科学主义理解，也可看出这种科学主义影响的巅峰状态存在了很长时间。

第二节　科学主义与马克思主义的传播和科学地位的确立

本书第一章即提到，马克思主义最早就是以科学性和革命性的形象被介绍到中国的。1898年，在中国近代出版书刊中最早提到马克思及其学说的著作《泰西民法志》中即写道："马克思是社会主义史中最著名和最具势力的人物，他及他同心的朋友昂格思（即恩格斯）都被大家认为'科学的和革命的'社会主义派的首领。"[①] 后来对科学和民主的追求，更是中国近现代新文化的方向和思想启蒙的主要内容。而中国近现代科学观念和科学主义的传播和发展，在客观上，同时也在逻辑上产生了三种效果：一是科学观念和科学主义促进了马克思主义的传播；二是科学主义在一些重要民主主义者向马克思主义者的思想和立场转变过程中发挥了重要作用；三是促进了马克思主义科学地位的确立并被信仰化。

一、科学主义促进了马克思主义的传播

科学观念和科学主义发展到五四运动时出现了瓶颈。一是以前主张和进行科学启蒙的思想家虽然多数都能在自然观上坚持唯物主义，也持进化论等史观，但一接触到社会历史问题或者在一些复杂的社会问题上，他们立即陷入唯心主义的泥潭。比如严复、梁启超、王国维等人，虽然在自然科学、科学方法、科学精神等方面有很好的理解和论述，但一旦涉及社会历史问题，就寸步难行：尽管他们也想将科学方法和科学精神应用于观察社会、解决历史问题，都试图建立起救国图强的社会科学，但最后只能倒回到传统文化和保守主义立场。二是对于以陈独秀、李大钊为代表的第二代科学主义者来讲，他们在五四新文化运动前期高举资本主义民主、科

---

① 参见陈铨亚《马克思主义何时传入中国》，《光明日报》1987年9月16日。

学大旗，但在第一次世界大战昭示的资本主义严重危机、俄国十月革命胜利、巴黎和会上强权战胜公理等残酷现实面前，他们原先所倡导的资本主义科学主义已经变得一文不值，因此他们很快接受唯物史观，在社会科学问题上转向唯物一元论科学主义，在民主问题上从崇尚个性解放的资产阶级民主革命转向阶级革命。他们对资本主义和空想社会主义都有了理性的认识，开始了对科学社会主义的追求和向往。而以胡适为代表的五四知识分子则继续坚持其个人主义、自由主义为本位的资产阶级民主主义思想。1942年，毛泽东在《反对党八股》一文中说："五四运动的发展，分成了两个潮流。一部分人继承了五四运动的科学和民主精神，并在马克思主义的基础上加以改造，这就是共产党人和若干党外马克思主义者所做的工作。另一部分人则走到资产阶级的道路上去，是形式主义向右的发展。"①说的就是五四新文化运动中后期的这种思想分化和统一战线分化的历史事实。

马克思主义在五四时期得到大力传播和广泛接受有许多历史和思想根源，而之前长期传播和发展的近现代科学观念和科学主义即是重要原因之一，因为五四时期对马克思主义的传播很大程度上是建立在既有科学观念尤其是自然科学知识普及基础上的。

比如1920年，李大钊认为："历史学亦与自然科学相等，以发见因果法则为其目的。于此一点，与马氏的历史观实无所异。依马氏的说，则以社会基础的经济关系为中心，研究其上层建筑的观念的形态而察其变迁，因为经济关系能如自然科学发见其法则。""此由学问的性质上讲，是说历史学与自然科学无所差异。此种见解，结局是以自然科学为唯一的科学。自有马氏的唯物史观，才把历史学提到与自然科学同等的地位。此等功绩，实为史学界开一新纪元。"② 1922年，陈独秀认为，马克思主义之所以可信就是因为它运用了科学归纳法，他说："欧洲近代以自然科学证实归纳法，马克思就以自然科学的归纳法应用于社会科学。马克思搜集了许多

---

① 毛泽东：《反对党八股》，《毛泽东选集》第3卷，人民出版社1991年版，第832页。
② 李大钊：《马克思的历史哲学》(摘自《马克思的历史哲学与理恺尔的历史哲学》，载于1920年《史学思想史讲义》)，《李大钊选集》，人民出版社1959年版，第294页。亦见李大钊《马克思的历史哲学》，载钟离蒙、杨凤麟主编《中国现代哲学史资料汇编·第1集第8册·唯物论和唯物史观反对唯心史观的斗争（上）》，辽宁大学1981年编，第12页。

社会上的事实,一一证明其原理和学说。所以现代的人都称马克思的学说为科学的社会学,因为他应用自然科学归纳法研究社会科学。马克思所说的经济学或社会学,都是以这种科学归纳法作根据,所以都可相信的,都有根据的。"① 1923年,"科玄论战"中的瞿秋白在《自由世界与必然世界》一文中认为:"科学的因果律不但足以解释人生观,而且足以变更人生观。每一'时代的人生观'为当代的科学智识所组成;新时代人生观之创始者便得凭借新科学智识,推广其'个性的人生观'使成时代的人生观。"②

因此说,如果没有当时自然科学和"归纳法"等科学知识、科学方法的普及,以这种方式宣传和介绍马克思主义肯定是不现实的。对此,研究者指出:"五四时期的许多先进分子都是用'科学'的眼光来看待、接受和宣传马克思主义的,即认为马克思主义符合他们奉为圭臬的科学规范、符合科学法则,体现了科学精神。"③"由于与科学主义结盟,马克思主义的唯物史观才被作为一种正确的科学方法得到了广泛的传播。由此可以看出,科学主义构成了中国人接受马克思主义哲学的一种无法避免的学理语境和思想基础。"④

二、科学主义促进了民主主义者向马克思主义者的转变

对于革命者而言,无论是资产阶级革命还是无产阶级革命,二者都是实用主义基础上可选择的对象,都是"实体",而造成选择对象发生变化的根本动力,有很多种,科学主义就是马克思主义得以传播和广泛接受的内生动力之一:它在五四运动后推动民主主义者发生思想和立场变化、由民主主义向马克思主义转变的过程中发挥了重要作用。因为在科学主义看来,马克思主义是一个比民主主义更高阶的科学,因此说,科学主义是民主主义者向马克思主义者转变的内在逻辑,既是马克思主义得以传播的基础,也是马克思主义得以传播的动力。

能深刻体现这一特点的是陈独秀思想和立场的变化。五四新文化运

---

① 陈独秀:《马克思的两大精神》,《陈独秀文集》第2卷,人民出版社2013年版,第249—250页。
② 瞿秋白:《自由世界与必然世界》,《瞿秋白选集》,人民出版社1985年版,第116页。
③ 邱若宏:《传播与启蒙:中国近代科学思潮研究》,湖南人民出版社2004年版,第325—326页。
④ 李丽:《科学主义在中国》,人民出版社2012年版,第131页。

动后（1920年5月间），陈独秀由一个激进民主主义者转变为马克思主义者，科学观念上也由五四新文化运动初期的孔德、穆勒的实证主义"科学观"转向唯物主义的"科学观"，但其背后的科学主义思想是没有变化的。用汪晖的话来讲："作为《新青年》的主编，'反传统'思想运动的领袖，陈独秀关注更多的是'科学'能提供给他多大的反叛的或革命的思想力量，而不是'科学'自身的特点。"① 郭颖颐对于科学主义在陈独秀从民主主义到马克思主义的转变过程中的作用有较多的研究。郭颖颐认为科学观念在陈独秀从民主主义到马克思主义转变过程中发挥了很大作用。他说陈独秀："事实上，他对科学及其作用的基本哲学理解，是他早期迷恋社会民主、后期相信唯物论的历史发展规律之间的重要连接环节。他的科学概念来源于哲学的唯物主义。在1919年以后逐渐转向马克思主义的时候，他把哲学唯物论及其决定论的解释进一步推向强调经济规律及社会发展不可改变的'科学'规律。换句话说，随着向辩证唯物论的转变，他的观点现在是彻底唯科学的了。"② 他还说："在陈独秀从一个民主共和主义政论家皈依了马克思主义之后，他思想中的关于科学的预先假定，便逻辑地把科学与社会科学融为一体。"③

为什么陈独秀思想和立场的变化深刻体现了科学主义与马克思主义的关系特点？这个可能和陈独秀稍微年长、比较完整地经历过中国近现代思想发展历程有很大关系，因为一些出生稍晚的马克思主义者可能直接受到马克思主义的影响，而没有经历过民主主义思想这个阶段。但对于二者这个关系的研究，囿于笔者所见，似乎学界还没有太多的成果。

和陈独秀类似，稍晚点的鲁迅，在完成从民主主义向马克思主义，从进化论、意志论到阶级论的转变过程中，科学主义也同样发挥了重要作用。1930年，鲁迅在《我们要批评家》中说："得了这一种苦楚的教训之后，转而去求医于根本的，切实的社会科学，自然，是一个正当的前

---

① 汪晖：《科学的观念与中国的现代认同》，《汪晖自选集》，广西师范大学出版社1997年版，第239页。
② ［美］郭颖颐：《中国现代思想中的唯科学主义（1900—1950）》，雷颐译，江苏人民出版社1989年版，第48页。
③ ［美］郭颖颐：《中国现代思想中的唯科学主义（1900—1950）》，雷颐译，江苏人民出版社1989年版，第56页。

进。"①1932年，鲁迅在《三闲集·序言》中说了这样著名的一段话："我有一件事要感谢创造社的，是他们'挤'我看了几种科学底文艺论，明白了先前的文学史家们说了一大堆，还是纠缠不清的疑问。并且因此译了一本蒲力汗诺夫的《艺术论》以救正我——还因我而及于别人——的只信进化论的偏颇。"②鲁迅说的就是科学主义在这个转变过程的作用和意义。

需要说明的是，受到科学主义本身局限（郭颖颐称之为"对科学方法可靠性的一种偏见"③）以及当时人们对马克思主义还缺乏全面、直接了解的影响，这个时期科学主义和唯物论的简单结合产生了各种机械唯物论，这点在陈独秀身上也同样体现得很明显，比如他认为科学和社会科学是同义、科学规律等于经济规律、经济决定论成为唯物史观的代名词等。他说："我们相信只有客观的物质原因可以变动社会，可以解释历史，可以支配人生观。"④故而胡适抓住这句话不放，猛批陈独秀。所以郭颖颐说："在陈独秀身上，我们发现哲学唯物论的基本点变成了极端的教条。"⑤因此，中国早期马克思主义也呈现一种教条主义科学主义的特点，是马克思主义中国化很有特色的一个起点，也是马克思主义中国化早期不成熟的一个重要标志。

三、马克思主义科学性的确立和信仰化

科学主义和马克思主义传播本身产生的结果自然是马克思主义科学性的确立。早在1919年，李大钊在《我的马克思主义观》中即明确说明马克思主义是一个科学的理论体系，马克思的社会主义是科学社会主义。他说："马克思是社会主义经济学的学（鼻）祖，现在正是社会主义经济学改造世界的新纪元，'马克思主义'在经济思想史上的地位如何重要，也就可以知道了。""本来社会主义的历史并非自马氏始的，马氏以前也很有些有名的社会主义者，不过他们的主张，不是偏于感情，就是涉于空想，未

---

① 鲁迅:《二心集》,《鲁迅全集》第4卷,人民文学出版社2005年版,第245页。
② 鲁迅:《三闲集》,《鲁迅全集》第4卷,人民文学出版社2005年版,第6页。
③ [美]郭颖颐:《中国现代思想中的唯科学主义（1900—1950）》,雷颐译,江苏人民出版社1989年版,第66页。
④ 陈独秀:《序》,载张君劢、丁文江等《科学与人生观》,岳麓书社2012年版,第7页。
⑤ [美]郭颖颐:《中国现代思想中的唯科学主义（1900—1950）》,雷颐译,江苏人民出版社1989年版,第22页。

能造成一个科学的理论与系统。至于马氏才用科学的论式，把社会主义的经济组织的可能性与必然性，证明与从来的个人主义经济学截然分立，而别树一帜，社会主义经济学才成一个独立的系统，故社会主义经济学的鼻祖不能不推马克思。"①1919年11—12月，鲍奄（杨匏安）在《广东中华新报》连载的《马克思主义——一称科学社会主义》中说："马氏以唯物的史观为经，以革命思想为纬，加之以在英法观察经济状态之所得，遂构成一种以经济的内容为主之世界观，此其所以称科学的社会主义也。"②1922年，陈独秀在前引《马克思的两大精神》中也说："现代人说马克思为科学的社会主义，和空想的社会主义不同，便是在此。"③尤其是"科玄论战"之后，"马克思主义即科学"的权威性事实上是确立了。1932年，张东荪在《阶级问题》中说："许多青年好像一听此名辞便觉得其明了和桌上的笔、天上的月亮、人身上的头一样，是一个'自明的'（Self-evident）事实。"④虽然张东荪说的是"阶级"概念，但类似这种自明（性）的表述也包括"马克思主义即科学"这样的"事实"。

除了上面这种正题论述外，马克思主义科学地位的确立还经历过一个反题论述阶段，那就是认为马克思主义不是哲学而是科学。也就是说，在1919年前后发生过马克思主义不是哲学而是科学的争议。《晨报》1919年7月25日—8月5日"马克思研究"专栏连载的日本《马氏唯物史观的批评》《马氏唯物史观概要》译文和1922年李汉俊《唯物史观不是什么？》中都认为马克思主义不是哲学而是科学，只是褒贬不一。后二者是在科学立场上肯定马克思主义的科学性。如《马氏唯物史观概要》文章一开始就说马克思的学说不是哲学是科学，就是"唯物史观"和"辩证论的唯物论"："马克思学说的构成分子，就是当时世上所流行的辩证论的思索法和唯物论的观察法。他学说的新特征，就在把这两个东西，结合拢起来是了。换一句话说，就是从黑智尔哲学之中，采了进化的思索法，和唯物论

---

① 李大钊：《我的马克思主义观》，载中国李大钊研究会编注《李大钊全集》第3卷，人民出版社2013年版，第4页。
② 林代昭、潘国华编：《马克思主义在中国——从影响传入到传播》（下册），清华大学出版社1983年版，第68—70页。
③ 陈独秀：《马克思的两大精神》，《陈独秀文集》第2卷，人民出版社2013年版，第249—250页。
④ 东荪：《阶级问题》，《再生》1932年第1卷第4期。

结合起来罢了。所谓'唯物史观说''辩证论的唯物论'就是这个东西。"文章不能区分黑格尔辩证法和马克思辩证法的区别,另外认为辩证法不是诡辩,但又以"进化的思索法"来定义"唯物辩证法",有其局限性。[①] 而李汉俊在"唯物史观不是哲学""唯物史观不是哲学的唯物论"等小节中明确说:"马克斯底学说不是抽象的哲学,乃凡具体的科学,而又是一切哲学底后继者";马克思学说"用具体的科学替代了抽象的哲学",他甚至称呼马克思学说为"马克斯科学"。[②]

此外,以"科学性"来标签马克思主义,这个时间上也很早。据笔者考证,汉语"科学性"一词最早出现在《东方杂志》1920年3月第17卷第5—6号连载的日本启蒙思想家、新康德主义者桑木严翼(1874—1946)著、心瞑译《唯物论与唯物史观》一文中(在第5号上)。该文虽是批判唯物论和唯物史观的立场,但文中也承认:"唯物论之特长,正在具有科学性。"因此说,将科学性视为唯物论、唯物史观的主要特性,这种观念是从日本引进的。

总之,五四新文化运动时期和之后,科学主义的权威性,深刻影响了中国社会思想发展和历史进程。在科学主义的影响下,作为社会科学的马克思主义得到了迅速传播和广泛接受,马克思主义即科学、马克思主义科学性的认识深入人心,这为中国马克思主义文艺理论尤其是早期科学性的发生提供了生成和运动的"形式因"——借用亚里士多德关于事物生成和运动"四因说"之"形式因"说法:在当时人的理解中,马克思主义及文艺理论科学性的前提是因为它本身就是科学的。因此,中国马克思主义文艺理论早期科学性的发生也就是很自然的事情了。

第三节 科学的文艺论:
中国马克思主义文艺理论科学主体观念的发生

前面我们说过,中国马克思主义文艺理论发生于中国近现代科学主义

[①] 《马氏唯物史观概要》,《晨报》1919年7月18日第7版。
[②] 李汉俊:《唯物史观不是什么?》,载中共一大会址纪念馆编《中共一大代表早期文稿选编(1917.11—1923.7)》(上),上海人民出版社2011年版,第527—528页。

第二次迭代时期，是当时科学主义倾向、情势和马克思主义传播、接受的产物。在科学主义一系列的逻辑关联中，人们很早就在主体论上将马克思主义文艺理论认定为一种科学艺术论，从而在价值论上主观赋予了马克思主义文艺理论在艺术理论体系中高人一等的地位。当然，需要说明的是，中国马克思主义文艺理论早期科学性的发生也是中国近现代广义的"艺术科学化"趋势的一个重要组成部分。[1] "艺术科学化"趋势是科学主义影响下比中国马克思主义文艺理论早期科学性发生高一个层次的逻辑范畴（"科学主义—艺术科学化—中国马克思主义文艺理论早期科学性"），对此我们不做涉及。

从逻辑上来看，将马克思主义文艺理论视为科学的文艺论或者艺术论的观念应该是很早就有，因为文艺或者艺术理论是涵盖在社会科学这样一些大范畴之中的。但从概念或者命题来讲，马克思主义文艺理论是科学的文艺论或者艺术论论断的最早出现，或者说中国马克思主义文艺理论科学主体观念的形成应该比较晚，大体上在"革命文学"论争这个时期，而且以鲁迅、冯雪峰对这个问题最为执着。

一、《科学的艺术论丛书》中的科学主体观

从1929年中期到1930年夏，上海刊行了一系列马克思主义文艺理论译著，这就是鲁迅、冯雪峰等参与翻译，由水沫书店、光华书店出版的《科学的艺术论丛书》。《科学的艺术论丛书》合计刊行九种（依据不同判断标准，有说十种的）。根据日本学者芦田肇的考证，该丛书主要以日本《马克思主义艺术理论丛书》（丛文阁）、《马克思主义文艺理论丛书》（白扬社）为底本翻译过来的。[2]

关于这套丛书的出版，[3]曾任水沫书店编辑的施蛰存有个回忆，介绍了"科学的艺术论"定名的由来。他说：

---

[1] 参见张清民《科学主义与中国现代文学理论的兴起》，《江西社会科学》2008年第3期；金永兵《中国早期现代文学理论科学性的独特探索》上、下，《长江学术》2021年第1、2期；赵欣冉《民国"科玄论战"视域下的艺术科学化探赜》，硕士学位论文，河南大学，2021年。

[2] ［日］芦田肇：《鲁迅、冯雪峰对马克思主义文艺理论的接受（一）——水沫版、光华版〈科学的艺术论丛书〉版本、材源考》，张欣译，《中国现代文学研究丛刊》1993年第2期。

[3] 关于这套丛书的出版过程、实际情况和学界有关的一些争论，可参见马鸣《译介"马克斯主义的X光线"：冯雪峰与"科学的艺术论丛书"》，《上海鲁迅研究》2020年第4期。

一九二九年春，美国、法国、日本，都出版了好几种介绍苏联文艺理论的书。苏联出版的《国际文学》月刊也每期都有文艺理论的介绍。当时，日本文艺界把苏联文学称为"新兴文学"，把马克思主义文艺理论称为"新兴文学论"。他们出版了一套《新兴文学论丛书》。我和戴望舒、苏汶买到了一些英法文本，冯雪峰从内山书店买到了日文本。于是引起了我们翻译介绍这些"新兴"文艺理论的兴趣。

雪峰建议大家分工翻译，由我们所办的水沫书店出版一套《新兴文学论丛书》。并且说，鲁迅先生也高兴参加翻译。我们考虑了一下，认为系统地介绍苏联文艺理论是一件迫切需要的工作，我们要发展无产阶级革命文学，必须先从理论上打好基础。但是我们希望，如果办这个丛书，最好请鲁迅先生来领导。雪峰答应把我们的意见转达给鲁迅。酝酿了十来天，雪峰来说：鲁迅同意了，他乐于积极参加这个出版计划。不过他只能作事实上的主编者，不能对外宣布，书上也不要印出主编人的名字。雪峰又转达鲁迅的意见，他不赞成用《新兴文学论丛书》这个名称。

此后，我们经过考虑，把丛书定名为《科学的艺术论丛书》。仍由雪峰向鲁迅联系，着手拟定第一批书目，分工翻译。最初拟定的书目共十二种：

（1）《艺术之社会基础》卢那卡尔斯基著 雪峰译

（2）《新艺术论》波格但诺夫著 苏汶译

（3）《艺术与社会生活》蒲力汗诺夫著 雪峰译

（4）《文艺与批评》卢那卡尔斯基著 鲁迅译

（5）《文学评论》梅林格著 雪峰译

（6）《艺术论》蒲力汗诺夫著 鲁迅译

（7）《艺术与文学》蒲力汗诺夫著 雪峰译

（8）《文艺批评论》列褚耐夫著 沈端先译

（9）《蒲力汗诺夫论》亚柯弗列夫著 林伯修译

（10）《霍善斯坦因论》卢那卡尔斯基著 鲁迅译

（11）《艺术与革命》伊利依契（列宁）、蒲力汗诺夫著 冯乃超译

（12）《苏俄文艺政策》（日）藏原外村著 鲁迅译

这是雪峰和鲁迅拟定的选目。当时戴望舒正在译伊可维兹的《唯物史观文学论》，刘呐鸥在译弗理采的《艺术社会学》，暂时不编入。雪峰还在译伏洛夫斯基的《社会的作家论》，因为已约定给光华书局，也没有编入。我因为手头有别的译事，没有分担。

在这十二本丛书里，鲁迅担任了四本，可见他是积极支援我们的。从一九二九年五月到一九三〇年六月，这个丛书陆续印出了五种，即第一至五种。后来《唯物史观文学论》和《艺术社会学》都加入在这个丛书中，一共出版了七种。鲁迅译的《艺术论》，后来转给光华书局印行了。

我现在已记不起，不知在什么时候，这个丛书改名为《马克思主义文艺论丛》。大约是在一九三〇年三四月间，可能是由于当时形势好些，我们敢于公然提出马克思主义。但是，不久，形势突然变坏了，《论丛》被禁止发行，第六种以下的译稿，有的是无法印出，有的是根本没有译成。①

施蛰存说《科学的艺术论丛书》曾短暂地改名为《马克思主义文艺论丛》。该套丛书在当时就有很大的影响力，它对于马克思主义文艺理论科学性的认识和马克思主义文艺理论作为一个科学主体观念的发生产生了很大影响。早在1939年，李何林编著《近二十年中国文艺思潮论》（1940年初版）以"革命文学"论争和"左联"成立为背景，同样以"科学的文艺论"指马克思主义文艺理论即革命文艺理论，专门设立"科学的文艺论的输入与'左联'的成立"一节，介绍了"革命文学"论争促进了"科学的文艺论"的输入和观念确立的情况。除了介绍鲁迅引入"科学的文艺论"的有意的意识和行为之外，也提到，"同时，一九二九年以来，新的社会科学书籍亦大量地输入，给研究文学者以很大的帮助。创造社、太阳社及其他人们也输入了一些新兴文艺理论的著作和作品"。② 此外，1937年，"左联"东京分部质文社创办了以介绍"社会主义现实主义"为中心的大型刊物《文艺科学》，1940年，楼适夷在重庆读书出版社翻译出版了苏联公谟

---

① 施蛰存：《沙上的脚迹》，辽宁教育出版社1995年版，第110—111页。
② 李何林编著：《近二十年中国文艺思潮论：1917—1937》，南开大学出版社2016年版，第225—257页。

学院文艺研究所编《科学的艺术论》等，从编辑学的学理角度来看，它们都处于《科学的艺术论丛书》影响的延长线上。

二、鲁迅、冯雪峰等的"科学的文艺论"

学者王先霈认为，《科学的艺术论丛书》用"科学的"名称是在当时政治环境下作为"马克思主义"的一个替代词。[①] 政治环境肯定是一个重要原因，比如丛书之一《文艺与批评》中第六篇文章首版时原名《关于马克斯主义文艺批评之任务的提要》，在 1930 年 3 月《文艺与批评》再版时，用"科学底"代替了"马克斯主义"。但这话有一定的合理性却不是全部，因为称呼马克思主义文艺理论为科学的文艺论或者艺术论，还有学理上的原因，更多的是与当时人们已经普遍把马克思主义文艺理论视为一门科学，马克思主义文艺理论是一个科学主体观念有关。

鲁迅、冯雪峰就是这种认识的代表。作为《科学的艺术论丛书》的策划人和主要译者，鲁迅、冯雪峰有很强的"科学的文艺论"观念，他们从科学—社会科学—文艺科学这个科学主义的逻辑上，对"科学的文艺论"做了较多的论述。

1929 年，鲁迅在卢那察尔斯基《文艺与批评》的译者附记中说："要豁然贯通，是仍须致力于社会科学这大源泉的，因为千万言的论文，总不外乎深通学说，而且明白了全世界历来的艺术史之后，应环境之情势，回环曲折地演了出来的支流。"[②]1930 年 4 月 1 日，鲁迅在《我们要批评家》中说："到这里，我们所需要的，就只得还是几个坚实的、明白的、真懂得社会科学及其文艺理论的批评家。"在文章结尾，再次强调："这回的读书界的趋向社会科学，是一个好的，正当的转机，不惟有益于别方面，即对于文艺，也可催促它向正确，前进的路。但在出品的杂乱和旁观者的冷笑中，是极容易凋谢的，所以现在所首先需要的，也还是——几个坚实的，明白的，真懂得社会科学及其文艺理论的批评家。"[③]1931 年，鲁迅在《上海文艺之一瞥》讲演中说："去年左翼作家联盟在上海的成立，是一件重要

---

① 王先霈:《关于"科学的艺术论丛书"谈片——鲁迅对普列汉诺夫在马克思主义文论史上地位的论断》,《华中学术》2011 年第 1 期。
② 鲁迅:《译文序跋集》,《鲁迅全集》第 10 卷, 人民文学出版社 2005 年版, 第 332 页。
③ 鲁迅:《二心集》,《鲁迅全集》第 4 卷, 人民文学出版社 2005 年版, 第 245—246 页。

的事实。因为这时已经输入了蒲力汗诺夫，卢那卡尔斯基等的理论，给大家能够互相切磋，更加坚实而有力……"①1932年，鲁迅在《三闲集·序言》中说："我有一件事要感谢创造社的，是他们'挤'我看了几种科学底文艺论，明白了先前的文学史家们说了一大堆，还是纠缠不清的疑问。并且因此译了一本蒲力汗诺夫的《艺术论》以救正我——还因我而及于别人——的只信进化论的偏颇。"②1936年3月，鲁迅去世前，将瞿秋白《"现实"》编入《海上述林》上卷时，副题改为《科学的文艺论文集》。显然，在鲁迅眼中，马克思主义文艺理论和科学、社会科学之间是等同的，而且鲁迅对于使用"科学的文艺论"这样的概念还是很执着的。

冯雪峰也是类似情况。1928年，冯雪峰在《〈社会的作家论〉题引》中说，批评的过程应该是"用'马克斯主义的X光线'——象本书著者所用的——去照澈现存文学的一切；经过了这种透视，才能使批评不成为谩骂，却是峻烈的批评"③。1930年，冯雪峰在《艺术社会学底任务及问题·译者序志》中也说："只有将艺术科学放在社会与艺术底马克思主义的社会学的基础之上，才能成为精密的科学。"④这些话都具有科学思维，尤为明显地反映了他们以及同时代马克思主义文艺理论家们从科学—社会科学—文艺科学这个科学主义逻辑来认识马克思主义文艺理论的特点。

三、20世纪30年代马克思主义文艺理论科学主体观念的发展

进入20世纪30年代之后，马克思主义文艺理论科学主体观念有了新的发展，"马列主义的文艺科学"概念的正式使用。1932年9月15日，在瞿秋白《文学月报》第3期发表《论弗理契》，其中不仅直接把文艺列为社会科学之一，"文艺是社会科学之中'最细腻'的一种"，还说"弗理契是专门研究文艺科学的第一个人""弗理契是唯物论的文艺科学的开创的人"，并且认为苏联公谟学院对于弗里契的研究，"一方面发现弗理契的观点之中的矛盾和错误，别方面也就是马列主义的文艺科学上的一个很大的

---

① 鲁迅:《二心集》,《鲁迅全集》第4卷,人民文学出版社2005年版,第306页。
② 鲁迅:《三闲集》,《鲁迅全集》第4卷,人民文学出版社2005年版,第6页。
③ 冯雪峰:《〈社会的作家论〉题引》,《冯雪峰论文集》(上),人民文学出版社1981年版,第13页。
④ 雪峰:《译者序志》,载弗理契《艺术社会学底任务及问题》,雪峰译,大江书铺1930年版,第3页。

进步"。①这一用法，已经和"革命文学"论争之初，为了避嫌，故意以科学的艺术论来代替马克思主义文艺理论的用法有了很大的不同，凸显了马克思主义文艺理论科学主体观念的确立。

此外，1936年，郭沫若主导"左联"东京支部质文社出版了《马克思主义文艺理论丛书》十种，并撰写了"刊行缘起"（即总序言）。②郭沫若还带头从德文原本翻译了马克思、恩格斯合著的《神圣家族》的后半部，将其取名为《艺术作品之真实性》（后改名《艺术的真实》）并写了译者前言，特别说明该书是应质文社刊行"文艺理论丛书"的要求而摘译的，为"《马昂艺术论体系》之拔萃"，被列为该丛书的第一种，在1936年5月正式出版。丛书中还有部著作《科学的世界文学观》（[苏联]西尔列索著，任白戈译），包含两篇文章：一篇是《卡尔与世界文学》，另一篇是《恩格斯底现实主义论》。1937年，郭沫若还领导创办了以介绍"社会主义现实主义"为中心的大型刊物《文艺科学》。该刊原计划为月刊，实际只出版了1期，预告了第2期内容。从第1期的《编完了》来看，由于受到国内"两个口号"之争的影响（郭沫若等选择接受"国防文学"口号），办刊方向受到了一定的影响。

而这些鲜明的"文艺科学"命名，说明了在当时，马克思主义文艺理论是以一个科学主体的身份被传播的。因此说，到了"革命文学"论争和"左联"初期（我们这里也延伸至"左联"结束时期），马克思主义不仅是科学的代名词，成为左翼文艺的指导思想，而且马克思主义文艺理论的科学性质得到了确立，其本身作为一个科学主体观念的认识也已经很成熟。由此，中国马克思主义文艺理论早期科学性得以发生。③

总之，中国马克思主义文艺理论早期科学性是教条主义和科学主义的结合，其教条主义科学主义的弊病在中国马克思主义文艺理论发生期普遍存在，比如早期革命文学理论就深受无产阶级文化派"组织科学论"影响，即便是看问题较为公允、超前的鲁迅在许多问题上也难免。鲁迅和冯

---

① 瞿秋白：《论弗理契》，《瞿秋白文集（文学编）》第2卷，人民文学出版社1986年版，第267—268页。
② 参见王锦厚《郭沫若与"文艺理论丛书"》，《郭沫若学刊》2003年第1期。
③ 部分研究者也关注到"革命文学"倡导者（比如创造社）的自然科学背景和他们的科学观在这个转变过程中的影响。参见丛子钰《早期创造社的宇宙观与科学隐喻》，《中国图书评论》2023年第5期。

雪峰不仅在选定《科学的艺术论丛书》中混入了一些"无产阶级文化派"和"庸俗社会学"的作品，如波格达诺夫的《新艺术论》和茀理契的《艺术社会学》，而且在批判"自由人""第三种人"的论争中也有许多"左"倾教条主义错误。前引冯雪峰关于艺术科学成为"精密的科学"的说法就源自茀理契的艺术社会学理论。至于艺术创作上的问题就更多，无论是标语口号化，还是流氓加才子、革命加英雄、革命加爱情等的"革命文艺"创作，都不能在实践上证明理论的科学性（当然这不是一个绝对化的判断）。这种理论和实践上不具科学性的"革命作家"，就成为了1942年毛泽东《在延安文艺座谈会上的讲话》中所说的"鲁迅在他的遗嘱里所谆谆嘱咐他的儿子万不可做的那种空头文学家，或空头艺术家"[①]。此外，20世纪30年代左翼文艺界对这个问题开展过多次关于"伟大作品""创作不振"的大规模讨论，但在实践中左翼文艺界对"伟大作品"的期望和对"创作不振"原因的分析纷纷落空，其根本原因就在于这种早期"科学的文艺论"即中国马克思主义文艺理论早期科学性在艺术创作实践上不具有可预见性和可证实性。而与左翼文艺同期的苏区文艺则在可预见性和可证实性上开始革命文艺理论的艺术实践，开启了苏区文艺、左翼文艺和新启蒙运动共同走向延安文艺的理论之路。只有延安文艺运动才真正解决了中国马克思主义文艺理论的科学性问题。

当然，在左翼文艺内部，对教条主义科学主义的批判很早就开始了，因为自1932年起，随着经典马克思主义现实主义理论的引入，这种早期科学性逐渐受到批判和克服。与此同时，在中国马克思主义文艺理论谱系之外，这种早期科学性也受到许多理论对手的批判。和20世纪30年代穆时英等把"生存意志"这样一种近乎信仰的东西当作科学来看待一样，左翼文艺界也把科学的艺术论当作了一种信仰来建构，充满了理想主义和教条主义色彩，削弱了其科学性，才会招致穆时英等人的"斥"责。对于中国马克思主义文艺理论而言，理论对手的批判在当时还是很"致命"的，甚至可以说一定程度上宣布了中国马克思主义文艺理论的"死亡"。这种被动情形一直延至延安文艺运动以毛泽东文艺思想为代表的中国马克思主

[①] 毛泽东:《在延安文艺座谈会上的讲话》,《毛泽东选集》第3卷，人民出版社1991年版，第861页。

义文艺理论真正科学性的诞生为止。

尽管如此,建立在唯物史观和唯物辩证法基础上的科学主义的中国马克思主义文艺理论早期科学性,还是为中国马克思主义文艺理论科学性最终的建构和到来奠定了坚实的基础,其发生学意义是不可否定的。

第五章　革命话语与中国马克思主义文艺理论革命性的发生（上）

在《马克思恩格斯全集》第3卷《德意志意识形态》中，马克思、恩格斯说："语言是思想的直接现实。"① 因此，不同世界观的斗争主要体现为不同话语体系的斗争。马克思主义文艺理论作为无产阶级世界观的文艺理论体系，革命话语是其显著的特征。在中国马克思主义文艺理论发展史尤其是发生阶段，这一特征表现得尤为明显。②

当然，我们这里的革命话语指的是狭义的革命话语，是关于革命本身的话语。但即便是狭义的革命话语，它也是一个庞大的问题域，对此我们难以展开全方面的研究。

第一，革命话语是革命观或革命意识形态的一种话语形式或者说是一系列标识概念的总称，是革命概念和观念的集合体。根据言语行为理论，言语（话语）是具有力量和效力的。整个20世纪革命话语的历史也印证了这一点。比如有人认为："辛亥革命推翻清朝的过程，就是'革命'一词普及的过程。"③ 正因为言语（话语）具有力量和效力，革命话语不仅在理论和想象层面上得到了强化，④ 而且在理论、历史和实践三种形态上，在权力、伦理、情感和真理四个构成或者效力维度上，共同型塑了20世纪中国革命的整体面相。因此，学者李欧梵指出："从晚清到现在，整个20

---

① 马克思、恩格斯：《德意志意识形态》，《马克思恩格斯全集》第3卷，人民出版社1960年版，第525页。
② 当然，相对于宗教神学和封建主义文艺理论，旧民主主义文艺理论也有其革命性的内涵和特征。
③ 金田：《"革命"一词源于西周》，《人才资源开发》2016年第9期。
④ 如罗志田在《与改良相通的近代中国"大革命"》（《社会科学研究》2013年第5期）中，对当时人们（如胡适、鲁迅等）对革命创建性的想象有简略介绍。

世纪的中国思想和文学都笼罩在这个革命的'话语霸权'之下。"①但也正如英国学者彼得·卡尔佛特所指出的那样,"正是进步这一概念使得革命近两百年在世界上广为流传"②,言语(话语)权力的形成和运作是个非常庞大的系统,具有非常复杂的机理。对这个"革命之谜",③虽然学界(包括国外汉学界)对此已经有许多很深入的研究,④但就中国马克思主义文艺理论发展史而言,这方面的研究并不多,可惜在这里我们无法做过多的涉及。

第二,20世纪的中国革命,接续发生了民主革命(国民革命)、阶级革命、民族革命、人民革命、文化革命等各种革命形态,先后经历了旧民主主义革命、新民主主义革命和社会主义革命三个大阶段。无论在哪个阶段,"革命"都是当时价值体系的核心和权威的概念,甚至构成了"革命"与"反革命"的非此即彼的二元对立体系。1928年,鲁迅在《路》中说:"文艺家的眼光要超时代,所以到否虽不可知,也须先行拥彗清道,或者伛偻奉迎。于是做人便难起来,口头不说'无产'便是'非革命',还好;'非革命'即是'反革命',可就险了。这真要没有出路。"⑤但在不同革命阶段,"革命"这个"话语霸权"是由不同语义(或修辞术)的革命话语组成的,⑥而不同语义的革命话语对中国马克思主义文艺理论的发展有着不同的意义。比如,延安时期以毛泽东为代表建构的革命话语系统,对于中国马克思主义文艺理论的发展就具有特殊的意义。这同样是一个很庞大而复杂的问题,在这里我们也同样无法进行全面的讨论。

第三,在内容上,中国马克思主义文艺理论的革命性主要由革命话语、阶级—人民话语和意识形态话语(政治话语)来体现。当然,在中国

---

① 李欧梵:《小序》,载陈建华《"革命"的现代性:中国革命话语考论》,上海古籍出版社2000年版,第2页。
② [英]彼得·卡尔佛特:《革命与反革命》,张长东等译,吉林人民出版社2005年版,第37页。
③ 陈建华:《"革命"的现代性:中国革命话语考论》,上海古籍出版社2000年版,第2页。
④ 何平《20世纪历史思维中的"革命"观念》(《学术研究》2003年第1期)中列举了国外一些汉学家如周锡瑞等人的解释。
⑤ 鲁迅:《三闲集》,《鲁迅全集》第4卷,人民文学出版社2005年版,第90页。
⑥ 关于革命话语不同阶段的研究,参见金观涛、刘青峰《观念史研究:中国现代重要政治术语的形成》,法律出版社2009年版;王先明《革命:一个"世纪性"话语兴衰进退的历史反思》,《河北师范大学学报(哲学社会科学版)》2018年第6期;等等。

马克思主义文艺理论整个发展史上，这些话语除了自身发展过程复杂之外，在三者具体关系上也有不同的比重和形式，在内涵上又有各种重叠甚至转化、泛化、消解现象，其对中国马克思主义文艺理论的影响而言，不仅过程漫长而且复杂，在此我们同样无法去讨论这个问题的全貌。

之所以提示上面三个我们不可能在这里展开研究的问题，是为了在诸多大问题背景下，将我们的问题集中在讨论中国马克思主义文艺理论发生期的革命话语这点上。但我们并不就话语而研究话语，而是将无产阶级革命话语的兴起作为中国马克思主义文艺理论，尤其是革命性根本属性发生的标志物之一，将其与阶级斗争和意识形态等理论一起，视为促进中国马克思主义文艺理论革命性形成的三大要素。因此，本章重点分析革命话语尤其是无产阶级革命话语的形成及其对中国马克思主义文艺理论革命性形成的影响。

需要补充说明的是，革命话语存在于20世纪的各个领域，而文学艺术无疑是20世纪革命话语尤其是无产阶级革命话语存在的一个重要场域，但它又包括在文学创作、文学史叙述，也包括在批评理论史。而对于中国马克思主义文艺理论发生学研究而言，批评理论史是我们关注的重点。

第一节 近现代资产阶级民主主义革命话语的形成和演变

20世纪的中国革命，与18世纪末期的法国革命及20世纪初期的俄国革命，被并称为世界历史上三次最具影响的革命。[①]"中国革命既是'发生'的，更是'发动'的。"[②] 对于"发动"革命，革命话语发挥着至关重要的作用。而近现代资产阶级（一般情况下与"民主主义"同义）革命话语诞生于中华传统文化革命话语与现代西方资产阶级革命话语的历史融合之中，经历过改良主义和激进主义两种革命话语之争之后，止步于社会革命之前，但资产阶级革命话语也一定程度上传播了马克思主义革命话语，不

[①] 参见王奇生《革命与反革命：社会文化视野下的民国政治》"前言"，社会科学文献出版社2010年版，第3页。

[②] 王奇生：《革命与反革命：社会文化视野下的民国政治》"前言"，社会科学文献出版社2010年版，第4页。

仅为资产阶级民主革命的胜利和发展发挥了重大作用,也为后来的无产阶级革命话语的形成和发展、为文学革命到革命文学的演进,创造了理论和历史条件。

一、中华传统文化中的革命话语

作为术语(概念),"革命"首先是一个中国古典词汇,最早出现于先秦典籍《周易》之革卦的传文:"天地革而四时成,汤武革命,顺乎天而应乎人。革之时大矣哉。"《尚书》中虽然也有"殷革夏命"的说法,但由于《尚书》在汉代之前只有口传文本,成书较晚,故以《周易》为最早。

古典词汇中的"革命"是个动宾结构词汇,"革"是变革、去除的意思,"命"是天命的意思,"革命"就是革除、剥夺(亦即收走)他人天命的意思。由于汤武革命(商代替夏的商汤革命、周代替商的周武革命)不同于尧舜禹的禅让,都是通过暴力手段获取的天命。因此,古典义的"革命"具有三种内涵:一是革命的合法性;二是革命的暴力性;三是革命的目标是统治权即政权。

在中国两千多年传统社会中,这个古典义基本上没什么变化。[①]因此,从"革命"古典义角度理解,用孙中山引述英国学者的话来讲,中国人其实是一直有革命权和革命行为的:"中国人数千年来惯受专制君主之治,其人民无参政权,无立法权,只有革命权。他国人民遇有不善之政,可由议院立法改良之;中国人民遇有不善之政,则必以革命更易之。"[②]只不过相对于现代义的"革命"概念,古典义的"革命"的合法性源自天命或仁义道德,现代义的"革命"合法性源自民主主义。因此,考虑到法国社会学

[①] 关于"革命"古典义的梳理,可以参见陈建华《"革命"的现代性:中国革命话语考论》,上海古籍出版社 2000 年版;[德]李博《汉语中的马克思主义术语的起源与作用:从词汇—概念角度看日本和中国对马克思主义的接受》,赵倩等译,中国社会科学出版社 2003 年版;冯天瑜《新语探源:中西日文化互动与近代汉字术语生成》,中华书局 2004 年版;李军林《马克思主义在中国的早期传播及其话语体系的初步建构》,学习出版社 2013 年版。但需要说明的是,陈建华在其著作的注释中将"历法""禅让"也列为"革命"古典义中两种影响较小的革命理论(参见氏著第 20 页);李军林在其论文中又将传统革命话语区分为"儒家革命话语"和"农民革命话语"两种[参见《传统革命话语的历史发展及现代超越》,《湖南工业大学学报(社会科学版)》2010 年第 4 期]。

[②] 广东省社会科学院历史研究室、中国社会科学院近代史研究所中华民国史研究室、中山大学历史系孙中山研究室合编:《孙中山全集》第 1 卷,中华书局 1981 年版,第 442 页。

家雷蒙·阿隆（马克思主义的批评者）指出的"在社会学的术语中，革命指的是通过暴力快速地以一个政权取代另一个政权"①那样，古典义和现代义的"革命"概念其实没什么太大区别。如果把现代义的"革命"概念称为旧瓶装新酒，其实新酒也不算全新。

但为什么到了近现代，"革命"又成为一个新词呢？这个和中国传统社会"革命"成功之后的统治者往往又以革命的暴力性对革命的合法性加以否定有关，比如朱元璋说："前代革命之际，肆行屠戮，违天虐民，朕实不忍。"（《明史·太祖本纪二》）成王败寇，由于历代统治者对"革命"合理性的有意压制，因此，"革命论虽出于三代，但在汉代以后不再彰显，直到晚清才又成为显论。也就是说，在中国古代历史的漫长发展过程中，很少有人用它来形容改朝换代，以至于它的本来意义被埋没了两千多年。"②所以，"革命"史观也就长期掩埋在天命循环史观之中。

此外可以佐证的是，德国汉学家李博（Wolfgang Lippent）还指出了古典义"革命"具有的第四种内涵："革命归根结底包含着自上而起的政治关系变革。"③这种"王者异姓曰革命"的含义比较隐晦，一直没得到彰显，这也就是主张自下而上革命的以孙中山为代表的革命者们一开始没有意识到自己的行为就是"革命"而不是"造反""起义"的根本原因所在。这种含义的隐晦，也一定程度上解释了"革命"概念被埋没两千多年的原因。

二、近现代资产阶级民主主义革命话语的形成和演变

到了19世纪90年代的晚清，在中国主张变革的精英知识分子中，已经形成两个共识：一是普遍认为世界上存在着一种与中国帝制政治文化不同的更高级的政治文明制度，那就是民主共和制度（稍晚一点，随着社会主义思想的传播，部分知识分子也开始认为社会主义制度是一个远期的更高级的文明制度）；二是普遍认为"君主专制—君主立宪—民主共和"是

---

① ［法］雷蒙·阿隆：《知识分子的鸦片》，吕一民、顾杭译，译林出版社2005年版，第35页。
② 李军林：《马克思主义在中国的早期传播及其话语体系的初步建构》，学习出版社2013年版，第85页。
③ ［德］李博：《汉语中的马克思主义术语的起源与作用：从词汇—概念角度看日本和中国对马克思主义的接受》，赵倩等译，中国社会科学出版社2003年版，第147页。

政体依次演化更替的新历史理论。① 在这种知识语境下，作为历史变革手段或形式的最初的现代义的"革命"概念即资产阶级革命话语开始出现。又因为资产阶级民主主义思想家对"君主立宪"这个环节有不同认识，由此形成了激进主义和改良主义两种不同的革命话语。

（一）现代义"革命"概念的形成

现代义"革命"一词是一个和制汉语词，是经过日本再传入中国的。关于这个词汇再传入中国过程的考证，早在1958年高名凯、刘正埮著《现代汉语外来词研究》（文字改革出版社1958年版）中就有"具开创意义的"研究。② 后来德国汉学家李博在1978年出版的《汉语中的马克思主义术语的起源与作用：从词汇—概念角度看日本和中国对马克思主义的接受》中，对这个问题有非常详细的文本学、词源学、传播学梳理，但由于该书2003年才汉译出版（赵倩等译，中国社会科学出版社2003年版），极大地弱化了该书在学术界的影响力。而之前，学者陈建华在其独立研究基础上形成的著作《"革命"的现代性：中国革命话语考论》（上海古籍出版社2000年版）中，对"革命"话语由日本再传入中国做了最为详细和权威的考证。由于其著作系由其20世纪90年代以来一系列论文发展而来，因此陈建华的研究影响更为久远。陈建华著作显示其没有受到李博著作的影响，虽然二者关于"革命"一词再传入中国情况的研究结果也非常接近，但二者在具体研究思路上还是有很大的不同。比如，李博发现了现代义"革命"一词在日本虽然出现得很早但没有起太大作用的现象（因为日本文化认为天皇是万世一系，没有改变天命的历史意识），而是强调日本社会主义著作是传播现代义"革命"概念并影响到中国的重要中间环节。相比之下，陈建华则较为重视当时日本为了争夺在中国的势力（主要是争取对孙中山的影响），而主动用"革命""革命党"等称号来称呼孙中山等人的革命行为和革命组织等社会政治因素，是促进现代义"革命"概念传播并影响到中国的重要中间环节。③ 不过，也正因为李博、陈建华

---

① 参见何平《20世纪历史思维中的"革命"观念》，《学术研究》2003年第1期。
② 陈建华：《"革命"的现代性：中国革命话语考论》，上海古籍出版社2000年版，第19页。
③ 参见陈建华《孙中山与现代中国"革命"话语关系考释》，《"革命"的现代性：中国革命话语考论》，上海古籍出版社2000年版，第60—150页。不过陈建华也在随后《"革命"的脚注——孙中山〈伦敦被难记〉及"革命"话语研究》一节中表示质疑。

的著作各有特色，相互之间又没有直接影响关系，因此二者之间可比较研究的价值很大。就中国马克思主义文艺理论发生学研究而言，二者都具有重要参考价值。但需要说明的是，陈建华的研究有着明确"解构革命文学为主流的价值观"[①]的所谓现代性立场，因此，对他的有些观点我们还需要有所鉴别。

后来国内学者关于现代义"革命"概念发生和传播的研究基本上是在李博、陈建华研究成果基础上展开的，尤其是陈建华的研究成果。为了不重复论证和引用，我们这里以冯天瑜的一段精彩归纳作为替代。

冯天瑜指出："'革命'一词经历了'中国创制的古典词—传入日本并发生演变—近代日本借以意译西方词汇—日本翻译西方词汇的'革命'一词从日本逆输入中国'这样一个跨国、跨文化的迁衍过程。"[②]他指出，19世纪晚期的"日本借用中国古典旧词，将英语revolution、法语Revolution译为'革命'，兼有英吉利式的和平变革及法兰西式的暴力革命两层内蕴，即所谓'双轮革命'。法兰西式暴力革命的传译，大约始于冈本监辅成书于1878年的《万国史记》。该书称，'法美两国有革命变，诸国之民皆知主张自由，不肯屈鞭棰之下'。又将1830年巴黎市民攻入王宫的事件译为'三日革命'。王韬1890年面世的《重订法国志略》参考了《万国史记》，首次在中国引入'法国革命'概念。而《万国史记》于1895年在中国翻刻，被中国学界广为引述，'法国革命'一语在中国得以传播。而此时正值孙中山领导的革命运动发端之际。学术著作的教化之效，与革命党人实践活动（如乙未广州起义）的影响，共同促成现代义的'革命'概念在中国逐渐流行。"[③]王韬书出版是在1871年，仅14卷，后增订为24卷。王韬在修订版"凡例"中说明，这部著作"取资于日本冈千仞之《法兰西志》、冈本监辅之《万国史记》，而益以《西国近事汇编》"[④]。

---

① 陈建华：《"革命"的现代性：中国革命话语考论》，上海古籍出版社2000年版，第248页。

② 冯天瑜：《"革命"、"共和"：清民之际政治中坚概念的形成》，《武汉大学学报（人文科学版）》2002年第1期。

③ 冯天瑜：《"革命"、"共和"：清民之际政治中坚概念的形成》，《武汉大学学报（人文科学版）》2002年第1期。

④ 张芝联：《清末民初政论界对法国大革命的评议》，载中国法学史研究会编《法国史论文集》，生活·读书·新知三联书店1984年版，第13页。

由此可以看出，现代义"革命"话语包括改良主义和激进主义两种话语性质。①冯天瑜描述的主要是法国式的革命概念的流传情况，后来的邹容《革命军》就是这种革命话语的典型代表。冯天瑜这段话非常凝练，但也引出了一个问题，那就是"和平变革"和"暴力革命"两种革命话语的关系问题。这里就需要再回到李博和陈建华研究的对比上。显然，李博（以及冯天瑜）都是以激进革命话语为主轴、改良主义革命话语为副轴的线索来说明近现代资产阶级革命话语演进过程的，而陈建华则基本是以改良主义话语（以梁启超为代表）为主轴来说明近现代资产阶级革命话语演进过程的。陈建华说："梁启超并非使革命话语在现代复活的第一人，但他肯定是在现代意义上使用'革命'并使之在中土普及的第一人。"②虽然有学者同样主张"实际上，真正使得'革命'的呼声大，并在一般知识分子与民众中间获得广泛认同的还要归功于改良派领袖梁启超"③，甚至一定程度上可以反过来认为，梁启超晚清改良性质的"三界革命"（"诗界革命""文界革命"和"小说界革命"）的倡导，促进了资产阶级政治革命话语和文学革命话语的发展。但这和我们后面对邹容《革命军》的认识是相冲突的。因此可以说，除了研究者个人偏向之外（当然也存在有些研究者以"后革命"或"去革命"视角否定激进主义革命话语的学术立场），改良主义和激进主义革命话语在促进近现代革命话语发生和传播方面其实是不相伯仲的。但为了叙述方便，我们这里选择以激进主义革命话语为主轴。

（二）激进主义革命话语的形成和发展

1894年年中，主张改良思想的孙中山携年初完成的《上李鸿章书》（即《上李傅相书》）北上求见李鸿章。孙中山在北上过程中在上海拜访过在中国最早介绍法国革命的王韬，王韬帮着孙中山修改了《上李鸿章书》并推荐发表在《万国公报》（1894年6月）。北上天津求见李鸿章失败

---

① 需要明确的是，许多研究者在讨论改良话语向革命话语转变的过程时，往往会从晚清封建地主阶级改革派的改良主义话语谈起，但这个改良主义话语不包括在我们"改良主义革命话语"的讨论范围内，后者的逻辑前提已经是革命话语了。参见李永进《毛泽东新民主主义革命话语研究》，博士学位论文，清华大学，2017年。

② 陈建华：《"革命"的现代性：中国革命话语考论》，上海古籍出版社2000年版，第13页。

③ 宋婕：《传统与现代："革命"概念之考究及其界说》，《广州城市职业学院学报》2009年第3期。

后，在一系列历史事件的触动下，孙中山放弃了依靠清廷实行政治改良的主张，完成了由改良主义者向民主主义者的伟大转变。同年11月24日，孙中山在檀香山创立中国第一个资产阶级革命团体兴中会，立誓"驱除鞑虏，恢复中国，建立合众政府"。一年后的10月，孙中山等发动革命首义即乙未广州起义，拉开了中国资产阶级民主革命的历史序幕。广州起义失败后，孙中山流亡海外。

作为中国民主革命的伟大先驱，孙中山这个时期（1894—1895）的革命活动有其"实"而无其"名"，还没有形成自己的"革命"话语。因此，孙中山及其追随者主要是在后来的追述中完成对这个时期革命话语建构的（当然这个现象一定程度上也可以称为"革命话语污染"①）。比如孙中山在1917—1919年完成的《孙文学说——行易知难（心理建设）》第八章"有志竟成"中说："予在广州学医甫一年，闻香港有英文医校开设，予以其学课较优，而地较自由，可以鼓吹革命，故投香港学校肄业。数年之间，每于学课余暇，皆致力于革命之鼓吹。常往来于香港、澳门之间，大放厥词，无所忌讳。时闻而附和者，在香港只陈少白、尤少纨、杨鹤龄三人。而上海归客则陆皓东而已。若其他之交游，闻吾言者，不以为大逆不道而避之，则以中风病狂相视也。予与陈、尤、杨三人，常往香港，昕夕往还，所谈者莫不为革命之言论，所怀者莫不为革命之思想，所研究者莫不为革命之问题，四人相依甚密，非谈革命则无以为欢，数年如一日，故港、澳间之戚友交游，皆呼予等为'四大寇'。此为予革命言论之时代也。"②又如撰于1923年1月29日的《中国革命史》中，孙中山开篇自述革命源起和整个过程："余自乙酉中法战后，始有志于革命，乙未遂举事于广州，辛亥而民国告成；然至于今日，革命之役犹未竣也。余之从事革

---

① "革命话语污染"为本书的一个说法。陈建华描述了这个现象："在本文研究过程中，笔者发现，至二十年代，革命的意识已如此强烈，以至近现代历史的许多真实而重要的细节已被革命的诠释语言所淹没。如最早的《兴中会章程》中尚未使用'革命'一词，而后来被概称为'兴中会革命宣宣'，以致冯自由特地指出此种历史原貌失真的情况，使情况更为复杂的是即使在不少有关革命发生史的当事人身上，不断发生历史叙述为革命意识所叠合或错栽。如梁启超在《清代学术概论》中叙及其在长沙'时务学堂'与诸生'盛倡革命'，这'革命'一词含反对满清之意，而并非真的使用'革命'一词。"（陈建华：《"革命"的现代性：中国革命话语考论》，上海古籍出版社2000年版，第216—217页）

② 孙中山：《建国方略之一》，《孙中山全集》第6卷，中华书局1985年版，第229页。

命，盖已三十有七年于兹，赅括本末，胪列事实，自有待于革命史。"①对此，冯天瑜指出："这番话是孙晚年对生平的追述，所称早在1884—1885年中法战争以后便'有志于革命'，只可做泛义理解，还不能说19世纪80年代中期的孙氏已决定'革'清朝的'命'。"②

此外，如兴中会"少年元老"冯自由在20世纪30年代所著《革命逸史》正文第一篇《革命二字之由来》短文中也提到：

> 在清末乙未年（清光绪二十一年）兴中会失败以前。中国革命党人向未采用"革命"二字为名称。从太平天国以至兴中会，党人均沿用"造反"或"起义""光复"等名词。及乙未九月兴中会在广州失败，孙总理、陈少白、郑弼臣三人自香港东渡日本，舟过神户时，三人登岸购得日本报纸，中有新闻一则，题曰"支那革命党首领孙逸仙抵日"。总理语少白曰："'革命'二字出于《易经》'汤武革命、顺乎天而应乎人'一语，日人称吾党为革命党，意义甚佳，吾党以后即称革命党可也。"按：日人初译英文 Revolution 为"革命"，但揆诸易所谓汤武革命之本义，原专指政治变革而言，故曰革其王命，又曰王者易姓曰革命。自译名既定，于是关于政治上或社会上之大变革，咸通称曰革命。今国人遂亦沿用之。③

但冯自由关于"革命党"称呼由来的说法是前一年（1935）出版的陈少白口述《兴中会革命史要》。1895年10月下旬广州起义失败后，孙中山与陈少白、郑士良于11月9日（或10日）抵达神户。陈少白说："到了神户，就买份日报来看看，我们那时虽然不懂日文，看了几个中国字，也略知梗概，所以一看，就看到'中国革命党孙逸仙'等字样，赫然跃在眼前，我们从前的心理，以为要做皇帝才叫'革命'，我们的行动只算造反而已，自从见了这张报纸以后，就有'革命党'三个字影像印在脑中

---

① 孙中山：《中国革命史》，《孙中山全集》第7卷，中华书局1985年版，第59页。
② 冯天瑜：《"革命"、"共和"：清民之际政治中坚概念的形成》，《武汉大学学报（人文科学版）》2002年第1期。
③ 冯自由：《冯自由回忆录：革命逸史》（上），东方出版社2011年版，第9页。

了。"① 关于"革命党"这一说法的由来，历来有学者质疑（如陈建华），后冯天瑜经过在日本的现场考证后认为，日本的史料不支持陈、冯二人的说法，认为大概率是陈少白、冯自由记忆错误导致的。②

尽管如此，冯天瑜也认为，可以肯定的是，"至迟到1896年底，外界已将孙中山为首的兴中会呼之'革命派'"③。其依据就是孙中山《伦敦被难记》（1897年年初）附录所载1896年12月3日香港《支那邮报》的评论："至革命派之缘起，虽无由追溯，而其大致要由不慊于满清之行事。近中日一战，而此派遂崭然露其头角。孙逸仙博士辈之初意，原欲以和平之手段要求立宪政体之创行而已，迫至和平无效，始不得不出于强力。"④ 因此，冯天瑜总结说："综观孙中山及其追随者的回忆，又考察19世纪最后几年日本的出版物，可以确认，孙中山以'革命'自任，形成于1895年底至1898年两次逗留日本期间。参之以香港《支那邮报》1896年12月3日的评论称孙逸仙等人为'革命派'，孙氏以'革命党'自命，可能在1895年底至1896年底的一年间，确切时日尚待史料的发掘与辨析。至于孙中山等人所使用'革命'一词的内涵，则不仅有中国古典的'汤武革命'义，还有来自西欧（英吉利、法兰西）的'革命'义，更有经由日本加工综合过的'革命'义。"⑤ 这点正与孙中山在《中国革命史》所述"革命之名词，创于孔子。中国历史，汤武以后，革命之事实，已数见不鲜矣。其在欧洲，则十七八世纪以后，革命风潮遂磅礴于世界，不独民主国惟然，即君主国之所以有立宪，亦革命之所赐也。余之谋中国革命，其所持主义，有因袭吾国固有之思想者，有规抚欧洲之学说事迹者，有吾所独见而创获者"⑥ 的说法相吻合。

由于孙中山早期革命活动的基地是在香港，香港又处于英国控制下，

---

① 陈建华：《"革命"的现代性：中国革命话语考论》，上海古籍出版社2000年版，第72页。
② 参见冯天瑜《"革命"、"共和"：清民之际政治中坚概念的形成》，《武汉大学学报（人文科学版）》2002年第1期。
③ 冯天瑜：《"革命"、"共和"：清民之际政治中坚概念的形成》，《武汉大学学报（人文科学版）》2002年第1期。
④ 孙中山：《伦敦被难记》，《孙中山全集》第1卷，中华书局1981年版，第81页。
⑤ 冯天瑜：《"革命"、"共和"：清民之际政治中坚概念的形成》，《武汉大学学报（人文科学版）》2002年第1期。
⑥ 孙中山：《中国革命史》，《孙中山全集》第7卷，中华书局1985年版，第59—60页。

为了投英式革命所好，另外也为了与保皇党即立宪派争夺海外华侨的支持，孙中山早期革命话语中有不少改良主义革命话语（比如在一些英文文献中使用 reform，而不是 revolution），多数时候孙中山是策略为之，并不影响孙中山革命话语的性质。而部分研究者，一是从孙中山早期受改良主义影响这个事实出发，二是从孙中山这些改良话语出发，强调孙中山早期革命话语中的改良主义性质，也是有一定合理性的，但这个不影响孙中山整个革命话语的激进主义性质。

和孙中山一样，章太炎也经历过一个改良主义革命话语时期，他的革命话语甚至是从批判"革命"开始的。比如，1897 年，上海出版的改良派刊物《时务报》刊登章太炎的《论学会有大益于黄人亟宜保护》一文。文章在为当时大量出现的学会这一现象表示兴奋的同时，又说"不逞之党，假称革命以图乘衅者，蔓延于泰西矣"，因此章太炎主张"以革政挽革命"，[①] 将革命和改良对立起来。但 1900 年前后发生的一系列历史事件和人事变故（比如维新变法失败、章太炎东渡日本、义和团运动和八国联军侵华、章太炎对康有为个人的一些看法），促成了章太炎由"革政"到"反清"再到"革命"的思想的转变（"排满"一直是章太炎革命思想的一个重要内容），开始批判康有为、梁启超的改良主义。1901 年 8 月，章太炎在东京《国民报》发表《正仇满论》，尖锐批判梁启超："梁子所悲痛者，革命耳；所悲痛于革命，而思以建立宪法易之者，为其圣明之主耳。"[②] 1902 年，章太炎再次流亡日本后结识孙中山，思想更为激进。1903 年 5 月，邹容出版《革命军》，章太炎为之作序，该书充分阐释了革命的历史正义性并产生了巨大影响，列清末革命书刊销量第一位；同年，章太炎也发表《驳康有为论革命书》，批驳了康有为的"公理未明，旧俗俱在"，因而"只可行立宪，不可行革命"的谬论，指出："公理之未明，即以革命明之；旧俗之俱在，即以革命去之。"[③] 1903—1904 年，陈天华先后出版《猛回头》《警世钟》，以通俗易懂的文字，讲出了"要想拒洋人，只

---

① 章太炎：《论学会有大益于黄人亟宜保护》，载汤志钧编《章太炎政论选集》上册，中华书局 1977 年版，第 13 页。
② 章太炎：《正仇满论》，《国民报》1901 年第 4 期。
③ 章太炎：《驳康有为论革命书》，载汤志钧编《章太炎政论选集》上册，中华书局 1977 年版，第 203、209、204 页。康有为的言论也引见此书。

有讲革命独立，不能讲勤王"①的浅显道理，极大地普及了革命话语和理念。因此，孙中山后来在《中国革命史》（1923）中说："邹容之《革命军》、章太炎之《驳康有为书》，尤为一时传诵。同时国内外出版物为革命之鼓吹者，指不胜屈，人心士气，于以丕变。"②所以，陈建华说："一般认为1903年是中国现代革命意识趋向成熟的一年。"③这个结论是成立的。因为这一年是革命派和革命论开始兴盛的一年，理论形态的激进革命话语在这个时期基本形成，但其最终主导地位的确立还得晚一两年，迨至革命论战结束、革命党成立之时。④

（三）改良主义革命话语的形成和隐退

前有涉及，学界对于现代义"革命"话语的形成过程有两种阐释路径，一种以改良主义革命话语为主轴，一种以激进主义革命话语为主轴。因此，以改良主义革命话语为主轴的学者会强调康有为、梁启超等人的革命话语首创之功。如学者何平认为："康有为也许是第一个在西方近代意义上使用'革命'一词的人。"⑤但康有为和孙中山类似，早期革命话语是有其实而无其名，康有为甚至还将"革命"描述得很恐怖，比如在推动维新变法时，为了"吓唬"光绪帝，在《进呈〈法国革命记〉序》等文献中把"革命"之状描述得极其悲惨，后来为了主张改良主义，又拿"革命"惨状来吓唬民众，借以否定激进主义革命的合法性。这就是康有为对革命的"迎拒"姿态。⑥

因此在有名有实这点上，学界一般还是认为梁启超是现代意义改良主义革命话语的首倡者（当然之前更早主张资产阶级改良主义革命话语而反对激进主义革命话语的还有诗界革命的最早倡导者黄遵宪）。如钱基博说：

---

① 陈天华：《警世钟》，载刘晴波、彭国兴编《陈天华集》，湖南人民出版社2011年版，第68页。
② 孙中山：《中国革命史》，《孙中山全集》第7卷，中华书局1985年版，第64页。
③ 陈建华：《"革命"的现代性：中国革命话语考论》，上海古籍出版社2000年版，第17页。
④ 这是从时间点角度提出的一个非常绝对化的说法。按道理应该以时间段的表述为宜。如雷家军博士学位论文《中国近现代革命文化基本问题研究》（东北师范大学，2009年，第104页）"1905—1919年，是旧民主主义革命文化开始取得主导地位，并在曲折中发展的时期"这样的时间段表述才更为合理。
⑤ 何平：《20世纪历史思维中的"革命"观念》，《学术研究》2003年第1期。
⑥ 参见郑大华、粟孟林《论康有为对"革命"的理解与迎拒》，《思想战线》2014年第1期。

"启超避地日本,既作《清议报》,丑诋慈禧太后;复作《新民丛报》,痛诋专制,导扬革命。章炳麟《訄书》、邹容《革命军》先后出书,海内风动,人人有革命思想矣!而其机则自启超导之也。"①陈建华在支持这个观点的同时,也认为,梁启超在为革命话语普及作出巨大贡献的同时,也间接刺激了激进主义革命话语的形成和发展。陈建华说:"1899年改良派在日本的喉舌《清议报》上刊载了欧榘甲《中国历代革命说略》一文",实际阐释的是激进主义革命话语;而"同年年底,仍在《清议报》上,刊出梁启超《汗漫录》,首倡'诗界革命'和'文界革命',宣传西方的Revolution之意,这个含有和平改良意愿的革命,颇有与孙中山的反清革命分途扬镳的意思,但事实上却使反清革命的意识形态如虎添翼,'革命'一词从此深植于现代中国"。②

梁启超大致在1898年年底开始使用"革命"这个概念,到了1899年年初则趋于频繁。但梁启超一开始对"革命"的理解并不是改良主义性质的,而是激进主义性质的,并且将西方激进主义革命和我国传统革命话语的"前朝易姓革命"视为一回事(后来在1902年《新中国未来记》中有所区分,称前者为以仁易暴的具有质变的革命,后者为以暴易暴的没有质变的纯粹暴力革命),从一开始就对"革命"持批判、否定态度。③如约1898年10月,《梁启超与志贺重昂笔谈记录》中说:"至草莽有志之士,多主革命之说,其势甚盛。……盖革命者乃谋国之下策,而施之今日之敝邦,尤为不可行。"④完成于1898年年底、1899年年初的《论变法必自平满汉之界始》中也说:"今我国之志士,有愤嫉满人之深闭固拒,思倡为满汉

---

① 钱基博:《现代中国文学史(增订本)》,香港龙门书店1965年版,第336页。转引自陈建华《"革命"的现代性:中国革命话语考论》,上海古籍出版社2000年版,第22页。

② 陈建华:《"革命"的现代性:中国革命话语考论》,上海古籍出版社2000年版,第161页。在第219页,也提到:"值得研究的是在本世纪初的数年中,围绕'革命'一词改良派和革命派之间发生不少论争,涉及语言、社会和文化心理等重要课题;而不断诠释的结果反使'革命'一词的影响愈为广泛,且产生更强的包容性和含糊性,对于中国革命进程的导向具有极其重要的意义。"

③ 不少学者对于梁启超革命观的发展,有不同归纳,比如邓斌、朱甜甜、彭卫民《失控的革命话语——梁启超革命观的十年嬗变(1898—1907)》(《社会科学论坛》2015年第1期)将梁启超主张革命的态度变化分为了"缓进—激进—缓和"的嬗变三个阶段。本文这里是依据梁启超对激进革命的态度变化来论述。

④ 梁启超:《梁启超与志贺重昂笔谈记录》,《梁启超全集》第1集,中国人民大学出版社2018年版,第467页。

分治之论、倡为革命之论者。虽然,其必有益于支那乎?则非吾之所敢言也。何也?凡所谓志士者,以保全本国为主义也。今我国民智未开,明自由之真理者甚少,若倡革命,则必不能如美国之成就,而其糜烂将有甚于法兰西、西班牙者。且二十行省之大,四百余州之多,四百兆民之众,家揭竿而户窃号,互攻、互争、互杀,将为百十国而未有定也,而何能变法之言?即不尔,而群雄乘势剖而食之,事未成而国已裂矣。故革命者最险之着,而亦最下之策也。"[1]同时期《戊戌政变记》也说旧官员"盖习闻前朝易姓革命故事,其降服新朝者,皆可复得本官,民间亦安土乐业,以为虽不幸而亡国,亦不过如是,而不知今日西人之灭人国,大异于昔时也。"[2]

但到了1899年年底,梁启超也开始正面使用"革命"这个概念,以日本语义中的"革命"("维新")来倡导"诗界革命"。1899年12月,梁启超在《夏威夷游记》(亦名《汗漫录》)中首次使用"诗界革命""文界革命"这个说法:"吾虽不能诗,惟将竭力输入欧洲之精神思想,以供来者之诗料,可乎?要之,支那非有诗界革命,则诗运殆将绝。虽然,诗运无绝之时也。今日者革命之机渐熟,而哥仑布、玛赛郎之出世,必不远矣。上所举者,皆其革命军月晕础润之征也,夫诗又其小焉者也。"又说:"德富氏为日本三大新闻主笔之一,其文雄放隽快,善以欧西文思入日本文,实为文界别开一生面者,余甚爱之。中国若有文界革命,当亦不可不起点于是也。"[3]梁启超在文章中,既有把"革命"理解为思想及社会改良意义上的变革,又有对准备武装起事的"革命军"的认可,"兼含英式和平变革论和中国古典革命论的双重内蕴,与革命派所论'革命'虽有歧义,但并非全然对立"。[4]

但1900年前后形势的发展,使得本来就势头很强劲的激进主义革命

---

[1] 梁启超:《论变法必自平满汉之界始》,《梁启超全集》第1集,中国人民大学出版社2018年版,第100页。
[2] 梁启超:《戊戌政变记》,《梁启超全集》第1集,中国人民大学出版社2018年版,第612页。
[3] 梁启超:《夏威夷游记》,《梁启超全集》第2卷,北京出版社1999年版,第1219—1220页。
[4] 冯天瑜:《新语探源:中西日文化互动与近代汉字术语生成》,中华书局2004年版,第540页。

话语有了很大的发展，战胜了旧党的改良派与革命派的分歧开始加剧。1901年，章太炎开始直接批评梁启超的改良主义革命观（见前述）。

为了进一步争夺"革命"话语权，1902年2月，梁启超在《新民丛报》上发表《新史学》，举起了"史界革命"的旗帜；11月，梁启超在《新小说》上发表《论小说与群治之关系》倡导"小说界革命"，并开始连载图解自己小说界革命理念的、内容上改良派战胜革命派的政治寓言小说《新中国未来记》；[①] 12月14日梁启超在《新民丛报》上发表《释革》一文。《释革》说："革也者，天演界中不可逃避之公例也。""所以 Revolution 之事业（即日人所谓革命，今我所谓变革）为今日救中国独一无二之法门。""夫淘汰也，变革也，岂惟政治上为然耳，凡群治中一切万事万物莫不有焉。以日人之译名言之，则宗教有宗教之革命，道德有道德之革命，学术有学术之革命，文学有文学之革命，风俗有风俗之革命，产业有产业之革命。即今日中国新学小生之恒言，固有所谓经学革命，史学革命，文界革命，诗界革命，曲界革命，小说界革命，音乐界革命，文字革命等种种名词矣。""闻'革命'二字则骇，而不知其本义实变革而已。"[②] 梁启超文章依据日本语境中的"革命"含义，在文化领域使用"革命"，在政治领域使用"变革"，既全面阐述了他的泛化的、改良性质的革命观，又动员大家在政治变革上选择英日改良性质的"革命"道路或方式。如果说这个时候，梁启超还有着将激进主义革命话语消弭于改良主义革命话语的企图的话，那么，一年后革命形势的发展让梁启超不得不对激进主义革命话语做出妥协。

1903年1月开始的美国之行，梁启超详细观察了美国社会和民主制度下的华人社会情况，进一步强化了他对国民、共和和革命的担忧。到了1904年年初，梁启超著《中国历史上革命之研究》一文，论述狭义革命与广义革命之别，说："革命之义，有广狭。其最广义，则社会上一切无形有形之事物所生之大变动皆是也；其次广义，则政治上之异动与前此划然成一新时代者，无论以和平得之，以铁血得之皆是也；其狭义，则专以兵力向于中央政府者是也。吾中国数千年来，惟有狭义的革命，今之持极端

[①] 就思想内容而言，该小说将改良、革命视为不同手段看待，均具有爱国目的和训练国民的意义，已经体现了对"革命"的兼容态度。

[②] 梁启超：《释革》，《梁启超全集》第4集，中国人民大学出版社2018年版，第93页。

革命论者，惟心醉狭义的革命。故吾今所研究，亦在此狭义的革命。"① 梁启超虽然反对狭义的革命，列举了中国历史上狭义革命的"七大恶特色"，认为"革命"并不适合现阶段的中国，但梁启超也为狭义的革命设定了历史合理性前提条件，认为"若后有革命军者起，而能免此七大恶特色，以入于泰西文明革命之林，则革命者，真今日之不二法门也"②，又不得不给符合条件的激进主义革命话语以合理性地位。梁启超实际上是主张"次广义"革命，反对"狭义"革命，"私心"革命。因此，陈建华指出："从《释革》到《中国历史上革命之研究》，表明他对'革命'词义使用的困惑只是昙花一现，他不得不继续'革命'，通过宣传'革命'真理获得革命话语的霸权，尽管他终于成为革命的输家。"③

对此，李博也指出："无论梁启超如何抵制使用'革命'一词，他也无法逆转时代的趋势。两年后，他本人以《中国历史上革命之研究》为题写了一篇文章。1905年，他发表了散文《俄罗斯革命之影响》。这些文章的题目足以表明，他容忍了'革命'这一术语在汉语中固定下来这一事实。"④ 而且，李博还说："随着1905年孙中山革命同盟会的建立，'革命'一词便具有了重要的政治意义。"⑤ 也就是说，经历过1903—1905年的革命话语论争，激进主义革命话语取得绝对优势，尤其是后来辛亥革命的成功，使得改良主义革命话语逐渐消退（但就梁启超本人改良主义话语来讲却又是在发展进步中，如1913年梁启超作《革命相续之原理及其恶果》，对革命"恶"的普遍性有所揭示），到五四新文化运动时才在一定程度上得以短暂复苏，旋即又被更为激进的阶级革命话语淹没，直到20世纪80年代后改良主义革命话语才有所回潮。

---

① 梁启超：《中国历史上革命之研究》，《梁启超全集》第4集，中国人民大学出版社2018年版，第273页。
② 梁启超：《中国历史上革命之研究》，《梁启超全集》第4集，中国人民大学出版社2018年版，第279页。
③ 陈建华：《"革命"的现代性：中国革命话语考论》，上海古籍出版社2000年版，第18页。
④ ［德］李博：《汉语中的马克思主义术语的起源与作用：从词汇—概念角度看日本和中国对马克思主义的接受》，赵倩等译，中国社会科学出版社2003年版，第150—151页。
⑤ ［德］李博：《汉语中的马克思主义术语的起源与作用：从词汇—概念角度看日本和中国对马克思主义的接受》，赵倩等译，中国社会科学出版社2003年版，第151页。

三、"革命之谜"的学术修辞

1902年年底,梁启超在自己的政治寓言小说《新中国未来记》中,描述经历60年改良、革命之争后,新的共和国(即"中华民主国")将在1912年成立,而1912年即中华民国成立元年,这是一个惊人的巧合。但现实中,形势比人强,中国激进主义革命短短几年就取得成功,并没有想象的那么漫长。对于激进主义革命话语为什么在20世纪初期迅速取得主导地位,陈建华借用美国著名历史学家和政治学家、中国问题研究专家史华慈(Benjamin Schwarz)所说的"革命之谜"[①]来形容20世纪最初20年里激进主义革命话语的形成。

但其实"革命之谜"并不算是一个很难解的谜。它与中国人普遍的实用主义态度和工具理性有很大联系。因为当时人们普遍认为,既然救亡图存的最终目标是实现民主共和,那就干脆一步到位,如果能直接跨过君主立宪这个环节那何乐而不为呢?这有点类似帕累托最优法则(Pareto Optimality)的意味。而激进"革命"又是最急功近利的手段,因此,在国人实用主义态度尤其是实践可见的革命成果面前,"革命优先"就慢慢发展成一种革命意识形态(一种革命价值观和实践观的超常组合)也就在所难免。加之一部分人"拔出萝卜带出泥,先打老虎再灭蝇"这样一种喜欢把问题留待将来解决的眼前主义思维方式,也促进了革命意识形态的形成。这种情况,不仅五四时期的思想革命是这样,如傅斯年等人的"根本打倒""根本大改造"的想法;[②]就是"五四"之后的共产革命(无产阶级革命)初期也是一样,李大钊等人也都是这种思维认识,都主张"从根本上用功"、[③]追求社会问题的"根本解决""今则全都解决了",以及后来的王明"一次革命论",都是想着毕其功于一役,把社会主义革命看成是最彻底的革命。这是导致"革命之谜"现象不断出现的认识上的根本原因,也可以说是中国革命的一个底层逻辑。以至梁启超在《革命相续之原理及其恶果》(1913年6月16日《庸言》第1卷第14号)中从社会心理角度

[①] 陈建华:《"革命"的现代性:中国革命话语考论》,上海古籍出版社2000年版,第2页。
[②] 傅斯年:《新潮之回顾与前瞻》,《新潮》1919年第2卷第1号。
[③] 不少学者引用恽代英1918年6月20日致无政府主义杂志的信《实现生活》中说的"颇愿同志注意此义,莫求急效,莫忘从根本上用功,则黄金世界,弹指可现矣"这句话,来说明恽代英也有这种急功近利的思想,但其实是误用,恽代英恰恰要求"莫求急效"。

对"革命复产革命"作了分析:"群众心理所趋,益以讴歌革命为第二之天性。"但欲速则不达,和"革命之谜"相伴的同样是各种历史"补课"现象的不断出现,历史似乎老是要走回头路,这也是各种"告别革命"论调的根源。

虽然"革命之谜"说法有其缺陷,但我们必须历史地看问题。从逻辑与历史统一的角度来看,在当时历史条件和情境下,"革命之谜"(即革命作为最高话语权力、最高价值伦理、最高情感结构的形成)并不失其历史合理性,也无多大神秘可言。所谓"革命之谜"不过是一种学术修辞而已,但比起称之为"历史的悲剧的门槛"之类的情感式表述,[1]这种修辞还属相对客观。

当然,近现代资产阶级革命话语历史正义性和普遍性(和其他学者使用的"道德正当性""道德崇高性"[2]是一个意思),乃至浪漫性革命观念的形成是个很复杂的过程。类似从"有意识革命话语"到"无意识革命话语"(也就是激进主义革命意识慢慢变成一种集体无意识)的这个过程也是经历过大量的理论探索,各种主义和理论派别、理论家主体之间发生过广泛的争论,其中许多争论(比如"有意识之革命"和"无意识之破坏"等[3])还是具有恒久的理论意义。对此我们这里无法做过多的涉及。

第二节　无产阶级革命话语的形成和传播[4]

相比维新改良派的真正自上而下的"革命",以孙中山为代表的激进主义革命虽然是一种"自下而上"的革命,但实际上这里所谓的"下"也是很高的社会阶层的革命,相比后来的革命,它也是一种自上而下的革命。美国学者周锡瑞在《改良与革命:辛亥革命在两湖》中指出,"辛亥

---

[1] 转引自陈建华《"革命"的现代性:中国革命话语考论》,上海古籍出版社2000年版,第215页。
[2] 王奇生:《革命与反革命:社会文化视野下的民国政治》"前言",社会科学文献出版社2010年版,第2页。当然后来国共两党还围绕着革命道统继承的合法性产生争论。
[3] 参见李侍键《清末"革命"话语正当性的建构》,硕士学位论文,暨南大学,2020年。
[4] 本书中"无产阶级革命话语"大部分情况下指的是"马克思主义无产阶级革命话语",以区别于资产阶级民主革命和无政府主义革命话语中涉及的无产阶级革命话语。

革命是由一个西方化的、城市的、改良派的上流阶层所领导的"①,辛亥革命的主要参与者是高层官僚阶层（有的是被恐吓的结果）,一般的士绅阶层都没有参与革命进程,甚至普遍反对辛亥革命,如《阿Q正传》中的赵太爷。李博也说:"随着1905年孙中山革命同盟会的建立,'革命'一词便具有了重要的政治意义。孙中山号召进行'民族革命'（即反王朝、反满洲人的异族统治的革命）、'政治革命'（即反君主政体的、创建共和国的革命）。他谈到,政治革命之后必须通过适当的社会措施,通过实行'民生主义'避免'社会革命'的发生。"②他还说:"直到中国革命胜利,中国的共产主义者主要将'革命'理解成社会革命和将阶级斗争推向顶峰的社会不同阶级间的暴力冲突。"③这里的"中国革命胜利"有点语焉不详,但大概也说明了,20世纪前30年,中国近现代革命话语的发展客观上确实存在着一个"自上而下"的普遍发展趋势,那就是由政治革命、文化革命④向社会革命（广义的"大革命论"⑤和国民性批判）,由民主革命向国民革

---

① [美]周锡瑞:《改良与革命：辛亥革命在两湖》"中译本序",杨慎之译,江苏人民出版社2007年版,第2页。
② [德]李博:《汉语中的马克思主义术语的起源与作用：从词汇—概念角度看日本和中国对马克思主义的接受》,赵倩等译,中国社会科学出版社2003年版,第151页。但李维武《辛亥革命前十年间中国现代革命观念的形成》（《学术界》2011年第7期）认为孙中山等也是主张社会革命的。
③ [德]李博:《汉语中的马克思主义术语的起源与作用：从词汇—概念角度看日本和中国对马克思主义的接受》,赵倩等译,中国社会科学出版社2003年版,第151页。
④ 以梁启超为代表的改良主义革命主要是在文化领域,目的在造就"新民",其实也是一种（前期、非面相社会的）思想革命、精英革命。
⑤ "大革命"概念可区分为不同含义。特狭义的"大革命",在中国指的是"国民大革命"和"无产阶级文化大革命",尤其是"国民大革命";在世界史范围内,指的是法国大革命、俄国革命和中国的国民革命。次狭义的"大革命"指的是具有划历史意义的革命,比如梁启超（1921年10月《辛亥革命之意义与十年双十节之乐观》）认为"中国历史上有意义的革命"只有三回：一是周朝,二是秦汉,三是辛亥。这三次革命都与一般改朝换代不同,即彻底改变了历史,不会退回到革命之前的世界。李盛铎1933年提出,"易姓更代,而文化相续,不得谓为革命";惟周室代殷后,"殷代文化,俱被斩绝无余,不能不令人惊骇周室为一大革命";由周迄今,大体文化相续,到北伐后"唯物学说乘时而起,天崩地裂,文化丕变,又不能不惊骇为周后之一大革命",还不知"将来更成何世界"（引见罗志田《与改良相通的近代中国"大革命"》,《社会科学研究》2013年第5期）。梁启超、李盛铎这种认识其实和马克思主义关于社会形态变迁（原始社会转奴隶社会、奴隶社会转封建社会、封建社会转资本主义社会、资本主义社会转社会主义社会）和阶级革命理论非常类似。罗志田介绍的近现代史上的广义"大革命论"指的是广泛的社会革命（不是一个整体）,比如家庭革命、佛教革命等,也指的是可分解的"大革命"（"大革命"本身是个整体）,包含改良和激进两种性质。

命[1]再向阶层革命（虽然三者本质上也是政治革命、社会革命），由精英革命向群众革命逐渐下移或过渡的趋势和环节。当然，这个下移趋势和环节过渡也伴随着思想革命要求（从新文化运动到最后发展为主义之争）的日益强化，到了无产阶级革命文学发生时，思想革命更是进入要求获得无产阶级革命意识的阶段或程度。

正如本章开头即述及，对这30年间（20世纪前30年）革命意识的发展过程，这里仅能作如上一个不一定正确的大致描述，本文将重点放在对于中国马克思主义文艺理论发生研究有重要意义的无产阶级革命话语的形成和传播上。

一、资产阶级民主革命推动无产阶级革命话语的形成和传播

学者陈金龙在《马克思主义中国化进程中的话语建构》（2020）中指出："中国革命既是'发生'的，更是'发动'的。而要'发动'广大底层民众起来革命，需要建构一套具有说服力的革命话语。新民主主义革命时期，中国共产党在建构革命话语过程中，既援用了马克思主义革命理论，也借用了辛亥革命、五四运动和俄国十月革命等中外革命的经典案例，以增强革命话语的解释力和说服力，充分发挥革命话语动员民众的作用。"[2]陈金龙这一表述虽然正确，但是是基于目的论、还原论的分析（或类似亚里士多德的"目的因"），凭果索因，有点后历史的视角。但按照发生学视角，可以反过来做两点理解：一是和中国资产阶级民主革命推动了马克思主义和社会主义在中国的传播一样，资产阶级民主革命也推动了无产阶级

---

① 这里指的是20年代国民革命。李翔在《1897—1927年"国民革命"概念演变考释》（《云南社会科学》2008年第2期）中指出：孙中山1906年最早提出"国民革命"概念的"国民"有汉民族色彩和泛指中国这个地域范围内所有民众的内涵，具有民族性和地域性。到了20年代，由于革命对象的变化，这时国共两党都赞成的国民革命就有着被统治阶级（"民众"）对统治阶级（"独夫"和帝国主义列强）革命的内涵。但由于孙中山的民生史观，使国民概念的内涵止于民生（全民），与共产党对国民革命（工农革命）的阶级性阐释存在分歧和话语权争夺，为了与国民党接续的"国民革命"概念相区别，共产党后来受共产国际影响主要使用"大革命"（或者用"第一次国内革命战争"）来指代20年代的"国民革命"。另，后来也就出现了"国民大革命"这样的称谓。但由于"国民革命"的内涵还是大于阶级革命，因此，在共产党话语体系中也没有完全否定"国民革命"这个概念。

② 陈金龙：《马克思主义中国化进程中的话语建构》，中山大学出版社2020年版，第1页。其引文中第一句话即引自王奇生《革命与反革命：社会文化视野下的民国政治》"前言"，社会科学文献出版社2010年版，第4页。

革命话语在中国的形成和传播，为十月革命之后无产阶级革命话语在中国的普遍流行起到了重要作用；二是无产阶级革命话语通过对辛亥革命、五四运动和俄国十月革命等革命话语的再解释来建构和促进了中国无产阶级革命话语的正式形成。第二种理解是建构主义性质的，我们在后面将详述。这里先对第一种历史主义性质理解进行描述。

当然，首先需要说明的是，资产阶级革命话语（这里主要指的是激进主义革命话语[①]）的发展也不是直线上升的。虽然作为事件的辛亥革命成功了，但辛亥革命后民主政治迟迟无法实现，辛亥革命也可以说失败了。因为，辛亥革命之后一段时间，革命话语反而处于低潮，一是南京临时政府屈从于北洋军阀封建势力，袁世凯等窃取了革命成果；二是革命党内部组织和思想上的分裂也极大地弱化了革命话语，比如章太炎的"革命军起，革命党消"[②]的言论和带领中华民国联合会和统一党从同盟会中分裂出去的行为，同盟会内部以胡汉民为代表的主张继续革命的左派和以宋教仁为代表的主张武装革命已经结束的右派之间的分歧，都使得革命的士气和锐气大减。以至孙中山后来说："那时各同志均极灰心，以为我们已得政权且归于失败，此后中国实不能再讲革命。我费了很多的时间和唇舌，其结果亦只是'中国即要革命，亦应在二十年以后'。""那时我没有法子，只得我一个人肩起这革命的担子，重新组织一个中华革命党。凡入党的人，须完全服从我一个人，其理由即是鉴于前次失败，也是因为当时国内的新思想尚未发达，非有我一人督率起来，不易为之。"[③]其次是，无产阶级革命和资产阶级革命一度同向同行，尤其是孙中山改组国民党后的联俄、联共、扶助农工等政策，使得无产阶级革命话语也一定程度上反哺了资产阶级革命话语的再度兴起和繁荣，如以毛泽东为代表的善于宣传的共产党人在加入国民党后对资产阶级革命文化的繁荣起到了极大的推动作用。最后，资产阶级革命话语在和无产阶级革命话语分道扬镳之后（一般以大革命失败为界），还有着自己独立的发展轨迹，在特定历史时期（比如抗日战争时

[①] 关于资产阶级改良主义革命话语对无产阶级革命话语形成的影响和关系，在后面会有涉及。

[②] 章太炎：《消弭党见》，《大公报》1911年12月12日。

[③] 孙中山：《关于列宁逝世的演说（1924年1月25日）》，《孙中山全集》第9卷，中华书局2006年版，第137页。

期）还再度兴起和繁荣。但这属于另外一个主体性的话题，对此我们仅简单说明如上。①

五四运动之前，资产阶级革命话语之所以能够开启和推动无产阶级革命话语的形成和发展，这是源于二者革命内容有很大的通约性，比如在反帝反封建的民族革命、民主革命、民生革命等方面，二者的话语内容（基本内涵）和形式基本是一致的，尤其是在激进主义革命话语方面。所以说，"在辛亥革命前十年中，马克思主义开始在中国思想世界传播，而这一时期中对马克思主义传播最有力者，正是这一批孙中山的追随者。他们对马克思主义革命理论的引入，则成为中国现代革命观念形成的重要来源之一"②。

我们知道，中国早期民主主义革命者也是自认为社会主义者，他们认为自己的资产阶级民主主义革命也是社会主义革命，认为马克思主义只是诸多社会主义流派之一，认为马克思主义社会主义并不适用于当时的中国。于是，孙中山等人为了将资产阶级民主革命和马克思主义社会革命进行区分，又对"社会革命"作了进一步阐发，并对"政治革命"与"社会革命"加以了明确区分。如1906年，朱执信在《民报》上发表《德意志社会革命家列传》《论社会革命当与政治革命并行》等文，对有关"社会革命"诸问题作了最初的系统阐发。朱执信指出，"社会革命"与"政治革命"具有不同的性质："政治革命"在于人民大众反对君主专制制度，这也就是"国民革命"，而"社会革命"则在于现代无产阶级反对资本主义制度，在性质上与"政治革命"并不相同。他说："凡政治革命之主体为平民，其客体为政府（广义）；社会革命之主体为细民，其客体为豪右。"③他进而对作为"社会革命"主体的"细民"和作为"社会革命"客体的"豪右"进行了具体说明，指出："平民、政府之义，今既为众所共喻，而豪右、细民者，则以译欧文 Bourgeois, Proletarians 之二字，其用间有与中国文义殊者，不可不知也。日本于豪右译以资本家，或绅士阀。资

---

① 详细论述可参见雷家军《中国近现代革命文化基本问题研究》"第三章 革命文化的历史演变"之"一、旧民主主义革命文化"，博士学位论文，东北师范大学，2009年，第97—118页。
② 李维武：《辛亥革命前十年间中国现代革命观念的形成》，《学术界》2011年第7期。
③ 朱执信：《论社会革命当与政治革命并行》，载广东省哲学社会科学研究所历史研究室编《朱执信集》上集，中华书局1979年版，第60页。

本家所有资本，其为豪右，固不待言。然如运用资本之企业家之属，亦当入豪右中，故言资本家不足以包括一切。若言绅士，则更与中国义殊，不可袭用。故暂锡以此名。至于细民，则日本通译平民，或劳动阶级。平民之义，多对政府用之。复以译此，恐致错乱耳目。若劳动者之观念，则于中国自古甚狭，于农人等皆不函之，故亦难言适当。细民者，古义率指力役自养之人，故取以为译也。"①因此，朱执信这里所讲的作为"社会革命"主体的"细民"，即无产阶级（Proletarians）和作为"社会革命"客体的"豪右"，即资产阶级（Bourgeois）基本上是符合马克思主义阶级革命理论的。由于"社会革命"与"政治革命"的主体与客体不同，因而两者的性质当然相异。朱执信又从现代社会经济生活入手，对"社会革命"的原因进行了考察。他认为："社会革命之原因，在社会经济组织之不完全也。凡自来之社会上革命，无不见其制度自起身者也。此必然之原因也。"②朱执信进而对引发社会革命的生产关系原因做了很多说明。朱执信虽然和孙中山一样，主张国民革命即政治革命，但也对"社会革命"的必要性、远期性和困难性有了充分的论述，而且这些论述基本是符合马克思主义原理的，关键是在这些论述中，无产阶级革命话语的核心要素，比如"马克思"《共产党宣言》《资本论》"（1848年）法国大革命"（1871年）巴黎公社"第一（二）国际（万国劳动者同盟）"等概念、文本、理论（尤其剩余价值学说和阶级斗争等原理和方法）和重大革命事件等都被介绍到国内。

对此，学者李维武说朱执信、宋教仁等人对马克思主义革命话语的介绍，具有一种"发现"意义，他说："朱执信认为，马克思主义革命理论，特别是马克思的阶级斗争学说和剩余价值学说，更新了西方近代革命观念，使得社会主义由空想变为科学。他在《论社会革命当与政治革命并行》一文中说：'顾自马尔克以来，学说皆变，渐趋实行，世称科学的社会主义（Scientific Socialism）。'这样一来，朱执信于西方近代革命观念之外，又发现了马克思主义革命理论，因而开始把马克思主义革命理论引入中国

---

① 朱执信:《论社会革命当与政治革命并行》，载广东省哲学社会科学研究所历史研究室编《朱执信集》上集，中华书局1979年版，第60页。
② 朱执信:《论社会革命当与政治革命并行》，载广东省哲学社会科学研究所历史研究室编《朱执信集》上集，中华书局1979年版，第56页。

思想世界，进而对'社会革命'作出阐发。这使得中国人的革命观念又发生了新变化，在卢梭、孟德斯鸠、约翰·穆勒、华盛顿的主张之外，还知道了马克思和马克思主义。朱执信的这一功劳，没有为后来的中国马克思主义者所忘记。毛泽东曾在中国共产党的'七大'上回顾了这一段历史，感叹地说：'朱执信是国民党员，这样看来，讲马克思主义倒还是国民党在先。'"① 所以说，虽然资产阶级民主主义革命思想家借鉴马克思主义理论主要是为了阐述自己的革命理论，但在客观上对启蒙和系统传播无产阶级革命话语发挥了重要的作用。因此，李维武指出："马克思主义革命理论的引入及传播，使中国革命派思想家对革命的理解，超越了西方近代革命观念，而具有了更为深刻的内涵。这些新的内涵，在辛亥革命十年后，随着中国共产主义运动的兴起，就由中国现代革命观念的边缘而移向中心，最终主导了中国现代革命观念，成为中国现代革命观念的最核心的内容。"②

二、无政府主义者推动无产阶级革命话语的形成和传播

资产阶级激进主义革命派之外，20世纪前20年间，无政府主义者也是宣传马克思主义社会主义学说和无产阶级革命话语的一支重要的思想力量，相比前者，无政府主义者有时甚至有过之而无不及。尤其是"在辛亥革命前十年中，无政府主义者是革命的最积极的主张者"③。

无政府主义思想在中国可以分为几个发展阶段。

第一是1903年前后，"这一时期的无政府主义宣传，主要是介绍巴枯宁的'破坏主义'和俄国虚无党的革命活动，突出了反专制、争自由、行破坏、搞暗杀的内容，就多数宣传者来说，只是截取了无政府主义的某些观点，并把它与民主主义思想揉合在一起，作为反对清政府专制统治的工具，客观上起了一定的积极作用"④。因此，不仅在当时无政府主义文献中，"革命"是个使用频率极高的词，而且无政府主义在革命手段上也取极端态度，主张"暗杀手段诚革命之捷径"，⑤ 认为"盖起革命之风潮，而速社

---

① 李维武：《辛亥革命前十年间中国现代革命观念的形成》，《学术界》2011年第7期。
② 李维武：《辛亥革命前十年间中国现代革命观念的形成》，《学术界》2011年第7期。
③ 李维武：《辛亥革命前十年间中国现代革命观念的形成》，《学术界》2011年第7期。
④ 葛懋春、蒋俊、李兴芝编：《无政府主义思想资料选·前言》，北京大学出版社1984年版。
⑤ 燕客：《〈无政府主义〉序》，载葛懋春、蒋俊、李兴芝编《无政府主义思想资料选》上册，北京大学出版社1984年版，第24页。

会之进化者，暗杀也"①。在这一思想影响下，一些革命党人全力从事暗杀清政府大员的活动，以此为推动反清革命的重要方式。

  第二是1904年至1908年，由于同盟会领导的革命受到了某些挫折，在革命阵营内部出现了一些热衷于无政府主义的分子，并以东京的《天义报》和巴黎的《新世纪》为阵地，形成了宣传无政府主义思想的两个派别和中心。他们在中国革命的前途和方略问题上，与同盟会存在着程度不同的分歧，并企图在同盟会的革命纲领之外，寻找另外的途径。在当时的无政府主义者看来，他们的革命主张与马克思主义一样，都以消灭不平等的"社会革命"为目标，也是一种社会主义，并且认为社会主义革命优于三民主义革命。如褚民谊（国民党元老，后沦为汉奸被枪毙）把孙中山提出的民族主义、民权主义与无政府主义所主张的社会主义相比较，强调社会主义比民族主义、民权主义具有更高的理想。他指出："社会主义者，无自私自利，专凭公道真理，以图社会之进化。无国界，无种界，无人我界，以冀大同；无贫富，无尊卑，无贵贱，以冀平等；无政府，无法律，无纲常，以冀自由。其求幸福也，全世界人类之幸福，而非限于一国一种族也。故社会主义者，无自私自利也。吾敢断言曰：至公无私之主义也。"②因此，"夫社会主义，非与民族主义、民权主义背驰者也，不过稍有异同耳。社会主义有民族主义之作用则为同，而无民族主义之自私则为异；有民权主义之效能则为同，而无民权主义之自利则为异。盖社会主义者，求世界人类自由平等幸福，而民族主义、民权主义求一国一种族少数人之自由平等幸福也"③。因此，他称社会主义为"义广理全至公无私之社会主义"④，希望"昔日之热心于民族主义、民权主义者，增其热度，遂变而为热心于社会主义"⑤。除了宣传社会主义之外，他们还宣传革命，不仅宣传

---

① 褚民谊：《普及革命》，载葛懋春、蒋俊、李兴芝编《无政府主义思想资料选》上册，北京大学出版社1984年版，第187页。
② 褚民谊：《申论民族、民权、社会三主义之异同再答来书论〈新世纪〉发刊之趣意》，载葛懋春、蒋俊、李兴芝编《无政府主义思想资料选》上册，北京大学出版社1984年版，第176页。
③ 褚民谊：《申论民族、民权、社会三主义之异同再答来书论〈新世纪〉发刊之趣意》，载葛懋春、蒋俊、李兴芝编《无政府主义思想资料选》上册，北京大学出版社1984年版，第173页。
④ 褚民谊：《申论民族、民权、社会三主义之异同再答来书论〈新世纪〉发刊之趣意》，载葛懋春、蒋俊、李兴芝编《无政府主义思想资料选》上册，北京大学出版社1984年版，第172页。
⑤ 褚民谊：《申论民族、民权、社会三主义之异同再答来书论〈新世纪〉发刊之趣意》，载葛懋春、蒋俊、李兴芝编《无政府主义思想资料选》上册，北京大学出版社1984年版，第172页。

泛泛的社会革命，还宣传具体的农民革命等。

第三是辛亥革命后，出现的无政府主义政党和无政府主义运动。江亢虎领导创立的中国社会党，是一个在思想上和组织上都十分复杂的团体。后江亢虎惧怕袁世凯主动取消了中国社会党之后，这个团体中以沙淦、太虚为代表的一部分人曾从不同的角度宣传无政府主义，先后出版过《社会世界》和《良心》月刊，并单独成立了社会党，但1913年8月为袁世凯政府所解散。"在当时影响较大的是晦鸣学舍的师复和他创办的《民声》周刊。师复比较系统的介绍了克鲁泡特金的无政府共产主义，并且组织了无政府共产主义同志社，被称为中国无政府主义运动的奠基人。"①

第四是在五四新文化运动时期，无政府主义思想空前泛滥起来。一般认为，五四运动后中国形成了三大无政府主义流派，一是以北大学生区声白、黄凌霜为代表的无政府共产主义；二是以朱谦之为代表的个人无政府主义；三是以郑太朴为代表的"中国式"无政府主义。一部分无政府主义者不仅散布关于无政府共产主义的幻想，而且还把俄国十月革命说成是建立这种社会的一种努力。这就使它在一些憎恶军阀专制统治并朦胧地向往社会主义的青年知识分子中间产生了较大的影响，"形成了对马克思主义传播的一种抵制力量"②。因而，中国共产党创立初期，在与形形色色的资产阶级改良主义斗争的同时，还要同以极"左"面目出现的无政府主义或者自然主义（即"中国式"）无政府主义进行斗争，其中就包括1920年下半年开始的马克思主义与无政府主义的论战。这场论战对于捍卫无产阶级专政的学说，维护列宁主义的建党原则和争取受极"左"思潮迷惑的进步青年，都起了进步作用。"此后，中国的无政府主义运动即走向了衰落时期。"③

从历史来看，尤其是第一二个阶段，无政府主义在中国对于宣传马克思主义和无产阶级革命话语贡献重大。早期无政府主义者甚至可以说是激进主义革命话语的狂热分子。所以，李维武指出："无政府主义革命理论，

---

① 葛懋春、蒋俊、李兴芝编：《无政府主义思想资料选·前言》，北京大学出版社1984年版。
② 葛懋春、蒋俊、李兴芝编：《无政府主义思想资料选·前言》，北京大学出版社1984年版。
③ 葛懋春、蒋俊、李兴芝编：《无政府主义思想资料选·前言》，北京大学出版社1984年版。

可以说是空想与理想的混合物。由于其空想性质，所以不能对实际革命运动起真正的指导作用；又由于其理想性质，所以能为实际革命运动提出更远大的目标。正是这样，无政府主义在辛亥革命前十年中对中国思想世界产生了很大影响，特别是对中国革命派思想家影响尤大。"[①] 但我们也要看到，无政府主义和马克思主义还是有本质区别的，无政府主义在本质和主观上是反对马克思主义尤其是无产阶级革命理论，对马克思主义和欧洲俄国革命的介绍也掺杂着许多不正确的认识或者主观故意。因此，我们一方面要承认无政府主义者对无产阶级革命话语的传播起过重要作用，但又不能夸大其作用，甚至要检视其中的错误之处，才能对无政府主义的贡献有客观认识和评价。[②]

三、无产阶级革命话语的形成和发展

俄国十月革命之后，无产阶级革命话语开始在中国传播和发展。无产阶级革命话语同样是激进主义革命话语，但和资产阶级革命话语倡导者主要是职业革命家身份不同，早期无产阶级革命话语的倡导者大多是职业文人，因此，受文化领域资产阶级改良主义革命话语的长期影响，包括李大钊、陈独秀、毛泽东等人，早期无产阶级革命话语的倡导者大都经历过一个由资产阶级改良主义革命话语到无产阶级激进主义革命话语的转变过程，[③] 部分人（如毛泽东）甚至还经历过无政府主义思想（影响）阶段。学者罗志田说："如何在提倡革命的同时，认识革命的破坏性，尤其暴力革命可能带来的破坏，是一段时间里很多人颇费斟酌的问题。近代那些'说革命'的读书人并非不了解革命的代价，梁启超自己在提倡'破坏主义'的同时，也曾提出'无血之破坏'的主张，以避免'有血之破坏'。类似的观念延续到了民初，毛泽东在1917年就特别说明：'革命非兵戎相见之谓，乃除旧布新之谓。'约两年后，李大钊也曾鼓吹英国式的'无血革命'，视其为应对'世界潮流的未雨绸缪'。毛泽东旋又响应李大钊的说法，提倡'呼声革命'和'无血革命'，以避免可能引起社会'大扰乱'的'炸弹

[①] 李维武：《辛亥革命前十年间中国现代革命观念的形成》，《学术界》2011年第7期。
[②] 关于无政府主义者对革命话语传播的影响和评述，还可参见李军林《马克思主义在中国的早期传播及其话语体系的初步建构》第三章第三节，学习出版社2013年版。
[③] 这已是历史常识定论，具体转变过程这里就不展开论述。

革命'和'有血革命'。尽管李、毛二位不久都转向了'有血革命'之路，毛氏后更明言'革命是暴动，是一个阶级推翻一个阶级的暴烈的行动'，但在很长的时间里，非暴力的广义革命仍为许多中国读书人所憧憬和向往。"①

历史的发展改变了改良主义革命话语发展的逻辑。到了1917年前后，辛亥革命后政治革命不成功的现实和民族无产阶级力量的崛起，第一次世界大战暴露出的资本主义现代性的不义，更重要的是，俄国"十月革命一声炮响，给我们送来了马克思列宁主义"②，不仅送来了思想理论武器，也在实践上为世界上发展落后国家实行无产阶级革命提供了一个完美的样本。这些历史和思想因素使得本来致力于文化思想革命和国民性改造的启蒙主义知识分子转而在价值理性和工具理性上接受无产阶级革命，走上文化和社会革命的激进主义道路。在这个过程中，无产阶级革命话语的倡导就成为了无产阶级革命的先导。

（一）十月革命胜利到五四运动前后的无产阶级革命话语建构

俄国十月革命的胜利在世界历史和世界革命史上具有分水岭的意义。1940年，毛泽东在《新民主主义论》中用连续四段话描述了世界和中国新旧革命的性质变化和意义："然而中国资产阶级民主主义革命，自从一九一四年爆发第一次帝国主义世界大战和一九一七年俄国十月革命在地球六分之一的土地上建立了社会主义国家以来，起了一个变化。""在这以前，中国资产阶级民主主义革命，是属于旧的世界资产阶级民主主义革命的范畴之内的，是属于旧的世界资产阶级民主主义革命的一部分。""在这以后，中国资产阶级民主主义革命，却改变为属于新的资产阶级民主主义革命的范畴，而在革命的阵线上说来，则属于世界无产阶级社会主义革命的一部分了。""为什么呢？因为第一次帝国主义世界大战和第一次胜利的社会主义十月革命，改变了整个世界历史的方向，划分了整个世界历史的时代。"③

毛泽东关于十月革命之后旧的资产阶级民主主义革命已经过时、新的

---

① 罗志田：《与改良相通的近代中国"大革命"》，《社会科学研究》2013年第5期。
② 毛泽东：《论人民民主专政》，《毛泽东选集》第4卷，人民出版社1991年版，第1471页。
③ 毛泽东：《新民主主义论》，《毛泽东选集》第2卷，人民出版社1991年版，第667页。

资产阶级民主主义革命已经成为无产阶级社会主义世界革命一部分的这个判断，是在十月革命胜利20多年后形成的非常学理性的表述，但在当时处在十月革命之后不久的人们（包括毛泽东本人在内），却已经非常感性地意识到这一点了——而且是在他们还没有完成马克思主义转变之前就已经认识到了。因此，一定程度上可以认为，无产阶级革命话语的传播反过来促进了马克思主义在中国的传播和接受。比如，李大钊对俄国无产阶级革命的赞美和介绍，就在他马克思主义观正式形成之前。

当俄国十月革命胜利的消息传到中国后，李大钊最先意识到俄国十月革命开创新纪元的意义，深入论述了十月革命道路的合理性与必要性，并探讨俄国革命对于中国革命的借鉴意义，积极将无产阶级革命话语引进中国。1918年7月，李大钊发表《法俄革命之比较观》一文，比较了法国资产阶级革命和俄国社会主义革命性质、内容和意义上的不同。在性质和内容上，他说："俄国今日之革命，诚与昔者法兰西革命同为影响于未来世纪文明之绝大变动"，但"法兰西之革命是十八世纪末期之革命，是立于国家主义上之革命，是政治的革命而兼含社会的革命之意味者也。俄罗斯之革命是二十世纪初期之革命，是立于社会主义上之革命，是社会的革命而并著世界的革命之采色者也。时代之精神不同，革命之性质自异，故迥非可同日而语者"，"前者恒为战争之泉源，后者足为和平之曙光，此其所异者耳"。在意义上，李大钊非常凸显俄国十月革命的意义，尤其是对于中国革命的意义。他说："二十世纪初叶以后之文明，必将起绝大之变动，其萌芽即茁发于今日俄国革命血潮之中"，"俄罗斯之革命，非独俄罗斯人心变动之显兆，实二十世纪全世界人类普遍心理变动之显兆"，因此，他要求中国人迎接俄式革命高潮的到来："吾人对于俄罗斯今日之事变，惟有翘首以迎其世界文明之曙光，倾耳以迎其建于自由、人道上之新俄罗斯之消息，而求所以适应此世界的新潮流，勿徒以其目前一时之乱象遂遽为之抱悲观也。"[①] 此后（1918年年底到1919年年初），李大钊连续发表了《庶民的胜利》《Bolshevism的胜利》《新纪元》和《战后之世界潮流》等文章，进一步歌颂十月革命，阐述无产阶级革命和民主主义革命的本质不同，为

---

① 李大钊：《法俄革命之比较观》，《李大钊全集（修订本）》第2卷，人民出版社2013年版，第329、330、332页。

构建无产阶级革命话语作出了贡献。在这些文章中，李大钊指出，在第一次世界大战中，胜利的"不是联合国的武力，是世界人类的新精神。不是那一国的军阀或资本家的政府，是全世界的庶民"①，是"劳工主义的战胜，也是庶民的胜利"②，"是民主主义的胜利，是社会主义的胜利，是Bolshevism的胜利，是赤旗的胜利，是世界劳工阶级的胜利，是二十世纪新潮流的胜利"③。而Bolshevism"就是革命的社会主义；他们的党，就是革命的社会党；他们是奉德国社会主义经济学家马客士（Marx）为宗主的；他们的目的，在把现在为社会主义的障碍的国家界限打破，把资本家独占利益的生产制度打破"④。李大钊充满激情地宣告：俄国的革命，不过是使天下惊秋的一片桐叶罢了。Bolshevism这个字，虽为俄国人所创造，但是他的精神，可是20世纪全世界人人心中共同觉悟的精神。"由今而后，到处所见的，都是Bolshevism战胜的旗。到处所闻的，都是Bolshevism凯歌的声。"⑤"试看将来的环球，必是赤旗的世界！"⑥在《新纪元》一文中，李大钊论述了俄国十月革命开辟的"这个新纪元是世界革命的新纪元，是人类觉醒的新纪元"⑦。李大钊对俄国十月革命性质和意义的判断也影响了许多人。比如1920年9月，蔡和森致信毛泽东声明："世界革命运动自俄革命成功以来已经转了一个大方向，这方向就是'无产阶级获得政权来改造社会'。"⑧所以说，李大钊这一时期的无产阶级革命话语建构对于中国的无产阶级革命而言具有启蒙意义。

---

① 李大钊：《庶民的胜利》，《李大钊全集（修订本）》第2卷，人民出版社2013年版，第357页。
② 李大钊：《庶民的胜利》，《李大钊全集（修订本）》第2卷，人民出版社2013年版，第358页。
③ 李大钊：《Bolshevism的胜利》，《李大钊全集（修订本）》第2卷，人民出版社2013年版，第363页。
④ 李大钊：《Bolshevism的胜利》，《李大钊全集（修订本）》第2卷，人民出版社2013年版，第364页。
⑤ 李大钊：《Bolshevism的胜利》，《李大钊全集（修订本）》第2卷，人民出版社2013年版，第367页。
⑥ 李大钊：《Bolshevism的胜利》，《李大钊全集（修订本）》第2卷，人民出版社2013年版，第367页。
⑦ 李大钊：《新纪元》，《李大钊全集（修订本）》第2卷，人民出版社2013年版，第377页。
⑧ 《建党以来重要文献选编（1921—1949）》第1册，中央文献出版社2011年版，第460页。

此外，李大钊还是首创"社会革命"的中国共产党先驱。他将无产阶级革命（十月革命）称之为"社会革命"，这也是当时普遍把无产阶级革命称之为社会革命的由来。除了《法俄革命之比较观》中说"社会的革命"之外，在《庶民的胜利》中他也说："原来这回战争的真因，乃在资本主义的发展。国家的界限以内，不能涵容他的生产力，所以资本家的政府想靠着大战把国家界限打破，拿自己的国家做中心，建一世界的大帝国，成一个经济组织，为自己国内资本家—阶级谋利益。俄、德等国的劳工社会，首先看破他们的野心，不惜在大战的时候，起了社会革命，防遏这资本家政府的战争。"[1]

相比李大钊，其他马克思主义者对于无产阶级革命话语的倡导是在五四运动前后，主要是五四运动之后。比如陈独秀，大致在1920年夏秋之际，从激进的民主主义转变为马克思主义之后，开始大力提倡无产阶级革命。他明确表示："我承认用革命的手段建设劳动阶级（即生产阶级）的国家，创造那禁止对内对外一切掠夺的政治、法律，为现代社会第一需要。"[2]在同时发表的《答费哲民（妇女、青年、劳动三个问题）》（1920年9月1日）的信中，更加明确地指出："非用阶级战争的手段来改革社会制度不可……更可以说除阶级战争外都是枝枝节节的问题。"[3]建党前后，陈独秀主要在剩余价值学说、无产阶级建党学说等方面阐述马克思主义原理。

因此相比陈独秀，毛泽东这一时期在无产阶级革命话语建构方面作用和贡献巨大。首先，毛泽东革命话语建构深受俄国十月革命和李大钊的影响。这一时期的毛泽东非常关注俄国和十月革命。根据学者陈金龙的考察，[4]毛泽东早年对十月革命的关注，始于1918年11月李大钊发表《庶民的胜利》《Bolshevism的胜利》等文章之后。随着国际形势的变化，毛泽东把自己的目光和兴趣从西欧转移到了苏俄。1920年2月，毛泽东在致陶毅信中表示："彭璜君和我，都不想往法，安顿往俄。何叔衡想留法，我劝他不必留法，不如留俄。"毛泽东想"组一留俄队，赴俄勤工俭学"，甚至组

---

[1] 李大钊：《Bolshevism的胜利》，《李大钊全集（修订本）》第2卷，人民出版社2013年版，第358页。
[2] 陈独秀：《谈政治》，《陈独秀文集》第2卷，人民出版社2013年版，第39页。
[3] 陈独秀：《答费哲民（妇女、青年、劳动三个问题）》，《陈独秀文集》第2卷，人民出版社2013年版，第47页。
[4] 参见陈金龙《十月革命与毛泽东革命话语的建构》，《现代哲学》2012年第3期。

织"女子留俄勤工俭学会",并说明正在和李大钊商量这件事,"我为这件事,脑子里装满了愉快和希望"。①1920年3月,毛泽东在给周世钊的信中又高度评价了苏俄,认为"俄国是世界第一个文明国",并重申了两三年后邀集同伴"组织一个游俄队"的计划。②可见,1920年以后,苏俄作为留学新目标已代替了留学法国,考察十月革命、学习苏俄已成为毛泽东的新选择。尽管毛泽东赴俄留学的愿望未能成为现实,但在宣传马克思主义和研究新文化的过程中,对俄国历史、十月革命给予了特殊关注。1920年8月22日,毛泽东与方维夏、彭璜、何叔衡等人在长沙县知事公署举行会议,筹备成立湖南俄罗斯研究会,确定"以研究俄罗斯一切事情为宗旨"。具体工作安排是发行《俄罗斯丛刊》,派人赴俄实地考察,提倡赴俄勤工俭学。1920年9月15日,湖南俄罗斯研究会在文化书社正式成立,毛泽东被选举为书记干事。经毛泽东推荐,湖南《大公报》连续转载了上海《共产党》月刊的一些重要文章,如《俄国共产党的历史》《列宁的历史》《劳农制度研究》等,对湖南青年产生了深刻影响。③因此,毛泽东早年对于十月革命倾注了极大的热情,对俄国历史、十月革命有较为深入的研究和了解,为其后借助十月革命建构中国革命话语奠定了重要基础。"总之,毛泽东在建构中国革命话语过程中,运用了多种资源,十月革命是其中之一。借助十月革命的成功经验,既使中国革命融入了世界无产阶级革命的潮流,成为世界无产阶级革命的有机组成部分,也使民众易于理解革命、认同革命、支持革命,减少了话语建构过程中的认知障碍和实践阻力,掌握了中国革命的话语权,进而掌握了中国革命的领导权,赢得了中国革命的胜利。"④其次,毛泽东认为,无产阶级革命即社会革命可以普及于世界,描绘了无产阶级革命的前景。受十月革命的启发,1919年7月,毛泽东在《民众的大联合》中说:"自去年俄罗斯以民众的大联合,和贵族的大联合资本家的大联合相抗,收了'社会改革'的胜利以来,各国如匈,如奥,如截,如德,亦随之而起了许多的社会改革。虽其胜利尚未至于完满的程

---

① 毛泽东:《致陶毅信》,《毛泽东早期文稿》,湖南人民出版社2008年版,第420页。
② 毛泽东:《致周世钊信》,《毛泽东早期文稿》,湖南人民出版社2008年版,第429页。
③ 参见金冲及主编《毛泽东传(1893—1949)》,中央文献出版社2004年版,第65—66页。
④ 陈金龙:《十月革命与毛泽东革命话语的建构》,《现代哲学》2012年第3期。

度，要必可以完满，并且可以普及于世界，是想得到的。"①1919年12月，毛泽东在《学生之工作》中表示："论社会革命之著明者，称俄罗斯，所谓'模范国'是也。"②这一时期毛泽东已经表现出对无产阶级革命话语建构的敏感性和重视，这对于他后来不同历史阶段（尤其是第一次国内革命战争时期）革命话语的发展、无产阶级革命话语中国化进程而言，无疑是具有发生学意义的。

（二）中国共产党创立时期的无产阶级革命话语建构

从1917年十月革命胜利到五四运动后不久，这个时段的无产阶级革命话语主要是通过横向和纵向两种比较方式来建构。所谓横向，③指的是横向借鉴俄国十月革命；所谓纵向，就是与之前的革命比如辛亥革命、法国革命相比。比如后来张国焘说："立即觉到俄国革命更值得我们的庆祝、赞美和羡慕了。俄国革命六年，不但全国早已统一⋯⋯中国革命十二年，全国还是四分五裂糜烂不堪的局面。"④这段话就包括了横向和纵向两种建构方式。这种话语建构方式很有效。

但到了建党前后，党内关于无产阶级革命话语的认识趋于统一，但党外对无产阶级革命道路和革命话语的指责开始尖锐起来，尤其是来自新旧改良主义和无政府主义者，比如梁启超、胡适、张东荪等。因此，建党前后无产阶级革命话语的建构形式发生了变化，主要表现为通过论战的形式来展开，著名的就是马克思主义和无政府主义之争。当然，这种形式得以展开，也与包括媒介、出版在内的共产主义学术共同体的形成有关，也就是说，共产党出版机制的形成（比如《共产党》《劳动界》《先驱》，稍晚点的《中国青年》等刊物和大量马克思主义译著的出版），早期共产党人群体、组织（各地共产主义小组和马克思主义研究会）的出现，让无产阶级革命话语建构的形式出现了新的变化，使得无产阶级革命话语建构出现

---

① 毛泽东：《民众的大联合（一）》，《毛泽东早期文稿》，湖南人民出版社2008年版，第313页。
② 毛泽东：《学生之工作》，《毛泽东早期文稿》，湖南人民出版社2008年版，第410页。
③ 这里以国别比较为横向，以历史比较为纵向。
④ 张国焘：《俄国革命六周纪念与中俄关系》，《晨报副刊》1923年11月8日。

井喷现象。①在这种新的斗争形式上，施存统、李达、瞿秋白等人作出了较大贡献。

比如梁启超、张东荪以所谓中国没有"贫富不均"为理论依据，企图论证中国无产阶级革命缺少阶级基础。李达驳斥这种论调，"俄国的革命运动，就要采取另一种方式，即劳农主义的方式了。俄国是农业国，中国也是农业国，将来中国的革命运动，或者有采用劳农主义的直接行动的可能性"②。又如，郑太朴发表《无政府主义与中国》，大谈中国自初民时代便没有政府这一组织，从而主张中国式无政府主义，对此，施存统在《一封答复"中国式的无政府主义"者的信》《我们要怎么样干社会革命？》等文章中予以了批驳。

马克思主义与无政府主义论战的结果就是，对于当时的中国社会来讲，除了无产阶级革命之外没有第二条道路可走的这一认识，开始为更为广大的人们所认可、接受。比如施存统认为："我们要在中国干革命，必须要从社会上政治上两方面并进，否则断断无效"，"社会革命，简单点说，就是改变经济组织的革命。政治革命，简单点说，就是改变政治组织的革命"，"我们第一步就要把现政府推翻，自己跑上支配阶级地位去，借着政治的优越权，来改变经济组织，我以为在中国干社会革命，除此之外，再没有第二个方法"。③陈独秀认为，"在最近的将来，不但封建主义要让共和，就是共和也要让社会主义"，"封建和社会主义之间不必经过长久的岁月"。④

最具代表性的是毛泽东。1921年1月，毛泽东在新民学会长沙会员大会上的发言中比较了世界解决社会问题几种方法利弊："社会政策""社会民主主义""激烈方法的共产主义（列宁的主义）""温和方法的共产主义（罗素的主义）""无政府主义"。毛泽东认为："社会政策，是补苴罅漏的政策，不成办法。社会民主主义，借议会为改造工具，但事实上议会的主

---

① 关于以这一时期出版物为主体讨论革命话语建构，可以参见李军林《马克思主义在中国的早期传播及其话语体系的初步建构》（学习出版社2013年版）第四章第二节"早期中国共产党与马克思主义革命话语"。
② 李达：《讨论社会主义并质梁任公》，《新青年》1921年第1号。
③ CT（施存统）：《我们要怎么样干社会革命？》，《共产党》1921年第5号。
④ 陈独秀：《国庆纪念底价值》，《陈独秀文集》第2卷，人民出版社2013年版，第58—59页。

张总是保护有产阶级的。无政府主义否认权力,这种主义恐怕永世都做不到。温和方法的共产主义,如罗素所主张极端的自由,放任资本家,亦是永世做不到的。激烈方法的共产主义,即所谓劳农主义,用阶级专政的方法,是可以预计效果的,故最宜采用。"①

这样,随着中国共产党的成立,比资产阶级革命派更为激进的无产阶级革命话语也加入革命话语大合唱中了。由此,20世纪20年代初开始,激进主义革命话语的霸权地位就基本确立。激进主义"革命不仅为多数党派所认同,也为多数无党派的知识分子所信奉,而且迅速形成一种普遍观念,认为革命是救亡图存、解决内忧外患的根本手段。革命高于一切,革命受到崇拜。知识青年尤其成为革命的崇拜者和讴歌者。五卅运动之后,知识青年投身革命形成热潮。革命的目标,不仅仅是要'改造中国',而且要'改造世界'。'中国革命是世界革命的一部分'成为当时革命青年的口头禅"②。不仅如此,"1920年代开始,革命成为多个政党的共同诉求。国民党的'国民革命'、共产党的'阶级革命'、青年党的'全民革命'几乎并起,并形成一种竞争态势"③。接下来就进入激进主义革命话语领导权的争夺战,形成了"三党竞革"的历史景观。

(三)大革命时期的无产阶级革命话语建构

中国共产党成立后,无产阶级革命话语有了长足的进步。但由于中国反帝反封建的民主革命任务还没有完成,在革命形势推动、两党意愿和共产国际的影响下,国共两党开始了第一次合作,此后,无产阶级革命话语建构一定程度上服膺于民主革命话语。中国共产党是孙中山革命事业的继承者,在建党和大革命时期,先后也使用"民主革命""国民革命"等口号。陈独秀1925年9月在《向导》第128期《本报三年来革命政策之概观》一文中提出用"国民革命"取代"民主革命"口号的说法并做了解释。他说,"民主革命"的口号是"继续着辛亥革命的观念而来",但"民主革命"的口号"偏于纯资产阶级的",在殖民地半殖民地的中国"决没

---

① 毛泽东:《在新民学会长沙会员大会上的发言》,《毛泽东文集》第1卷,人民出版社1993年版,第2页。
② 王奇生:《革命与反革命:社会文化视野下的民国政治》"前言",社会科学文献出版社2010年版,第2页。
③ 王奇生:《革命与反革命:社会文化视野下的民国政治》"前言",社会科学文献出版社2010年版,第2页。

有欧洲十八世纪资产阶级的革命之可能"，而"国民革命"的口号"成了全国普遍的口号，并且实际上适合于殖民地半殖民地各阶级联合革命的需要"，①故"民主革命"是就革命的性质、追求来说的，"国民革命"是就革命的主体、动力来说的，二者实际上都指向反帝反封建的革命，而"国民革命"的口号更适合动员民众参加革命。因此，在大革命时期，"国民革命"的革命话语深得人心。

虽然陈独秀后来忘了无产阶级革命的"初心"，甚至提出"二次革命论"，最后犯了右倾投降主义错误，给无产阶级革命造成了很大的损失，但同样在第一次国内革命战争期间，以毛泽东为代表的无产阶级革命话语建构反而取得了长足的进步。在第一次国内革命战争时期，毛泽东先后撰写了《答少年中国学会改组委员会问》（1925年11月21日）、《中国社会各阶级的分析》（1925年12月1日）、《中国农民中各阶级的分析及其对于革命的态度》（1926年1月1日）、《国民党右派分离的原因及其对于革命前途的影响》（1926年1月10日）、《国民革命与农民运动》（1926年9月21日）、《湖南农民运动考察报告》（1927年3月5日起）、《在中央紧急会议上的发言》（1927年8月7日）等一系列著作。在这一系列著作中，毛泽东和其他无产阶级革命理论家一起，详细讨论了中国革命性质、对象、任务和前途问题，无产阶级在民主革命中的领导权问题，农民同盟军问题，党对资产阶级政策问题，武装斗争问题等；其意义就是"初步解决了马克思主义革命话语与中国革命具体实际相结合的一系列问题，其理论成果集中体现在新民主主义革命话语的提出"②。

不论狭义还是广义，第一次国内革命战争期间形成的无产阶级革命话语是一个理论话语体系。但过去因为革命动员的需要，人们经常引用毛泽东在《湖南农民运动考察报告》中的那句名言"革命不是请客吃饭，不是做文章，不是绘画绣花，不能那样雅致，那样从容不迫，文质彬彬，那样

---

① 陈独秀：《本报三年来革命政策之概观》，《陈独秀文集》第3卷，人民出版社2013年版，第297页。
② 李军林：《马克思主义在中国的早期传播及其话语体系的初步建构》，学习出版社2013年版，第175页。

温良恭俭让。革命是暴动，是一个阶级推翻一个阶级的暴烈的行动"[①]作为毛泽东乃至整个无产阶级革命话语的代表，这句话虽然简洁明了、非常有效力，但由于人们断章取义的理解，致使它不仅掩盖了无产阶级革命话语的全部的科学内涵，也造成了对无产阶级革命话语的片面理解甚至是误解，这可能也是毛泽东当时始料未及的。

虽然从发生学的角度，我们不能把无产阶级革命话语建构的历史完全理解成一种目的论的结果，但正如在本节开头引用学者陈金龙那段话表述的那样，客观上，它的发展过程又走出了一种合乎目的性、合乎逻辑的历史轨迹。借助辛亥革命、十月革命、五四运动和国民革命话语，无产阶级革命话语建构确实成功论证了中国无产阶级革命的历史必然性和正当性，诠释了中国无产阶级革命的任务和前景、道路和阶段，阐释了中国无产阶级革命的力量和斗争策略等，完成了无产阶级革命话语的初步建构。

正是因为有了这些理论成果，才使得中国共产党很早就对革命道路充满自信，才能在大革命失败的历史际遇下保持清醒的认识，随即在武装斗争、文化领域两条战线展开斗争，一方面在政治军事方面决绝地走上了工农武装革命、农村包围城市的革命道路，另一方面又在文化领域大力倡导无产阶级革命文学，揭开了中国马克思主义文艺理论发展的序章。

第三节 从文学改良、文学革命到革命文学：革命话语文学论的兴起

20世纪20年代无产阶级革命话语的建构为中国无产阶级革命文艺理论的发生提供了一个话语框架，但作为一个自主体，文艺理论有着自己的发生发展逻辑，它的发生历史就是从文学改良、文学革命到革命文学，再从民主主义革命文学到无产阶级革命文学（即革命文学无产阶级化）的这样一个过程。

[①] 毛泽东:《湖南农民运动考察报告》,《毛泽东选集》第1卷,人民出版社1991年版,第17页。

一、文学改良与文学革命

一般中国近现代文学史都把 1917 年开始的文学改良运动称为五四新文学运动。而中国近现代文学史上的文学改良思潮却可以上推到龚自珍，中间经过黄遵宪、梁启超，再到五四新文学运动的胡适等，前后延续近百年，经历过新旧两个文学改良时代。从学理上来看，这两个文学改良时代重视的都是文学形式（语言和文体）的变革。

1917 年 1 月，胡适发表了《文学改良刍议》（1917 年 1 月《新青年》第 2 卷第 5 号），以文学改良主义揭开了新文学运动的序幕。《文学改良刍议》首先提出文学改良的"八事"主张（后一般称为"八不主义"），提倡以白话文代替文言文，以白话文学代替仿古文学。但很快，陈独秀将文学改良论导向文学革命论。2 月，陈独秀发表了《文学革命论》（1917 年 2 月《新青年》第 2 卷第 6 号），明确提出反对封建主义的文学，并把文学革命的内容与形式统一起来，他提出文学革命的"三大主义"，即，推倒贵族文学，建设国民文学；推倒古典文学，建设写实文学；推倒山林文学，建设社会文学。真正举起了文学革命的旗帜。接着，胡适发表《"易卜生主义"》（1918 年 6 月 15 日《新青年》第 4 卷第 6 号），提倡个人本位主义，指责封建"社会最大的罪恶莫过于摧折个人的个性，不使他自由发展"，进而发出了"须使个人有自由意志"的召唤。继而周作人发表《人的文学》（1918 年 12 月 15 日《新青年》第 5 卷第 6 号）和《平民文学》（1919 年 1 月 19 日《每周评论》第 5 号）两篇重要文章。胡适、周作人二人在五四时期对于"人"的本质、"人道主义"精神的多种理解中，找到了以个人主义、自由意志、利己再利他为核心的人本主义思想，基本上完成了资产阶级文艺理论的理论建构。

因此，1919 年 5 月《新潮》第 1 卷第 5 号发表傅斯年《白话文学与心理的改革》一文，把胡适的《"易卜生主义"》《建设的文学革命论》与周作人的《人的文学》、陈独秀的《文学革命论》同视为"五四""文学革命的宣言书"。而胡适在 20 世纪 30 年代《〈中国新文学大系·建设理论集〉导言》里，为了剥夺左翼文艺运动的"五四"传统，仅把周作人的《人的文学》和他自己的《建设的文学革命论》称为五四文学革命的纲领。胡适这一说法固然招致了很多批评，但我们也应该承认胡适、周作人和陈独秀一样，他们的理论建树确实产生了很大影响。

可以说，"五四"之前，文学改良运动和文学革命运动是前后脚出现的。二者的区别就在于，相比文学改良，文学革命主张更为强调思想、内容和精神上的革命，但二者都是资产阶级性质即现代性性质的文学主张，其主要特点是艺术本体论和平民化（但不是底层化大众化）、现实化、社会化、人本主义的人道化等。这是我们从中国马克思主义文艺理论谱系出发，对文学改良和文学革命运动转换，给出的一个非常粗糙的看法，因为中国现代文学理论这个发展转换环节（甚至还有"文艺复兴"等其他发展脉络等）不是我们关注的重点，而且相关研究成果也很多，可谓汗牛充栋，所以这里没有过多涉及的必要，因为我们关注的只是"文学革命"向"革命文学"转换的过程，也就是"革命文学"的发生问题。

二、"革命文学"的发生

在中国，最早诞生的"革命文学"概念指的是资产阶级民主主义革命文学。如1917年3月，李大钊在《俄国革命之远因近因》中首次使用了资产阶级民主主义意义上的"革命文学"一词，他说："革命文学之鼓吹。俄国之文学，人道主义之文学也，亦即革命主义之文学也。"[①] 后来，1920年2月，茅盾在《我们现在可以提倡表象主义的文学么？》中，以自问自答的设问方式，在肯定写实主义是一种"有实力的革命文学"的同时表达了自己更为主张表象主义文学的主张。"问：写实主义对于恶社会的腐败根极力抨击，是一种有实力的革命文学，表象主义办不到这层，所以应该提倡写实，不是表象。""答：这些话我通通承认，但我们提倡写实一年多了，社会的恶根发露尽了，有什么反应呢？可知现在的社会人心的迷溺，不是一味药所可医好，我们该并时走几条路，所以表象该提倡了。"[②] 这种民主主义革命文学也有自己的一条独立发展脉络，尤其是后来国民革命时期，当时社会面所说的革命文学主要指这一革命文学，这一谱系革命文学也有自己很大的影响，茅盾这一时期也曾在民主主义革命文学和无产阶级

---

① 李大钊：《俄国革命之远因近因》，《李大钊全集》第2卷，人民出版社2006年版，第4页。
② 茅盾：《我们现在可以提倡表象主义的文学么？》，《茅盾全集》第18卷，黄山书社2012年版，第30页。

革命文学之间两难。①

虽然李大钊最早提出"革命文学"概念，但在文学改良和文学革命思潮占主流的五四运动之前，它没有产生很大的影响。但五四运动之后，由于革命理论和政治运动的兴起，文学理论再度政治化、社会学化、去文学化，由最初文学改良和文学革命运动时的文学立场重新回归社会意识。在这个过程中，革命文学理论也迅速分化，其中激进的革命文学一系迅速无产阶级化，无产阶级性质的"革命文学"开始酝酿、发展。因此说，无产阶级革命文学是源自民主主义革命文学的，它们的逻辑起点都是离开艺术本体转入社会意识本体，而1924年2月成仿吾发表的《艺术之社会的意义》正好具有这种理论转向的意义。只不过民主主义革命文学往往被包含在"五四文学革命"的范畴下，而"革命文学"则更多地被用来专指无产阶级革命文学。

而最早提出无产阶级性质"革命文学"口号的是李大钊的学生费觉天。1921年6月，文学研究会的郑振铎发表《血和泪的文学》（1921年6月《文学旬刊》第6号），这篇文章很短，其实看不出和"革命""革命文学"尤其是"无产阶级革命文学"有多大联系，文章内容主要是对"五四"退潮之后低落的文学和社会情绪不满。但费觉天看到郑振铎的文章之后，给他写了一封信。这封信没见发表，而是由郑振铎在《文学与革命》（1921年7月30日《文学旬刊》第9号）中几乎做了全文转述。从郑振铎转述的文字来看，费觉天是社会学专业学生，他在给郑振铎的信中明确提到了"布尔什维克"意义上的革命，并且认为只有"革命文学家"才

---

① 1927年，沈雁冰不但赞成革命文学——无产阶级文学，而且认为中国已经创造出了这种文学，还为这种文学创造了新的形式。他在为太阳社顾仲起的诗集《红光》写的一篇序言中高度肯定《红光》为革命文学创造了新的形式。他说："我以为《红光》的新形式或者会引起新的革命文学。"而"革命的文学，须有新的形式来适合他的新精神"。序言进一步阐述："《红光》本身是慷慨的呼号，悲愤的呓语，或者可说是'标语'的集合体。"在特殊的革命时代，"反是这样奇突的呼喊，口号式的诗集，才算是环境产生的真文学"。还说：在大变动时代，神经紧张的人们已经不耐烦去静聆雅奏细乐，需要大锣大鼓才合乎脾胃。因此，标语口号式的新诗，不但是时代和环境的产物，而且还为真正的无产阶级文学"奠了基石"。可见，在大革命的高潮时期，沈雁冰是热情赞颂标语口号文学的，他充分肯定这种革命文学产生的历史必然性。（序言原载1927年3月27日武汉《中央日报·中央副刊》的《上游》周刊）而在一年以后的"革命文学"论争中，他却坚决反对"标语口号"文学。

能使得革命成功,"我相信今日中国革命能否成功,全视在此期间能否产出几个革命的文学家"①。相比之下,从郑振铎的文字来看(举例法国大革命),郑振铎本人对于"革命"的理解可能不完全是无产阶级的,而是民主主义的。沈泽民后来在《文学与革命的文学》中说:"郑先生所提倡的'血'与'泪'的文学,意思并不完全和我一样,据我看,郑先生的'血泪'虽然 Figurative 得很(指形象得很——引注),可是并不曾把'血泪'的真实意义指示出来,换言之,就是郑先生所提倡的,并没有把文学的阶级性指示出来,也没有明白指示我们需要一种新的文学。"②说的就是这个意思。但显然,费觉天受到了很大的鼓舞,随即在 1921 年 7 月《评论之评论》第 1 卷第 4 期组织了一个"革命的文学讨论"专栏,将郑振铎这篇文章兼回信(《文学与革命》)和费觉天《从文学革命与社会革命上所见的革命的文学》、瞿世英《文学与革命的讨论》、周长宪《感情的生活与革命的文学》一起发表。在这些涉及编写的文章中,费觉天有意识地在促成文学革命向革命文学的转化,甚至在《评论之评论》停刊之后,1922 年 2 月至 5 月,费觉天还在《晨报》副刊上连续刊登该期"革命的文学讨论"目录,借以扩大影响。

《评论之评论》由费觉天主持编辑,第 2 号上曾发表过李大钊的文章《中国的社会主义与世界的资本主义》,因此,从他和李大钊关系来看,他的无产阶级性质的革命文学主张应该是受到李大钊对于俄国文学和俄国革命有关文章或者思想观点的影响。虽然费觉天最后没有转变为社会主义者,但他对于倡导"革命文学"具有高度自觉和功利主义立场,因此,学者邓丽兰认为他"首倡革命文学,开启左翼文学文学工具化的传统"③,这一判断是基本符合历史事实的。但也有学者认为无产阶级"革命文学"首创之功另有其人,比如学者张丽军认为李之常《支配社会底文学论》(1922 年 4 月 21 日《文学旬刊》第 35 期)是最早提出具有无产阶级意识

---

① 西谛(郑振铎):《文学与革命》,《文学旬刊》1921 年第 9 号。
② 泽民:《文学与革命的文学》,上海《民国日报》副刊《觉悟》1924 年 11 月 6 日。
③ 邓丽兰:《失踪的五四思想者:以〈评论之评论〉为中心的考察》,载牛大勇、欧阳哲生主编:《五四的历史与历史中的五四:北京大学纪念五四运动 90 周年国际学术研讨会论文集》,北京大学出版社 2010 年版,第 196 页。

的"革命底文学",[1]但此文显然无法和费觉天相提并论。至于稍晚一点的"悟悟社"和许金元等人也大力提倡"革命文学",但其革命文学主张是民主主义性质的,与无产阶级革命文学主张并不在一个理论逻辑上,二者是并行关系。

三、无产阶级革命话语文学理论的早期发展

一般现代文学史史料编辑和文学史写作把1922—1927年的这个阶段称为"(无产阶级)革命文学"的酝酿期或者"初期(无产阶级)革命文学"阶段,如1979年北京大学、北京师范大学、北京师范学院三校中文系中国现代文学教研室联合编的《中国现代文学史参考资料·文学运动史料选·第一册》(上海教育出版社1979年版),宋建林、陈飞龙主编的《中国马克思主义艺术理论发展史》(生活·读书·新知三联书店2011年版)等。而把1928—1929年发生的"(无产阶级)革命文学"论争及1930年"左联"成立之后的数年称为左翼文艺运动时期或者"左翼十年",笔者《左翼文艺运动与中国马克思主义文艺理论的早期建设》(中国文联出版社2007年版)也是遵循这种学术规范的。

前后两个阶段划分的依据就在于,1922—1927年无产阶级革命文学和民主主义革命文学主张是杂糅在一起的,比如1925年1月1日,蒋光慈在上海《民国日报》副刊《觉悟》发表《现代中国社会与革命文学》中指出"谁个能够将现社会的缺点、罪恶、黑暗……痛痛快快地写将出来,谁个能够高喊着人们来向这缺点、罪恶、黑暗……奋斗,则他就是革命的文学家,他的作品就是革命的文学",是很难定性为何种性质的革命文学的。而作为具有理论自觉意识的"无产阶级革命文学"完整概念的普遍出现则是在1928年"革命文学"论争开始之后,比如1931年鲁迅发表的《中国无产阶级革命文学和前驱的血》。因此本书一方面延续学界传统认识,把1922—1927年这个时期称为"无产阶级革命文学理论的早期发展"

---

[1] 张丽军:《论1920年代中国文学的左翼化》,《文艺理论与批评》2012年第1期。

阶段,①但又根据自己的理解,把1928—1932年这个时期称为"革命文学无产阶级化"阶段。接下来我们分两个方面分析1922—1927年这个阶段"无产阶级革命文学理论的早期发展"情况。

首先,虽然费觉天等人最早推动了无产阶级革命文学理论的讨论,但真正推动无产阶级革命文学理论发展的是革命实践。无产阶级革命运动和早期共产党人推动了无产阶级革命文学理论的发展。

1921年中国共产党成立以后,中国革命面貌和历史逐渐发生深刻变化。中国无产阶级革命运动的发展产生了发展中国无产阶级革命文学的必然要求。与传统的资产阶级革命不同,无产阶级革命一开始就走向了与工农群众相结合的道路,群众革命运动的蓬勃发展产生了以文学艺术样式从事革命宣传的实际需要和现实。各地革命风暴中也先后出现了大批革命文艺作品。比如1922年2月,中国共产党所领导的社会主义青年团的机关刊物《先驱》增辟了"革命文艺"栏,陆续发表若干具有革命鼓动内容的诗歌。与这种形势相适应,1922年以后,在文学领域内,人们开始思考"五四"之后文学向何处去的问题,并且在与群众革命运动的结合中,早期共产党人和青年共产主义知识分子开始探讨以文学样式从事革命宣传的实际需要和可能,并为此开始了革命文学的酝酿和理论建设工作。

1923年6月创刊的中国共产党理论刊物《新青年》季刊,在其发表的《新青年之新宣言》中,着重对当时社会思潮和文学思潮作了分析,即指出"现时中国文学思想——资产阶级的'诗思',往往有颓废派的倾向",并且明确认为中国革命运动和文学运动"非劳动阶级为之指导,不能成就"。②这些表述都明确涉及了"五四"后文学发展方向和指导思想的问

---

① 学者支克坚将早期阶段的"革命文学"称之为"革命的小资产阶级"文学,而且这种"革命文学"跨度还和本文这里的"革命文学无产阶级化"阶段有所重合。鲁迅1931年在《上海文艺之一瞥》中也说:"现在中国这样的社会中,最容易希望出现的,是反叛的小资产阶级的反抗的,或暴露的作品……对于这些作品,我以为实在无须称之为无产阶级文学,作者也无须为了将来的名誉起见,自称为无产阶级的作家的。"鲁迅赞成"左联"这个时期提出的"作家的无产阶级化"口号。支克坚还认为,以毛泽东的政治化观点,延安文艺整风之前的革命文学都可以称之为革命的小资产阶级文学,延安文学就不是革命的小资产阶级文学了,但也认为它没有解决好文学和政治的关系。参见支克坚《论中国现代文学中的小资产阶级问题》,《中国现代文学研究丛刊》1999年第3期。但本书认为,这种判断主要是基于文学史的判断,理论形态的革命文学无产阶级化的确立没有那么晚。

② 《新青年之新宣言》,《新青年》季刊1923年6月创刊号。

题。从1923年起，一部分从事革命实际工作的早期共产党员也在这个时期，利用《新青年》季刊、《中国青年》周刊、《民国日报》副刊《觉悟》等报刊，纷纷发表文章，讨论新文学的发展方向问题，如瞿秋白的《赤俄文学时代的第一燕》、秋士的《告研究文学的青年》、(邓)中夏的《新诗人的棒喝》《贡献于新诗人之前》、恽代英的《文学与革命》《八股？》、(沈)泽民的《青年与文艺运动》《文学与革命的文学》、(萧)楚女的《诗的生活与方程式的生活》等文。在这些文章中，他们最早一批提出了无产阶级"革命文学"口号，批判了"五四"以后新文学的一些消极倾向，提出了文学和革命相结合的要求，并开始探讨文学如何为革命服务的途径等问题。

如，邓中夏在《贡献于新诗人之前》中，认为文学、诗歌由于具有"激发人们的情绪"的特性，主张新诗人、新文学，应该高举起革命的旗帜，把文学作为"儆醒人们使他们有革命的自觉，和鼓吹人们使他们有革命的勇气"的"最有效用的工具"。他说："我们承认革命固是因生活压迫而不能不起的经济的政治的奋斗，但是儆醒人们使他们有革命的自觉，和鼓吹人们使他们有革命的勇气，却不能不首先要激动他们的感情。激动感情的方法，或仗演说，或仗论文，然而文学却是最有效用的工具。诗歌的声调抑扬，辞意生动，更能挑拨人们的心弦，激发人们的情绪，鼓励人们的兴趣，紧张人们的精神，所以我们不特不反对新诗人，而且有厚望于新诗人呢。"他语重心长地批评了文艺青年中存在的"不问社会的个人主义"倾向，同时从正面恳切地劝告作家艺术家："第一，须多做能表现民族伟大精神的作品"以便教育人民，揭露帝国主义及其奴才们所制造的"中华民族性不良"的谎言，提高民族自信心，扫除民族自卑感；"第二，须多做描写社会实际生活的作品"，"彻底露骨的将黑暗地狱尽情披露，引起人们的不安，暗示人们的希望"，以便达到"改造社会"的目的。总之，在邓中夏看来，文学应该是"儆醒人们使他们有革命的自觉，和鼓吹人们使他们有革命的勇气"的一种"最有效用的工具"。[①]

如，恽代英在《八股？》一文中，明确要求新文学"能激发国民的精神，使他们从事于民族独立与民主革命的运动"。共产党人倡导一种"能

[①] 中夏：《贡献于新诗人之前》，《中国青年》1923年第10期。

痛切地描写现代中国大多数民众的生活,且暗示他们的背景与前途"的"革命的文学"。①1924年5月17日,恽代英在与王秋心的通信《文学与革命》(《中国青年》第31期)中,第一次提出"革命文学""革命的文学"的概念。王秋心说:那些观察社会最真确,同情于人生最深切,富于刺激性反抗性的文学,是革命的文学。以文学感人,比普通文字尤深,而鼓吹革命、改造社会,文学便是利器。恽代英说:文学既然是人类高尚圣洁的感情的产物,自然是先要有革命感情,后才有革命文学。最要紧的是先要一般青年能做脚踏实地的革命家;在这些革命家中,有情感丰富者,可写出革命文学。为了改变文坛现状,创造革命文学,秋士还号召:文学家应该到民间去,身入地狱,到一切人到了的地方去,吃一切人吃过的苦,受一切人受过的罪。总之,应该快快抛弃锦绣之笔,离开诗人之宫,去从事实际运动。②

如,沈泽民在《我们需要怎样的文艺?——对〈小说日报〉西谛君的话的感想》一文中,对无产阶级"革命文学"做了充分论述:"所谓革命的文学,并非是充满手枪和炸弹这一类名辞,并非如象《小说月报》所揭为标语的血与泪,并非像创造社诸先生所时常吐露的怨愤……"而是这样的作品:"有能在他底文体上充盈了在觉醒中的一代民众所当具的雄浑的魄力的作品么?有能痛切地描写现代中国大多数民众的生活,且暗示他们的背景与前途的作品么?有能含着极饱满的少年精神,可以代表新生的一代,诉出他们底神圣的愿望与悲哀,优点与弱点的作品么?这样的作品如果可以有,我要认它是我们所需要的文艺了。""革命,在文艺中是一个作者底气概的问题和作者底立脚点的问题。"③沈泽民还在《对于国内研究文学者的希望》中,对无产阶级革命条件下,文学与民族精神问题做了详细论述。他认为:"我以为表现人生虽然是文学底第一要义,但一民族底文学应该自有其特点:这特点就是该民族底民族思想。"文学对于民族精神的表现,并不是封闭的,而是要看到它与整个人类的联系,要在与世界其他民族的交流中共同进步:"一种民族思想对于全人类总是有关系的;若能和其

---

① 代英:《八股?》,《中国青年》1923年第8期。
② 参见恽代英《文学与革命》,《中国革命》1924年第31期。
③ 沈泽民:《我们需要怎样的文艺?——对〈小说日报〉西谛君的话的感想》,载张立国、钟桂松编《沈泽民文集》,浙江文艺出版社1997年版,第52—53页。

他民族思想接触了，总可以生出新东西来，促进人类全体底进步。"他还倡导文学创作应关注"国民性"的表现，同时对当时文学中的全盘西化的大潮提出批评："所谓国民性的研究，自然不是文学家包办的事，而是不必定要文学家去办；可是文学家在作品中表现国民性是非常应该的。现在国内创作家太不注意这一点了！创作中满满地都是西洋新思想，几乎分不出这是翻译外国人的呢，那是中国人自做的呢？我总觉得这是太过分了，希望创作家要多描写一点国民思想。"[1]

其次，作为与历史同步的逻辑主体，革命文艺理论在外在影响和内在要求的共同作用下，也开始自觉促成"文学革命"向"革命文学"尤其是"无产阶级革命文学"的转变。这个转变最早是以1923—1924年创造社由"为艺术而艺术"转向关注社会问题、由主张浪漫主义转向提倡现实主义为大标志的。但作为具体事件而言，则自蒋光慈、沈泽民等人于1924年组织了革命文学团体春雷社鼓吹革命文学开始。

1924年8月1日，蒋光慈在《无产阶级革命与文化》的论文（署名蒋侠僧，《新青年》季刊第3期）中，首次提出"无产阶级文学"的命题。他说：无产阶级革命不但解决面包问题，而且要解决文化问题，它为无产阶级文化的建立开辟了新途径。无产阶级革命，一方面是建立无产阶级政权，另一方面也建立无产阶级文化，亲手创造出无产阶级诗人，创造出无产阶级文学。[2] 此后，提倡无产阶级革命文学开始同声相应、同气相求。1924年8月9日，郭沫若在致成仿吾的信中也说，"今日的文艺便是革命的文艺""我们的文艺只能是革命的文艺"。[3] 1925年，郭沫若翻译了日本河上肇的通俗经济学著作《社会组织与社会革命》后，自称已经成了马克思主义者，这时又即将北伐，郭沫若很兴奋。在写于1926年4月13日、发表于5月16日的《革命与文学》（《创造月刊》第1卷第3期）文章中，郭沫若不仅极力阐释革命和文学的统一，"文学是革命的前驱——在革命的时代必然有一个文学上的黄金时代——这样的主张我们也是时常听见

---

[1] 沈泽民：《对于国内研究文学者的希望》，载张立国、钟桂松编《沈泽民文集》，浙江文艺出版社1997年版，第27页。

[2] 参见蒋光慈《无产阶级革命与文化》，《蒋光慈全集》第6卷，合肥工业大学出版社2017年版，第52—56页。

[3] 郭沫若：《孤鸿——致成仿吾的一封信》，载郭沫若著作编辑出版委员会编《郭沫若全集（文学编）》第16卷，人民文学出版社1989年版，第19、20页。

的",还提出了著名的"表同情于无产阶级的社会主义的写实主义的文学"这一口号。学者张大明认为:"表同情于无产阶级的社会主义的写实主义的文学,这是前所未有的口号,表明'五四'文学革命正在向革命文学阶段转变,中国文学史即将翻开新的一页。"①

1928年年初,李初梨在《怎样地建设革命文学》中认为,1926年郭沫若的《革命与文学》"据我所知道,这是在中国文坛上首先倡导革命文学的第一声"。他在文章中用大号黑体字写着:"革命文学,不是谁的主张,更不是谁的独断,由历史的内在的发展——连络,它应当而且必然地是无产阶级文学。"② 与此同时,1928年2月,成仿吾在《创造月刊》上发表了《从文学革命到革命文学》,最先提出"从文学革命到革命文学"的命题。由此,很快引发了创造社、太阳社之间"革命文学"首功之争,至此,革命文学——事实上是无产阶级革命文学的代名词——旗帜就正式树立出来,开始独占历史的一页了。这很重要。这是一种理论主体的确立,它为后一个阶段无产阶级革命文学理论的内容建构即"革命文学无产阶级化"奠定了基础。

总之,近现代革命话语的发生发展导致了无产阶级革命文学的发生,从而将革命性特征深深嵌入了中国马克思主义文艺理论的理论基因中。当然,这种革命性特征的形成并不是由革命话语一个因素形成的,它还与近现代文艺理论史上阶级、意识形态等观念的发生发展密切相关。对后二者我们接下来将继续探讨。

---

① 张大明:《社会主义现实主义与中国革命文学》(上),《新文学史料》1998年第3期。
② 李初梨:《怎样地建设革命文学》,载中国社会科学院文学研究所现代文学研究室编《"革命文学"论争资料选编》(上),知识产权出版社2010年版,第120页。

第六章 阶级观念与中国马克思主义文艺理论革命性的发生(中)

中国马克思主义文艺理论发生期的主要内容是无产阶级革命文学理论的创制。因此,革命话语之外,无产阶级阶级观念、阶级分析方法的形成、五四新文学革命知识分子阶级认同的分化(尤其是"革命小资产阶级"的形成)也是中国马克思主义文艺理论发生的核心要素和前提条件之一。此外,"(无产)阶级"还是中国马克思主义文艺理论的主体性概念,后来的"群众""人民大众""民族""国家"等主体概念都由此而来,这个问题我们将在后面主体性章节中讨论。

本书对"阶级观念"持一种广义的理解。首先,范围上包括各种政治派别和个人关于阶级问题的认识,无论是认可还是反对,"无论是中共革命目标所指向的帝国主义和军阀,还是作为中共革命竞争者的国民党内各派、国家主义者,乃至此期基本上停留在思想界的章太炎、梁启超、胡适、梁漱溟等都有围绕中共阶级革命而发的阶级观念"[①]。这些认识有的是同质关系,比如国共青三党、无政府主义者都承认有阶级事实,但对于阶级革命立场却不同或相反;有的是异质关系,比如梁启超等就不承认阶级存在、阶级斗争史观进而反对阶级革命道路等,但这并不影响他们有自己的阶级认识即阶级观念。其次,内容上包括唯物史观中的阶级(斗争)史观,阶级革命(阶级斗争、阶级战争学说)和政党理论,社会心理和政治领域的阶级认同、阶级立场、群体意志、政治动员等,唯物辩证法的社会阶级分析方法等。再次,以话语为表现或存在形式的阶级观念与相关的

[①] 张文涛:《国民革命前后的阶级观念研究》,人民出版社2021年版,第15页。需要特别说明的是,氏著鲜明地体现了"阶级观念"是个非常成熟的研究领域,因此本书本章第一节对该书有较多借鉴和直接、间接引用。在此表示感谢。

"语义丛"①或者核心概念"星丛群"②有着密切的关系。也就是说,阶级观念不是自足存在的,它和相关概念、范畴、观念之间是彼此联系的,比如"阶级""民族""国家""劳工""国民""经济""社会""社会主义""帝国主义"等相互之间都是有着紧密联系的术语。因此,我们不能孤立地理解、谈论阶级观念和阶级话语,但本书因研究主旨所限,也不可能旁及太多的相关概念和术语。最后,本书中,广义的阶级观念和广义的阶级革命概念是基本同义的,而在中国马克思主义文艺理论谱系中,狭义的阶级观念、阶级革命多数情况下又是特指无产阶级的阶级观念、阶级革命。

此外,"阶级(性)"是个主观概念也是一个客观概念,与科学性和革命性都有联系。虽然在唯物史观范畴下也可以讨论"阶级(性)",但在中国近现代落后社会生产力历史条件下,阶级理论(尤其是阶级革命理论)其实和经典的马克思主义唯物史观是冲突的,前者甚至不具合法性,这也是阶级理论在当时遭受诟病的地方。因为唯物史观和阶级斗争理论(后者在当时主要是结合意志论和道德想象来讨论的)不仅在现实性上是冲突的,在理论上也是冲突的,二者的矛盾关系问题以及同一阶级为什么会有不同意识形态等悖论都是严重困扰中国早期马克思主义者的重大理论问题。③ 不少反对者甚至就是以马克思主义理论来反对阶级革命的,"国民革命前后不少对阶级斗争的批判,明显地袭用马克思主义本身的理论框架"④。对此,"早期中国的马克思主义通过对于唯物史观的理论调整,强调社会变革中意志的作用,并进而把意志等同于阶级斗争,这样在理论上论证了阶级斗争是历史发展的动力这一命题"⑤,从而"中国共产党人把阶级斗争意志化,历史动力化,使其渗入到唯物史观之中,并成为唯物史观阐

---

① 张文涛:《国民革命前后的阶级观念研究》,人民出版社2021年版,第183页。
② 金永兵:《关键词研究与马克思主义文论话语体系建设》,《求索》2019年第4期。
③ 对唯物史观和阶级斗争理论之间矛盾的认识,在中国第一代马克思主义者那里,不同的理论主体有不同的看法,比如李大钊在《我的马克思主义观》中就非常重视这个矛盾问题,但陈独秀和毛泽东却认为二者是统一的,没把问题想得那么复杂。参见[德]李博《汉语中的马克思主义术语的起源与作用:从词汇—概念角度看日本和中国对马克思主义的接受》,赵倩等译,中国社会科学出版社2003年版,第177—178页。
④ 张文涛:《国民革命前后的阶级观念研究》,人民出版社2021年版,第16页。
⑤ 赵利栋:《"五四"前后中国马克思主义传播中的阶级与阶级斗争观念》,载中国社会科学院近代史研究所编《中国社会科学院近代史研究所青年学术论坛》2001年卷,社会科学文献出版社2002年版,第96页。

释的中心"①。

正因为"阶级（性）""阶级革命"一开始就不是中国社会和历史的一种客观性现实，而是一种表达性现实，②是主观建构出来的，具体到中国马克思主义文艺理论这样文化层面的阶级观念，更是受到中国共产党阶级观念的影响而表现为一种自觉的政治文化。所以，在中国马克思主义文艺理论体系中，"阶级（性）"更多的时候是和主观性、革命性、意识形态性、政治立场、道德想象等问题结合在一起，与"人民""民族""国家"等主体概念一样，更多的时候是一种自我认识或者身份审视的一个概念，更多的时候是个主观性、主体性概念，更多的时候是个关乎立场、道德的思想问题，而不仅仅是个理论问题。这也就是为什么我们可以在革命性这个大范畴下，来讨论近现代阶级观念形成和发展与中国马克思主义文艺理论发生问题的合理性所在。

而中国近现代阶级观念的形成和发展是个非常庞大的论域，即便是无产阶级阶级观念的形成和发展也不是一个小节能够说清楚的。比如在无产阶级阶级观念形成的过程中，劳资问题对于工人阶级自我认同的影响就很大，因为工人为了自己的利益会更容易接受自己无产阶级的集体身份，这对于无产阶级阶级观念的形成和发展具有重要的意义。但作为文艺理论研究，我们不可能进行这样的实证研究，只能根据阶级观念话语形成的结果或表达性现实（如主流理论家的观点和论述、阶级观念进入文艺理论的过程等）来描述阶级观念的形成和发展过程；对于后"五四"时代阶级观念的发展，甚至只能在马克思主义（无产阶级革命）范畴或者谱系内进行研究。至于更深层次的原因分析（比如对选择阶级斗争、武装夺取政权革命道路根本原因的分析），更广泛的比较或联系研究，③阶级话语之典型个案或理论家个体的分析，阶级观念与现代传播媒介影响，（阶级）实践分析（比如阶级诉苦等政治仪式④）等，我们不可能按照概念史、观念史、思想

---

① 张文涛：《国民革命前后的阶级观念研究》，人民出版社 2021 年版，第 7 页。
② "客观性现实""表达性现实"概念借用自黄宗智《中国革命中的农村阶级斗争——从土改到"文革"时期的表达性现实与客观性现实》，《中国乡村研究》第 2 辑，商务印书馆 2003 年版，第 66—95 页。
③ 主要指马克思主义者内外不同政治派别和个人（尤其是非马克思主义者）阶级观念的比较研究或纵向研究。
④ 指阶级话语在政治上的形式表现，如土改中的"诉苦"仪式。

史学术规范深入研究，无法过多涉及或者根本不涉及。好在历史研究领域这方面的研究成果很多，有兴趣者可参见相关论著。①

1923年前后，中国出现"无产阶级文学"概念，后来因为国民革命的影响，"革命文学"盛行，因此"无产阶级文学"概念与内涵混沌的"革命文学"概念混杂在一起，②"无产阶级文学"的主体性一度受损，因此，后来"革命文学"论争理论家（如李初梨）为了把五四启蒙文学纳入革命文学谱系，笼统地把这一时期的新文学理解为混沌型的革命文学类型。而国民革命后期和失败后，"无产阶级文学"即当时的"普罗文学""普罗列塔利亚（特）文学"主张再度兴起。因此，这里所指中国马克思主义文艺理论发生期的无产阶级革命文学理论是一种狭义概念，特指左翼文艺运动之前和初期的无产阶级革命文学理论。而左翼文艺运动中后期的无产阶级文学理论，由于民族话语的兴起，开始出现"民族—人民"文学话语的转向；后来以延安文艺为代表的人民文艺，其基础也是无产阶级性质的即工农兵方向，这些都属于广义的无产阶级革命文学范畴。这种区分的必要，是因为以前笼统的"革命文学""无产阶级文学"范畴已不能满足进一步学术研究的需要，以至有学者将我们这里狭义的早期无产阶级文学理论创制阶段称之为"'革命文学'的'史前史'""'革命文学'运动的前奏"或者"'普罗文学'时期"。③

第一节　中国近现代阶级观念的形成和发展

关于中国近现代阶级观念的发展，可以概括为三个阶段：清末民初以

---

① 参见张文涛《国民革命前后的阶级观念研究》，人民出版社2021年版。该书史料丰富，对这一主题研究情况有相应学术综述。

② "无产阶级文学"和"革命文学"概念和观念发生时间问题较为复杂。本文认为"革命文学"早于"无产阶级文学"的发生，但有些学者认为"无产阶级文学"早于"革命文学"，可能主要指"无产阶级革命文学"发生的时间。参见曹清华《新文学中"无产阶级"一词的最初语义及功能考》，《求是学刊》2011年第3期。

③ 参见李跃力《"革命文学"的"史前史"——1928年之前的"革命文学"观》，《中国现代文学研究丛刊》2016年第4期；曹清华《新文学中"无产阶级"一词的最初语义及功能考》，《求是学刊》2011年第3期；陈建华《二十世纪中俄文学关系》，高等教育出版社2002年版，第111页。

"阶级"概念为中心的传播阶段，新文化运动后期以"阶级斗争"为中心的接受阶段和国民革命时期以"阶级分析"为中心的发展阶段。

一、中国古代阶级观念和近代社会主义阶级观念的早期传播

和"革命"一样，"阶级"也是中国传统词汇，东汉以后，"阶级"一词被广泛使用；但在近现代，它们成为马克思主义术语的路径也基本一样，①都是先在日本发生新词义后，再作为和制汉语词而引进中国的。因此这里需要说明三个问题：一是"阶级"的古典义；二是"阶级"现代义的转换和输入；三是中国早期（清末民初到新文化运动之前）社会主义阶级观念的传播。

首先，"阶级"的古典义。

在宋代以前，"阶级"的古典义主要指的是政治等级和阶层，宋代以后多与军事制度相关，也就是说"阶级"的古典义"均与经济实力或曰贫富问题无直接关系"②。"阶级"的古典义源自其比喻义，即由台阶、堂阶比附而来的阶层、等级等社会性语义。中国古代典籍中"阶级"一词最早出自西汉贾谊所著《新书》中，其中有一篇名为"阶级事势"，说："古者圣王制为列等，内有公卿大夫士，外有公侯伯子男，然后有官师小吏，施及庶人，等级分明。"③显然，这里作为篇名的"阶级"和文中的"等级"内涵是一样的，指的是社会性等级秩序上的差异，与社会经济因素还没有发生关系。④

但在中国古代，反映社会经济差异的概念是"贫富"，并且很早就提出了"均贫富""患不均"等非常接近社会主义的政治理想观念，这些概念都比"阶级"概念出现得要早。如《晏子春秋·内篇问上第三》："其取

---

① 按照激进主义革命话语的理解。
② 张文涛：《国民革命前后的阶级观念研究》，人民出版社2021年版，第22页。
③ 贾谊撰，阎振益、钟夏校注：《新书校注》，中华书局2000年版，第79—80页。
④ 关于"阶级"古典义，可参见［德］李博《汉语中的马克思主义术语的起源与作用：从词汇—概念角度看日本和中国对马克思主义的接受》，赵倩等译，中国社会科学出版社2003年版，第170—171页；赵利栋《"五四"前后中国马克思主义传播中的阶级与阶级斗争观念》，载中国社会科学院近代史研究所编《中国社会科学院近代史研究所青年学术论坛》2001年卷，社会科学文献出版社2002年版，第60—96页；张文涛《国民革命前后的阶级观念研究》，人民出版社2021年版，第25—27页。

财也，权有无，均贫富，不以养嗜欲。"①《韩非子·六反》："论其赋税，以为均贫富。"② 历代统治者也多将均贫富视为高远的政治理想。由此也可以看出，如果借用中国人"富""贵"二维的认识框架，"阶级"描述的是"贵"的，即人在社会性等级上的差异性，和"富"表述的人的社会经济条件上的差异性无关，和经济状况尤其是经济关系无关，也就是说，"阶级"的古典义是个社会政治概念，而不是一个社会经济概念。当然，主张阶级观念和主张均贫富观念是矛盾的，二者反映了中国封建社会意识形态上的一种内部悖论。③

其次，"阶级"现代义的转换和输入。

在英语世界，和中国古典词汇"阶级""等""等级"对译的"class"的古典义，最开始指的是教会系统的群体或部门，进而发展成分类上的部门或群体，如植物的各种分类。这个古典义我们在"classroom"等词汇中还可以体会到。因此，"从17世纪末期开始，class被用来当作一个群体（group）或一个部门（division）的用法日趋普遍。最复杂的是，class可以用来描述植物与动物，也可用来描述人，而不带有现代的社会意涵"④。但到了18世纪70年代与19世纪40年代之际，在西欧，"class"开始演变成具有现代意涵的词，专门指和生产相关的社会阶层。这个阶层被称为"生产的或是有用的阶级"，是和贵族阶层、特殊阶层或游手好闲之类人群相对立的，从而出现了"中产阶级""工人（劳工、生产）阶级"等许多以"阶级"为核心词汇的概念。因此，到马克思时代前后，政治经济学意义上的"（社会）阶级"概念就形成了。⑤

但从语义上，最早用"阶级"概念对译"class"现代义的情况出现在日本。⑥ 根据德国汉学家李博（Wolfgang Lippent）的考证：

---

① 吴则虞：《晏子春秋集释》，中华书局1962年版，第203页。
② 高华平、王齐洲、张三夕译注：《韩非子》，中华书局2010年版，第663页。
③ 参见张文涛《国民革命前后的阶级观念研究》，人民出版社2021年版，第25页。
④ ［英］雷蒙·威廉斯：《关键词：文化与社会的词汇》，刘建基译，生活·读书·新知三联书店2016年版，第98页。
⑤ 参见［英］雷蒙·威廉斯《关键词：文化与社会的词汇》，刘建基译，生活·读书·新知三联书店2016年版，第97—111页。
⑥ 之前用"阶级"古典义对译"class"古典义的情况在中日两国都有出现。参见张文涛《国民革命前后的阶级观念研究》，人民出版社2021年版，第25—27页；［德］李博《汉语中的马克思主义术语的起源与作用：从词汇—概念角度看日本和中国对马克思主义的接受》，赵倩等译，中国社会科学出版社2003年版，第170—171页。

在明治时代早期的英日词典中,"阶级"一词(日语读法为"kaikyū")也仅是作为"台阶""官衔"和"等级"的对等词。该词似乎是在日本开始研究社会问题之时才被赋予了"社会阶级"的含义。关于西方社会主义的最早的日文文献已经使用了"kaikyū"(阶级)这一术语。因此,MG将"生活奢华的阶级"(ogoreru kaikyū 驕れる阶级)与"饥饿的阶级"(uhetaru kaikyū 餓へたる阶级)对立起来。该作品在讲马克思的革命改造社会的方案时也使用了"阶级"概念,其含义与马克思主义所说的阶级完全相同:

> 过去的革命是一个阶级(kaikyū)取代另一个阶级成为有特权者。但劳动者不要求特权,不想为自己的阶级谋求好处。他们只是想维护其作为人的尊严,得到人必须有的权利。劳动者所要求的仅是人人都应该享有的东西。[①]

文中的MG是李博书中的索引代码,指的是东京民友社1893年出版的《现实之社会主义》。对MG,李博介绍说:

> 19世纪90年代,日本的社会主义著作已经显示出了无与伦比的高水平。1893年由东京的Minyūsha出版社出版的Geaji noshakai-shugi《現時の社会主義》(MG)一书对西方社会主义的各个流派和欧美社会主义政党所主张的社会主义方针作了系统的阐述。该书第四章讲述"新社会主义的繁荣",其中较长的一段是讲卡尔·马克思的《资本论》的。日本一部马克思主义文献目录的作者将此书赞誉为"日本空前的第一本社会主义入门书"。[②]

"阶级"的现代义在日本确立后,和"革命"一样,"梁启超是最先在

[①] [德]李博:《汉语中的马克思主义术语的起源与作用:从词汇—概念角度看日本和中国对马克思主义的接受》,赵倩等译,中国社会科学出版社2003年版,第170—171页。

[②] [德]李博:《汉语中的马克思主义术语的起源与作用:从词汇—概念角度看日本和中国对马克思主义的接受》,赵倩等译,中国社会科学出版社2003年版,第81—82页。

汉语中使用'阶级'一词的新含义的人之一"。①1899年，梁启超写了一篇题为《论中国与欧洲国体异同》的文章，其中一节论述了"欧洲有分国民阶级之风而中国无之"的现象，说："欧洲自今世纪以来，学理大昌，天赋人权平等同胞之声，遍满全洲。于是分国民为数等，阶级之风渐息矣。"②这篇文章中的"阶级"还几乎是古典义的"贵族""平民"之分的意思。但同年，梁启超在《论强权》中又说："今日资本家之对于劳力者，男子之对于妇人，其阶级尚未去。故资本家与男子之强权，视劳力者与妇人尚甚远焉。故他日尚必有不可避之二事，曰资生革命（日本所谓经济革命），曰女权革命。"③显然，这里的"阶级"一词的政治经济学的现代义是很明显的。所以，学者张文涛认为，梁启超"给传统指向官阶品位、尊卑等级的'阶级'概念赋予新的经济意涵，实现汉语'阶级'一词内涵的近代转化"④。梁启超这一时期的其他著作，如《论民族竞争之大势》（1902）、《政治学大家伯伦知理之学说》（1903）、《外资输入问题》（1904）等，其"阶级"一词的语义则全部是现代义。

李博虽然也强调，在日本，西方社会主义学说对"阶级"一词现代义发生所起的重要作用，但和对"革命""阶级斗争"等词考察不同的是，李博没有详细梳理"阶级"现代义如何随着社会主义文献"由东入西"（即经由日本）进入中国思想界的过程。对此，张文涛虽然给了一个大概推测："梁启超戊戌变法失败后断发易服出逃日本，其时西方社会主义思潮已经传入日本多年，1898年日本还成立了社会主义研究会。那么，1899年已'稍能读东文，思想为之一变'的梁启超受日文社会主义文献影响，接受'阶级'的新含义亦在情理之中。"⑤但张文涛也提供了进一步的文献依据：

---

① ［德］李博：《汉语中的马克思主义术语的起源与作用：从词汇—概念角度看日本和中国对马克思主义的接受》，赵倩等译，中国社会科学出版社2003年版，第171页。
② 梁启超：《论中国与欧洲国体异同》，《梁启超全集》第2集，中国人民大学出版社2018年版，第199页。
③ 梁启超：《论强权》，《梁启超全集》第2集，中国人民大学出版社2018年版，第79—80页。
④ 张文涛：《国民革命前后的阶级观念研究》，人民出版社2021年版，第27页。
⑤ 张文涛：《国民革命前后的阶级观念研究》，人民出版社2021年版，第29页。

1902年，罗大维所译日本人村井知至《社会主义》中明确写道："夫财富之增，既集注一方，决不使社会尽蒙其福。资本家得独肆其富力，指挥从容，而劳动者袭居困穷，积重不返，此非社会中一大不平等之事耶！因此而阶级之分，势所必至，贫者与富者悬绝若天壤。"在分析完阶级由贫富悬绝所致后，作者进而讨论贫富阶级的影响及解决之法："现今社会之问题，虽占多数，要起于贫富二阶级之悬隔而已。贫富悬隔，乃生社会之冲突，屡生惨毒之祸乱。而贫富之所以悬隔，实基于私有资本。故必废革此制度，而为共有资本制度也。"该文对阶级的认识与中国古代大不相同，充满强烈的西方社会主义色彩。①

不仅在日本的梁启超，当时在日本的中国革命党人也通过日本社会主义文献接受了"阶级"一词的现代义并加以传播。如1903年2月，邓实发表的《论社会主义》中就有"打破今日资本家与劳动者之阶级"②的说法，马君武发表的《社会主义与进化论比较》也有"必有一日焉，打破今日资本家与劳动者之阶级"的说法，还特别论及马克思及其阶级论："马克司者，以唯物论解历史学之人也。马氏尝谓，阶级竞争，为历史之钥。"③二人既介绍了现代阶级存在现象，也介绍了马克思的阶级斗争学说。而这正好补充说明了李博关于"阶级"观念通过日本社会主义文献传入中国的传播环节。

张文涛还说，"至晚到1903年，'阶级'一词的新含义已经出现在孙中山等革命党人的言论中"④，这是正确的，但他也认为，"在清末，具体说在1899—1903年间，马克思主义的阶级观念就已经通过日文转译传入中文世界"⑤，但这个说法限定为是"马克思主义的阶级观念"有点过早，因为在当时人们的观念中，马克思主义也只是西方社会主义之一，虽然马克思主义的阶级斗争学说已经引起人们的关注，但当时的阶级观念更多的是

---

① 张文涛：《国民革命前后的阶级观念研究》，人民出版社2021年版，第27页。
② 邓实：《论社会主义》，《政艺通报》1903年第2号。
③ 君武（马君武）：《社会主义与进化论比较》，《译书汇编》1903年第11期。
④ 张文涛：《国民革命前后的阶级观念研究》，人民出版社2021年版，第29页。
⑤ 张文涛：《国民革命前后的阶级观念研究》，人民出版社2021年版，第29页。

"社会主义的阶级观念",对真正马克思主义阶级观念的传播要稍晚一些。

需要说明的是,正如本章开始所提及,围绕着"阶级"有一个庞大的概念"语义群""星丛群",比如"资产阶级""无产阶级"、"豪右""细民"、"布尔乔亚""普罗列塔利亚"、"绅士""平民"、"阶级""阀阅"、"有产(者)""无产(者)"、"无产(阶级)""无业(阶级)",等等,这些概念群之间如何在各语种中对译、词义转换,最后走上定型,是个非常庞大的论域,可以说,每一个概念史都可以是一部文化史。好在学界对此已有不少深入研究,有兴趣者可进一步探究。[①]

最后,中国早期社会主义阶级观念的传播。

正如马克思主义是随着西方社会主义思想一起传播进入中国一样,阶级观念也是随着社会主义思想传播进入中国,并且在和中国传统的"均贫富"等社会思想及中国具体实际相结合的道路上,开始了阶级观念中国化的历程。因为中国传统文化的主体是世俗性的社会本位文化,劝人安于阶层分化的宗教神学在中国的影响力并不大,而"均贫富""患不均""天下大同""天下为公"等社会理想却有很大的影响力,这使得社会主义在中国具有"天然"的亲和性。如孙中山1912年在演讲时亦称:"我国固素主张社会主义者。井田之制,即均产主义之滥觞;而累世同居,又共产主义之嚆矢。"[②]因此,社会主义在进入中国之初就受到了普遍欢迎,这个和19世纪后半叶传教士对无产阶级运动的诋毁形成了鲜明对比。[③]所以说,中国传统文化是社会主义在中国能够迅速而广泛传播的文化内因。

在"均贫富"视角下,当时的中国人更容易看到资本主义制度下严重的贫富不均社会现象乃至私有制生产关系的本质。如1901年,天津《直报》刊载《原强》一文认为,西方资本主义制度"大利于奸雄之垄断","垄断既兴,则民贫富贵贱之相悬,滋益远矣",以致"均贫富之党兴,毁

[①] 同样可参见[德]李博《汉语中的马克思主义术语的起源与作用:从词汇—概念角度看日本和中国对马克思主义的接受》,赵倩等译,中国社会科学出版社2003年版,第170—171页;赵利栋《"五四"前后中国马克思主义传播中的阶级与阶级斗争观念》,载中国社会科学院近代史研究所编《中国社会科学院近代史研究所青年学术论坛》2001年卷,社会科学文献出版社2002年版,第60—96页;张文涛《国民革命前后的阶级观念研究》,人民出版社2021年版,第25—27页;栗荣《"阶级"概念的起源与中共早期的理论认知》,《党史研究与教学》2012年第2期。

[②] 孙中山:《论社会主义——在上海中国社会党党员大会的演说》,载黄彦编《孙文选集》(中),广东人民出版社2006年版,第345页。

[③] 参见张文涛《国民革命前后的阶级观念研究》,人民出版社2021年版,第30—32页。

君臣之议起矣",非常明确地指出了阶级斗争的根源。①

也正因为如此,在"均贫富"视角下,当时的国人——不论是康梁维新派还是以孙中山为首的革命派——都普遍认为贫富不均不是当时中国自身最大的问题,至于"阶级斗争"问题就更是将来的话题。这也是阶级观念在进入中国之初受到平常心对待的现实原因。比如 1903 年 3 月,《新民丛报》载《近世社会主义》出版广告说:"本书关系于中国前途者","为中国后日进于文明,则工业之发达不可限量,而劳动者之问题大难解释,此书言欧、美各国劳动问题之解释最详,可为他日之鉴法"。② 显然,此广告词体现的是在中国阶级问题尚早的意思,有点和与饥寒交迫的人谈预防富贵病是一个道理。后来的革命派和维新派在革命论战中在这点上持相同观点,均不认为时下的中国有阶级斗争,差别之处在革命派认为有防范阶级斗争的必要。比如,1906 年,梁启超认为:"社会主义学说,其属于改良主义者,吾固绝对表同情;其关于革命主义者,则吾亦未始不赞美之,而谓其必不可行,即行之亦在千数百年之后。"③1912 年,孙中山说:"中国之大资本家尚未发生,似无可庸言社会革命。"④ 这种阶级斗争不着急论是后来(1920 年之后)阶级斗争不适合中国论的早期源头。⑤

但对于阶级问题和阶级斗争,当时的"社会主义者"不可能看不到其严重性,所以,以孙中山为代表的革命派在其理论体系中都有如何避免阶级斗争的自觉意识和理论设计。比如 1905 年,孙中山在访问第二国际书记处时的比利时报纸访谈报道中说:"我们黄种的同志希望改进这种制度,使之同我们党的原则更趋一致,防止往往一个阶级剥夺另一个阶级,如

---

① 《原强》,载姜义华编《社会主义学说在中国的初期传播》,复旦大学出版社 1984 年版,第 38 页。转引自张文涛《国民革命前后的阶级观念研究》,人民出版社 2021 年版,第 32—33 页。

② 广智书局《近世社会主义》出版广告,《新民丛报》1903 年第 27 号插页。转引自张文涛《国民革命前后的阶级观念研究》,人民出版社 2021 年版,第 34 页。

③ 饮冰(梁启超):《杂答某报·驳孙文演说中关于社会革命论者》,《新民丛报》1906 年第 14 号(原第 86 号)。

④ 孙中山:《论社会主义——在上海中国社会党党员大会的演说》,载黄彦编《孙文选集》(中),广东人民出版社 2006 年版,第 348 页。

⑤ 参见赵利栋《"五四"前后中国马克思主义传播中的阶级与阶级斗争观念》,载中国社会科学院近代史研究所编《中国社会科学院近代史研究所青年学术论坛》2001 年卷,社会科学文献出版社 2002 年版。

象（像）所有欧洲国家都曾发生过的那样。"①但对于如何避免阶级斗争的发生，在三民主义政治纲领中，孙中山希望发挥民生主义的后发优势来实现。他在同年的《民报》发刊词中说："吾国治民生主义者，发达最先，睹其祸害于未萌，试可举政治革命、社会革命毕其功于一役。还视欧美，彼且瞠乎后也。"②虽然孙中山这个认识是建立在对中华民族高度自信的基础上的，但其希望通过政治革命以避免社会革命（阶级革命）、"毕其功于一役"的想法还是有点乌托邦空想色彩。孙中山之外，辛亥革命之前，宋教仁、朱执信等人对于马克思的阶级斗争史观和资本主义世界的无产阶级运动（即阶级斗争）都有论及。

维新派、革命派之外，无政府主义也在一定程度上传播了社会主义阶级观念，比如《共产党宣言》就被首次译载于《天义报》。无政府主义（包括1920年前后的无政府主义）有限度地承认阶级斗争理论，追求无阶级的社会理想，但反对无产阶级专政，主要以是否劳动为标准对阶级进行价值或伦理判断，并不是阶级和阶级斗争观念的积极推动者，因此无政府主义对于社会主义阶级观念传播的贡献有限。

虽然维新派、革命派和无政府主义者之间存在着或者不主张走阶级专政道路、或者不认可阶级斗争的现实急迫性、或者认为包括民生主义在内的政治革命可以消弭阶级斗争等认识上的不同，但他们有个共同点，那就是对于阶级观念并不是非常热衷，这也一定程度上影响了社会主义阶级观念的进一步传播。所以张文涛认为："至1907年，马克思主义意义上阶级观念的初期传播已告结束。"③自此早期社会主义阶级观念的传播告一段落。

二、新文化运动、五四运动和中国共产党建党前后阶级和阶级斗争观念的传播和发展

辛亥革命之后，20世纪10年代后期和20年代初期，中国现代历史上迎来了三大思想和政治历史事件：新文化运动、五四运动和中国共产党建

---

① M.伯纳尔：《孙中山访问第二国际书记处》，丘权政、符致兴译，《近代史资料》1979年第3期。转引自张文涛《国民革命前后的阶级观念研究》，人民出版社2021年版，第36—37页。
② 孙中山：《〈民报〉发刊词》，《民报》1905年第1号。
③ 张文涛：《国民革命前后的阶级观念研究》，人民出版社2021年版，第38页。

党。① 在这三大事件背后，是国人对救国之道的认识，已经从学习以政治革命为主要内容的法兰西模式（更早还有英日模式）转换成跟随以社会革命为旗帜的苏俄模式，指导思想从民主主义转变为马克思主义社会主义。在这种救国模式的转换过程中，"阶级"和"阶级斗争"问题得到凸显，马克思主义的阶级和阶级斗争观念有了进一步的传播和发展。正如前民主德国汉学家米勒（R.Reiner Müller）在其《论中国的社会理论：二十世纪阶级概念的形成》（1976）中指出的那样：通过研究"在当时，马克思主义关于社会的阶级划分观点是如何渗透到社会思想中去的，程度如何"，"我确信，李大钊、陈独秀、瞿秋白于当时直至1923年所发表的一些文章，能为人们清楚地展示了当时中国从阶级概念的启蒙到向马克思主义阶级概念占主导地位的发展过程。"② 米勒称马克思主义阶级观念为"科学的阶级概念"。而马克思主义阶级观念主导地位的确立，是中国马克思主义文艺理论发生的根本性的先导条件之一。

首先，新文化运动早期思想启蒙性质的阶级与阶级观念。

作为思想文化运动，新文化运动的第一要务是反封建主义。因此，新文化运动伊始，就以启蒙精神先对中国政治上的封建阶级制度和思想文化上的阶级观念进行批判，使得近现代阶级观念再度热络起来。如陈独秀自1915年年底开始，在《东西民族根本思想之差异》《吾人最后之觉悟》《宪法与孔教》《答吴又陵（孔教）》等文章中，批判以儒家三纲五常为代表的中国封建阶级制度。在《吾人最后之觉悟》中陈独秀说："三纲之根本义，阶级制度是也。所谓名教，所谓礼教，皆以拥护此别尊卑明贵贱制度者也。近世西洋之道德政治，乃以自由平等独立之说为大原，与阶级制度极端相反"，"吾人果欲于政治上采用共和立宪制，复欲于伦理上保守纲常阶级制，以收新旧调和之效，自家冲撞，此绝对不可能之事。盖共和立宪制，以独立平等自由为原则，与纲常阶级制为绝对不可相容之物，存其一必废其一"。③ 表现了对封建阶级制度绝不调和的态度。又如吴虞在《儒家

---

① 学术界对新文化运动和五四运动的关系有很复杂的认识，这里把二者作为独立的两个历史事件看待。
② 转引自李林《米勒博士与他的〈论中国的社会理论：二十世纪阶级概念的形成〉》，《近代史研究》1988年第3期。
③ 陈独秀：《吾人最后之觉悟》，《青年杂志》1916年第1卷第6号。

主张阶级制度之害》中也说:"孔氏主尊卑贵贱之阶级制度,由天尊地卑演而为君尊臣卑、父尊子卑、夫尊妇卑、官尊民卑。尊卑既严,贵贱遂别,几无一事不含有阶级之精神意味。故二千年来不能铲除阶级制度,至于有良贱为婚之律,斯可谓至酷已!守孔教之义,故专制之威,愈衍愈烈",甚至认为,"孔、孟之道在六经,六经之精华在满清律例,而满清律例则欧美人所称为代表中国尊卑贵贱阶级制度之野蛮者也"。[①]同一时期的李大钊也大体是在启蒙意义上批判封建阶级制度和观念,如《动的生活与静的生活》(1917)、《东西文明根本之异点》(1918)。

其次,俄国十月革命爆发后,新文化运动后期和五四运动时期的阶级和阶级观念,开始触及社会经济领域,旨在解决经济上"阶级"问题的阶级斗争(阶级战争)的思想开始传播。

十月革命胜利后,"李大钊在礼赞俄国十月革命的过程中,逐渐接受马克思主义意义上的阶级观念"[②]。在1918年年底的《庶民的胜利》中,他称"资本家的政府想靠着大战""为自己国内的资本家一阶级谋利益"背后靠的是"资本主义经济组织",虽然他区分了资本家剥削和劳工付出劳动的史实,但他又指责中国的劳工消极的一面,"我们中国人贪惰性成、不是强盗、便是乞丐、总是希图自己不做工、抢人家的饭吃、讨人家的饭吃",[③]明显可以看出李大钊的思想还处于民主主义阶段。一个月后的《Bolshevism 的胜利》中,他就明确喊出欧战的胜利"是劳工阶级的胜利",并指出劳工阶级的战争"是阶级战争,是合世界无产庶民对于世界资本家的战争"。[④]1919年年初,在《新纪元》中,李大钊一方面继续强调"友爱互助",另一方面也开始号召"劳工阶级要联合他们全世界的同胞,作一个合理的生产者的结合,去打破国界,打倒全世界资本的阶级"。[⑤]由此可以看出李大钊阶级观念在向马克思主义转化的轨迹。

[①] 吴虞:《儒家主张阶级制度之害》,《新青年》1917年第3卷第4号。
[②] 张文涛:《国民革命前后的阶级观念研究》,人民出版社2021年版,第48页。
[③] 李大钊:《庶民的胜利》(1918年11月),《李大钊全集》第2卷,人民出版社2006年版,第255—256页。
[④] 李大钊:《Bolshevism 的胜利》(1918年12月),《李大钊全集》第2卷,人民出版社2006年版,第259—260页。
[⑤] 李大钊:《新纪元》(1919年1月1日),《李大钊全集》第2卷,人民出版社2006年版,第268页。

到了《我的马克思主义观》时，李大钊不仅引用河上肇《共产党宣言》中的马克思主义阶级观，还在正文概说的第三部分，以"阶级斗争"为"金线"来概括马克思主义体系：

"马克思主义"在经济思想史上的价值，既如上述，我当更进而就他的学说的体系略为大体的分析，以便研究。

马氏社会主义的理论，可大别为三部：一为关于过去的理论，就是他的历史论，也称社会组织进化论；二为关于现在的理论，就是他的经济论，也称资本主义的经济论；三为关于将来的理论，就是他的政策论，也称社会主义运动论，就是社会民主主义。离了他的特有的史观，去考他的社会主义，简直的是不可能。因为他根据他的史观，确定社会组织是由如何的根本原因变化而来的；然后根据这个确定的原理，以观察现在的经济状态，就把资本主义的经济组织，为分析的、解剖的研究，豫言现在资本主义的组织不久必移入社会主义的组织，是必然的运命；然后更根据这个豫见，断定实现社会主义的手段、方法仍在最后的阶级竞争。他这三部理论，都有不可分的关系，而阶级竞争说恰如一条金线，把这三大原理从根本上联络起来。所以他的唯物史观说："既往的历史都是阶级竞争的历史。"他的《资本论》也是首尾一贯的根据那"在今日社会组织下的资本阶级与工人阶级，被放在不得不仇视、不得不冲突的关系上"的思想立论。关于实际运动的手段，他也是主张除了诉于最后的阶级竞争，没有第二个再好的方法。为研究上便利起见，就他的学说各方面分别观察，大概如此。其实他的学说是完全自成一个有机的有系统的组织，都有不能分离不容割裂的关系。

在这段论述中，李大钊将马克思主义分为"历史论""经济论""政策论"三个部分，他认为这三个部分是"不可分的关系"，而阶级竞争说恰如一条"金线"，把这三大原理从根本上联络起来，并且明确说马克思的唯物史观是阶级斗争史观。不仅如此，李大钊还专门在正文第六节中正面介绍了马克思主义的"阶级竞争说"，在第七节中围绕着"唯物史观与阶级竞争说的矛盾冲突"（即"生产力"和"阶级斗争"孰为根本）、阶级斗争和伦理意志等关系等几个问题，也就是"马氏学说受人非难的地方"，为马克思主义阶级斗争学说辩护。整体上而言，李大钊一方面也承认马克思主义阶级斗争学说有其牵强一面，但还是做了全力辩护，他说："生产力一有变动，这社会关系也跟着变动。可是社会关系的变动，就有赖于当时在经济上占不利地位的阶级的活动。这样看来，马氏实把阶级的活动归在经济行程自然的变化以内。但虽是如此说法，终觉有些牵强矛盾的地方。"[①]李大钊实际上是把阶级斗争史观安置在唯物史观之中，以尽量消弭二者的矛盾，又强调以"伦理的感化、人道的运动"作为物质力量的补充，作为马克思学说"应加以救正的地方"。虽然李大钊的论述并不完美，但也一定程度上克服了唯物史观和阶级斗争史观的矛盾，为阶级斗争理论的合理性发展奠定了基础。

虽然《我的马克思主义观》表明李大钊完成了马克思主义的转变，但在阶级斗争问题上，还不能说他的观念就已经是马克思主义阶级观念。他这一时期写的《阶级竞争与互助》一文，和《我的马克思主义观》的"马氏所理想的人类真正历史，也就从此开始。马氏所谓真正历史，就是互助的历史，没有阶级竞争的历史"一样，还着力于论证"阶级竞争"的未来是"互助论"，[②]想象着物心二元、灵肉一致的和谐，对于阶级斗争如何消亡还没有达到一元论唯物史观的程度，反映了其马克思主义观转变的曲折过程。

同时期的陈独秀的马克思主义转向虽然略晚于李大钊，但在阶级观念上，"五四"之前的陈独秀阶级批判也开始了从政治思想文化领域向社会经济文化领域的转向，这个时期的《我们应该怎样？》《贫民的哭声》等文章中，陈独秀的阶级观念已经触及社会经济领域，其马克思主义意义上的阶级观念开始形成。到1920年，陈独秀的马克思主义立场基本确定，反映在阶级观念上，则是陈独秀对无产阶级阶级斗争和阶级专政的认识比李大钊要激进得多。1920年，陈独秀在《谈政治》中说："我敢说：若不

---

① 李大钊：《我的马克思主义观》，《李大钊全集》第3卷，人民出版社2006年版，第31页。
② 近现代阶级观念中有不同的发展谱系，其中主张社会和谐的思想一脉一直很有影响。参见黄冬娅《对"阶级"理论传入中国的历史考察》，《二十一世纪》2003年第6号；陈红娟《〈共产党宣言〉汉译本中"阶级"概念的源起、语义与理解（1900—1920）》，《中共党史研究》2017年第8期。

经过阶级战争，若不经过劳动阶级占领权力阶级地位底时代，德谟克拉西必然永远是资产阶级底专有物，也就是资产阶级永远把持政权抵制劳动阶级底利器。修正派社会主义底格言，就是：'从革命去到普通选举！从劳动专政去到议会政治！'他们自以为这是'进化的社会主义'，殊不知 Bebel（倍倍尔）死后德国底社会民主党正因此堕落了！"[①]1921年，陈独秀在《社会主义批评》中指出，共产主义主张的是"阶级战争"而不是"劳资携手"，主张"无产阶级专政"而不是"民主政治"。在阶级斗争这个问题上，陈独秀显然比李大钊要激进得多。

这个时期的毛泽东也关注到阶级斗争理论。毛泽东后来回忆说，1920年第一次看到考茨基著的《阶级斗争》、陈望道的《共产党宣言》译文和一个英国人作的《社会主义史》等，才知道人类自有史以来就有阶级斗争、阶级斗争是社会发展的原动力，初步地得到认识问题的方法论。他从这些书中取了"阶级斗争"四个字，"老老实实地来开始研究实际的阶级斗争"。[②]从此，他放弃社会改良主张和无政府主义，转变为坚定的马列主义者。

此后，经过李大钊、陈独秀、蔡和森、杨匏安、李汉俊、恽代英、瞿秋白等第一代中国马克思主义者的进一步阐述，[③]无产阶级阶级观念和阶级斗争理论在中国共产主义思想界确立了稳固地位，成为了中国共产党阶级基础的理论表征。

当然，五四时期无产阶级阶级观念和阶级斗争理论的发展还得益于这一时期"劳工"观念的广泛影响。作为第一次世界大战参战国，中国主要是向欧洲派出劳工。大战胜利后，中国知识界自然关注这些给中国带来荣誉的派出劳工。其中最著名的是1918年11月16日蔡元培在天安门所做的"劳工神圣"的演讲。约两周后，李大钊在《庶民的胜利》演讲中也认

---

① 陈独秀：《谈政治》（1920年9月1日），载任建树主编《陈独秀著作选编（1919—1922）》第2卷，上海人民出版社2009年版，第255—256页。

② 毛泽东：《关于农村调查》，《毛泽东农村调查文集》，人民出版社1982年版，第21—22页。

③ 参见赵利栋《"五四"前后中国马克思主义传播中的阶级与阶级斗争观念》，载中国社会科学院近代史研究所编《中国社会科学院近代史研究所青年学术论坛》2001年卷，社会科学文献出版社2002年版，第60—96页。该文详细说明了"顺着这一思路，阶级斗争悄悄地渗入到唯物史观之中，即阶级斗争由马克思学说的组成部分逐步成为唯物史观的内容，这是唯物史观在中国传播中的一个转变"这一重要内容。

为"今后的世界"将"变成劳工的世界"。此后，国人对劳工、劳动问题的关注呈不可遏止之势，到 1920 年五一国际劳动节庆祝时达到高潮:《新青年》出版了劳动节纪念号（据统计，1919—1921 年，《新青年》发表过 140 多篇关于中国劳动人民生活的报道和探讨劳动合理性、必要性的文章[①]）;瞿秋白、郑振铎等主办的《新社会》连出三期"劳动号";戴季陶等主办的《星期评论》也推出十张"劳动纪念号"等。各地共产主义小组成立后，还创办了《劳动界》《劳动者》《劳动音》等一批工人刊物。文学方面，过去大家看不上的船夫、车夫，甚至乞丐、学徒都进入文学的视野，比如周梦熊的同名小说《劳工神圣》。因此，"五四"前后的"劳工神圣"口号、1920 年国际劳动节纪念活动以及这一时期主要以共产主义知识分子（如高一涵等）为主开展的劳工调查，不仅推动了劳工阶级意识的觉醒，还"极大地推动了阶级观念的传播，意义深远"[②]。知识分子建构的"劳工神圣"的崇高地位还使得无产阶级阶级话语获得了道德制高点，在社会心理层面，对 20 世纪 20 年代无产阶级观念和阶级斗争理论的发展产生了很大的影响，以致出现"无产阶级光荣、资产阶级可耻，代表了当时最为一般的阶级观念，有国民党左派青年甚至提出欲与中共争夺无产阶级的代表"[③]的历史现象。

此外，就阶级观念和阶级斗争理论建设和介绍宣传而言，这一时期国民党革命派理论家也有不少贡献。资产阶级革命派中研究阶级斗争理论的人主要有朱执信、胡汉民、林云陔、戴季陶、沈仲九等人。这批人关注社会主义很早、时间很长，一些人的马克思主义社会主义理论水平很高。据说，1922 年 12 月，共产国际代表马林在共产国际关于中国问题的一次会议上说，过去他只是从第三手材料得知，但通过与国民党人的接触，发现"在民族主义运动中和国民党领导层中有一些具有马克思主义素养的人,

---

① 参见程美东《五四时期"劳工神圣"的政治伦理》，《中国社会科学报》2021 年 12 月 1 日。
② 张文涛:《国民革命前后的阶级观念研究》，人民出版社 2021 年版，第 92 页。
③ 张昭军:《序》，载张文涛《国民革命前后的阶级观念研究》，人民出版社 2021 年版，第 2 页。

他们决不比在我们共产主义团体中工作的马克思主义者逊色"[①]。"五四"之后的国民党革命派理论家一般都承认中国社会有阶级存在，但他们更为强调各阶级之间利益的一致性、民主革命的优先性和解决阶级矛盾方式的温和性（主张阶级联合、阶级调和）。理论上，他们在阶级的定义、阶级形成和阶级斗争产生原因、如何消灭（避免）阶级斗争、运用阶级斗争理论考察社会和历史等许多方面取得了很大成就。这批理论家还批驳了时人关于阶级斗争的许多错误认识，比如对于认为是社会主义产生了阶级斗争的错误观点，国民党革命派理论家均批驳指出阶级斗争产生的根本原因是私有制等。国民党革命派理论家后来在"小资产阶级""阶级分析""（不同政治派别）阶级属性"等许多方面都有很多理论成就。因此，就马克思主义阶级观念和阶级斗争理论的这一时期的发展而言，国民党革命派乃至无政府主义和后来的青年党的理论贡献也非常大，对此我们先存而不论。

最后，中国共产党成立前后的马克思主义阶级观念和阶级斗争理论。

中国共产党成立前后，无产阶级阶级观念和阶级斗争理论，尤其是"布尔什维克"阶级斗争理论倾向引来了研究系张东荪、梁启超的批评，从而引发了一场"社会主义论战"。张东荪、梁启超等否认阶级斗争在中国的合理性，否认成立工人阶级政党的必要性，否认走社会主义道路的正确性。当时的马克思主义者李达、陈独秀、李大钊、蔡和森、何孟雄等，在《新青年》《共产党》等刊物上发表文章，对他们进行了系统的批判。虽然这种论战和批判，在涉及立场问题上，论战双方事实上是很难批驳和说服对方的，但客观上，通过论战还是扩大了科学社会主义和无产阶级阶级观念在中国的影响，也为中国共产党的成立做了思想准备。

但就理论发展本身而言，论战也促使阶级观念和阶级斗争理论认识的深化，除了借助意志论，唯物史观和阶级斗争的矛盾得到处理之外，无产阶级和生产力的关系、无产阶级和国家的关系、无产阶级和其他劳动阶级的关系、无产阶级革命和穷人造反之间的区别、划分阶级的标准、无产阶

[①] 《共产国际执委会主席团会议速记记录》，载中共中央党史研究室第一研究部译《联共（布）、共产国际与中国国民革命运动（1920—1925）》（1），北京图书馆出版社1997年版，第182页。转引自赵利栋《"五四"前后中国马克思主义传播中的阶级与阶级斗争观念》，载中国社会科学院近代史研究所编《中国社会科学院近代史研究所青年学术论坛》2001年卷，社会科学文献出版社2002年版，第68页。

级和世界革命的关系等,许多理论问题得到了解决或者认识得到深化(当然有些讨论延伸到国民革命时期)。①也正因为有这些理论基础,所以,随着政党政治的发展,中国共产党成立后不久,1922年"二大"即把无产阶级在民主革命中的领导权问题提上理论建设日程,1925年"四大"在党的历史上第一次明确提出无产阶级在民主革命中的领导权问题,②从而成为这一时期阶级革命理论发展的一大亮点,在无产阶级革命史上也具有世界性的意义。

在思想和社会层面,中国共产党成立前后,阶级观念和革命话语有了进一步的融合。③在当时,"无论是李大钊还是恽代英,以及无政府主义者,尽管对于阶级斗争的理解与立场上有所不同,但是有一点是共同的,即把阶级斗争理解为两个阶级的对垒、是一个阶级消灭另一个阶级,根本没有调和的余地。实际是把阶级斗争理解为均贫富,而均贫富就是革命,结果便形成革命、阶级与均贫富三者的等同"④,"革命即阶级斗争"⑤的阶级革命观形成,进一步锁定了特定阶级身份和革命性质(力量等)之间的联系,这也进一步提升了"阶级斗争""阶级革命"的理论影响和话语地位。所以,1926年,瞿秋白在《国民革命运动中之阶级分化:国民党右派与国家主义派之分析》一文中说:"五四时代,大家争着谈社会主义;五卅之后,

---

① 参见赵利栋《"五四"前后中国马克思主义传播中的阶级与阶级斗争观念》,载中国社会科学院近代史研究所编《中国社会科学院近代史研究所青年学术论坛》2001年卷,社会科学文献出版社2002年版,第60—96页;陈红娟《中共革命话语体系中"阶级"概念的演变、理解与塑造(1921—1937)》,《中共党史研究》2018年第4期。

② 参见陶用舒《三论无产阶级领导权的首倡——兼与赵楚芸、徐应麟二同志商榷》,《益阳师专学报》1993年第3期。

③ 多数学者持这种认识,如"这些现象表明,迟至1920年代初,'阶级'概念及其具体表现形式——'无产阶级'与'资产阶级'这两个子概念,已在中国思想理论界普遍使用,尤其是在中共理论范畴里,被大量地用于分析中国社会问题之中",参见栗荣《"阶级"概念的起源与中共早期的理论认知》,《党史研究与教学》2012年第2期。但也有学者认为"1921年中共成立时,中国社会并未普遍接受阶级话语和阶级斗争的革命方式",把20世纪20年代阶级话语普及与中共的宣传传播联系起来,此观点也有参考价值,参见陈红娟《〈共产党宣言〉汉译本中"阶级"概念的源起、语义与理解(1900—1920)》,《中共党史研究》2017年第8期。

④ 赵利栋:《"五四"前后中国马克思主义传播中的阶级与阶级斗争观念》,载中国社会科学院近代史研究所编《中国社会科学院近代史研究所青年学术论坛》2001年卷,社会科学文献出版社2002年版,第72页。

⑤ Y.K.:《一个无政府党和一个共产党的谈话》(1923年3—8月),载林代昭、潘国华编:《马克思主义在中国——从影响的传入到传播》(下),清华大学出版社1983年版,第478页。

大家争着辟阶级斗争。"①

当然，随着中国共产党的成立，在政党政治和革命实践（亦即实用理性或工具理性）的作用和影响下，阶级观念和阶级斗争理论的理论地位慢慢超过唯物史观，在中国共产党政治文化中开始成为话语体系的核心和主导，从而对后来无产阶级文化（文学）观念的产生、中国马克思主义文艺理论的发生产生重要影响。

三、国民革命时期阶级分析方法的兴起和发展（1924—1927）

尽管中共一大提出"阶级斗争""无产阶级专政"等与"阶级革命"相关的内容，但由于民主革命任务的优先性，因此中国共产党主张的"阶级革命"不得不服膺于"民主革命"以及后来的"国民革命"。如1922年，中共二大通过《关于"民主的联合战线"的议决案》，决定让无产阶级"加入民主革命运动"；②次年，在共产国际影响下，中共三大又提出："引导工人农民参加国民革命，更是我们的中心工作"。③因为"民主革命""国民革命""民族革命"是全民革命，针对的是帝国主义和封建军阀，因此，以阶级为主体和利益诉求的阶级革命暂时得到抑制。但国民革命时期，中国共产党的阶级观念还是有很大的发展，特别是第一次国共合作后（尤其是孙中山去世后），在国民革命阵营内，国共两党关于国民革命核心力量、领导权和话语权之争促进了中国共产党阶级观念、阶级斗争理论，尤其是阶级分析方法的发展，因为国民党是个全民性质的多阶级联合的政党，里面包含不同的阶级力量，其内部成分左中右各派的不断分化和国民党右派最后叛变革命，都为中国共产党阶级分析方法的形成和发展提供了研究对象。

首先，这一时期中国共产党的阶级概念，已经从五四时期主要从是否直接劳动、财产情况和职业身份等具象因素来划分阶级，转换到从经济结构和经济关系角度来理解阶级。这个时期，受共产国际的影响，列宁认为

---

① 瞿秋白：《国民革命运动中之阶级分化：国民党右派与国家主义派之分析》，《新青年》1926年第3号。
② 中共中央文献研究室、中央档案馆编：《建党以来重要文献选编（1921—1949）》第1册，中央文献出版社2011年版，第139页。
③ 中共中央文献研究室、中央档案馆编：《建党以来重要文献选编（1921—1949）》第1册，中央文献出版社2011年版，第277页。

"所谓阶级,就是这样一些集团,这些集团在历史上一定社会生产体系中所处的地位不同,同生产资料的关系(这种关系大部分是在法律上明文规定了的)不同,在社会劳动组织中所起的作用不同,因而取得自己所支配的那份社会财富的方式和多寡也不同。所谓阶级,就是这样一些集团,由于它们在一定社会经济结构中所处的地位不同,其中一个集团能够占有另一个集团的劳动"①的观点基本上为中国共产党所接受。如瞿秋白说:"阶级分化根本的标准只是生产机关的占有,不是职业(职业的差别只因工作性质不同,而不是利益的不同),更不是属于筑物的习惯、教育等。这是马克思的阶级分野的标准。"②在这个基础上,中国共产党的马克思主义阶级观念正式建立。

其次,这一时期中国共产党的阶级观念在以前"劳工神圣"的基础上进一步伦理化,开始强化使用"剥削"等词③来界定阶级关系,比如用"剥削"来代替相对中性的"占有"一词。而"'剥削'不仅是对资产阶级和无产阶级特定关系和实践活动的客观描述,而且隐含着强烈的道德谴责","大革命失败以后,剥削与否成为阶级划分的衡量标准"。④中共方面指出:"划分阶级应只有一个标准,即占有生产手段(在农村中主要是土地)与否,占有多少,及与占有关系相连带的生产关系(剥削关系)。"⑤后来在革命实践中,"剥削"成为了阶级定义的一个标准,如对地主的定义除了"不劳动"的描述外,还有"专靠剥削为主";富农则是"经常依靠剥削为其生活来源之一部或大部";中农是"对别人有轻微的剥削,但非经常的与主要的"等。⑥这样,"剥削"概念就和当时中国共产党革命话语

---

① 列宁:《伟大的创举》,《列宁选集》第4卷,人民出版社2012年版,第11页。
② 瞿秋白:《对于阶级斗争的讨论——再答明致先生》,《瞿秋白文集·政治理论编》第3卷,人民出版社2013年版,第572页。
③ 关于当时文献中"剥削"一词的出现和使用情况,可参见陈红娟《中共革命话语体系中"阶级"概念的演变、理解与塑造(1921—1937)》,《中共党史研究》2018年第4期。
④ 陈红娟:《中共革命话语体系中"阶级"概念的演变、理解与塑造(1921—1937)》,《中共党史研究》2018年第4期。
⑤ 中共中央文献研究室、中央档案馆编:《建党以来重要文献选编(1921—1949)》第24册,中央文献出版社2011年版,第559、560页。
⑥ 中共中央党校党史教研室选编:《中共党史参考资料》第3册,人民出版社1979年版,第112—113页。

中有意强化的"敌我"等概念一样,[①]在情感和政治伦理两个方面强化了阶级对立和分野,不仅在政治军事领域、社会心理层面造成"阶级革命"的崇高地位,还造成"革命"和"反革命"的二元对立,反映在文学艺术领域,这种阶级观念和革命话语大大减少了身份政治空间(学者王奇生称之为"阶级概念被极度泛化的问题"[②]),促进了五四新文学知识分子队伍的阶级分化,为无产阶级革命文学的创立创造了智力条件,也为后来左翼文艺运动极左错误的出现埋下了伏笔。这一点对于中国马克思主义文艺理论发生意义最大。

最后,这一时期中国共产党的阶级分析方法成熟。阶级分析方法起于和主要集中于对农民阶级的分析。早在1920年12月的《共产党》月刊第3号上,就有一篇关于对农村阶级的分析文章,[③]把农村分为"土财主""中等农民""下级农民""穷光蛋"四个阶级。1922年7月,《中国共产党第二次全国大会宣言》分析道:"中国三万万的农民,乃是革命运动中的最大要素。……近来农民更可分为三种界限:(一)富足的农民地主;(二)独立耕种的小农;(三)佃户和农业雇工。第一种占最少数,第二、第三两种的贫苦农民至少也占百分之九十五。"[④]到1925年,中国共产党的阶级分析方法趋于成熟。这一年年初的中共四大,在党的历史上第一次明确提出无产阶级在民主革命中的领导权和工农联盟问题。关于工农联盟问题,大会强调,中国革命需要"工人农民及城市中小资产阶级普遍的参加",阐明了农民是无产阶级同盟军的思想,指出没有农民的支持,无产阶级要想取得领导地位以及使革命取得成功,都是不可能的。是年年底,毛泽东发表《中国社会各阶级的分析》,从构成人员、经济地位、革命态度三个方面,将社会各阶级大体上分为三类,第一类是资产阶级类,毛泽东没有

---

① 关于这一时期中国共产党"敌我"革命话语建构情况,参见陈红娟《中共革命话语体系中"阶级"概念的演变、理解与塑造(1921—1937)》,《中共党史研究》2018年第4期。当然国民革命中(尤其后期国民党右派"清党"),国民党和共产党之间还有个相互"妖魔化"的现象,参见张文涛《国民革命前后的阶级观念研究》,人民出版社2021年版,第225—280页。
② 参见王奇生《从"泛阶级化"到"去阶级化"——阶级话语在中国的兴衰》,《苏区研究》2017年第4期。
③ 佚名佚题:《共产党》1921年第3号。
④ 《中国共产党第二次全国大会宣言》,载中央档案馆编《中共中央文件选集(1921—1925)》第1册,中共中央党校出版社1989年版,第113页。

使用"资产阶级"这个大范畴，而是将资产阶级区分为地主阶级和买办阶级、中产阶级（他使用了"民族资产阶级"来定义中产阶级）、小资产阶级等范畴，第二类是将无产阶级区分为半无产阶级（主要指农民）和无产阶级（即工业无产阶级），第三类是"游民无业者"。毛泽东对这三大类和每类下不同的人群进行了分析，得出了"一切勾结帝国主义的军阀、官僚、买办阶级、大地主阶级以及附属于他们的一部分反动知识界，是我们的敌人。工业无产阶级是我们革命的领导力量。一切半无产阶级、小资产阶级，是我们最接近的朋友。那动摇不定的中产阶级，其右翼可能是我们的敌人，其左翼可能是我们的朋友"[1]的结论。

毛泽东的阶级分析方法及其结论是一种中国化的阶级观念和社会研究方法，当然这是一种共时性阶级分析方法，在其指导下后来成为历史研究方法的是一种历时性阶级分析方法，所以后来毛泽东在不同时期对社会阶级有不同的分析。不仅于此，毛泽东《中国社会各阶级的分析》开篇即说"谁是我们的敌人？谁是我们的朋友？这个问题是革命的首要问题"[2]，他以阶级身份与革命态度之间的关系为依据，使得阶级观念慢慢地又由经济范畴回到政治范畴，使得阶级观念不仅进一步政治化又开始意识形态化（"阶级"作为话语的规训功能开始出现，并且一直延续到延安文艺整风运动时期）。而这一点，与当时受苏联、日本无产阶级文学理论影响，开始强调作家艺术家阶级意识的革命文学无产阶级化趋势不谋而合，这对于中国马克思主义文艺理论的发生而言，意义非常特殊。因此，到20世纪20年代中后期，随着中国近现代阶级观念的发生发展，无产阶级革命文学理论的发生也就水到渠成，中国马克思主义文艺理论也走到了自然发生的阶段了。

---

[1] 毛泽东:《中国社会各阶级的分析》,《毛泽东选集》第1卷，人民出版社1991年版，第9页。

[2] 毛泽东:《中国社会各阶级的分析》,《毛泽东选集》第1卷，人民出版社1991年版，第3页。

第二节　中国共产党早期阶级话语与文学革命知识分子阶级认同的分化

20世纪20年代的无产阶级革命文学是由五四新文学的小资产阶级文学转换而来。1933年，瞿秋白在阶级分析名篇《〈鲁迅杂感选集〉序言》中分析了以鲁迅为代表的革命小资产阶级和智识阶层如何"从进化论进到阶级论，从绅士阶级的逆子贰臣进到无产阶级和劳动群众的真正的友人，以至于战士"的思想过程。他说："新兴阶级的文艺思想，往往经过革命的小资产阶级作家的转变，而开始形成起来"，"贫民小资产阶级和革命的智识阶层，终于发见了他们反对剥削制度的朦胧的理想，只有同着新兴的社会主义的先进阶级前进，才能够实现，才能够在伟大的斗争的集体之中达到真正的'个性解放'。"[①]后期创造社也发生了这个类似转向。

而所谓"新兴的文艺思想"就是中国马克思主义文艺理论发生阶段的"无产阶级革命文学理论"。所以说，20世纪20年代中后期，文学革命知识分子阶级认同的转向和分化，是中国马克思主义文艺理论发生的重要智力因素。而要阐释这个问题，就需要从"小资产阶级""智识阶层"等阶级观念谈起，从"小资产阶级"到"革命的小资产阶级"再到"无产阶级"的转向和分化过程谈起。当然，在中国马克思主义文艺理论发生之前，这种转化还是一种自然发生的，是逻辑和历史运动的自然结果，它和中国马克思主义文艺理论即无产阶级革命文学发生之后的主观建构（如中共六大之后"创建无产阶级的党"和"左联"提出的"作家的无产阶级化"）以及后来延安文艺运动对革命小资产阶级意识和话语的规训（"改造""批判"）有着很大差别。

一、中国共产党的"小资产阶级""小资产阶级意识（思想）"观念

作为"无产阶级""无产阶级意识（思想）"的一个"镜像"，20世纪20年代政治文化中的"小资产阶级""小资产阶级意识（思想）"观念对于中国马克思主义文艺理论的发生有着特殊意义，二者共同推动了无产阶级

[①] 瞿秋白：《〈鲁迅杂感选集〉序言》，《瞿秋白文集·文学编》第3卷，人民文学出版社1989年版，第115、112、110—111页。

革命文学理论的创制。

早在1920年，陈望道在《共产党宣言》中，就以"小资本家""小资本阶级"对译"Petty bourgeoisie"，①随着《共产党宣言》的传播，"小资产阶级"概念开始流行。在中国共产党理论文献中，很早就有"小资产阶级"的表述，比如1922年《中国共产党对于时局的主张》中指责"好政府主义者"说："你们这种妥协的和平主义，小资产阶级的和平主义，正都是'努力''奋斗''向恶势力作战'的障碍物。"②可以看出，在中国共产党早期阶级观念中，"小资产阶级"的内涵有点负面化。但中国共产党理论家也很早就认识到（有些来自共产国际的指导），"小资产阶级"没有自己的经济基础，不可能成为一个独立的阶级和政治力量，作为中间阶级或者资产阶级和无产阶级之间的过渡阶级，它只能向革命和反革命两级分化，所以中国共产党认为"小资产阶级"虽然在民主革命这个问题上是革命性的，但在阶级革命这个问题上具有革命的双重性。比如，陈独秀认为："小资产阶级""本没有经济的基础，其实不能构成一个独立的阶级，因此他对于任何阶级的政治观念，都摇动不坚固，在任何阶级的革命运动中，他都做过不少革命的功劳，也做过不少反革命的罪恶"。③因此，无产阶级"应该提携中立的小资产阶级，引导他们上革命的路，增加革命的势力"④。毛泽东《中国社会各阶级的分析》对小资产阶级的分析就是这种认识的代表，文章认为"小资产阶级"三类人中破产的小资产阶级是小资产阶级的左翼，是最革命的部分。所以国民革命时期，中国共产党一直致力于在理论上发展出一个能代表小资产阶级并能与中国共产党密切合作的国民党"左派"来领导国民革命。⑤国民革命失败后，中国共产党肩负起了领导小资产阶级革命的任务，尤其是反日民族革命高潮形势下，"革命的小资产阶级"在政治上的地位逐渐提高。1935年，在《中共中央关于目前政治形势与党的任务的决议》（1935年12月25日中央政治局瓦窑堡会

---

① 复旦大学语言研究室：《陈望道文集》第4卷，上海人民出版社1990年版，第26—29页。
② 《中国共产党对于时局的主张》（1922年6月15日），载中央档案馆编《中共中央文件选集（1921—1925）》第1册，中共中央党校出版社1989年版，第42页。
③ 独秀：《中国国民革命与社会各阶级》，《前锋》1923年第2号。
④ 独秀：《资产阶级的革命与革命的资产阶级》，《向导》1923年第22期。
⑤ 参见李志毓《中国革命中的小资产阶级（1924—1928）》，《南京大学学报（哲学·人文科学·社会科学）》2015年第3期。

议通过）中提出了"广大的小资产阶级群众与智识分子，现在又转入了革命""中国工人阶级与农民，依然是中国革命的基本动力。广大的小资产阶级群众，革命的智识分子是民族革命中可靠的同盟者"[①]的论断。到1939年12月，毛泽东写作第二篇阶级分析名作《中国革命和中国共产党》时，"革命的小资产阶级"已经由《中国社会各阶级的分析》中"我们最接近的朋友"跃升为无产阶级"革命的动力之一，是无产阶级的可靠的同盟者"。他说："农民以外的小资产阶级，包括广大的知识分子、小商人、手工业者和自由职业者"，"所有这些小资产阶级，和农民阶级中的中农的地位有某些相像，都受帝国主义、封建主义和大资产阶级的压迫，日益走向破产和没落的境地"，"因此，这些小资产阶级是革命的动力之一，是无产阶级的可靠的同盟者。这些小资产阶级也只有在无产阶级领导之下，才能得到解放"；[②]1941年，在《在陕甘宁边区参议会的演说》中，毛泽东在自己的"人民"观念中给了"城市小资产阶级"一席地位，他说："中国社会是一个两头小中间大的社会，无产阶级和地主大资产阶级都只占少数，最广大的人民是农民、城市小资产阶级以及其他的中间阶级"；[③]1942年，在《在延安文艺座谈会上的讲话》中毛泽东再次强调"城市小资产阶级"为"最广大的人民"的一部分："最广大的人民，占全人口百分之九十以上的人民，是工人、农民、兵士和城市小资产阶级。所以我们的文艺，第一是为工人的，这是领导革命的阶级。第二是为农民的，他们是革命中最广大最坚决的同盟军。第三是为武装起来了的工人农民即八路军、新四军和其他人民武装队伍的，这是革命战争的主力。第四是为城市小资产阶级劳动群众和知识分子的，他们也是革命的同盟者，他们是能够长期地和我们合作的。这四种人，就是中华民族的最大部分，就是最广大的人民大众。"[④]所以，中国共产党在对小资产阶级政治地位认识方面呈现出一个逐渐提高

---

① 《中共中央关于目前政治形势与党的任务的决议》（1935年12月25日中央政治局瓦窑堡会议通过），载中共中央文献研究室、中央档案馆编《建党以来重要文献选编》第12册，中央文献出版社2011年版，第534、536—537页。

② 毛泽东:《中国革命和中国共产党》，《毛泽东选集》第2卷，人民出版社1991年版，第640—641页。

③ 毛泽东:《在陕甘宁边区参议会的演说》，《毛泽东选集》第3卷，人民出版社1991年版，第808页。

④ 毛泽东:《在延安文艺座谈会上的讲话》，《毛泽东选集》第3卷，人民出版社1991年版，第855—856页。

的趋势。

但国民革命时期"右倾机会主义"与国民革命失败后一系列左倾盲动主义和军事冒险主义带来的系列失败，使得中国共产党在反省过去错误的同时深刻认识到，各种各样的"小资产阶级对于工人阶级的影响"①是造成革命失败的根本原因之一，也就是说，党没有无产阶级的基础，"党的前途应当是从新创造无产阶级的基础"②。因此，"八七会议"、中共六大及之后的建党思想都把确立无产阶级政党性质作为首要任务，非常强调对各种非无产阶级意识的批判，其中就包括在政治和文化领域批判小资产阶级意识。如1928年，中国共产党在一份农村工作指南中提到："须知城市与乡村革命运动若不能配合发展，农民小资产阶级意识只有日益扩大，暴动政策便没有实现的可能。"③因此，中国共产党很早就形成了关于小资产阶级政治实体和阶级意识的二元认识。但不同于对政治实体小资产阶级革命性质的肯定态度，中国共产党对于小资产阶级意识一直是持批判态度，并且由一开始的党外批判（文艺方面如批判"同路人"）发展到党内批判（如"革命文学"论争、左翼文艺运动和延安文艺整风运动），最后发展到中华人民共和国成立后数次思想斗争。其中，1945年4月20日，中国共产党第六届中央委员会扩大的第七次全体会议通过的《关于若干历史问题的决议》集中批判"小资产阶级思想"在"思想方法""政治倾向""组织生活"三个方面的表现，并且说："这些就是小资产阶级思想的三个方面。我们党内历次发生的思想上的主观主义，政治上的'左'、右倾，组织上的宗派主义等项现象，无论其是否形成了路线，掌握了领导，显然都是小资产阶级思想之反马克思列宁主义、反无产阶级的表现。为了党和人民的利益，采取教育方法，将党内的小资产阶级思想加以分析和克服，促进其无产阶级化，是完全必要的。"④其中政治上的"左"的现象就包括无产阶级

---

① 《政治决议案》（1928年7月9日），载中央档案馆编《中共中央文件选集（1928）》第4册，中共中央党校出版社1989年版，第316—319页。
② 《中央通告第七号——关于党的组织——创造无产阶级的党和其主要路线》（1928年10月17日），载中央档案馆编《中共中央文件选集》第4册，中共中央党校出版社1989年版，第639—642页。
③ 《中央关于城市农村工作指南》（1928年7月26日），载中央档案馆编《中共中央文件选集（1928）》第4册，中共中央党校出版社1989年版，第518页。
④ 《附录：关于若干历史问题的决议》，《毛泽东选集》第3卷，人民出版社1991年版，第952—1003页。

化初期对"布尔什维克化"的刻意追求与阶级观念的"左"倾。

学者李志毓指出:"国共分裂之后,中共反省过去的错误,寻找新的革命道路,在政治领域、文艺领域,都展开了小资产阶级意识批判。通过批判'小资产阶级意识',打造'无产阶级意识',来强化自身的无产阶级性质。小资产阶级意识批判在其后的革命过程中不断深化,将'小资产阶级'这一针对外部世界的社会分析概念,逐步转化为一个针对内心世界的意识形态批判概念,同时也开启了20世纪中国革命'主体再造'的历史进程。"① 当然,我们这里主要强调的是中国马克思主义文艺理论发生的内因,在此之外,苏联、日本无产阶级革命文学理论的影响也是非常重要的外部理论因素。

因此,自国民革命后期开始,"小资产阶级"很快在政治思想文化领域成为了客体批判和主观改造的一个意识形态批判概念。所以,在无产阶级革命文学口号开始流行的同时,建设无产阶级意识的要求也成为了无产阶级革命文学理论的核心内容,在这种逻辑和历史条件下,以"革命文学无产阶级化"为目标的"革命文学"论争及左翼文艺运动得以展开,中国马克思主义文艺理论就自然发生了。②

至于具体什么是"小资产阶级意识(思想)"呢?按照瞿秋白《〈鲁迅杂感选集〉序言》中的说法,主要是民主主义、个人主义和自由主义,也就是追求"个性解放"的小资产阶级思想。但后来,毛泽东对于"小资产阶级思想"有个偏政治、思想、文化的论述。1942年2月,毛泽东在《反对党八股》一文中认为:"主观主义、宗派主义和党八股,这三种东西,都是反马克思主义的,都不是无产阶级所需要的,而是剥削阶级所需要的。这些东西在我们党内,是小资产阶级思想的反映。中国是一个小资产阶级成分极其广大的国家,我们党是处在这个广大阶级的包围中,我们又有很大数量的党员是出身于这个阶级的,他们都不免或长或短地拖着一条小资产阶级的尾巴进党来。小资产阶级革命分子的狂热性和片面性,如果不加以节制,不加以改造,就很容易产生主观主义、宗派主义,它的一种表现

---

① 李志毓:《中国革命中的小资产阶级(1924—1928)》,《南京大学学报(哲学·人文科学·社会科学)》2015年第3期。

② 关于左翼文艺运动与中国马克思主义文艺理论的早期建设情况,可参见拙著《左翼文艺运动与中国马克思主义文艺理论的早期建设》,中国文联出版社2007年版。

形式就是洋八股，或党八股。"①因此说，不同时期，政治思想文化领域对"小资产阶级意识（思想）"有不同的理解，其对中国马克思主义文艺理论的影响程度也不同，但这属于另外一个话题，这里同样存而不论。

二、"智识阶级"观念

美国学者莫里斯·梅斯纳在《毛泽东的中国及其发展——中华人民共和国史》中，对20世纪20年代知识分子和历史的关系有一段描述：

> 使得知识分子在20世纪历史上具有那么大的政治重要性的，并非象有人常暗示的那样，是中国学者的传统威望，而是现代中国历史环境的诸特定条件。在社会和文化大规模地瓦解而且出现令人难以置信的政治混乱状态中，即在所有社会阶级都软弱无力而且都不占居统治地位的状态中，知识分子阶层是能够作为一般真正自治的力量而发挥作用，并且对历史发展的进程施加决定性的影响的。
>
> 但是，知识分子没有能够靠自己的力量创造历史。他们在断绝了同本阶级的联系以后，虽然在社会上是独立的，可是在政治上和历史上却仍然是软弱无力的。只有当知识分子感到有必要并且找到机会同其他社会阶级联系，成为表达贫苦大众在社会方面和经济方面的不满情绪的代言人，并且引导他们的活动成为政治行动的新形式时——只有在那个时候，知识分子才能够估计并且掌握现代中国历史环境提供的进行革命变革的可能性；只有在那个时候，他们才能够利用当时的机会去按照他们的思想、理想和设想改造社会现实。现代中国革命的种子是在19世纪90年代播下的，当时中国绅士阶级的子弟们已经不相信自己在道义上有权继父辈之后成为统治者，并且以一个独立社会阶层的姿态出现。但是，严格地说来，直至30年以后，当知识分子的历史与群众的历史交织在一起的时候，现代中国革命的历史才开始。
>
> 这种十分重要的历史关系只是到了20世纪20年代才开始形成，当时中国知识分子中出现了一部分特别倾向于马克思主义的人。不

---

① 毛泽东：《反对党八股》，《毛泽东选集》第3卷，人民出版社1991年版，第833页。

过，这批知识分子并不是突然在中国的历史舞台上出现的；他们的出现并不是因俄国布尔什维克革命的榜样和马克思、列宁理论同时传入所带来的任何立竿见影的启发这种简单行动的结果。那些后来创立并且领导中国共产党的人们，那时发现传入的马克思主义革命道理具有启蒙作用，原因是他们认识到那种理论是克服中国社会危机的办法。然而，他们认识中国形势的方法，以及他们理解并且运用马克思主义去试图应付那种形势的方法，都受到从前就存在的那些思想倾向的深刻影响。[1]

莫里斯·梅斯纳这段话，对于20世纪20年代知识分子如何通过寻找、接受"克服中国社会危机的办法"的理论而脱离其固有阶级并拥抱新阶级，将"知识分子的历史与群众的历史交织在一起"的历史过程描述得很精彩，但他的描述是宏观性的，并没有论及详细的问题和过程。而要了解这个详细过程，我们就需要对当时的"智识阶级"观念进行考察。

在20世纪20年代，"智识阶级"（含"知识阶级"，以下均同）是"介于传统士人和现代知识分子之间的过渡概念"，[2]也正因为这一点，20世纪20年代思想界对"智识阶级"持普遍的批判态度，国民革命中甚至出现了"打倒智识阶级"的口号。而对"智识阶级"的批判恰恰起到了"驱使"知识分子离开旧阶级，进入革命阶级的作用。而革命知识分子对于这个概念"因批判而高兴"的主动接受态度，在鲁迅的一次演讲中体现得比较明显。

1927年10月25日下午，鲁迅应邀在上海国立劳动大学发表了题为《关于知识阶级》的演讲。鲁迅在演讲中借用俄国盲人作家爱罗先珂1922年在北京关于知识阶级的演讲作为引子。他说："'知识阶级'一辞是爱罗先珂（V.Eroshenko）七八年前讲演'知识阶级及其使命'时提出的，他骂俄国的知识阶级，也骂中国的知识阶级，中国人于是也骂起知识阶级来了；后来便要打倒知识阶级，再厉害一点甚至于要杀知识阶级了。知识就

---

[1] ［美］莫里斯·梅斯纳：《毛泽东的中国及其发展——中华人民共和国史》，张瑛等译，社会科学文献出版社1992年版，第11—12页。
[2] 关于"智识阶级"概念的历史及其评析，参见张文涛《国民革命前后的阶级观念研究》，人民出版社2021年版，第281—285页。

仿佛是罪恶，但是一方面虽有人骂知识阶级；一方面却又有人以此自豪：这种情形是中国所特有的……"①鲁迅提到的爱罗先珂的演讲实际题为《知识阶级的使命》（1922年3月6、7日《晨报副镌》），其中爱罗先珂指出："为布党一扫而空的俄国智识阶级所有的罪恶，中国的智识阶级——就我观察所及的——样样都具备，而他们的好处却一样都没有。"②鲁迅就是在这种意义上认可"打倒知识阶级"的。但在"以此自豪"方面，鲁迅区分了两种知识分子：鲁迅反对做空谈的知识阶级、衰弱的知识阶级，作为艺术而艺术、躲进象牙塔的知识阶级，而主张做不计较个人厉害，但不做无谓牺牲的"真的知识阶级"。显然，这种知识阶级指的是革命的知识阶级。此外，鲁迅还讽刺了第三种知识阶级："至于有一班从外国留学回来，自称知识阶级，以为中国没有他们就要灭亡的，却不在我所论之内，像这样的知识阶级，我还不知道是些什么东西？！"③

和"无产阶级"概念发生情况一样，20世纪20年代的"智识阶级"也是一个被建构起来的概念，其存在的合理性等问题曾受到广泛质疑，而且国人对于智识阶级的具体内涵也是认识不一。④"智识阶级"虽然接近于"知识分子"整体，但在早期具体语境中，主要指的是为"一只脚站在封建宗法的思想上面"⑤的旧士大夫类型的有影响力的大知识分子，比如梁启超等，也就是爱罗先珂意义上的"智识阶级"。由于其反革命的立场，五卅运动之后，与中国共产党人密切有关，在国民革命中出现了"打倒智识阶级"的口号，其目标所指就是这类旧知识分子。

到20世纪20年代末，"革命的智识阶级"和"革命的小资产阶级"一样，由于其向"群众的历史"主动靠近的特性，促成了革命文学理论无产阶级化。反过来也可以说，中国共产党关于智识阶级的观念，又很大程度上促进了五四文学革命知识分子的进一步分化和其中部分知识分子的无产阶级化即马克思主义化，这为推动中国马克思主义文艺理论的发生起到了重要作用。所以，1928年5月，冯雪峰在"革命文学"论争中写作《革

---

① 鲁迅：《关于知识阶级》，《鲁迅全集》第8卷，人民文学出版社2005年版，第223页。
② ［俄］爱罗先珂：《知识阶级的使命》，《晨报副镌》1922年3月7日第1版。
③ 鲁迅：《关于知识阶级》，《鲁迅全集》第8卷，人民文学出版社2005年版，第229页。
④ 参见张文涛《国民革命前后的阶级观念研究》，人民出版社2021年版，第285—289页。
⑤ 陈独秀：《思想革命上的联合战线》（1923年7月1日），载任建树主编《陈独秀著作选编（1923—1925）》第3卷，上海人民出版社2009年版，第102页。

命与智识阶级》，即依据"革命的智识阶级"分析法，在为受到创造社攻击的鲁迅的辩护的同时，明确肯定了"无产阶级文学之提倡"和"辩证法的唯物论之确立"是"革命的智识阶级"的贡献。①

由于各种原因，进入20世纪30年代之后，起先作为集团性的"智识阶级"概念后来很快被强调个体性的"知识分子"概念代替，中华人民共和国成立后更是很少使用，"智识阶级"后来成为了一个似乎很"古老"的词汇。

三、五四文学革命知识分子阶级认同的分化和中间状态的消解

1940年，毛泽东在《新民主主义论》中说："五四运动，在其开始，是共产主义的知识分子、革命的小资产阶级知识分子和资产阶级知识分子（他们是当时运动中的右翼）三部分人的统一战线的革命运动。"②但20世纪20年代阶级斗争和反帝反封建运动的高涨，促使"五四"后文学革命知识分子群体不断分裂，新文学统一战线也不断分化并最终消解。比如新文学阵营中的陈独秀、李大钊后来成为了共产主义知识分子，投入实际的政治斗争；郭沫若、鲁迅等先后接受马克思主义并成为后来左翼文学阵营的骨干力量；而胡适等改良派和自由派则坚持资产阶级民主主义立场，成为右翼文学的代表；另有一些人如周作人、林语堂、钱玄同、刘半农等则逐渐走上了消极退隐的道路。鲁迅后来也说："后来《新青年》的团体散掉了，有的高升，有的退隐，有的前进，我又经验了一回同一战阵中的伙伴还是会这么变化，并且落得一个'作家'的头衔，依然在沙漠中走来走去"，对此，鲁迅甚至发出了"新的战友在那里呢？"的感叹。③鲁迅的话，一方面说明，"五四"后新文学阵营不同个人、社团和杂志之间不仅相互斗争，而且同一杂志和社团内部也不断分化和重组；另一方面也说明，新的文学阵营和"新的战友"又在不断形成和重新聚集。鲁迅支持的从语丝社、莽原社到未名社，就是这样的一种发展情形。对这种现象，思想史和文学史研究方面有许多精彩详细的介绍，这里不过多重复。

至于"五四"后文学革命知识分子群体为什么分化，早在1925年，

---

① 冯雪峰：《革命与智识阶级》，《冯雪峰全集》第5卷，人民出版社2015年版，第12页。
② 毛泽东：《新民主主义论》，《毛泽东选集》第2卷，人民出版社1991年版，第700页。
③ 鲁迅：《〈自选集〉自序》，《鲁迅全集》第4卷，人民文学出版社2005年版，第469页。

毛泽东在《中国社会各阶级的分析》中就以阶级分析方法进行了分析。他说:"那些中间阶级,必定很快地分化,或者向左跑入革命派,或者向右跑入反革命派,没有他们'独立'的余地。"①在《新民主主义论》中,毛泽东也说:"当时的资产阶级知识分子,是五四运动的右翼,到了第二个时期,他们中间的大部分就和敌人妥协,站在反动方面了。"②"第二个时期"指的是1921—1927年这个时期。而在中国马克思主义文艺理论发展史上,瞿秋白在《〈鲁迅杂感选集〉序言》中也做了经典分析和评述。在《〈鲁迅杂感选集〉序言》中,瞿秋白对辛亥革命以来的新文化阵营的分裂进行了谱系性的建构和阶级性的历史分析,他将这种分裂称为"伟大的分裂"。瞿秋白从思想史角度,称辛亥革命之后的思想界实即知识分子阶级认同的分裂为第一次分裂:"辛亥革命之后,中国的思想界就不可避免的完成了第一次的'伟大的分裂':反映着群众的革命情绪和阶级关系的转变,中国的士大夫式的智识阶层就显然的划分了两个阵营:国故派和欧化派。"③瞿秋白认为"五四"后新文学阵营进行的分裂是第二次伟大的分裂:"'五四'到'五卅'前后,中国思想界里逐步的准备着第二次的'伟大的分裂'。这一次已经不是国故和新文化的分别,而是新文化内部的分裂:一方面是工农民众的阵营,别方面是依附封建残余的资产阶级。这新的反动思想,已经披了欧化,或所谓五四化的新衣服。这个分裂直到一九二七年下半年方才完成……"④在这些论述中,毛泽东、瞿秋白不仅说明了阶级分化是"五四"后文学革命知识分子群体不断分裂的根本社会历史原因,而且深刻指明了这种基于阶级立场不同而进行的分裂对于中国马克思主义文艺理论的发生具有重要作用和意义:它为后者的发生创造了主体性前提条件。同时,毛泽东、瞿秋白还指明这种分裂与中国马克思主义文艺理论的发生在时间上有着明确的关联:那就是到1927年年底时,中国马克思主义文艺理论的发生过程基本完成。

---

① 毛泽东:《中国社会各阶级的分析》,《毛泽东选集》第1卷,人民出版社1991年版,第4页。
② 毛泽东:《新民主主义论》,《毛泽东选集》第2卷,人民出版社1991年版,第700页。
③ 瞿秋白:《〈鲁迅杂感选集〉序言》,《瞿秋白文集·文学编》第3卷,人民文学出版社1989年版,第102页。
④ 瞿秋白:《〈鲁迅杂感选集〉序言》,《瞿秋白文集·文学编》第3卷,人民文学出版社1989年版,第106页。

由于受思想史考察对象的限制，瞿秋白对"五四"之后文学革命知识分子阶级认同转变和新文学统一战线分化的论述主要集中在鲁迅身上，使得他忽略了"问题与主义"等其他思想史事件在"五四"后文学革命知识分子阶级认同分化上的意义。而就一般现代文学史而言，"五四"后新文学统一战线经历过三次大的分裂，主要是1919年6月的"问题与主义"之争，1923年的"整理国故"之争和1923—1925年鲁迅等与新月派、现代评论派的论争这三次论争所代表的新文学统一战线的不断分裂。分裂的同时也是队伍的重组，其结果是在1930年年初促成了新的统一战线——无产阶级革命文学统一战线的形成，虽然这个统一战线后来也出现了不断分化，但最终又在民族救亡的背景和抗日民族统一战线的政策下，形成了新的文艺界统一战线。这是后话。

　　概括言之，"五四"后新文学阵营的分化，是当时阶级斗争和民族斗争的许多因素所决定的，是阶级斗争在文学领域内的反映。这种阶级分化，到1927年大革命失败前后才完成，其结果就是知识分子阶层的两极化，在道德伦理上"无产阶级"话语取得绝对霸权。1929年，鲁迅在演讲中反讽说："从这一阶级走到那一阶级去，自然是能有的事，但最好是意识如何，便一一直说，使大众看去，为仇为友，了了分明。不要脑子里存着许多旧的残渣，却故意瞒了起来，演戏似的指着自己的鼻子道，'惟我是无产阶级！'"[①]1933年，茅盾说："因为据说，经过了一九二七年'革命高潮'，小资产阶级知识分子只有两条路：革命或反革命。申言之，若不革命，即属反革命。"[②]稍晚，鲁迅也说，阶级斗争（分化）使得"文学界的阵线却更加分明了。蒙蔽是不能长久的，接着起来的又将是一场血腥的战斗"[③]。而这种阶级分化，尤其是以鲁迅为代表的无产阶级文艺理论家阵营的形成，为中国马克思主义文艺理论的发生提供了决定性的前提条件。

---

　　① 鲁迅：《现今的新文学的概观》，《鲁迅全集》第4卷，人民文学出版社2005年版，第138页。
　　② 茅盾：《关于"文学研究会"》，《现代》1933年第3卷第1期。
　　③ 鲁迅：《中国文坛上的鬼魅》，《鲁迅全集》第6卷，人民文学出版社2005年版，第162页。

第三节　从自然生长性到目的意识性：
早期无产阶级文学观念的发生

20世纪20年代无产阶级观念和政党政治的发展、五四新文学革命统一战线的不断分裂和革命话语的勃兴，不仅促进了20世纪20年代"革命文学"观念的发展（前面我们说过，作为整体性的尤其是早期的"革命文学"观念并不是无产阶级性质的），也促进了"无产阶级"文学观念的发展。二者合力作用下形成的"无产阶级革命文学"观念的兴起是中国马克思主义文艺理论发生期的主要内容和标志。关于"革命文学"观念的发展我们在前面章节讨论过，这里重点讨论一下无产阶级文学观念的形成和发展。当然，在中国马克思主义文艺理论体系中，无产阶级文学、革命文学、无产阶级革命文学是同一性质的概念。在中国马克思主义文艺理论发生期，无产阶级文学也被称为第四阶级文学或者普罗文学，但作为概念的普罗文学出现得较晚，主要在"革命文学"论争开始之后出现。它和以"新写实主义"代称日本左翼文艺理论中的无产阶级现实主义概念一样，都是在无产阶级革命低潮时，为了避当时国民党反对当局之讳而使用的概念。

相比鲁迅先后经历从"思想革命"到"国民革命"再到"阶级革命"的二级转换之后形成无产阶级文学观念，早期中国共产党人、早中期创造社、太阳社成员乃至茅盾的无产阶级文学观念的形成都较为直接甚至非常感性，而且他们的无产阶级文学观念发生也较早，这和他们主要受马克思主义政治理论和俄苏无产阶级文学理论的直接影响有很大关系。

早在19世纪中期，马克思恩格斯就有关于无产阶级艺术的论述。他们在对海涅、维尔特等作家作品的评论中，不仅提出资产阶级的革命民主主义作家、艺术家要参加到无产阶级革命队伍中来，也提出了无产阶级也要有自己艺术家的观点，但核心的一点是要求所有革命的作家、艺术家要具有无产阶级世界观。因此，恩格斯一再强调维尔特作为第一个无产阶级诗人在艺术史上应该有的地位和价值，这首先是因为维尔特能以马克思主义的世界观指导自己的创作，指出他在诗歌创作上的革新具有划时代的意义。但显然，经典马克思主义作家的无产阶级文学观念无法影响到20世纪20年代中国无产阶级文学观念的形成。相反，在当时中国影响最大的是俄国波格丹诺夫早在1909年提出的一种极左性质的无产阶级文化（文学）理论，这种理论为后来的苏联无产阶级文化派所继承并（更多的是通过日本途径）对中国无产阶级文学理论的形成产生了重要影响，是造成中国马克思主义文艺理论早期失误的重要根源之一。"直到1930年，列宁《唯物论与经验批判论》（今译《唯物主义和经验批判主义》）被翻译到国内，无产阶级文化派——波格丹诺夫思想才从马克思主义文论的谱系中清除。"[①] 但在苏联，列宁很早就对无产阶级文化派的错误观点进行了批判，提出了建设真正无产阶级文化的正确认识。列宁的认识，在当时就通过瞿秋白、蒋光慈等人的引进，极大地影响了中国无产阶级文学观念的发生。

正是因为有着上述各种复杂的原因和影响因素，所以中国无产阶级文学观念的发生就具有多种形态。

第一是以郭沫若为代表的由感性到理性的无产阶级文学观念。比如在1921年5月26日写成的《女神·序诗》中，郭沫若说："我是个无产阶级者""我愿意成个共产主义者"；[②] 在1923年5月18日写成的《我们的文学新运动》中，郭沫若说："我们的运动要在文学之中爆发出无产阶级的精神"，来"反抗资本主义的毒龙"。[③] 这些都是基于伦理道德并且非常感性的无产阶级文学观念，而且文章体量很小，写作时间上也早于1924年（年中）郭沫若成为马克思主义者之前。[④] 但到了1926年，郭沫若对于无产阶级文学有了突飞猛进的认识，在这一年春天连续写作的较长体量文章中，深入探讨了无产阶级文学并最早倡导无产阶级性质的革命文学。在1926年3月2日写成的《文艺家的觉悟》中，郭沫若说："我们所处的时代是第四阶级革命的时代，我们所处的中国尤为是受全世界的资本家压迫着的中国"，虽然，"本来我们现在从事于文艺的人，怕没有一个可以说是纯粹的无产阶级的。纯粹的无产阶级的文艺家中国还没有诞生"，但是，

---

① 李金花：《试谈中国马克思主义文艺理论的前史形态（1898—1925）》，《汉语言文学研究》2021年第1期。
② 郭沫若：《女神·序诗》，载郭沫若著作编辑出版委员会编《郭沫若全集·文学编》第1卷，人民文学出版社1982年版，第3页。
③ 郭沫若：《我们的文学新运动》，载郭沫若著作编辑出版委员会编《郭沫若全集·文学编》第16卷，人民文学出版社1989年版，第5页。
④ 关于郭沫若早期"无产阶级"观念是否确立的讨论，可参见曹清华《新文学中"无产阶级"一词的最初语义及功能考》，《求是学刊》2011年第3期。

郭沫若激情邀请："朋友们哟，和我表同情的朋友们哟！我们现在是应该觉悟的时候了！我们既要从事于文艺，那就应该把时代的精神和自己的态度拿稳。""我们现在所需要的文艺是站在第四阶级说话的文艺，这种文艺在形式上是现实主义的，在内容上是社会主义的——我在这儿敢斩钉截铁地说出这一句话。"[①] 紧接着，在1926年4月13日写成的《革命与文学》一文中，郭沫若号召青年作家们："你们应该到兵间去，民间去，工厂间去，革命的漩涡中去。你们要晓得，时代所要求的文学是表同情于无产阶级的社会主义的写实主义的文学，我们的要求已经和世界的要求是一致，时代昭告着我们：我们努力吧，向前猛进！"[②]

郭沫若虽然不是最早提出无产阶级文学概念的人，但他提出的"这种文艺在形式上是写实主义的，在内容上是社会主义的""我们所要求的文学是表同情于无产阶级的社会主义的写实主义的文学"却是最早的无产阶级文学定义，尤其是以"社会主义"来定义无产阶级文学，在中国马克思主义文艺理论发展史上是前所未有的。[③] 后来的"革命文学"论争中，李初梨等以《革命与文学》为"革命文学"滥觞，以此贡献掩盖了彼贡献未免遗憾。

第二是以郁达夫为代表的马克思主义无产阶级文学观念。郁达夫完成于1923年5月19日的《文学上的阶级斗争》一文，虽然比郭沫若的《我们的文学新运动》晚一天，但两篇文章却同时刊于1923年5月27日《创造周报》第3号。相比郭沫若文章的散文化，郁达夫文章则是一篇在马克思主义指导下基于文学史考察的学理严谨的学术文章。在这篇文章中，郁达夫运用马克思主义的阶级斗争理论来分析艺术史上阶级斗争史，他说："'自有文化以来的政治社会史，所记录者不过是人类的阶级斗争而已'，这句话，我们现代读海盖尔的哲学，研究马克思的学说的人，谁也知道，

[①] 郭沫若:《文艺家的觉悟》，载郭沫若著作编辑出版委员会编《郭沫若全集·文学编》第16卷，人民文学出版社1989年版，第26、31页。

[②] 郭沫若:《革命与文学》，载郭沫若著作编辑出版委员会编《郭沫若全集·文学编》第16卷，人民文学出版社1989年版，第26、31页。

[③] 之前（1925年），茅盾在《论无产阶级艺术》一文中将无产阶级艺术和"社会主义文学就是表同情于社会主义或宣传社会主义的文学作品"进行了区分，他认为后者是旧社会主义文学，是资产阶级个人主义性质的。因此，郭沫若这里的"表同情于无产阶级"的文学和之前的"表同情于社会主义"的文学是有本质区别的。

谁也承认的。文学上的阶级斗争，若要追求它的渊源，也与人类一样的古……"虽然郁达夫还不能区分黑格尔和马克思的本质不同，但郁达夫认为："艺术史也同社会运动史一样，就分出许多阶级来，互相斗争。我这一篇小论文里，就想把艺术中间的一部分的文学上的阶级斗争，指点出来说明的。"与此同时，郁达夫还分析了法德俄英美等国文坛阶级斗争情况，得出"二十世纪的文学上的阶级斗争，几乎要同社会实际的阶级斗争取一致的行动了"的结论。最后，郁达夫"想学了马克斯和恩及耳思（Engels）的态度"，倡导文学上的阶级斗争，主张"世界上受苦的无产阶级者，在文学上社会上被压迫的同志，凡对有权有产阶级的走狗对敌的文人，我们大家不可不团结起来，结成一个世界共同的阶级"，为受苦受压迫的无产阶级申诉！因此，从理论上来讲，郁达夫此文是中国马克思主义文艺理论谱系中最早倡导无产阶级文学的理论文献。遗憾的是，郁达夫后来又否定有无产阶级文学艺术的可能（郁达夫1927年2月1日署名曰归，在《洪水》第3卷第26期发表的《无产阶级专政和无产阶级的文学》中说"在无产阶级专政的时期未达到以先，无产阶级的文学是不会发生的"），没有在马克思主义文艺理论体系中继续发展自己的思想，以致后来和左翼文艺关系越来越疏远。其根本原因也和这篇文章有关。郁达夫在这篇文章中虽然使用了马克思主义的无产阶级概念，但其内涵指的是广义的受压迫者，所以郭沫若后来在《创造十年》（1932）中说郁达夫："他的勇猛也不亚于仿吾，最初在中国的文艺界提出了'阶级斗争'这个名词的怕就是达夫。不过达夫的那篇《文艺上的阶级斗争》，结果只是说了些斗争，并不曾说到阶级，离题自然是很远的。"①

　　第三是以郑伯奇为代表的主张国民文学是阶级文学先导的无产阶级文学观念。文学研究会早期的一些作家理论家主张国民文学论。早在1922年，（李）之常在《支配社会底文学论》中在为第四阶级辩护的同时主张一种革命性的国民文学论："侵害第四阶级底铁索，传统思想固然是一部分，现在底经济组织的确是主要的成分。第四阶级者要想扭断这条铁索，非将现在底经济组织推翻不可，非将无产阶级者联合起来，革第三阶级底

---

①　郭沫若：《创造十年》，载郭沫若著作编辑出版委员会编《郭沫若全集·文学编》第12卷，人民文学出版社1992年版，170页。

命不可。"他说："国民文学底功用是将一人底热情传达他人，站在新时代底莅临底前部。"①1923年年底，郑伯奇在写作《国民文学论》时，"(无产阶级）阶级文学"论已经很是流行，而且其弊端已经开始显现："阶级文学也犯了想利用艺术宣传的病。"因此，无产阶级文学即第四阶级文学是郑伯奇主张国民文学论的主要参照。郑伯奇承认艺术与阶级有着密切的关系，因此，他一方面认可无产阶级文学主张的合理性。他说："当去年日本文坛行艺术与阶级的论争最剧烈的时候，有岛氏做了'一个宣言'。那篇文章的大意是绝对地承认阶级斗争；而他结论到第三阶级绝无能参预第四阶级革命的资格。这议论未免趋于极端，使他犯了自杀的惨剧。然而他说'第三阶级不能感受第四阶级的感情和思想，所以绝对不能表现第四阶级'的一段话，据我看，确是不磨之理。主张阶级文学的人们往往强第三阶级的人替第四阶级作无谓的呻吟，这确是错了。我也承认第三阶级的自觉的人可以替第四阶级的抱不平，但是代抱不平绝不是现身说法。第四阶级的痛苦，只有第四阶级的人们自己感受过，自己可以表现。其他的阶级，虽不隔岸观火，那所表现的，总不免隔靴抓痒。这不仅第三阶级和第四阶级的关系是这样，凡一个阶级与他阶级的关系都是这样。"但另一方面，他从"国民""民族"等本位出发（在价值理性上，这些都在"阶级"问题之上），延续五四新文学的民主主义立场，主张国民文学优先于阶级文学。他说："所以我们不主张阶级文学而先提倡国民文学。凡同属于一个民族，对于自己的民族都有同一的感情——不管他是属于那一阶级。由这国民的自觉，慢慢可以进而为阶级的自觉。并且可以促进异阶级间的共感和同情。这样说来，国民文学实是阶级文学的先导。而因为国民文学之故可以引起各异阶级的好奇心和研究，这更是促进阶级文学的大动力。"所以，郑伯奇主张："总而言之，阶级文学在今日的中国还太早，中国所要求的，正是国民文学。"②对比前面关于阶级斗争的一些观念和国民革命的大背景，这种无产阶级文学观的出现也属正常。

第四是以蒋光慈为代表的受苏联和列宁主义影响的无产阶级文学观念。蒋光慈和瞿秋白一样，20世纪20年代初就赴苏联，只不过蒋光慈是

---

① 之常：《支配社会底文学论》，《文学旬刊》1922年第35期。
② 郑伯奇：《国民文学论》（上），《创造周报》1923年第33号。

学习，瞿秋白是工作。在苏联，瞿秋白、蒋光慈等在无产阶级文化这个问题上，可能先受到无产阶级文化派的影响，比如，（苏）V. Kergenceff 著、瞿秋白译《校外教育及无产阶级文化运动》（1921）等文献，就把无产阶级文化派的观点当作马克思主义的无产阶级文化理论介绍到中国国内，从而产生很大影响。[①]1924年，瞿秋白还撰写了《赤俄新文艺时代的第一燕》（1924年6月10日《小说月报》第15卷第6号），在介绍无产阶级文化派两位著名作家的同时，甚至提出："难怪国际一切第一流的文学家至少也表同情于无产阶级。那时高唱凯旋的所谓'自由平等博爱'，渐渐显出实际上确是空泛；那时标榜的所谓'平民'，已经显出实际上确太含混。真正的平民只是无产阶级，真正的文化只是无产阶级的文化。"[②]瞿秋白"无产阶级（的）文化"这一说法不仅早于后来的蒋光慈，而且"表同情于无产阶级"的说法也早于后来的郭沫若。只不过瞿秋白这里的"国际一切第一流的文学家至少也表同情于无产阶级"可能更多的指的是同路人文学。

但瞿秋白、蒋光慈很快接受了列宁对无产阶级文化派的批判，所以观点很快转到列宁主义的无产阶级文化理论上。1924年7月中下旬回国后，蒋光慈（署名"蒋侠僧"）即在8月1日的《新青年》季刊第3期上发表《无产阶级革命与文化》一文，阐述了列宁主义的无产阶级文化理论。文章从海涅担心无产阶级对文化艺术的破坏谈起，蒋光慈认为海涅是多虑了。蒋光慈以俄国两位无产阶级诗人（克雷洛夫和格拉西莫夫）的立场为例，说明无产阶级对于文化问题有两大倾向（一个主张破坏、一个主张建设），蒋光慈认为前者是反常，后者才是"无产阶级革命对于文化问题之一种伟大纯正的趋向"，无产阶级是"整理过去的文化，创造将来的文化"。接下来，蒋光慈首先为无产阶级革命的必要性辩护，他认为"无产阶级革命，不但是解决面包问题，而且是为人类文化开一条新途径"，"虽然无产阶级革命一时不能创造成全人类的新文化（因为阶级一时不能消灭），然而无产阶级革命却开辟了创造全人类的新文化之一条途径"。其次，他讨论："所谓无产阶级文化。是否有存在之可能？"他认为无产阶级

[①] 参见李金花《试谈中国马克思主义文艺理论的前史形态（1898—1925）》，《汉语言文学研究》2021年第1期。

[②] 瞿秋白：《赤俄新文艺时代的第一燕》，《瞿秋白文集·文学编》第2卷，人民文学出版社1986年版，第250页。

文化还不是全人类的文化，"无产阶级亦与其他阶级一样，在共产主义未实现以前，当然能够创造出自己特殊的文化——无产阶级的文化"。但他又认为，"而在别一方面说，这种无产阶级的文化为真正全人类文化的开始。真正全人类的文化，在无产阶级完全得到胜利之后，才能实现；无产阶级消灭各阶级之后，全人类成为一体，文化再没有含着阶级性的可能"。再次，他重点讨论"在过渡时代，无产阶级能否创造自己特殊的文化"，他认为在无产阶级取得政权就有无产阶级文化，"但是在无产阶级未握政权的国家中，此种无产阶级文化，当然发展在极低度，因为物质的力量欠足，无产阶级不能为所欲为的缘故。在无产阶级执政的国家（譬如俄国），无产阶级文化的发展程度快得多了"。最后，结论就是"倘若有人问：无产阶级文化是不是可能的呢？我们就回答：无产阶级文化，不但是可能的，而且是必然的"。[1]

虽然，此文中蒋光慈没有明确提出建设"无产阶级文学"这个命题，但这个命题明显包括在"无产阶级文化"和"无产阶级的艺术家"等命题中，因此，蒋光慈此文在中国马克思主义文艺理论发展史尤其是发生史上具有重要的地位。一些中国马克思主义文艺理论发展史也倾向于认为蒋光慈此文是中国最早提出建设"无产阶级文学"的理论文献。[2]

第五是以沈泽民、邓中夏、恽代英、萧楚女等早期中国共产党人为代表的无产阶级文学观念。这类型的无产阶级文学观念非常重视无产阶级文学的现实性。如沈泽民（署名"泽民"）于1922年8月在《小说月报》第13卷第8号发表译文《新俄艺术的趋势》，翻译了法国批评家Jacques Mesnil的一篇介绍俄国新兴无产阶级艺术状况和趋势的文章。在这篇译文之后，译者特别加了一个篇幅较长的"译者附注"。这个附注，或许是现代中国最早的一篇明确提出"什么叫做'无产阶级的艺术'""什么叫做共产主义的艺术"的问题的文字。[3] 文章说："劳工专政的俄国对于艺术抱怎样的态度呢？在共产主义的治下，艺术有发展的可能么？这些问题都是留

---

[1] 蒋光慈：《无产阶级革命与文化》，载方铭、马德俊主编《蒋光慈全集》第6卷，合肥工业大学出版社2017年版，第52—56页。

[2] 参见张大明《社会主义现实主义与中国革命文学（上）》，《新文学史料》1998年第4期；王福湘《悲壮的历程：中国革命现实主义文学思想史》，广东人民出版社2002年版，第50页。

[3] 宋建林、陈飞龙主编：《中国马克思主义艺术理论发展史》，生活·读书·新知三联书店2011年版，第17页。

心俄事者所常怀于心中的。从前有过许多流言,说劳农俄国怎样苛待艺术家,并说高尔该(即高尔基——引者注)已下狱,托尔斯泰坟墓被毁……现在都证明不确了,不但知道不确并且知道新俄的艺术已有异样光彩放射出来,如诗人布洛克的作品,即其一例。""什么叫做'无产阶级的艺术',换句话,'什么叫做共产主义的艺术',这当然是将来要有详细答案的。我们现在所可说的,正也如世上既有'资产阶级的文化'一样,将来会有'无产阶级的文化',即将来必有与'资产阶级艺术'相对待的'无产阶级的艺术'。无产阶级艺术是何等面目,我们现在不能确实知道,但现在正处于无产阶级统治下的俄国的艺术,至少也可视为确是'无产阶级艺术'的先驱吧!""所以新俄国的艺术趋势,或者也是我们所急应注意的事了。"①

此外,这类无产阶级文学观念还开创了中国马克思主义文艺理论的两大经典范畴:一是"文学和革命(政治)"的关系问题,二是"文学和生活"的关系问题,成为后来文艺和政治、生活、人民三大关系问题的先导。首先,从政党政治角度,早期中国共产党人非常重视文学和革命(政治)关系的论述。早期共产党人持鲜明的无产阶级立场(非资产阶级或者去资产阶级的立场),非常重视文化领导权,提出了文学艺术"无产阶级化"的理论任务。1922年,在广州召开的社会主义青年团第一次全国代表大会曾作出决议,号召团员"对于各种学术研究会,须有同志加入,组成小团体活动及吸收新同志;使有技术有学问的人才不为资产阶级服务而为无产阶级服务;并使学术文艺成为无产阶级化"②。1923年6月创刊的中国共产党理论刊物《新青年》季刊,在其发表的《新青年之新宣言》中,着重对当时社会思潮和文学思潮作了分析,即指出"现时中国文学思想——资产阶级的'诗思',往往有颓废派的倾向",并且明确认为中国革命运动和文学运动"非劳动阶级为之指导,不能成就"。③到了1926年前后,列宁的党性思想开始译介进入国内,1926年12月6日出版的《中国青年》第14期上发表了署名"一声"(冯乃超)节译的列宁的《论党的出版物

---

① 沈泽民:《新俄艺术的趋势》"译者附注",载张立国、钟桂松编《沈泽民文集》,浙江文艺出版社1997年版,第435页。
② 《中国社会主义青年团与中国各团体的关系之议决案》,《先驱》1922年第8号。
③ 《新青年之新宣言》,《新青年》季刊1923年创刊号。

和文学》(后来冯雪峰根据日译本重新节译了这篇文章,题为《论新兴文学》,发表在1930年2月10日出版的《拓荒者》第1卷第2期上,署名"成文英"),介绍了列宁关于创作和出版的党性原则。这一原则很快就成为无产阶级文学艺术的重要原则。其次,早期共产党人非常重视文学和生活关系的论述。如萧楚女在《艺术与生活》(1924)一文中,一一批评了"为艺术而艺术"、艺术创造的"绝对自由"以及"艺术创造一切"等资产阶级和小资产阶级唯心主义艺术至上观。特别是对于"艺术创造一切"的本末倒置的观点,作者指出:"他们是在要求艺术界的安那其。他们说艺术创造一切,一切古今制度,都是艺术创造的;只有艺术家能范围一切,一切却不能范围它——所以艺术家的生活,才是心灵自由的真实的生活。这是比前段所论的那些主张'为艺术而艺术'的朋友更进一层迷惑人了!"并质疑"艺术创造一切!那么,在未有人类一切制度之先的艺术是些怎么样的艺术,这些艺术又怎么样包含了以后的那些制度乃至一切——历史上的科学的逻辑何在,事实又何在呢?为什么在渔猎时代,游牧时代,表现不出现代的伟大建筑呢?为什么没有和西洋交通以前的中国,竟没有人知道创造欧洲型的艺术品呢?物质和时代,明明地范围着人,却偏要说什么艺术能够范围一切!"进而指出:"艺术,不过是和那些政治、法律、宗教、道德、风俗……一样,同是一种人类社会的文化,同是建筑在社会经济组织上的表层建筑物,同是随着人类的生活方式之变迁而变迁的东西。只可说生活创造艺术,艺术是生活的反映——艺术虽不能范围一切,却能表现一切。只可说艺术的生活,应该要求表现一切的自由,却不可说艺术是创造一切的。"[①]萧楚女提出了"生活创造艺术,艺术是生活的反映"的观点,虽然有20世纪20年代已经很流行的反映论艺术观的影响,但在中国马克思主义文艺理论发展史上还是具有重要意义的。因此,他这篇文章被誉为"(也许)是中国现代第一篇站在马克思主义立场上,运用马克思主义历史唯物主义的基本原理探讨艺术与生活的关系的艺术理论文章"[②]。

[①] 楚女:《艺术与生活》,载北京大学、北京师范大学、北京师范学院中文系中国现代文学教研室主编《中国现代文学史参考资料·文学运动史料选》第1册,上海教育出版社1979年版,第401—402页。

[②] 宋建林、陈飞龙主编:《中国马克思主义艺术理论发展史》,生活·读书·新知三联书店2011年版,第16—17页。

此外，早期共产党人在讨论无产阶级文学的同时，结合国民性和民族精神等问题，涉及大量文艺与人民的关系问题，虽然没有达到文艺为人民服务的认识高度，但也开启了"文艺与人民"这一中国马克思主义文艺理论的重大范畴，也具有非常重要的意义。

第六是以茅盾为代表的兼具反思性的无产阶级文学观念。到1924—1925年，无产阶级本位论文学观念的偏颇和不足已经显现，在对什么是无产阶级艺术、无产阶级艺术和其他革命艺术是什么关系、什么是无产阶级艺术的内容和题材等问题的认识方面，出现了浮浅窄狭等庸俗化倾向。此外，1923—1925年的苏俄文艺论战也开始影响到国内。在这个背景下，1925年年初，茅盾综合国内外理论和实践情况，编译发表了长篇论文《论无产阶级艺术》，对无产阶级艺术进行了全面的、系统的论述。

《论无产阶级艺术》对初期革命文学讨论的成果作了全面总结，是当时马克思主义艺术理论中国化成果的集大成之作。在论文中，茅盾重点界定了"无产阶级艺术"的本质和内涵。茅盾认为：一、"无产阶级艺术并非即是描写无产阶级生活的艺术之谓"，"无产阶级艺术决非仅仅描写无产阶级生活即算了事，应以无产阶级精神为中心而创造一种适应于新世界（就是无产阶级居于治者地位的世界）的艺术"。二、"无产阶级艺术非即所谓革命的艺术"，"凡含有反抗传统思想的文学作品都可以称为革命文学。所以它的性质是单纯的破坏。但是无产阶级艺术的目的并不是仅仅的破坏"。三、"无产阶级艺术又非旧有的社会主义文学"。在以往的"表同情于社会主义或宣传社会主义的文学作品"中，有一些作品仍是以资产阶级个人主义为思想基础的，并没有上升到无产阶级集体主义的高度。只有超越了资产阶级的个人主义，上升到无产阶级的集体主义，才能算得上无产阶级艺术。他说："无产阶级的艺术意识须是纯粹自己的，不能掺有外来的杂质，无产阶级艺术至少须是：（一）没有农民所有的家族主义与宗教思想；（二）没有兵士们所有的憎恨资产阶级个人的心理；（三）没有知识阶级所有的个人自由主义。"茅盾将无产阶级艺术与以往的所谓"平民艺术"、一般意义上的"革命的文学"、旧有的"社会主义文学"作了比较和区别，所探讨的"无产阶级艺术"虽然有至高至纯的意味，但从逻辑上来讲，它包括了反封建的革命文学、表同情于社会主义或宣传社会主义的文学、以无产阶级精神为创作中心的文学等。[①]因此说，茅盾《论无产阶级艺术》虽然借鉴了波格丹诺夫的《无产阶级艺术的批评》(1918)，在无产阶级艺术本质的认识上也强调无产阶级艺术意识的纯洁性，但对于无产阶级艺术内涵的理解还是很宽泛的，对无产阶级艺术重视宣传、忽略艺术性的错误倾向也进行了分析和批评，客观上对当时无产阶级文学观念的偏颇和庸俗化倾向进行了批判，也对中国马克思主义文艺理论的发生发展有重要意义。

但茅盾对于这个问题也有反复或者实用主义态度。1927年3月，他在为太阳社顾仲起诗集《红光》写的一篇序言中高度肯定《红光》为革命文学创造了新的形式。他说："我以为《红光》的新形式或者会引起新的革命文学。"而"革命的文学，须有新的形式来适合他的新精神"。序言进一步阐述："《红光》本身是慷慨的呼号，悲愤的呓语，或者可说是'标语'的集合体。"在特殊的革命时代，"反是这样奇突的呼喊，口号式的诗集，才算是环境产生的真文学"。还说：在大变动时代，神经紧张的人们已经不耐烦去静聆雅奏细乐，需要大锣大鼓才合乎脾胃。因此，标语口号式的新诗，不但是时代和环境的产物，而且还为真正的革命文学"奠了基石"。可见，在大革命的高潮时期，沈雁冰是热情赞颂标语口号文学的，他充分肯定这种革命文学产生的历史必然性，但又强调："我希望仲起同志努力在这方面，从标语式文学发展到更完善的新形式的革命文学。"[②]茅盾这里的"革命文学"并非专指无产阶级文学，但其观点与一年后无产阶级"革命文学"论争发生后，他反对"标语口号"文学、强调艺术性的思想认识是一致的。

20世纪20年代早期无产阶级文学观念还涉及文艺批评标准和方法、作家艺术家主体性（比如关于"革命人"）、文艺政策等内容。其中有许多内容，比如1925年翻译出版的《苏俄的文艺论战》，从指导思想、阶级意识、文艺政策与文艺论争等各方面，为中国马克思主义文艺理论的发生发展提供了苏联经验，对马克思主义文艺理论指导地位的确立、对中国马克

[①] 沈雁冰：《论无产阶级艺术》，载北京大学、北京师范大学、北京师范学院中文系中国现代文学教研室主编《中国现代文学史参考资料·文学运动史料选》第1册，上海教育出版社1979年版，第414—427页。

[②] 沈雁冰：《〈红光〉序》，《茅盾全集》第19卷，黄山书社2012年版，第125—127页。

思主义文艺理论尤其是科学性和革命性的发生带来了很大的影响；不仅后来的"革命文学"论争几乎是苏俄文艺论战的中国翻版，其文艺论争的理论生成机制，对整个20世纪中国马克思主义文艺理论发展的论争形态都产生了很大的影响。

以上我们从类型角度将20世纪20年代中国马克思主义文艺理论发生期无产阶级文学观念进行了区分。但实际上，它们和后期创造社成员主要受日本无产阶级文学理论影响（间接地受到苏联无产阶级文化派的影响）以及卢卡奇阶级意识理论影响而引发"革命文学"论争时的无产阶级观念和文学观念有很大区别。① 因为，在"革命文学"论争之前，中国无产阶级文学观念主要是强调无产阶级性质和功用的无产阶级本位论文学观念（即"价值论"阶级文学观），而"革命文学"论争主要是强调无产阶级意识尤其是主体意识的无产阶级意识文学观念（即"目的意识性"阶级文学观）。② 前者是中国马克思主义文艺理论发生期的主要内容，后者是后来中国马克思主义文艺理论早期建设阶段（即中国马克思主义文艺理论主体性意识确立之后阶段）的主要内容，对后者我们将在"左翼文艺运动与中国马克思主义文艺理论早期建设"这个历史分期中再行历史阐释和历史描述。如李初梨1928年2月发表《怎样地建设革命文学？》（《文化批判》第2号），指出目前建设无产阶级文学需要解决的两个问题即"作家"和"形式"问题："无产阶级文学的作家，不一定要出自无产阶级，而无产阶级的出身者，不一定会产生出无产阶级文学"；"我以为一个作家，不管他是第一第二……第百第千阶级的人，他都可以参加无产阶级文学运动"，只要他"牢牢地把握着无产阶级的世界观——战斗的唯物论，唯物的辩证法"。1928年9月李初梨发表《自然生长性与目的意识性》（《思想月刊》第2期），进一步从理论上阐述"为什么无产阶级的出身者，不一定会产生出无产阶级文学"的问题。他依据列宁等关于"无产阶级意识"和"革命知识阶级"的理论，指出无产阶级自己只能"自然性"地产生"革命意识"，而自觉性的革命意识的获得"必须待革命的智识阶级的参加，而且

---

① 参见罗嗣亮《阶级意识概念的流变：从卢卡奇到后期创造社》，《学术论坛》2006年第5期。
② 这里说明一下，"革命文学"论争之前，强调阶级意识是个普遍理论，如《新青年》1923年的不少文章谈论阶级意识，但结合到作家主体性谈意识性还没有出现。

只有从外部才能注入"。

当然，对于中国早期无产阶级革命文学理论类型的归纳，有各种认识路径和历史阐释模式，比如有"刺激—反应"或"影响—接受"模式，也有"主体—经验"模式等。[①]本节受中国马克思主义文艺理论发生期研究所限，所涉历史跨度略短，因此无法综合各家所长，只能遵循理论发展（即阶级观念的发生发展）的内部逻辑做一种粗略的历史阐释。

---

① 参见陈红旗《中国左翼文学的发生》，博士学位论文，吉林大学，2005年。

第七章　意识形态与中国马克思主义文艺理论革命性的发生（下）

强调和坚持文艺的意识形态属性是中国马克思主义文艺理论的基本规定性之一。这种规定性是如何形成的，目前学界研究揭示得不多，但可以肯定的一点是，这与中国马克思主义文艺理论发生期"意识形态"概念和观念的形成有很大联系。

在中国马克思主义发展史上，"意识形态"之为概念和观念都非常复杂。相比其他概念（或范畴）和观念，"意识形态"完全是译介发生的。不仅李大钊、瞿秋白、李达、艾思奇等中国马克思主义理论家，而且郭沫若、成仿吾、邵荃麟、李初梨等左翼文人也都参与了"意识形态"概念及观念的建构工作，甚至发挥了很大作用。比如《德意志意识形态》的题名就是由郭沫若最早翻译使用的，而且作为一个翻译而来的概念，"意识形态"是由包括汉译的局限（主要是因为难译）等一系列翻译问题和使用上的一些主观故意造成的。因为"意识形态"概念（在马克思主义理论体系中）虽然本身属于唯物史观范畴并具科学、中性色彩，[①] 但这个概念在中国的早期发展过程中，由于阶级性、政治立场、目的意识性等内涵的侵入，经历过一个从形式所指到内容所指的转换过程，使得其在中国语境中具有特殊的语义和功能，成为一种非常特殊的、深具中国特色的政治经济学、哲学和文艺学概念和观念。

正是因为经历过从理论视野到价值观念、从哲学属性到社会（阶级）属性、从形式所指到内容所指的转换，"意识形态"概念和观念也完成了从科学性到革命性、从社会形式范畴向主体性范畴的转换，而这对于中国

[①] 关于学术界对于"意识形态"性质的理解和争论，参见杨章文《"观念的秩序"："意识形态"概念的分歧、嬗变与马克思主义重构》，《中国地质大学学报（社会科学版）》2020年第5期。

马克思主义文艺理论尤其是其革命性的发生而言，具有非常特殊的意义，使得意识形态话语与革命话语、阶级话语一起，成为中国马克思主义文艺理论三大革命性话语。

第一节 "意识形态"概念的译介情况

经过多年研究，尤其是经过新时期40年文艺意识形态论三个阶段的论争，[①] 学界对于中国"意识形态"（以及与其紧密相关的"观念形态"）早期概念史很清楚，史料也非常丰富。[②] 这里，根据现有研究，[③] 我们从词源、翻译两个方面介绍"意识形态"概念在中国的形成情况。

一、"意识形态"概念的两个来源和马克思恩格斯"意识形态"概念的使用情况

在现汉译中，"意识形态"概念对应着多个外来术语。[④] 但在马克思主义中，"意识形态"概念主要对译马克思恩格斯的 Ideologie、(Gesellschaftliche) Bewußtseinsformen 和 Ideologischen Formen 三个概念。Ideologie 在《德意志意识形态》(*Die Deutsche Ideologie*) 一文中多次出现，直接意思是指当时德国的一些思想或思潮，即以"思想体系"为表现形式的社会"意识形态"，由于主要用在批判对象身上，所以这个词具有负面

[①] 参见董学文、陈诚《近三十年文艺意识形态论争与反思》，《商丘师范学院学报》2008年第2期；郭富平《文艺意识形态学说论争的三个阶段》，《美与时代（下）》2019年第2期；等等。

[②] 参见［德］李博《汉语中的马克思主义术语的起源与作用：从词汇—概念角度看日本和中国对马克思主义的接受》，赵倩等译，中国社会科学出版社2003年版；［日］石川祯浩《中国共产党成立史》，袁广泉译，中国社会科学出版社2006年版；董学文、马建辉《文学"审美意识形态论"献疑》，《文艺理论与批评》2006年第1期；周兵《延安时期毛泽东"意识形态"概念辨析》，《湖南科技大学学报（社会科学版）》2009年第4期；任志锋《毛泽东对马克思主义意识形态概念的解读》，《思想政治教育研究》2014年第6期；等等。

[③] 参见周民锋《马克思意识形态概念的两个来源及其重含义》，《学术研究》2008年第6期；张秀琴《马克思意识形态概念在中国的早期传播与接受：1919—1949》，《马克思主义与现实》2013年第1期；刘霞《意识形态概念在近现代中国的生成与流变——兼与董学文先生商榷》，《理论导刊》2013年第8期；曾宪元《中共对马克思恩格斯"Ideologie"概念翻译的历史考察》，《党史研究与教学》2018年第2期；等等。

[④] 参见［德］李博《汉语中的马克思主义术语的起源与作用：从词汇—概念角度看日本和中国对马克思主义的接受》，赵倩等译，中国社会科学出版社2003年版，第312—313页。

意味。而在《〈政治经济学批判〉序言》中关于唯物史观社会形态理论的经典论述中，马克思却分别使用了 Gesellschaftliche Bewußtseinsformen 和 Ideologischen Formen 两个概念。

《〈政治经济学批判〉序言》中这段话的当今通行译文是："人们在自己生活的社会生产中发生一定的、必然的、不以他们的意志为转移的关系，即同他们的物质生产力的一定发展阶段相适合的生产关系。这些生产关系的总和构成社会的经济结构，即有法律的和政治的上层建筑竖立其上并有一定的社会意识形式（按：德文原文为 Gesellschaftliche Bewußtseinsformen，英文译为 forms of social consciousness）与之相适应的现实基础……在考察这些变革时，必须时刻把下面两者区别开来：一种是生产的经济条件方面所发生的物质的、可以用自然科学的精确性指明的变革，一种是人们借以意识到这个冲突并力求把它克服的那些法律的、政治的、宗教的、艺术的或哲学的，简言之，意识形态的形式（按：德文原文为 Ideologischen Formen，英文译为 Ideological forms）。"[1]

根据学者周民锋的考证，这三个概念属于两个体系或者两个来源。在《德意志意识形态》中，马克思用的是 Ideologie，它源自特拉西的 Ideology（"观念学"），指的是当时德国的一些思想或思潮，而且多是在负面意义上使用（指虚假观念）；而在《〈政治经济学批判〉序言》中，马克思使用的 Bewußtseinsformen 和 Ideologischen Formen 这两个概念，源自黑格尔精神现象学中的 Die Gestalten des Bewusstseins（一种复数形式），是"意识"加"形式（形态）"的构词方式，指的是思想体系的诸多形式（或形态）。在马克思恩格斯全集和选集文本中，将前者 Bewußtseinsformen 译为"意识形式"，后者 Ideologischen Forme 译为"意识形态的形式"，[2] 前者指的是意识形态的全体，后者指的是意识形态之具体（类似 Ideologie）。但相比二者，Ideologie 没有特别强调"形式"（形态）。由此看来，将 Ideologie、Ideology（乃至德文 Ideologisch）译为"意识形态"，甚至是将其作为主要的对译由

---

[1] 马克思：《〈政治经济学批判〉序言》，《马克思恩格斯选集》第 2 卷，人民出版社 2012 年版，第 2—3 页。

[2] 周民锋：《马克思意识形态概念的两个来源及其两重含义》，《学术研究》2008 年第 6 期。

此反过来影响英译，① 实际是将 Ideologie、Ideology 的内涵扩大化了。

为什么说三者是两个来源？周民锋认为，除了上面词源上的原因，还主要因为："两相比较，黑格尔的'意识形态'是指客观存在着的现象，而特拉西的'意识形态'则是指主观建构的一种观念学、知识学、知识论。前者是人类科学研究的对象，后者是人类学术演化进程中出现的一种'思想体系'。"② 此外二者还有一个大的区别是："Bewußtseinsformen 与 Ideologischen Formen 都有 formen，可以准确定义，都是中性的，即不带褒贬之意的科学用语；而 Ideologie 无法准确定义，是多义的，甚至常常被用作贬义词，显然不是一种科学理论的专用术语。"③

二、"意识形态"在中国最早的译介情况

根据两个来源的认识，对于马克思的 Bewußtseinsformen 和 Ideologischen Formen，日本学者河上肇在所译《〈政治经济学批判〉序言》中分别用日语"意識形態""觀念上の形態"对译，就较好地区分和把握了马克思的德文原意。而且这种日译，很快就被陈溥贤、李大钊等人将之分别直接翻译为"意识形态""观念上的形态"并引入中国。

1919 年 5 月，为纪念马克思诞辰 101 周年，《晨报》副刊 5 月 5、6、8 日分 3 期连载了渊泉（陈溥贤）翻译的河上肇《马克思的唯物史观》一文，译文中的"意识形态"一词在汉语中是第一次出现。渊泉对河上肇的马克思《经济学批判》的序文"的翻译做了如下汉译：

> 人类因为要以社会的生产生产生活物资，（一）所以发生了一种一定的，必然的，和自己意志独立的关系。（二）换一句话说，这种关系就是适应那社会物质的生产力的发展程度的生产关系。这种生产关系的总和，构成社会上经济的构造，就是社会真正的基础，这是构

---

① 刘霞《意识形态概念在近现代中国的生成与流变——兼与董学文先生商榷》（《理论导刊》2013 年第 8 期）："因此，在马克思文本中，等同于意识形态概念的主要有三个词：Ideologie、Gesellschaftliche Bewußtseinsformen、Ideologischen Formen。我们现在把它们分别翻译为意识形态、社会意识形式、意识形态的形式，其英文分别翻译为 ideology、forms of social consciousness、ideological forms。"
② 周民锋：《马克思意识形态概念的两个来源及其两重含义》，《学术研究》2008 年第 6 期。
③ 周民锋：《马克思意识形态概念的两个来源及其两重含义》，《学术研究》2008 年第 6 期。

造法制上政治上的建筑物的真正基础，又是适应社会的意识形态的真正基础。（三）物质生活资料的生产方法，可以决定社会的政治的及精神的一切生活的过程。人类的意识不能决定人类的生活，人类的社会的生活，倒可以决定人类的意识。（四）社会的物质的生产力。（五）发展到一定的阶段，与从来在那范围内所活动的当时生产关系，以及仅在法制上所表现的所有关系，就会发生冲突。而这种关系，原来不过是生产发展的形式，到了这个时候，就变成束缚生产力的发展，于是乎社会革命的时代就来了。（六）因为经济的基础，发生变动，所以在这基础上面的建筑物，也要徐徐或是急速革起来了。

我们要观察这种变动，我们要先明白这两种的区别。就是以自然科学能够研究的经济的生产条件，所发生的物质的变化，与人人意识这种冲突，下决战的决心的那些法制上、政治上、艺术上以及哲学上的形态——简单说来，就是观念上的形态——是不可不区别的。这种变革时代，若要从该时代的意识，下个判断，那就好像要以一个人对于自己如何着想，去批评这个人的，（七）必定是毫无所得。意识这个东西，由物质的生活的矛盾，及社会的生产力与其生产关系之间所存在的冲突，才可以说明的。

渊泉（陈溥贤）还翻译了河上肇对这句话的九点解释，其中第三点提到"社会意识形态"：

（三）"社会的意识形态"是指现在社会上所流行的思想上精神上的主义风潮。人类一切关于意识的状态而言。[①]

在以上译文中，渊泉（陈溥贤）间接地用"意识形态""观念上的形态"对译了马克思的 Bewußtseinsformen 和 Ideologischen Formen，虽然这个和现在通行的汉译略有不同（前者今译为"意识形式"、后者今译为"意识形态的形式"），但还是很准确地在汉语语境中表达了这两个词的

[①] 渊泉：《马克思的唯物史观》（录《晨报》），《新青年》1919 年第 6 卷第 5 号。

原始含义。①

几乎在同时，李大钊在《新青年》1919年第6卷第5、6号上分上、下两部分连载《我的马克思主义观》。李大钊文中"意识形态"一词出现在第6卷第5号上。《新青年》第6号上刊印的出版时间是1919年11月1日，这个学界没有太大的歧义，但第5号刊印的出版时间是1919年5月，由于实际没有按时出版，所以学界对其实际出版时间和李大钊《我的马克思主义观》的写作时间有争议。经过多方考证，现在学界倾向于认为，《新青年》第6卷第5号是在9月出版，李大钊《我的马克思主义观》应该早在5月之前就已经开始写作，但也有证据推定8月李大钊仍在写这篇文章。② 所以，现在一般认为渊泉（陈溥贤）的译文早于李大钊。

在《我的马克思主义观》中，李大钊同样翻译了河上肇对于"《经济学批判》的序文"的翻译，译文中也是以"意识形态"对译今译"意识形式"、"观念上的形态"对译今译"意识形态的形式"：

> 人类必须加入那于他们生活上必要的社会的生产，一定的、必然的、离于他们的意志而独立的关系，就是那适应他们物质的生产力一定的发展阶段的生产关系。此等生产关系的总和，构成社会的经济的构造——法制上及政治上所依以成立的、一定的社会的意识形态所适应的真实基础——物质的生活的生产方法，一般给社会的、政治的及精神的生活过程，加上条件。不是人类的意识决定其存在，他们的社会的存在反是决定其意识的东西。
>
> ……
>
> 当那样变革的观察，吾人非常把那在得以自然科学的论证的经济的生产条件之上所起的物质的变革，与那人类意识此冲突且至决战

---

① 笔者这里是从"原始含义"和"意识形态"概念的思想来源的一致性角度来认识的，并不认为是误译。学者张秀琴在《马克思意识形态概念在中国的早期传播与接受：1919—1949》（《马克思主义与现实》2013年第1期）中则认为："那么，这个最初经由日语而进入中文语境的'意识形态'一词，是否就是马克思所使用的'意识形态'概念呢？回答是否定的"；"1919年，陈溥贤第一个将日语'意識形態'转译为中文'意识形态'，但可惜是一个误译，而将马克思真正的'意识形态'（ideologie）经由日文'観念（上的形態）'转译成中文'观念（上的形态）'"。

② 参见曾宪元《中共对马克思恩格斯"Ideologie"概念翻译的历史考察》，《党史研究与教学》2018年第2期。

的，法制上、政治上、宗教上、艺术上、哲学上的形态，简单说就是观念上的形态，区别不可。想把那样变革时代，由其时代的意识判断，恰如照着一个人怎样想他自己的事，以判断其人一样，不但没有所得，意识这个东西宁是由物质生活的矛盾，就是存在于社会生产力与生产关系间的冲突，才能说明的。①

文中，李大钊还特意提到"（以上的译语，从河上肇博士）"。

同年，8月5日至12月24日《时事新报》副刊《学灯》连载罗琢章、藉碧所译的《马克司社会主义之理论的体系》中也出现了"意识形态""观念上的形态"："生产关系之总和，即为社会之经济的构造，亦即法制上、政治上之上层构造准之而立者也。且又适应一定社会的意识形态而为真实之基础也"；"法制上、政治上、宗教上、艺术上及哲学上之形态，简言之，即观念上之形态"。此外1919年年底，致力于唯物史观传播和研究的另一重要人物胡汉民在《唯物史观批评之批评》一文中对唯物史观公式介绍时同样是译为"社会的意识形态"（Gesellschaftliche Bewußtseinsformen）和"观念上的形态"（Ideologischen Formen）。

这四种译本在译文中都提到依据的是河上肇翻译的马克思1859年《〈政治经济学批判〉序言》（日语版）。因此，这四个译本或者说1919年是马克思"意识形态"概念进入中国之始。并且可以看出，最早的"意识形态"汉译对应的是Bewußtseinsformen即今译"（社会）意识形式"，是一个中性、科学性的哲学概念、唯物史观概念。

在这里，我们把这种概念称为形式所指意识形态概念，以有别于后来偏向阶级性政治性规定的意识形态概念，我们把后一种称为内容所指意识形态概念。

三、"意识形态"在20世纪20—40年代的译介情况

由于中文"意识形态"概念对应着德语"Gesellschaftliche Bewußtseinsformen""Ideologischen Formen""Ideologie"和英语"Ideology"，因此，"意识形态"概念在20世纪20—40年代的译介、传播情况，可以区分为以下

---

① 李大钊：《我的马克思主义观》，《李大钊全集》第3卷，人民出版社2013年版，第26页。

三种情形。

首先,"Gesellschaftliche Bewußtseinsformen"和"Ideologischen Formen"在中国的翻译和使用情况。在中文语境中,对这两个词的翻译主要受日译原则的影响,把"Gesellschaftliche Bewußtseinsformen"译为"社会的意识形态""社会意识形态""社会的意识状态",把"Ideologischen Formen"翻译为"观念上的形态""观念的各形态""观念上的诸形态""观念上之形态"等,重点在"formen"译为"形态",把"Ideologischen"译为"观念",这是唯物史观公式早期普遍译法中的"意识形态"概念。前述陈溥贤、李大钊、胡汉民等的翻译就是这个类型。此外,丘哲译久保田明光的《社会主义思想之史的解说》(1929)、熊得山译山内房吉的《社会思想解说》(1929)、刘侃元译普列汉诺夫等著的《唯物史观的根本问题》(1930),都是这种类型。当然,也有把"Ideologischen"译为"(社会)意识"的,比较接近我们现在的翻译,如施复亮、钟复光合译平林初之辅著《近代社会思想史要》(1929),把 Gesellschaftliche Bewußtseinsformen 译为"社会意识诸形态",把 Ideologischen Formen 译为"意识上的各种形态"。当然,将"观念形态"指称后来的"意识形态"是当时的主要翻译和使用情况,这也是后来很长一段时间内,使用"观念形态"概念远多于"意识形态"概念的根本原因。

其次,"Ideologie"在中国的翻译和使用情况。和把"Ideologischen"译为"观念"一样,"Ideologie"最开始也主要被译为"观念",如1929年,许楚生在译布哈林《唯物史观与社会学》时,"Ideologie"就是译为"观念""观念论"。而最早将德语"Ideologie"翻译为"意识形态"的是成仿吾。1927年年底,成仿吾在《从文学革命到革命文学》中说:"我们的文学运动现在的实况:内容——小资产阶级的意识形态(Ideologie 意德沃罗基)。"[①]最早将德语"Ideologie"与中文"意识形态"一词对应起来。此外,1928年1月,创造社《文化批判》月刊第1号"新辞源"栏目中,"意德沃罗基"词条释义是:"意德沃罗基为 Ideologie 的译音,普通译作意识形态或观念体,大意是离了现实的事物而独自存续的观念的总体",它是

---

① 成仿吾:《从文学革命到革命文学》,《成仿吾文集》,山东大学出版社1985年版,第244页。

"随生产关系——社会的经济构造——的变革而变化的"。①这一译法也直接影响了马克思著作 Die Deutsche Ideologie 书名的汉译。1937年2月，邵荃麟在南京《时事类编》第5卷第3期刊载《社会意识形态概说》即《德意志意识形态》第1卷的摘译。而郭沫若于1938年11月在上海言行出版社出版的《德意志意识形态》其实译于1931年，原名《德意志观念体系论》，在书中的用词仍然是"观念体系"。1941年，克士（周建人）在上海珠林书店翻译出版了《德意志观念体系》，即《德意志意识形态》第1卷的序和第1部分。1949年后一段时间，"Ideologie"一度被译为"思想体系"，"Ideologischen Formen"被译为"思想形式"。当1960年中央编译局出版《德意志意识形态》新全译本时，虽然感觉"文不对题"，但考虑到"意识形态"一词通行已久，按照"约定俗成"原则，继续沿用了郭沫若译的书名。

最后，"Ideology"在中国的翻译和使用情况。瞿秋白是第一个将英文"Ideology"带入中文语境的人，②但瞿秋白没有将"Ideology"译为"意识形态"，而是译为"社会思想"。1923年，瞿秋白在《郑译〈灰色马〉序》中说："每一派自成系统的'社会思想'（Ideology），必有一种普通的民众情绪为之先导。"③但中文理论界何时将"Ideology"译为"意识形态"，这里暂无考证。但可以推定的是，随着1928年年初德语"Ideologie"翻译为"意识形态"之后，"Ideology"译为"意识形态"就开始流行起来。至少瞿秋白本人在20世纪30年代初期就已经正式使用"意识形态"这个概念了。

四、"意识形态"概念发展脉络的基本判断

在对"意识形态"概念的考察中，有的学者以后来的"Ideologie"为中心或者基点，认为早期最早的"意识形态"概念是个误译；④有的学者则以《〈政治经济学批判〉序言》中的"Ideologischen Formen"概念为中心或

---

① 《新辞源》，《文化批判》1928年第1号。
② 参见张秀琴《马克思意识形态概念在中国的早期传播与接受：1919—1949》，《马克思主义与现实》2013年第1期。
③ 瞿秋白：《郑译〈灰色马〉序》，《瞿秋白文集·文学编》第1卷，人民文学出版社1985年版，第255—256页。
④ 参见张秀琴《马克思意识形态概念在中国的早期传播与接受：1919—1949》，《马克思主义与现实》2013年第1期。

者基点，认为后来以"意识形态"对译"Ideologie"为混用或误译，是一种窄化；①有的学者认为"意识形态"概念在中国发展是泛化；②有的学者认为是"作用范围扩大了"。③

但如果结合周民锋关于意识形态两种来源的考证，我们恰恰可以认为：成仿吾用"意识形态"对译"Ideologie"才是一种恰巧的"误译"，它既不同于日译原则也不同于马克思恩格斯"意识形态"概念的黑格尔来源，恰恰回到了特拉西的来源，也就恰恰离开了黑格尔—马克思（以《〈政治经济学批判〉序言》为代表）的科学性中立性"意识形态"概念传统，对驳上特拉西—马克思恩格斯（以《德意志意识形态》为代表）的主观性价值性立场性批判性"意识形态"概念传统；既开创了后来以阶级性政治性"意识形态"对译"Ideologie"的学术传统，又开启了以"意识形态性"对"意识形态"术语概念界定与理论阐释的革命性传统（即"意德沃罗基"）。

因此说，这里不存在误译、混用、泛化、扩大化等问题，只存在着"意识形态"概念和观念从形式所指向内容所指的转换环节。

而后来的艾思奇、毛泽东等，到20世纪40年代还倾向于使用"观念形态"概念，实质是更倾向于黑格尔—马克思《〈政治经济学批判〉序言》科学概念谱系，所以毛泽东在中华人民共和国成立之前基本不使用"意识形态"这个概念，却在中华人民共和国成立后，在谈阶级斗争时使用"意识形态"概念。这种情况也说明了早期"意识形态"概念在哲学和文学领域分流并存（即作为中性的"观念形态"和可以褒贬的"意识形态"）的事实。20世纪40、50年代之后"观念形态"概念被"意识形态"代替，也说明"意识形态"革命性、主观性、价值性、政治性立场的进一步强化。而"意识形态"概念的《德意志意识形态》谱系（即以"意识形态"对译"Ideologie"），对中国马克思主义文艺理论的发生，对文艺意识形态

---

① 参见刘霞《意识形态概念在近现代中国的生成与流变——兼与董学文先生商榷》，《理论导刊》2013年第8期。
② 参见董学文、凌玉建《汉语语境中意识形态概念泛化源头略说——以李大钊1919年后一些文本为考察对象》，《湖南社会科学》2008年第4期。
③ 参见［德］李博《汉语中的马克思主义术语的起源与作用：从词汇—概念角度看日本和中国对马克思主义的接受》，赵倩等译，中国社会科学出版社2003年版，第313页。

属性规定性的形成有着重大影响。①

第二节 "意识形态"概念科学性和革命性内涵的确立

接下来，我们需要描述"意识形态"概念从形式所指向内容所指的转换过程。

学者刘霞认为"意识形态"阶级性的发生是很晚的事情。她以科学性为逻辑主轴考察"意识形态"概念史，认为最早的汉译"意识形态"概念内涵中没有阶级性等规定性。她说："李大钊在《我的马克思主义观》（1919年）一文中，还分别提到了'人类意思''综合意思'几个概念……但他还在《再论问题与主义》《马克思的历史哲学与理恺尔的历史哲学》《唯物史观在现代社会学上的价值》《史学要论》中多次谈到'观念形态''精神构造'等和意识形态相似的词。应该说，意识形态概念在李大钊那里仅被作为唯物史观的术语理解为系统化的社会意识形式。虽然他认为'阶级竞争说恰如一条金线，把这三大原理从根本上联络起来'，但并没有明确赋予意识形态阶级性的内涵。这种理解与唯物史观传入中国后对意识形态概念的最初理解是一致的。"②显然，刘霞没有把"意识形态"概念不断阶级性即"意识形态性"作为一个独立的问题看待，所以她在文章中留下了"何时把意识形态作为 Ideologie 的汉译语并通行一时，却难于考据"的这一未竟问题，也留下了一个判断"可以肯定的是，'意识形态'与'观念形态'的混用在左翼文坛表现尤为突出"有待详细说明。③而解释和

---

① 根据另外一些学者的观点，马克思主义的"意识形态"概念经历过从"虚假意识形态"到"科学意识形态"再到"革命意识形态"的发展过程，是科学性和革命性结合的"意识形态"概念。中国"意识形态"概念历程也可以大体这样描述。参见徐海波《意识形态与大众文化》，人民出版社2009年版。

② 刘霞：《意识形态概念在近现代中国的生成与流变——兼与董学文先生商榷》，《理论导刊》2013年第8期。

③ 刘霞：《意识形态概念在近现代中国的生成与流变——兼与董学文先生商榷》，《理论导刊》2013年第8期。

说明这个问题，①正是中国马克思主义文艺理论意识形态属性发生研究的关键内容之一。因为，在中国，虽然"意识形态"概念在其诞生之初立足于唯物史观的科学性，但同时也开创了"意识形态"科学性和革命性（阶级性、政治性）双重内涵并行发展又时有悖论的历史之路。

一、"意识形态"概念科学性和革命性的并起

早在 1919—1920 年完成的《我的马克思主义观》《再论问题与主义》《物质变动与道德变动》《什么是新文学》《由经济上解释中国近代思想变动的原因》和 1923—1924 年完成的《研究历史的任务》《史学要论》等著作中，李大钊在介绍马克思唯物史观和阶级竞争学说时，运用经济基础和上层建筑关系理论，不仅看到了包括文艺在内的"意识形态"（即总称的"社会意识形式"或者具体的"意识形态的形式"即"观念上的形态"）的上层建筑属性（"社会意识形式"是与上层建筑相适应的关系），而且揭示了不同经济基础之上上层建筑及"意识形态（形式）"之间的斗争关系，这为后来文艺作为与上层建筑相适应的社会意识形式之一而具有意识形态属性的认识奠定了逻辑起点。比如，在《我的马克思主义观》中，李大钊不仅提到"意识形态""观念上的形态"，还提到了"人类意思""综合意思""一切精神上的现象""精神的要素""精神的构造"等同义词，并且说马克思的"三部理论，都有不可分的关系，而阶级竞争说恰如一条金线，把这三大原理从根本上联络起来"，②显然，李大钊在科学性意义上使用"意识形态"概念时也赋予了其阶级性内涵或者底色。

需要补充的是，《共产党宣言》虽然成书晚于《德意志意识形态》不到两年，但使用了和《〈政治经济学批判〉序言》相一致的"Ideologischen"和"Bewußtseinformen"这两个术语，而没有直接使用"Ideologie"。虽然 20 世纪 20 年代流传很广、影响很大的《共产党宣言》已经有明确的"意识形态"内容的表述，但当时各种译本中基本没有使用"意识形态"这一

---

① 张秀琴《马克思意识形态概念在中国的早期传播与接受：1919—1949》一文翔实的（注释）史料已经说明了这个问题，但由于她力图在"译介体""教材体""中国化"等逻辑框架中讨论"意识形态"概念发展史，因此，这一问题没有得到显性的提示和讨论。

② 李大钊:《我的马克思主义观》,《李大钊全集》第 3 卷，人民出版社 2013 年版，第 19 页。

术语的，因此，在"意识形态"术语研究中，《共产党宣言》没有受到重视。①但《共产党宣言》对"意识形态（性）"观念发展的影响是不可低估的。《共产党宣言》中今译"但是，不管阶级对立具有什么样的形式，社会上一部分人对另一部分人的剥削却是过去各个世纪所共有的事实。因此，毫不奇怪，各个世纪的社会意识，尽管形形色色、千差万别，总是在某些共同的形式中运动的，这些形式，这些意识形式，只有当阶级对立完全消失的时候才会完全消失"②这样一些观点，都深刻地影响了"意识形态"概念和观念的发展趋势。

二、"意识形态"概念从形式所指向内容所指的过渡

在第一批引进"意识形态"概念的李大钊等人之后，李达在20世纪20—30年代的一系列著作中，对后来"意识形态"概念的形成作出了重要贡献。这种贡献主要有三个方面，一是进一步强化了"意识形态"概念的阶级性属性和内涵，二是促成了"意识形态"概念由早期倾向于指意识形式向意识内容的内涵转换，三是完成了对"意识形态"作为一般概念的学理论述。

早在1921年的论文《马克思还原》（1月）、《告中国的农民》（4月）和译作《唯物史观解说》（5月）中，李达频繁使用"阶级的心理和阶级的自觉"这个词，从"阶级的自觉"（the consciousness of class）这样的文字中，③我们明显可以看出，"自觉"实际指的就是内容属性的阶级意识。除了赋予"意识"阶级性之外，李达这个时期也开始赋予"意识"革命性，认为社会意识对经济基础的反作用是"精神的革命"。在《唯物史观解说》"附录 马克思唯物史观要旨"中，李达说："经济的基础生出变化，所以在这基础上面的建筑物，也要或徐或速地革起命来。""考虑这种革命，我们要常把那在科学上有实证的经济生活条件之物质的变革，与人人了解这种冲突而和他决战的，法律上、政治上、宗教上、艺术上的形态，简单说就

---

① 参见李晔、张苹《"意识形态"术语源流及汉语语境中的演化研究》，《党史研究与教学》2021年第2期。
② 马克思恩格斯：《共产党宣言》，《马克思恩格斯选集》第1卷，人民出版社2012年版，第420—421页。
③ 李达：《告中国的农民》（1921.4），载汪信砚主编《李达全集》第1卷，人民出版社2016年版，第356页。

是精神的革命，善为区别。"① 由于术语发育不完全，李达在这个时期还没有使用"意识形态"概念。

但五年之后（1926年），李达在教材《现代社会学》关于马克思《〈政治经济学批判〉序言》的翻译中，已明确使用"意识形态"概念（即今译"意识形式"），并在其他章节中延续了新旧阶级意识形态之间的斗争："新阶级战胜旧阶级之后，则新阶级夺得政治权力，必根据其新思想，确立新政治法制以改造经济组织；同时另创新意识形态以变更旧社会上层建筑之全部。"② 从术语中我们可以看出，李达这里的"另创新意识形态"不好明确说指的是形式还是内容（"观念"），但可以看出并不是单纯指"意识形式"，更多的是指内容属性的意识内容即观念，因为"意识形式"的创新不是那么容易的事情。这也反映了"意识形态"概念早期史上的含混性。更为重要的是，《现代社会学》特设第九章"社会意识"专门谈论社会意识问题。但就李达文章内容而言，本章所谓"社会意识"并不能等同于作为意识形式理解的"意识形态"，和1921年前后的认识相一致，他主要指的是"阶级意识"。李达在文章中自认接受关于社会意识的一般理解："近今社会学书解释社会意识之意义者，皆曰：'一切人间有共通之意识内容而为各个人所公认者，谓之社会意识。'此一般社会学者最普通之定义也。此种解释，尚觉未妥，兹申言之。"③ 李达非常强调阶级社会"社会意识"的阶级性。他说："社会裂成阶级以后，则惟有经济上强有力阶级之要求包含于社会意识之中，他阶级之要求概受社会意识之压迫。即在阶级的社会中，每种新社会意识之成立，恒带有拘束另一部分社会人员之意义"；"故阶级的社会中之社会意识，实则为特殊阶级之意识。特殊阶级利用优越势力，以自己阶级之意识演成社会意识。直接维持于本阶级有利之社会组织，间接维持本阶级优越势力之继续存在，此考之社会之历史而可知者也"；"资本阶级之社会意识反社会之趋向增大，无产者阶级意识社会化之趋向亦因而增大，潮流所激，资本阶级虽然欲借政治权力以维持有利之社

---

① 李达：《马克思唯物史观要旨》（1921.5），载汪信砚主编《李达全集》第1卷，人民出版社2016年版，第475页。
② 李达：《现代社会学》（1926.6），载汪信砚主编《李达全集》第4卷，人民出版社2016年版，第89页。
③ 李达：《现代社会学》（1926.6），载汪信砚主编《李达全集》第4卷，人民出版社2016年版，第73页。

会意识，而新社会意识非取而代之不止也"。① 至此，李达对于"社会意识"的阶级性和革命性（即斗争性）阐述已经非常系统和完整。但在已经使用"意识形态"概念的同一著作中，李达使用"社会意识"概念而不用"意识形态"概念，也一定程度上反映了"意识形态"概念从形式所指向内容所指的过渡状态。

到 1935 年前后，这种过渡状态还处于继续中。1937 年，李达在《社会学大纲》（之前 1935 年有讲义版）中"第一个以教材体的形式来专门而系统地阐释马克思的意识形态理论"，② 虽然完成了对"意识形态"概念和理论的体系性建构，但也体现了很强的过渡特点。比如《社会学大纲》第五篇《社会的意识形态》专论"社会的意识形态"。本篇由两章组成。第十一章是"意识形态的一般概念"，分为两节，第一节是"当作上部构造看的意识形态"，其主要内容包括"意识形态的性质"，第二节是"意识形态的一般特性"。第十二章是"意识形态的发展"，分为三节，第一节是"先资本主义社会的意识形态"，第二节是"资本主义社会的意识形态"，第三节是"社会主义社会的意识形态"，③ 基本上完成了将"意识形态"由之前一个形式所指的概念向内容所指的转换，并且对"意识形态的一般概念"这样一类问题进行了学理性阐释。但在具体内容上，李达不仅延续了 1926 年《现代社会学》第九章中对阶级社会的社会意识的有关认识，比如："社会意识，必具有种种的形式。社会意识的形式，即意识形态。在形式与内容的相互关系上，不具形式的任何社会意识，是没有的，不具内容的任何意识形态，也是没有的。"④ 还是把"社会意识"当作内容所指，"意识形态"当作形式所指。但李达又在书中使用"Ideologie"的译音"意德沃罗基"与"意识形态"并列使用，"说明李达看到了 Ideologie 的特殊含

---

① 李达:《现代社会学》（1926.6），载汪信砚主编《李达全集》第 4 卷，人民出版社 2016 年版，第 73—78 页。
② 张秀琴:《马克思意识形态概念在中国的早期传播与接受：1919—1949》，《马克思主义与现实》2013 年第 1 期。
③ 李达:《社会学大纲》（1937.5），载汪信砚主编《李达全集》第 12 卷，人民出版社 2016 年版，第 431—469 页。
④ 李达:《社会学大纲》（1937.5），载汪信砚主编《李达全集》第 12 卷，人民出版社 2016 年版，第 222 页。

义"。① 这都反映了"意识形态"概念由形式所指向内容所指的过渡性质。

而从理论发生学角度看，正是因为反映了"意识形态"概念由形式所指向内容所指的过渡性质，所以李达的"意识形态"理论建构对于中国马克思主义及文艺理论"意识形态"理论的发生发展意义非常重要。

三、"意识形态"概念阶级性属性和内涵的进一步强化

学者张秀琴认为，除了早期译介体中的"意识形态"概念，在20世纪20—30年代还存在着一种教科体"意识形态"概念。受苏联教材体系的影响，中国早期的马克思主义理论家如瞿秋白、李达以及后来的艾思奇等人，都通过教材编写的形式宣传马克思主义并将马克思主义理论体系化。在这过程中，"意识形态"的阶级性属性和内涵得到不断强化。李达之外，瞿秋白和艾思奇都发挥了重要作用。

瞿秋白通过俄苏理论路径较早接触到"意识形态"，是中国"意识形态"概念和观念"教科体"阐释模式的创始人，也是第一个将英文"Ideology"带入中文语境（瞿秋白译为"社会思想"）并且第一个给"意识形态"概念下明确定义的人。② 瞿秋白在1923年的《郑译〈灰色马〉序》中说："每一派自成系统的'社会思想'（Ideology），必有一种普通的民众情绪为之先导"；③ 在1924年的《社会科学概论》中说："社会思想是指每一时代普通民众的思想方法（'时代逻辑'）以及他们对于宇宙现象及社会现象的解释（宇宙观及人生观）。这种观念及解释在每一时代的'中期'（发生之后已经确定而尚未开始崩坏时）大致必有统一的现象。"④ 在1927年译俄国郭列夫《无产阶级之哲学——唯物论》中也是使用的"社会思想（Ideology）"⑤ 的说法。但瞿秋白对于"意识形态"概念阶级性的阐发却很少，主要原因：一是瞿秋白在20世纪20年代很少使用"意识形态"这个

---

① 刘霞：《意识形态概念在近现代中国的生成与流变——兼与董学文先生商榷》，《理论导刊》2013年第8期。
② 参见张秀琴《马克思意识形态概念在中国的早期传播与接受：1919—1949》，《马克思主义与现实》2013年第1期。
③ 瞿秋白：《郑译〈灰色马〉序》，《瞿秋白文集·文学编》第1卷，人民文学出版社1985年版，第255—256页。
④ 瞿秋白：《社会科学概论》，上海书店1925年版，第46页。
⑤ 瞿秋白：《无产阶级之哲学——唯物论》，《瞿秋白文集·政治理论编》第8卷，人民文学出版社2013年版，第409页。

术语，他有自己的术语体系，比如"社会思想"；二是20世纪20年代，瞿秋白也主要是在唯物史观科学性基础上理解"意识形态"的；三是在20世纪30年代初期的左翼文艺运动中，瞿秋白才在《普洛大众文艺的现实问题》《文艺的自由和文学家的不自由》等著作中集中强调意识形态的阶级性和能动性。

而艾思奇关于"意识形态"阶级性的论述则稍晚，主要集中在20世纪30年代中后期。1936年1月，艾思奇在《非常时的观念形态——答夏士融君》中说："观念形态，也有人写作'意识形态'，两个名词意思全然没有分别，是大家知道的。它所包括的东西，就是文学、哲学、科学、宗教、道德、法律之类，总之，是和社会的物质组织（如经济组织政治组织军事组织之类）相对待的东西"，"能够代表某一集团的共同意识的形式，就是意识形态，或观念形态"。"我们说哲学是一种意识形态，因为它常有一定的系统的理论形式代表着某一集团的人们的意识。悲观主义的哲学，代表着社会上没落的集团的意识……""观念形态不仅仅是代表集团的共同意识，同时也是更明白更确定的集团的共同意识"。① 1939年，艾思奇与吴亮平根据毛泽东提议，在为中宣部干部培训出版的教材《唯物史观》中，明确指出："意识形态，是阶级意识采取相对独立的体系而表现出来的形态。"② 在这里，艾思奇对于"意识形态"概念不仅给予了独立性、体系性和阶级性的规定性，而且从"两个名词意思全然没有分别"的说法可以看出，"意识形态"概念从形式所指向内容所指的过渡已经基本完成了。

四、"意识形态"代替"观念形态"成为通行语

1937年，李达在《社会学大纲》中，存在着"意识形态"与"意德沃罗基"并用的情况，但到了1948年，新华书店翻印时，李达就把书中一些术语改为通用译语，其中就包括把"意德沃罗基"统一改为"意识形态"。也就是说，20世纪30年代后期，中国化的"意识形态"理论趋于完

---

① 艾思奇：《非常时的观念形态——答夏士融君》，《艾思奇全书》第2卷，人民出版社2006年版，第367—373页。
② 艾思奇实际执笔了《唯物史观》的第五、六章并统改了全书。此处引文应该为吴亮平所撰。此处引文转引自刘霞《意识形态概念在近现代中国的生成与流变——兼与董学文先生商榷》，《理论导刊》2013年第8期。

成；而作为一个有着完整内涵和属性规定性的"意识形态"概念（即不管"意识形态"是否仅对译"Ideologie"，把"意识形态"转换到完全指阶级观念体系成为通行语），则是在 20 世纪 40 年代中后期。

第三节　中国马克思主义文艺理论"意识形态"理论的发生

我们从哲学上梳理了"意识形态"概念的发生和早期发展，但对中国马克思主义文艺理论（这个）主体而言，其"意识形态"理论是如何发生发展的，既往研究不多也不充分。而这又恰是中国马克思主义文艺理论发生研究需要加以重点研究、说明的一个重要问题。

一般来讲，1928 年年初"革命文学"论争时的"意德沃罗基"（作为"Ideologie"的音译，同时对译为"意识形态"和"观念形态"）、"目的意识论"、"观念体"等概念的运用，虽然也存在着从形式所指到内容所指的过渡特征，但也表明中国马克思主义文艺理论"意识形态"理论趋于成形。而对这些标志性概念进行考察，寻找其形成的轨迹和使用逻辑，我们不仅能发现中国马克思主义文艺理论"意识形态"理论发生的大概情形，而且能够看到"观念形态""意志论"等先导理论对于中国马克思主义文艺理论"意识形态"理论的发生发挥了重要作用。

一、"意识形态"与早期中国马克思主义文艺理论范式

依据"意识形态"是与上层建筑相适应的"（社会）意识形式"这一唯物史观原理，早期中国马克思主义文艺理论很早就确立了在"上层建筑"这个范畴内讨论文学艺术问题的维度或者范式（即"知识型"）。

自 1923 年年底开始，恽代英、邓中夏、萧楚女等早期共产党人在构建无产阶级革命文学理论的初期，就依据"意识形态"是与上层建筑相适应的"（社会）意识形式"这一唯物史观原理，最早开始了文艺意识形态性的理论建构工作。如萧楚女在《艺术与生活》中说："艺术，不过是和那些政治、法律、宗教、道德、风俗……一样，同是一种人类社会底文化，同是建筑在社会经济组织上的表层建筑物，同是随着人类底生活方式之变

迁而变迁的东西。"① 这段话明确肯定艺术是上层建筑，依据的就是当时普遍理解的"意识形态"是与上层建筑相适应的"（社会）意识形式"的这一唯物史观原理。这一论述是最早或较早关于文艺意识形态性的论述。因此，有学者认为："该论述开启了艺术（文学）意识形态说在中国的先河，称之为文学意识形态说的萌生，应当是恰切的。"② 此后的无产阶级革命文学理论的发展坚持了这一理论范式，如1932年，瞿秋白在《文艺的自由和文学家的不自由》中说："文艺现象是和一切社会现象联系着的，它虽然是所谓意识形态的表现，是上层建筑之中最高的一层。"③ 因此说，自"革命文学"论争起，这一理论范式就已经是中国马克思主义文艺理论"意识形态"学说的基础了。

当然，中国马克思主义文艺理论发展史研究中，一些著名学者将早期中国马克思主义文艺理论中强调社会性（为社会和政治服务）的内容，视为"意识形态（性）"内容，比如将李大钊《什么是新文学》中的"我们所要求的新文学，是为社会写实的文学，不是为个人造名的文学；是以博爱心为基础的文学，不是以好名心为基础的文学；是为文学而创作的文学，不是为文学本身以外的什么东西而创作的文学"④ 等表述视为强调新文学的意识形态功能；或者将李大钊写于1918年的《俄罗斯文学与革命》中的"俄国的诗人，几常为社会的诗人，吾人实未见其他国家尚有以诗歌为社会的、政治的幸福之利器，至于若此之程度者"⑤ 之类的内容，认为是在强调文学的意识形态性质。⑥ 这种判断有其一定的合理性，但和我们通常在上层建筑这个范畴内讨论"意识形态（形式）"的理论范式不同。这

---

① （萧）楚女：《艺术与生活》，《中国青年》1924年第38期。引见北京大学等三高校主编《中国现代文学史参考资料·文学运动史料选》第1册，上海教育出版社1979年版，第402页。

② 朱丕智：《中国现当代文学理论之意识形态说批判》，《重庆师范大学学报（哲学社会科学版）》2010年第5期。

③ 瞿秋白：《文艺的自由和文学家的不自由》，《瞿秋白文集·文学编》第3卷，人民文学出版社1989年版，第58页。

④ 李大钊：《什么是新文学》，《李大钊全集》第3卷，河北教育出版社1999年版，第445页。

⑤ 李大钊：《俄罗斯文学与革命》，《李大钊全集》第3卷，河北教育出版社1999年版，第118—126页。

⑥ 参见胡言会《李大钊文艺思想研究：兼论中国马克思主义与启蒙现代性的关系》，上海社会科学院出版社2015年版，第153页；张大明《中国左翼文学编年史》，社会科学文献出版社2013年版，第131页。

是依据社会存在决定社会意识唯物史观原理,从文学艺术与社会生活关系的认识出发而形成的另外一种阐释范式。比如1924年,蒋侠僧(蒋光慈)的《唯物史观对于人类社会历史发展的解释》就是从反映论认识论讨论社会存在与社会意识、文学艺术和社会生活关系的论文。两种阐释范式还是有本质上的区别,不能混为一谈。

二、"观念形态"和"意德沃罗基"向内容所指"意识形态"概念合并

在中国马克思主义文艺理论发生期,"观念形态"实际是后来内容所指意识形态概念的同义词,因此,就早期革命文艺而言,使用"观念形态"一度更为普遍。[①]比如鲁迅1928年翻译《文艺政策》一书时,其中就有一篇《观念形态战线和文学》(即苏联1925年1月第一次无产阶级作家大会的决议)。虽然"观念形态"比"意识形态"使用得更早、更频繁,但最终为内容所指意识形态概念所代替,也是很符合逻辑的。但就"意识形态"概念本身,促成形式所指意识形态概念向内容所指意识形态概念转换的一个关键要素是"意德沃罗基"概念的出现。

1927年年底,成仿吾在《从文学革命到革命文学》(刊于1928年2月1日《创造月刊》第1卷第9期)一文中,在继续使用形式所指意识形态概念的同时,又提出了内容所指意识形态概念的"意德沃罗基"。成仿吾说:"历史的发展必然地取辩证法的方法(Dialektische methode)。因经济的基础的变动,人类生活样式及一切的意识形态皆随而变革;结果是旧的生活样式及意识形态等皆被扬弃(Aufheben 奥伏赫变),而新的出现。"又说:"近代的资本主义激潮的来侵,早把我们旧日的经济的基础破坏,欧战中我们更有了近代式的资产阶级及一部分小资产阶级的'印贴利更追亚'

[①] 参见[日]青野季吉《观念形态论》,若俊译,上海南强书局1929年版;[日]藏原惟人《新写实主义论文集》,(吴)之本译,上海现代书局1930年版;[日]青野季吉等《新兴艺术概论》,王集丛译,上海辛垦书店1930年版;等等。也参见陈溥贤、李大钊、艾思奇等著作。当代学者可参见冯宪光《"意识形态"(Ideology)的流转》,《社会科学研究》2007年第1期;董学文、凌玉建《汉语语境中意识形态概念泛化源头略说——以李大钊1919年后一些文本为考察对象》,《湖南社会科学》2008年第4期;董学文、凌玉建《意识形态与早期中国现代文学理论——对"文学为意德沃罗基的一种"命题背景的考察》,《湖南师范大学社会科学学报》2008年第5期;凌玉建《百年寻踪 幻影成像:文艺与意识形态关系考述》,江西人民出版社2013年版;等等。

(指知识分子——引注），文学这意识形态的革命渐不能免，而解决这一切的关键也已伏在'文'和'语'的对立关系。"①可以看出，这些语句中的"意识形态"指的是社会意识形式，是形式所指意识形态概念。但同时，成仿吾又说："我们的文学运动现在的实况：内容——小资产阶级的意识形态（Ideologie 意德沃罗基）"，②最早将德语"Ideologie"与中文"意识形态"一词率先对应起来，从而创造了一个有明确阶级性规定性的内容所指意识形态概念——"意德沃罗基"。

当然，这里说成仿吾"最早"音译"意德沃罗基"，是从写作时间来谈的。就发表时间而言，1928年1月创造社《文化批判》月刊第1号"新辞源"栏目中，就有"意德沃罗基"词条，其释义是："意德沃罗基为Ideologie的译音，普通译作意识形态或观念体，大意是离了现实的事物而独自存续的观念的总体"，它是"随生产关系——社会的经济构造——的变革而变化的"。③从"观念体""观念的总体"等概念可以看出，"意德沃罗基"主要指的是观念尤其是阶级观念体系本身。

而成仿吾的这一创造，意义非同小可，不仅在原有"观念形态"和后来的"内容所指意识形态"之间建立了联系，也为原有"观念形态"和形式所指"意识形态"概念向内容所指"意识形态"概念过渡创造了条件。因此，在很长一段时间内，出现了"观念形态""意识形态""意德沃罗基""Ideologie"混用的情况。比如李初梨在《怎样地建设革命文学》（刊于《文化批判》1928年2月15日第2号）中说："我们知道，一切的观念形态（Ideologie），都由社会的下层建筑所产生。然而此地有一种辩证法的交互作用，我们不能把它看过。就是，该社会的结构，复为此等观念形态所组织，所巩固。"④又说："文学为意德沃罗基的一种，所以文学的社会任务，在它的组织能力。"⑤类似情况还有华汉（阳翰笙）所编《唯物史观研究》（1932年），书中对"社会意识""意识形态""观念形态"都没有做明

---

① 成仿吾：《从文学革命到革命文学》，《成仿吾文集》，山东大学出版社1985年版，第241—242页。
② 成仿吾：《从文学革命到革命文学》，《成仿吾文集》，山东大学出版社1985年版，第244页。
③ 《新辞源》，《文化批判》1928年第1号。
④ 李初梨：《怎样地建设革命文学》，《文化批判》1928年第2号。
⑤ 李初梨：《怎样地建设革命文学》，《文化批判》1928年第2号。

确的区分。"意德沃罗基"概念还影响到马克思主义哲学领域，前面所提李达长期并用"意德沃罗基""意识形态"概念，直到1948年修订《社会学大纲》时才统一使用"意识形态"。

但这种混用是很短暂的，由于有阶级性的加持，在传播和推广方面，内容所指"意识形态"概念拥有比音译的"意德沃罗基"更多的优势，因此，"观念形态"和"意德沃罗基"很快向内容所指"意识形态"概念过渡，后者逐渐成为一个流行概念。

有学者认为，"在左翼文坛，Ideologie 成为'观念形态''意识形态''意德沃罗基'的代名词和中心词汇，而 Gesellschaftliche Bewußtseinsformen 的内涵则消融在历史中，Ideologischen Formen 也被 Ideologie 所替代"[①]。这句话前半句是没有问题的，但后半句"内容消融"可能更多的是源于"意识形态"内涵的扩大。

三、"意识形态"由社会形式范畴向主体性范畴的转换

20世纪20年代后期，"意志论""目的意识论""阶级意识"参与了"意识形态"理论的建构，促进了"意识形态"由一个社会形式范畴向主体性范畴的转换。

早期中国马克思主义在宣传唯物史观的同时，存在着"经济决定论"倾向，这与在中国这样没有充分发达资本主义基础的生产力落后国家实行无产阶级革命的主张存在着冲突，这也是当时无产阶级革命理论备受诟病的地方。比如在20世纪20年代初期"社会主义论战"中，张东荪等人虽然大体上也认可资本主义、社会主义、共产主义三个阶级（即"历史阶段"）依次发生的马克思主义唯物史观，但认为不能（十分、太）越阶，[②]因此主张只能优先发展资本主义，实业救国。对此，"早期马克思主义者对于张的责难最早和最简单的答复便是提出意志问题"，高一涵、李汉俊、瞿秋白等都参与了无产阶级"意志论"的理论建构。[③]"第二国际"一些理

[①] 刘霞：《意识形态概念在近现代中国的生成与流变——兼与董学文先生商榷》，《理论导刊》2013年第8期。
[②] 参见（张）东荪《现在与将来》，《改造》1920年第3卷第4号。
[③] 参见赵利栋《"五四"前后中国马克思主义传播中的阶级与阶级斗争观念》，载中国社会科学院近代史研究所编《中国社会科学院近代史研究所青年学术论坛》2001年卷，社会科学文献出版社2002年版，第60—96页。

论家也非常强调"意志论",二者之间在理论上是什么关系虽不明确,但"意志论"认为人的实践和阶级斗争也是社会发展的因素和动力,从而为中国的无产阶级观念增加了意志即人的作用这一决定性因素,确实丰富了马克思主义阶级斗争理论。但后来的"文化大革命"又过于夸大这一决定性因素的作用,对社会主义革命和建设造成了很大的失误。

到了20世纪20年代后期,中国早期马克思主义文艺理论发展了"意志论","革命文学"论争之初就提出了发展无产阶级文学的"目的意识论"。但这理论深受日本无产阶级文学理论的影响。李初梨1928年9月在《思想》月刊第2期发表了一篇与日本青野季吉《自然生长性与目的意识性》同名的文章。青野季吉1926年9月发表的《自然生长性与目的意识性》一文是对日本无产阶级文艺运动产生很大影响的著作。它把列宁《怎么办》第二章所论述的理论观点机械地应用到无产阶级文艺运动上。青野季吉以及林房雄认为,过去的无产阶级文学是自然成长的,缺乏自觉性,是无产阶级自发的自我表现,是一种个人满足。而真正的无产阶级文艺运动必须把这种自然生长的文艺,提高到目的意识的文艺。所以说,无产阶级文艺运动,是具有自觉目的意识的艺术家把自然生长的无产阶级文艺,提高到具有明确目的意识的文艺运动。李初梨基本上全盘接受了来自日本的这个庸俗理论。他在《怎样地建设革命文学》中说:"文学,与其说它是社会生活的表现,毋宁说它是反映阶级的实践的意欲",① 在自己的《自然生长性与目的意识性》一文中,李初梨说:"普罗列搭利亚文学,是一种目的意识底活动,如果它是一种表现的东西,那么表现出来的,结局是一些大众自然生长的意识,这谓之曰对于自然生长性的屈服","我们中国现阶段底普罗列搭利亚文学……应该是无产阶级先锋(前卫)底一种意识的行动"。② 不过在这篇文章中,李初梨将"Ideologie"译为"观念体",强调意识形态是一种体系性的意识或者观念(相对于社会心理、感情等)。

但这种有意建设"无产阶级文学"的"目的意识论"同时也包括着对作家、艺术家主体主动追求阶级意识的要求。因此,要求作家、艺术家主体主动获得无产阶级阶级意识成为了"革命文学"论争初期"意识形态"

---

① 李初梨:《怎样地建设革命文学》,《文化批判》1928年第2号。
② 李初梨:《自然生长性与目的意识性》,《思想》1928年第2期。

概念的新内涵。1930年，郭沫若（麦克昂）也描述了1925年五卅运动之后创造社一些成员无产阶级意识是自然成长的："当时的人称为是创造社的'剧变'。其实创造社大部分的分子，并未转变过来，即是郭沫若的转换，也是自然发生性的，并没有十分清晰的目的意识（这个目的意识是规定一个人能否成为无产阶级真正的战士之决定的标准，凡摆脱不了这个自然生长的意识的，他不自觉地会退出革命战线）。"[①] 这个时候说的"自然生长性与目的意识性"主要讲的是主体性问题。

因此，受俄苏和日本无产阶级文学理论的影响，中国早期无产阶级文学理论就关注到作家、艺术家主体"阶级意识"问题，比如1925年茅盾的《论无产阶级艺术》。到了"革命文学"论争前后，对无产阶级阶级意识的强调成为了理论重心。这个时期的阶级意识理论有两个核心要点：表现无产阶级阶级意识和获得无产阶级阶级意识。一是要求反映无产阶级意识，前面所引李初梨"反映阶级的实践的意欲"和1928年与李初梨论争的郭沫若在《留声机器的回声——文艺青年应取的态度的考察》中主张文学艺术应该"当留声机——反映阶级的意识"[②] 都是这个意思。《文化批判》第4号"新辞源"专栏刊发了"阶级意识"条目。二是要求主动获得无产阶级阶级意识，即无产阶级的"意德沃罗基"。李初梨在《怎样地建设革命文学》中说："无产阶级文学是：为完成它主体阶级的历史的使命，不是以观照的——表现的态度，而以无产阶级的阶级意识，产生出来的一种的斗争的文学。"[③] 为此，他要求文学青年应该"获得无产阶级的阶级意识"，"克服自己的有产者或小有产者意识"，"把理论与实践统一起来"，成为一个无产阶级文学家。"获得阶级意识"是当时左翼文人的共识，如成仿吾（石厚生）在《革命文学的展望》中说："作者的意德沃罗基的修养及用语的接近大众，这些实是普罗列塔利亚文学目前最要的急务。"[④]

总之，20世纪20年代后期，"意志论""目的意识论""阶级意识"参与"意识形态"理论的建构，促进了"意识形态"由一个社会形式范畴向

[①] 麦克昂（郭沫若）：《文学革命之回顾》，载《文艺讲座》第1册，上海福州国光社1930年版，第86页。

[②] 郭沫若：《留声机器的回声——文艺青年应取的态度的考察》，《郭沫若文集》第16卷，人民文学出版社1990年版，第66页。

[③] 李初梨：《怎样地建设革命文学》，《文化批判》1928年第2号。

[④] 成仿吾（石厚生）：《革命文学的展望》，《我们》1928年创刊号。

主体性范畴的转换，而这对于后来中国马克思主义文艺理论一系列主观问题的发展有着深远的影响。

四、意识形态批评话语的出现

自 1927 年年底，成仿吾《从文学革命到革命文学》将"意识形态""Ideologie""意德沃罗基"对译后，很快在理论和批评实践中形成一种意识形态批评话语。

理论上，"意识形态"在这个时期的大量译文、教材中，都具有体系性的中心地位，文艺的意识形态属性是科学的文艺理论（实即无产阶级文艺理论）的立论基础或者阶级性的代名词。比如（冯）雪峰译、卢那卡尔斯基（卢那察尔斯基）著《艺术之社会的基础》（水沫书店 1929 年 5 月初版），苏汶译、波格达诺夫著《新艺术论》（水沫书店 1929 年 5 月初版），鲁迅译、卢那卡尔斯基著《艺术论》（大江书铺 1929 年 6 月初版），钱谦吾编《怎样研究新兴文学》（南强书局 1930 年 3 月初版），王森然著《文学新论》（光华书局 1930 年 4 月初版），冯乃超等著《文艺讲座（第一册）》（神州国光社 1930 年 4 月初版，其中有朱镜我《意识形态论》一文），吴之本译、藏原惟人著《新写实主义论文集》（现代书局 1930 年 5 月初版），王集丛译、青野季吉等著《新兴艺术概论》（辛垦书店 1930 年 6 月初版），顾凤城著《新兴文学概论》（光华书局 1930 年 8 月初版），刘呐鸥译、弗理契著《艺术社会学》（水沫书店 1930 年 10 月初版），陈望道译、冈泽秀虎著《苏俄文学理论》（开明书店 1930 年 12 月初版），胡秋原编《唯物史观艺术论》（神州国光社 1932 年 12 月初版），张泽厚著《艺术学大纲》（光华书局 1933 年 10 月初版），等等。这些译著和专著基本都是原理性的，都以马克思主义唯物史观的意识形态理论即文学艺术的意识形态性为理论基础，进行体系性建构的。也就是说，在中国马克思主义文艺理论形成之初，意识形态论就成为了中国马克思主义文艺理论的基础理论之一，是中国马克思主义文艺理论科学性的基础之一。

但在批评实践方面，"意识形态"又是"革命文学"论争之初的主要批判术语之一，充分体现了其革命性的一面，表现出和科学性相悖的一面。在当时，钱杏邨、李初梨等人都阐发或者运用"意识形态""意德沃罗基"作为重要的批评话语，比如钱杏邨的《死去了的阿 Q 时代》、李初梨的《怎样地建设革命文学》，后者甚至大段引用了成仿吾《从文学革命到革命文学》中的论述。杜荃（郭沫若）《文艺战上的封建余孽——批评鲁迅的〈我的态度气量和年纪〉》运用"意识形态"范畴批判鲁迅："连资产阶级的意识形态都还不曾了解的人，当然更说不上无产阶级的意识形态。鲁迅在此也正好做一个证明。"①傅仲涛（傅克兴）《小资产阶级文艺理论之谬误——评茅盾君底〈从牯岭到东京〉》批判茅盾并说："革命文艺要成为无产阶级底文艺，也断不是因为描写了工农，为工农诉苦；就是因为它所反映的意识形态，是促进农工的解放为工农谋利益的意识形态。这种形态使群众一天天地明了统治阶级底罪恶，一天天组织化，革命化，对于统治阶级是根本没利益的。"②

但可以看出，在理论和批评两个领域，意识形态话语存在着自身的悖论。这点在傅克兴身上体现很明显。1928年，傅克兴发表《意识形态的变革与唯物辩证法》（1928年9月15日《思想》月刊第2期），对意识形态的科学原理进行了深刻的阐释。但同年，他又发表《小资产阶级文艺理论之谬误——评茅盾君底〈从牯岭到东京〉》，该文是当时极左文论和革命浪漫谛克文论的代表作之一。

因此，在中国马克思主义文艺理论形成之初，"意识形态"概念经历了一个从形式所指向内容所指的转换过程，在理论和批评实践中就形成了科学性和革命性（阶级性）、社会性和主体性并重的结构性矛盾。这造成了中国马克思主义文艺理论的一种特殊禀赋，也在发生学意义上决定了中国马克思主义文艺理论未来发展的诸多特点。

---

① 杜荃（郭沫若）：《文艺战上的封建余孽——批评鲁迅的〈我的态度气量和年纪〉》，《创造月刊》1928年第2卷第1期。
② 克兴（傅仲涛）：《小资产阶级文艺理论之谬误——评茅盾君底〈从牯岭到东京〉》，《创造月刊》1928年第2卷第5期。

第八章　近现代艺术人学与中国马克思主义文艺理论主体观念的发生

马克思在《〈黑格尔法哲学批判〉导言》中说："人不是抽象的蛰居于世界之外的存在物。人就是人的世界，就是国家、社会。"[①]同理，文学艺术就是人，人就是文学艺术的主体。

不同文艺理论体系都有各自的主体观念；主体观念是区分不同文艺理论体系的重要范畴之一。除了极少数以形式、结构、神经活动等为艺术主体的文论体系之外，绝大部分文艺理论体系都是以人为主体的。人作为艺术主体又可以区分为民本、人本两种类型。民本是集体性质的主体观念，人本是个体性质的主体观念。一般情况下，人本思想和民本思想在内涵上有很大的交集，在某种程度上人本思想包含了民本思想，是民本思想的基础，二者并不存在相互否定的问题。比如唐太宗李世民之后，为避李世民名讳，大量谈"民"的问题转化为谈"人"的问题。但细分起来，民本和人本还是有着很大的不同。比如我国传统的民本观念是相对于君本（国本）、官本而言的，所以"民本"思想中所提及的"民"或"人"实际上是属于"类的群体"概念，是个集体观念。而人本思想尤其是现代人本主义更多的是从个体出发（原初意义的人本学甚至是生物学意义的），是以个体为中心的主体思想。

此外，民本又可以区分为整体性的、自然属性的主体概念，比如旧民主主义革命时期的"人民""新民"概念和20世纪20年代初期的"国民文学"概念；也可以区分为阶级性、社会性的主体概念，比如20世纪20年代兴起的"无产阶级文学"，20世纪30年代兴起的"大众文艺""人民

[①] 马克思：《〈黑格尔法哲学批判〉导言》，《马克思恩格斯选集》第1卷，人民出版社2012年版，第1页。

文艺"和先批判后接受的"民族文学""国家文学"等主体概念。这是两种不同性质的民本主体性。

而中国马克思主义文艺理论的主体观念是在继承中国传统民本思想、旧民主主义革命时期的新民本思想和马克思主义以社会阶级为历史主体等思想基础上形成的、以无产阶级主体为开端和底色的人民（大众）主体观念和民族—国家主体观念（这个主要体现在 20 世纪中国马克思主义文艺理论发展史的中后期）。因此，中国马克思主义文艺理论主体观念具有鲜明特色，是一种强调社会政治性、集体性、历史性、实践性、客观性的艺术人学观念，它和形式主义、审美主义、科学主义（如媒介主义、心理主义）、文化主义等各种主体性观念体系有本质性的区别，是中国马克思主义文艺理论主体性发生的重要标志和内容。

所以，"阶级—人民（大众）"的主体观念是中国马克思主义文艺理论体系的核心观念，"为什么人"的问题是中国马克思主义文艺理论的第一命题。因此，探寻中国马克思主义文艺理论主体（性）观念的发生发展，是中国马克思主义文艺理论发生研究的重要内容之一，其意义非常重要。[①]

第一节　从民本到新民本：清末民初艺术人学思想的发展

清末民初，在传统艺术人学思想和外来艺术人学思想影响下，我国艺术人学思想已经有了国民、平民、新民、立人等论述，形成了以集体性质"民"为中心的新实用主义艺术人学本体论（相对于传统的文以载道实用主义艺术人学本体论）。后来新文化运动时期的艺术人学思想突出了人的主体性和价值，进一步完成了自然（普遍）人性论和人道主义性质的"人"、审美现代性意义上的"文学"和历史主体性意义上的"阶级"三大发现，从而为中国马克思主义文艺理论早期以阶级为核心或底色的艺术主体观念的形成奠定了基础，也为新文化运动统一战线终结后新民主主义艺术人学的"人的解放""人民"的发现和文艺大众化理论的发展奠定了基础。

[①] 本章系在笔者《马克思主义与艺术人民性》（中国文联出版社 2018 年版）、《从民、人到阶级：新文化运动时期艺术人学的发展》（《美与时代（下）》2020 年第 7 期）的基础上修改而成。

一、中国古代民本主义艺术人学思想

中国古代有"人""民""人民""群众""百姓"等主体概念。在甲骨文、金文和小篆中,"人"字多数都是下俯、弯腰、屈膝劳作的姿态,由身和手两部分组成(一般分一长一短),姿态朝向有左有右,而跪膝趴着的象形"人"字则很少。因此说,最初的"人"字主要指的是体力劳作者,至于是否就是专指奴隶,并不好确定。而早期的"民"字(甲骨文)非常像草木的形状,由于草木不能迁徙,加上"民"字是个会意字,从尸从氏,尸也是不能动弹的,因此"民"最早主要是指某一氏族、部落、国家范围内的固定居民。我们认为,"人""民"主要是指相对于统治者的一般劳动者和自由民,既不是奴隶,也不是统治者。"人民""群众""百姓"这些词最早都出现在先秦典籍中。如《周礼·地官·司徒第二》中有"大司徒之职,掌建邦之土地之图与其人民之数",《诗·大雅·抑》中有"质尔人民,谨尔侯度,用戒不虞"。"人民"有时候也作"民人",《论语·先进》中有"有民人焉,有社稷焉"。"群众"一词最早出现在《荀子》中,如:"是故权利不能倾也,群众不能移也,天下不能荡也"(《劝学》篇),"如是,则知者未得治也;知者未得治,则功名未成也;功名未成,则群众未县也;群众未县,则君臣未立也"(《富国》篇)。"百姓"一词较为特殊。由于古代只有贵族才有姓,因此战国以前"百姓"一词主要指贵族,比如"平章百姓"(《尚书·尧典》)、"群黎百姓"(《诗经·雅·天保》),战国末期和战国以后才泛指平民,如《荀子》:"天不言而人推高焉,地不言而人推厚焉,四时不言而百姓期焉"(《不苟》篇),这和我们今天理解的意思差不多。《荀子》中提到"百姓"一词达20多次。通过如上语义和词义分析,我们认为,相比"群众","百姓"概念的自然属性,接近我们今天理解的大众概念;而"民""人民"概念自古就含有更多社会关系的内容,并且具有类的属性,也就更为接近我们今天理解的人民概念。

(一)中国古代的民本思想

"民本"一词最早出自《尚书·五子之歌》。原句是:"皇祖有训,民可近,不可下。民惟邦本,本固邦宁。"中国古代有着丰富的民本思想。从《尚书》的"哀民""保民",《国语》的"庇民""恤民",《左传》的"亲民""重民",《论语》的"安民""济民",《老子》的"圣人无常心,以百姓心为心",《墨子》的"利民",《荀子》的"爱民",《孟子》的"民贵君轻",贾谊的"民为万世之本",乃至宋明清儒学的"民吾同胞",康有为的"下哀生民",等等,我国有一整套民本学说。①

从中国古代思想史的角度看,我国古代儒、道、释、法四家中,道、释两家和宋明以后的儒家"理学三派"(气学、理学和心学)基本上是人本主义的(个体/人性)实践哲学思想,这与早期儒家思想(以孔子、孟子、荀子为代表)以及近代民主主义儒家思想(以明末清初王夫之、顾炎武、黄宗羲三大思想家为代表)和法家的民本思想(以管子等为代表)还是有很大区别的,因为后三者讨论"民"的问题的时候,多数是和国家治理这个问题紧密联系在一起的,他们概念中的"民",其实质都是一种国家治理关系中的特定人群概念。

中国古代民本思想的核心首先是民贵君轻,君是为民服务的。在先秦儒家思想以及儒家整理的上古文献中,关于"天、民、君"三者关系,有着许多论述。首先,其核心的一点是民为三者关系的核心,民贵君轻、君为民服务,甚至天也是为民服务的。这种发端于古代氏族社会的人道主义和人本思想一直延续到封建社会后期。其次,古代民本思想认为民事就是国事,无论儒家还是法家,都积累了大量的管理经验。最后,中国古代民本思想有着积极的革命意识。《周易·革卦》说:"汤武革命,顺乎天而应乎人。"《孟子》说:"贼仁者谓之贼,贼义者谓之残。残贼之人,谓之一夫,闻诛一夫纣矣,未闻弑君也!"甚至说:"君之视臣如草芥,则臣视君如寇雠。"这都体现了中国古代民本思想中革命性的一面。

(二)中国古代的民本主义艺术人学思想

总的来看,中国古代艺术理论和实践不可能在思想上直接做到表现人民在政治上的根本地位和决定作用("民权"),也不可能直接要求统治者在国家治理和经济生活中以服务民众为目的("民生"),更不可能直接要求反对君主专制,提出建设民主政治的任务("革命")。但中国古代的艺

---

① 参见傅正义《中国古、近代文学的怨刺性、人民性——兼与西方古、近代文学比较》,《社会科学研究》2000年第3期。

术理论和实践，都非常重视艺术的认识和教育功能，非常重视通过丰富多彩的具有艺术人民性的艺术形象和典型来反映人民大众的现实生活，体现了古代艺术家和艺术理论家们关注人民疾苦，期盼人民幸福、天下大同的民本思想。

中国古代的民本主义艺术人学思想主要体现在"风、雅""兴观群怨""怨、讽、刺、骚"等美学理想中。中国古代以儒家为代表的艺术理论是一种社会本体论。"风"作为一种文体分类和诗经六义之一，体现了艺术的社会属性。从孔子开创中国艺术批评史之始，中国古代关于艺术功能和价值的认识，都是紧密结合艺术的社会作用来谈的。《论语·阳货》："子曰：'小子，何莫学夫《诗》？《诗》可以兴，可以观，可以群，可以怨；迩之事父，远之事君；多识于鸟兽草木之名。'"孔子在这里提出的"兴观群怨"诗学原则，既揭示了艺术创作和欣赏的心理学特征，又强调了艺术的社会作用。"兴"包括了思想和情感上的"情志"共鸣，这说明了艺术创作和欣赏的基础是心理，心理（审美）作用是艺术其他作用和价值的前提和基础。这奠定了儒家艺术学说的科学性。"观"则说明了艺术的认识和教育功能，"观"既指对自然风物的认识，也包括"观风俗之盛衰"、帮助统治者"考见得失"的功能。"群"说明了艺术具有社会交往、组织动员和风化功能，这吻合了儒家"礼乐刑政"的国家治理"王道"思想。按说，有了"兴""观""群"这三点，就足以概括艺术的审美、认识和教育三大功能了，但有特色的是，孔子还特意提出了"怨"这个艺术社会功能。"怨"，孔子后人孔安国注："怨刺上政。"而清代黄宗羲说"怨亦不必专指上政"（《南雷文定》四集卷一《汪扶晨诗序》）。但我们从孔子周游列国推销自己的理想和学说来看，"怨刺上政"的理解较为确切，其主要含义就是批评指责执政者为政之失，抒发对苛政、乱政的怨情。笔者认为，孔子的"怨"就是典型的民本主义立场和观点，它被用在艺术理论领域，就是一种典型的民族化的民本主义艺术人学思想。

"怨"后来发展成为"讽"。在古代，"风"和"讽"基本同义，"风"更多的是指一种客观存在，而"讽"则是一个非常主观的概念。除了背、念等意思之外，"讽"主要有"谏言"和"讽刺"两个意思。《广雅》说"讽，谏也"。但相比于"谏"的理性，在艺术领域，"讽"主要更多的是指一种"讽刺"。《毛诗序》说"以风刺上",①指的就是用老百姓的东西来批评统治者。带刺的"风",那就是一种艺术作品,就是"讽"。刘勰《文心雕龙》"情采"篇说"盖风雅之兴,志思蓄愤,而吟咏情性,以讽其上,此为情而造文也",也说明"讽"是出自心中愤懑,目的在于讽劝上位者。

后来一部分文人可能觉得"讽"还不过瘾,就直接提倡更有力度、更有目的性的"刺"了。到了汉代,以美刺论诗成为一种普遍的风尚。清人程廷祚指出:"汉儒言诗,不过美刺二端。"(《诗论十三·再论刺诗》)"美"指歌颂赞美类的艺术作品,"刺"主要指批判类艺术作品。到了唐代诗歌革新运动(新乐府运动)时,杜甫、白居易、元稹等倡导"美刺比兴""刺美见事"。元稹《乐府古题序》:"沿袭古题,唱和重复,于文或有短长,于义咸为赘剩。尚不如寓意古题,刺美见事,犹有诗人引古以讽之义焉。"而"美刺"其实就是毛泽东《在延安文艺座谈会上的讲话》以来马克思主义艺术理论经常讨论的"歌颂"与"暴露"两个范畴。

但在主张中庸和伦理道德("礼""仁")的古代社会,"讽""刺"由于具有鲜明的对立特性,其实是不符合古人"发乎情,止乎礼义""怨而不怒""哀而不伤""温柔敦厚""主文而谲谏"美学理想的,②在这种情况下,屈原"骚"体所特有的人民性和艺术性就为后人所推崇,成为历代文人墨客们的理想追求。

"风骚"并重的艺术体系发展观,也深刻地反映了古代艺术人学思想。这里的"风骚"(并列结构)不同于"风骚"(偏正结构),它是《诗经·国风》和《楚辞·离骚》的并称。"风"和"骚"分别代表了我国古代艺术现实主义和浪漫主义两大发展体系。

此外,为人民怨刺讽喻、为自己悲愤鸣不平,一直是中国古代、近代文论作家作品评价的主要标准,这也是中国古代民本主义艺术人学思想的重要内容。如"国风"160首,"伤人伦之变,哀刑政之苛"(《诗大序》),

---

① 全句是:"上以风化下,下以风刺上,主文而谲谏,言之者无罪,闻之者足以戒,故曰风。"笔者认为,《毛诗序》理解的"风"和《诗经》的"风"有很大的不同,偏向于风化、教化的理解。

② 中国古代文论也有"不平则鸣"的阳刚一面(唐·韩愈《送孟东野序》:"大凡物不得其平则鸣。……有不得已者而后言,其歌也有思,其哭也有怀")。但这不是主流。纪昀说:"要当以不涉怨尤之怀,不伤忠孝之旨为诗之正轨。昌黎《送孟东野序》称'不得其平则鸣',乃一时有激之言,非笃论也。"(纪昀《月山诗集序》)

"为刺者多"（程廷祚《论诗十三·再论刺诗》）；"小雅"74首，也"怨刺相寻"（郑玄《诗谱序》），"不平之诗占三分之二"（青木正儿《中国文学概说》）；"大雅"31首，也不乏"刺过讥失，所以匡救其恶"之作（程廷祚《论诗十三·再论刺诗》）。所以李纲《湖海集序》谓"三百六篇，变风、变雅居其大半，皆有箴规、戒悔、美刺、伤闵、哀思之言"。

二、清末民初艺术人学思想的发展

1840年之后，中国社会危机和民族危机逐渐加剧，与之相伴的是近代中国思想的不断解放。在这个过程中，传统的封建主义民本主义艺术人学思想开始向启蒙主义即民主主义的民本主义艺术人学思想转化，也就是艺术人学思想从旧民本向新民本的转化，从古典主义向现代性的转换。

（一）新民本：清末民初人学思想的发展

晚清闭关锁国局面被西方列强的坚船利炮轰开之后，由于有了"他者"的存在，近代中国的国家、民族、生民等观念也随即发生根本性改变。这种改变其实从明代徐光启（1562—1633）时代就已经开始了，只不过发展得非常缓慢而已。1916年，陈独秀在《吾人最后之觉悟》中将中西文明冲突和国人觉悟分为七个时期，其第一期就是以徐光启为开端的。到了维新变法时期，在维新变法启蒙思想家的推动下，这种缓慢的量变开始了急剧的质变，人们对国家等观念产生了根本性的变化：中国由"天下"的中心，成为了主权国家之一；天下的民族也不仅是满、汉、蒙、藏、回"五族"，而是中华民族和世界其他先进的民族；华夷之辨不再是夷夏之辨（中华民族内部先进文明和落后文明的区别），而是中华文明在与世界其他文明的竞赛中落后了；过去的"溥天之下，莫非王土；率土之滨，莫非王臣"的君臣民观念逐渐演变为现代国家和国民的概念；君权神授的思想逐渐为自然权利和社会契约论思想所代替；"信而好古""述而不作"对上古文明的迷恋逐渐为进化论（以及后来的历史阶段论）所代替；过去笼统的"王道"国家治理观念演变为重视制度设计的现代国家治理观念……所有这些改变，都促成了人们观念上"现代中国"的发生和发展，也促成了现代人学思想的形成。

维新派思想家基本上是在集体属性的意义上使用"国民"这个类人民的概念的。作为"旧邦新人"的维新派，更多的是将这种新国民称之为

"新民"。因此，维新派除了一方面致力于对传统政治思想的批判，另一方面也致力于新人学的建设。他们吸收西方的人道主义、天赋人权、进化论等思想，认识到人是社会改造的出发点也是终点，认识到树立新的人学观对社会改造的重要意义、对建立资本主义思想体系的认识论意义。因此，他们把理论批评和建设的焦点集中在批判旧的人学观、对人的价值和尊严的重新发现上，努力摒弃传统的道德伦理型、群体性、抽象理想化的人学观，为建立立足于自然权利、人道主义、现实的资产阶级人学观奠定了第一块基石。在这个逻辑线索上，这一时期，康有为、谭嗣同、严复、梁启超等启蒙思想家对近现代新人学观的发展作出了各自的贡献。其中又以梁启超的贡献尤大。

在维新派中，梁启超对中国传统政治思想（儒家思想）的分析和批判最富有学理性，而且梁启超较其他启蒙思想家的不同之处是，曾因办《时务报》《清议报》和《新民丛报》等媒体，能够很好地将维新派的思想和自己的观点宣传出去，对社会和学界有很大的影响力，因此被誉为"舆论之骄子，天纵之文豪"。梁启超同时也是"新民"倡议的最得力者。

戊戌变法失败后，梁启超流亡日本，眼贯中西后，思想境界大开，很快就确定了"欲维新吾国，当先维新吾民"的思想，并且主张"新民为今日中国第一要务"，"舍此一事，别无善图"。[①]1902年至1906年，梁启超用"中国之新民"的笔名，在《新民丛报》上发表20篇政论文章（1936年出版单行本《新民说》）。梁启超非常看重理论的开化作用，《新民说》的叙论即指出，"天下必先有理论然后有实事，理论者实事之母也"，而理论"其目的之结果，要在改良人格，增上人道，无一非为实事计者"，因此新民说的主要内容就是标示什么是现代国民，并以此为标准，唤起中国人民的人格自觉，自觉地从帝国时代皇帝的臣民，转化为现代国家的国民。

梁启超的"新民"说有以下几个主要内容。

一是认为中国贫困落后的根本原因表面上是制度落后，实际上是国民素质低下，认为"未有其民愚陋、怯弱、涣散、混浊，而国犹能立

[①] 吴嘉勋、李华兴编：《梁启超选集》，上海人民出版社1984年版，第205、207页。

者"，①"苟有新民何患无新制度，无新政府，无新国家？"②。因此他倡导"欲维新吾国，当先维新吾民"（《新民丛报章程》）。

二是认为"新民"之"新"，在于"国家思想"。梁启超的"新民"指"国民"。梁启超最早提出了"国民"概念，他在《新民说》中给"国民"作了如下定义："有国家思想，能自布政治者，谓之国民"，那就是要在民权的基础上发展具有利群爱国的"国家思想"。梁启超说："求如何而后能真利己，如何而后能保己之利使永不失，则非养成国家思想不能为功也。"③梁启超认为国家意识非常重要，但也认为"言爱国必自兴民权始"（《论中国国民之品格》），兴民权是爱国的前提。此外，梁启超还很重视"利群""善群"新道德的培养。在《新民说》中，他又专门写了《论公德》和《论私德》两节，从伦理学上讨论了"我"与人、己与群的关系，鼓励人们向旧道德宣战，进行道德革命，以建立新国民新道德。此外，基于对西方民主政治的认识，梁启超还提出了国民权利和义务对等的思想："人人生而有应得之权利，即人人生而有应尽之义务，二者其量适相均。"④

三是对个人来讲，新人格是身体与精神上的双重自由和去奴隶性。梁启超把"奴隶性"分为"身奴"和"心奴"两种，并认为"心奴"是人获得自由的大敌，因此说"若有欲求真自由者乎，其必自除心中之奴隶始"，⑤也就是摆脱封建主义对人的影响和束缚。

四是提出了如何造就新民的思想路径，那就是以中国为中心的自我本位和国民自新。梁启超在《新民说》中提出两种思路。"新之义有二：一曰淬厉其所本有而新之；二曰采补其所本无而新之，二者缺一时乃无功。"又说："所谓新民者，必非如心醉西风者流。蔑弃吾数千年之道德学术风俗，以求伍于他人。亦非如墨守故纸者流，谓仅抱此数千年之道德学术风俗，遂足以立于大地也。"⑥他强调"新民"是一种自新。"新民云者，非新者一人，而新之者又一人也，则在吾民之各自新而已。"⑦

---

① 梁启超著，宋志明选注：《新民说》，辽宁人民出版社1994年版，第1—3页。
② 梁启超著，宋志明选注：《新民说》，辽宁人民出版社1994年版，第7—9页。
③ 梁启超著，宋志明选注：《新民说》，辽宁人民出版社1994年版，第7—9页。
④ 梁启超：《梁启超全集》，北京出版社1999年版，第706、1030、476页。
⑤ 吴嘉勋、李华兴编：《梁启超选集》，上海人民出版社1984年版，第64、136、157页。
⑥ 梁启超著，宋志明选注：《新民说》，辽宁人民出版社1994年版，第31页。
⑦ 梁启超著，宋志明选注：《新民说》，辽宁人民出版社1994年版，第63页。

总之，在民族危机、中西激荡、思想迸发的维新时代，康有为、谭嗣同、严复、梁启超等启蒙思想家，利用从西方拿来的思想武器，在批判旧的人学的基础上，提出了新的"人学"观念，并且在思想上（非制度上）向封建主义发出了直接的、公开的挑战。他们初步构成的资产阶级人学体系，奠定了整个资本主义启蒙思想的基石和理论中心。由于各种局限性，他们的人学观念庞杂混乱，学理性和思想性也不能说很深刻，而且从马克思主义来看，其理想主义和空想色彩都属于唯心主义的范畴。但他们作为近代中国"新人"最早的发现者和定义者，其历史和思想价值是不容置疑的。因此，有研究者称赞"他们用新人学代替了腐朽的旧人学，使传统的理想人格让位于具有近代意识的新国民形象，从而宣告旧时代行将结束，新时代已经到来"[①]。

（二）新民本和新人本：清末民初艺术人学思想的发展

和政治思想等领域的新民本人学思想不同，在清末民初艺术人学领域，存在着民本主义和人本主义艺术人学思想并存的局面，而人本主义艺术人学思想成为后来新文化运动时期人本主义艺术人学思想的直接源头。作为中国现代性艺术人学思想的发端，王国维、梁启超、蔡元培、鲁迅等作出了重要贡献。

王国维是中国最早系统引进西方美学、艺术学的学者，他"把西方的'美学''美育'传播到中国来，使中国人第一次知道了'美学''美育'的新名词儿"[②]。王国维的西学传播工作为中国资本主义美学和艺术学的发展奠定了基础。1903 年，王国维在《教育世界》第 56 号杂志上发表的《论教育之宗旨》使用了"美育"这一术语，并且在近代中国教育史上第一次提出了德育、智育、美育（即情育）三育并行逐渐达到真、善、美的理想，又加体育，"在使人为完全之人物"的新型教育思想。[③] 蔡元培后来也提出，"所谓健全的人格，内分四育，即：（一）体育，（二）智育，（三）德育，

---

① 宋志明、许静：《近代启蒙哲学与新人的发现——康有为、谭嗣同、严复、梁启超思想合论》，《湖南农业大学学报（社会科学版）》2000 年第 3 期。
② 聂振斌：《中国美育思想述要》，暨南大学出版社 1993 年版，第 323 页。
③ 王国维：《论教育之宗旨》，《教育世界》1903 年第 56 号，见佛雏校辑《王国维哲学美学论文辑佚》，华东师范大学出版社 1993 年版。

(四)美育"①。这说明在20世纪初期人的全面发展和完整教育的思想开始成熟。因此说，与中国古代伦理型艺术思想（主要追求个人道德完善）不同，中国现代意义的艺术思想在草创阶段即对人的发展和社会发展问题有了一个全新的思维建构，其核心的一点就是对于人与社会的理解发生了根本性的变化，人作为"道德人"实体的观念已经转变为具有自然人权性质的"自然人""自由人"观念。

1905年，王国维在梁启超大力宣扬新式艺术工具论（以1902年发表《论小说与群治之关系》为标志）后不久发表了《论近年之学术界》，文中说："观近数年之文学，亦不重文学自己之价值，而唯视为政治教育之手段，与哲学无异。如此者，其亵渎哲学与文学之神圣之罪，固不可逭，欲求其学说之有价值，安可得也！故欲学术之发达，必视学术为目的，而不视为手段而后可。汗德《伦理学》之格言曰：ّ当视人人为一目的，不可视为手段。'岂特人之对人当如是而已乎，对学术亦何独不然。"②王国维对梁启超新工具主义和政治化艺术教育思想的批判（当然是包括在对学术问题整体批判中）令学术界为之一惊，并由此开创了艺术人学思想发展的一个新天地：即在对西方古典哲学和美学思想（尤其是康德和叔本华哲学思想）认识基础上，强调审美独立性和自觉性（重视审美本质、规律和价值），借鉴科学方法（如近代生理学与心理学之"人心活动之原理"），建立了以近代具有自然权利之"人"为核心的、具有民主观念的现代艺术人学思想体系。中国古代就有"立心""立人"两种艺术思想传统，王国维的艺术思想从本质上来讲，即属于"立心"一派，但由于王国维对"立心"传统艺术思想作了现代性改造，充实了很多现代人格和情志意的思想，丰富了人们对艺术规律的认识，实质上也丰富了人们对艺术人学思想的认识。而且客观上，王国维开创了近现代艺术人学非功利主义、审美主义的传统，为晚期的梁启超和后来的朱光潜所延续。

王国维之后，20世纪艺术人学发展第一个阶段的起点主要是新实用主义，它的主体特征则是实用主义和古典主义（以人为本的民主思想和艺术

---

① 蔡元培：《普通教育和职业教育》(1920)，《蔡元培美学文选》，北京大学出版社1983年版，第107页。
② 王国维：《论近年之学术界》，载姚淦铭、王燕编《王国维文集》第3卷，中国文史出版社1997年版，第38页。

自主性思想）的交相混合，形态上丰富多样。梁启超是新实用主义即"经世致用优先"原则的代表。梁启超在晚清后期（1898—1902），倡导"三界革命"——诗界革命、文界革命、小说界革命，小说界革命又包括戏剧界革命，主张文学艺术为现代民主大众政治服务，主张现代艺术的性质是面向全民的。以晚清后期倡导"三界革命"为标志，梁启超主张文学艺术为现代民主大众政治服务，主张现代艺术的性质是全民艺术，代表性著作有《饮冰室诗话》《论小说与群治之关系》等。这个时期，梁启超"以改革政治改革社会为目的，而影响所及，也给予文学革命运动以很大的助力"；[①]他非常看重文学艺术的功利性和工具性，在批判传统"文以载道"功利主义艺术思想的同时，形成了新的实用主义艺术观。梁启超通过对文体价值和功能的分析，认为"小说有不可思议之力支配人道"，[②]因此在艺术社会功能方面主张"小说为文学之最上乘"，[③]小说中又以"政治小说为功最高焉"。[④]他在《告小说家》中明确提出，小说"其熏染感化力之伟大，举凡一切圣经贤传诗古文辞皆莫能拟之。然则小说在社会教育界所占之位置，略可识矣"。[⑤]梁启超认为小说有"熏、浸、刺、提"支配人道的"不可思议"之四力，"此四力者，可以卢牟一世，亭毒群伦，教主之所以能立教门，政治家之所以能组织政党，莫不赖是。文学能得其一，则为文豪；能兼其四，则为文圣。有此四力而用之于善，则可以福亿兆人；有此四力而用之于恶，则可以毒万千载。而此四力所最易寄者惟小说。可爱哉小说！可畏哉小说！"[⑥]梁启超在《译印政治小说序》中高度重视艺术功能的普遍性甚至是优越性，"天下通人少而愚人多，深于文学之人少而粗识之人多"，因此"善夫南海先生之言也，曰：仅识字之人，有不读经，无

---

① 周作人：《中国新文学的源流》，华东师范大学出版社1995年版，第55页。
② 梁启超：《论小说与群治之关系》，载郭绍虞主编《中国历代文论选》第4册，上海古籍出版社1986年版，第207页。
③ 梁启超：《论小说与群治之关系》，载郭绍虞主编《中国历代文论选》第4册，上海古籍出版社1986年版，第208页。
④ 梁启超：《译印政治小说序》，载郭绍虞主编《中国历代文论选》第4册，上海古籍出版社1986年版，第206页。
⑤ 梁启超：《告小说家》，载郭绍虞主编《中国历代文论选》第4册，上海古籍出版社1986年版，第217页。
⑥ 梁启超：《论小说与群治之关系》，载郭绍虞主编《中国历代文论选》第4册，上海古籍出版社1986年版，第209—210页。

有不读小说者。故《六经》不能教，当以小说教之；正史不能入，当以小说入之；语录不能谕，当以小说谕之；律例不能治，当以小说治之"。[①]今天看来，梁启超对艺术和艺术教育作用言过其实的强调和急功近利的政治动机已经近于非理性的了，而其"小说为国民之魂"[②]思想则更为偏激，颠倒了社会和文艺之间的关系。但从历史来看，这种偏激（过分的实用主义、功利性和工具理性）有其历史的合理性，它为20世纪中国社会和艺术的变革奠定了基础，是20世纪思想启蒙运动的一个重要组成部分，它的科学内核和实际影响为后来新文化运动所加强和发展。第二个时期（1920—1929）是梁启超结束十多年海外流亡生活和短暂政治活动之后的学术研究时期。伴随着资产阶级改良思想退出政治舞台，梁启超艺术思想也趋于古典色彩；他将很多传统思想和个人情趣融入艺术教育观念中，一改早期趋于空泛的特点，所关注的问题也趋于具体。这个时期梁启超比较关注文学艺术的研究，主要作品如《中国韵文里头所表现的情感》《屈原研究》《中国之美文及其历史》《书法指导》等。在艺术人学思想方面，梁启超在这个时期形成了自己的"趣味教育"观。20世纪20年代前后，趣味教育的概念很是盛行。这种艺术人学思想成为20世纪20年代中国马克思主义艺术人学思想的参照面。

与王国维以美为核心的艺术思想体系不同，蔡元培艺术思想更为看重艺术教育的内容和社会意义，这一点与他本人对于美的本质是超功利性的认识有很大差异。蔡元培和王国维一样深受康德主义的影响，非常重视审美的自觉和尊重个体情感世界。但国家的不幸和社会改造的需要，使主张"教育救国""美育救国"的蔡元培更多地将艺术教育内容放在德育和实践上。蔡元培关于美育的较为系统的阐述，最早是发表在《教育杂志》第3卷第11期的《新教育意见》，矛头直指1906年清政府颁布的五项教育宗旨。在理论上，蔡元培受康德哲学范畴现象世界和实体世界之说影响，认为人要进入"实体世界"就要通过教育的途径，尤其是艺术教育的途径。蔡元培重视艺术教育，一是因为教育中只有美育因为其超功利的性质，才

---

① 梁启超:《译印政治小说序》，载郭绍虞主编《中国历代文论选》第4册，上海古籍出版社1986年版，第206页。

② 梁启超:《译印政治小说序》，载郭绍虞主编《中国历代文论选》第4册，上海古籍出版社1986年版，第206页。

是实现人进入实体世界的直接途径；二是因为美具有"普遍性""超脱性"的特性，这些特性使人日渐高尚和完美；三是因为艺术教育和美育产生作用的基础是基于人类有一个共同的"人类心理"和"人类公性"："恒欲进而求精神之幸福"，[①]他认为审美经验的形成是人性发展的结果，审美教育是提高人类文明的主要途径，是实现人的真正价值的方式。这些认识是蔡元培艺术教育思想的基础，他以这些观点批判了"尊孔""忠君"的封建主义教育思想，动摇了封建教育思想的基础，把自己的美学思想和激烈的反封建的革命斗争结合了起来。蔡元培美育思想的贡献，一是深入系统阐释了"美育"的概念并最早将审美教育和艺术教育作了区分。他给美育的定义是："美育者，应用美学之理论于教育，以陶养感情为目的者也。"[②]并且将中国社会传统的"礼乐"观念融进了自己的美育思想之中。二是确立了国家教育方针中美育的地位以及美育和德育的关系。蔡元培认为"故教育之目的，在使人人有适当之行为，即以德育为中心是也"，"所以美育者，与智育相辅而行，以图德育之完成者也"。[③]这与王国维有着鲜明的不同。三是确立了美育和宗教的关系。蔡元培在新文化运动中开辟了一条特殊的文化战线——"非宗教运动"，提出了"以美育代宗教"的著名思想，对反对封建"国教"复辟和外来宗教泛滥起到了重要作用。

而鲁迅清末在日本时期的"文艺救民""立人""批判国民性"艺术人学思想却是特例，有别于当时国内流行的国民主义艺术人学思想。鲁迅1902年留学东京，课余研究哲学和文艺，尤注意研究人性和国民性问题。据鲁迅的好友许寿裳回忆，在1902年，鲁迅就经常和他探讨有关"国民性"的问题。1906年"幻灯片事件"后鲁迅中止学医，转而研究文艺、翻译和创作。这一时期（1907—1908年前后的一个时间段），鲁迅基本形成了"文艺救民"和"立人"思想。在《呐喊·自序》中，鲁迅记录了"幻灯片事件"对自己思想的影响："因为从那一回以后，我便觉得医学并非一件紧要事，凡是愚弱的国民，即使体格如何健全，如何茁壮，也只能

---

① 蔡元培：《中国伦理学史》，《蔡元培哲学论著》，河北人民出版社1985年版，第51页。
② 蔡元培：《教育大辞书》，商务印书馆1930年版，第742页。转引自聂振斌《中国近代美学思想史》，中国社会科学出版社1991年版，第147页。
③ 蔡元培：《教育大辞书》，商务印书馆1930年版，第742页。转引自聂振斌《中国近代美学思想史》，中国社会科学出版社1991年版，第147页。

做毫无意义的示众的材料和看客，病死多少是不必以为不幸的。所以我们的第一要著，是在改变他们的精神，而善于改变精神的是，我那时以为当然要推文艺，于是想提倡文艺运动了。"①1907年，在以孙中山为代表的革命派与以康有为、梁启超为代表的改良派的大论战中，鲁迅完成了主张浪漫主义的《摩罗诗力说》（1907）和主张"立人"思想的《文化偏至论》（1908）两篇论文。鲁迅在《文化偏至论》中比较了"欧美之强"，得出了"根柢在人"的结论，因此他提出了这样的理念：中国要"生存两间，角逐列国是务"，"其首在立人，人立而后凡事举"，要"立人"，方式上必须"尊个性而张精神"，"掊物质而张灵明，任个人而排众数"，"外之既不后于世界之思潮，内之仍弗失固有之血脉，取今复古，别立新宗"，只有这样，才能让中国"屹然独见于天下"。②同样是把立人、新民当作立国、强国的手段和途径，相比梁启超早期漠视个体价值的"国本位""群本位"与"民族本位"的新民思想（见《余之生死观》），鲁迅的立人思想是"民本位"的，是强调个人价值和个体精神自由的。这和鲁迅这个时期深受尼采影响有关。鲁迅和朱光潜一样深受尼采的影响，但二人所受影响的方面却因个人性格和禀赋的不同而不同。与朱光潜推崇尼采日神精神不同，鲁迅则深受尼采酒神精神的影响，将"文艺救国"与对国民劣根性的批判结合起来，直面惨淡的人生，"为人生而艺术"，表现出很强的现代主义色彩，即强烈的批判精神："立意在反抗，指归在动作。"③鲁迅新文化运动时期的国民性批判思想也是前一阶段"立人"思想合乎逻辑的发展。除了艺术作品之外，鲁迅还在《随感录》等著作中抨击了大量国民劣根性的表现（主要是奴性和骄横、精神胜利法、瞒和骗的做戏法和看客心理等），这些批判（当然还有社会等其他因素）甚至导致了鲁迅对进化论的怀疑。整体而言，这一时期鲁迅对国民性的批判虽然在成果（主要指艺术作品和杂文）上远大于倡导"立人"思想时期，但其价值和意义还是有一定的局限性。鲁迅一生对民主制度、政党政治都不是很感兴趣，一直在文化和人性方面找原因，虽然对劣根性做了辛辣的讽刺，体现了很强的反封建性，

---

① 鲁迅：《呐喊·自序》，《鲁迅全集》第1卷，人民文学出版社1981年版，第417页。
② 鲁迅：《文化偏至论》，《鲁迅全集》第1卷，人民文学出版社1981年版，第46、57、58页。
③ 鲁迅：《摩罗诗力说》，《鲁迅全集》第1卷，人民文学出版社1981年版，第66页。

也对中国青年一代寄予厚望，但客观上也没有提出很好的药方（不是没有提出），这限制了鲁迅国民性批判的意义。因此，鲁迅改造国民性思想注定是要失败的。但大革命失败后，鲁迅积极参与和领导了左翼文艺运动，他以阶级性为理论工具，坚定地站在人民大众一边，对各种封建主义、帝国主义、资本主义的丑恶现象，对资产阶级人性和人道主义展开了猛烈批判，为中国马克思主义艺术人学的发展作出了重要贡献。

第二节 从新民本到人本：新文化运动前中期艺术人学思想的发展

郁达夫在论及五四时期的文学运动成就时曾经说道："五四运动的最大的成功，第一要算'个人'的发现。从前的人，是为君而存在，为道而存在，为父母而存在，现在的人才晓得为自我而存在了。"①新文化运动发展过程复杂多样，但从启蒙意义上来讲，我们还是可以接受五四运动（也就是新文化运动）整体上完成了两大发现——"人的发现"和"文学的发现"——这一说法。但我们这里说的"完成""发现"不是指一个一次性封闭事件，不是说这两大发现是自新文化运动开始并由新文化运动完成的，而是说它们继承了维新启蒙运动（甚至包括之前许多先进知识分子）以来的"发现"工作，在新文化运动时期基本上完成了资产阶级人学和艺术学理论的建构，并且开启了以"阶级""人民"为本位的马克思主义艺术人学的发展之旅。

从晚清到民初，虽然经历过洋务运动、维新变法和辛亥革命三种变革形态，先后以器物、制度、国民为核心内容，使用过维新和革命两种手段，但到第一次世界大战爆发时，整个中国还是积贫积弱，看不到希望。相反的是，一方面军阀割据造成了全国市场不统一，阻碍了民族资产阶级要求民主政治的道路，另一方面复古尊孔的思想逆流乃至封建专制复辟思想还有着很大的能量，这给资产阶级民主革命取得的有限成果造成了很大的威胁。在这种社会背景下，进步的资产阶级知识分子普遍认识到，如果

---

① 郁达夫选编:《中国新文学大系·散文二集导言》，上海良友图书公司1935年版，第5页。

没有一个适应新的政治制度的普遍的"新人"环境，那么任何完美的社会理想都不可能实现，甚至连思想解放都不能施行。他们知道，传统的理想人格和完全依靠自觉的为学方式，不仅在内容上不适应发展资本主义的现实要求，在形式上也无法满足快速、大规模地解放国人思想、培育新国民的迫切需要。因此，辛亥革命前后，面向全民，通过文化和教育的途径，培养新国民的任务就成了资产阶级思想界和文学艺术界最大的历史任务。但"在中国辛亥革命时期凌风飘动的'自由'旗帜下，文学作者们却没有发现'人'，只发现了'国民'"，并且这一时期的"'国民'并不属于自己，他属于'国'，属于'群'"。① 而新文化运动一代的思想家发动新文化运动，就是希望通过思想、教育和文学艺术，甚至语言文字的革命，来进一步实现对国民精神的全面改造，以完成"吾人最后之觉悟"。

新文化运动将"思想、制度、新民"资产阶级三大革命目标整合在一起，体现了资产阶级革命和思想启蒙的整体性、总体性原则和特征。

具体到新文化运动开创之初，主要是要在思想文化和文学艺术等具体层面，解决维新运动和辛亥革命提出的"新民"理论这一总问题。但前后二者在解决这一总问题的理路上有很大的差别。维新变法和辛亥革命时期的"新民"思想是以救亡图存为目标，以国家、民族为本位，强调中西调和、古今调和，通过培养新民德的方式（包括美育）来培养现代国民，其总体目的是救国；这种"利群"思想甚至反过来压制了个性解放，"在这一方面，他甚至比龚自珍向后倒退了"②。而新文化运动的"新民"思想深受后期卢梭、尼采、易卜生、弗洛伊德、托尔斯泰等人的影响，它以人本主义和自由主义的个人为本位，高举科学民主、人道主义和世界主义大旗，重视个体启蒙和民智开启，主张通过全盘西化的方式来培养现代个人，其主要目的是救人。这是二者之间的不同。

随着新文化运动的发展，作为旧邦"新人"的小资产阶级知识分子，虽然都有着共同的爱国主义、理想主义和审美主义的思想倾向，但作为他们思想出发点的，却有着现实主义、保守主义和自由主义等的区别。因

---

① 刘纳：《嬗变——辛亥革命时期至五四时期的中国文学》，中国社会科学出版社1998年版，第266页。

② 刘纳：《嬗变——辛亥革命时期至五四时期的中国文学》，中国社会科学出版社1998年版，第268页。

此，"十月革命"之后，更为激进的现实主义者选择以社会主义为目标，走无产阶级革命的道路，导致了新文化运动"新民"工程由培养现代个人到塑造"无产阶级新人"的急剧过渡。所以，五四运动之后出现了资产阶级自由主义新人和无产阶级革命新人两种类型"新人"观。

新文化运动之前，民主主义者一直在哲学、文学、教育、法律、伦理、社会、性别，甚至体育等广阔领域向封建意识形态发起猛烈的进攻，但破坏性有余，建设性不足。虽然启蒙主义思想家一直在倡导改造国民性，但如何改、改成什么样，大家也没有一个统一的认识。"新民""新青年"还都是一个口号，只有特征没有内涵，还不能称之为"人的发现"。因此，到了新文化运动之初，一马当先的，是新文化运动理论家对"人"本体的重新阐释，其本质是之前新民理论和改造国民性理论的继续，是资产阶级人学理论的进一步发展。

新文化运动前期是自1915年《青年杂志》创刊至1916年年底。这一时期的艺术人学思想存在着从"新民"到"新人"过渡的特征。

对于为什么要搞新文化运动，作为新文化运动开创者、主将和五四运动"总司令"的陈独秀，1916年2月在《青年杂志》发表的《吾人最后之觉悟》中有详细说明。在这篇文章中，陈独秀把中西文明冲突和国人思想之觉悟的过程，自明代中叶以来分为七个时期，并自认为处于第六时期，也就是"共和国体"建立但不得以施行的时期，即"共和立宪之大业，少数人可主张，而未可实现"。而"此等政治根本解决问题，不得不待诸第七期吾人最后之觉悟"。第七期也就是"民国宪法实行时代"。陈独秀认为，在开创"第七期"之前，国人已经完成了"学术"觉悟、"政治"觉悟，而要开创第七期之前的"最后之觉悟"是什么呢？陈独秀认为是"伦理的觉悟"："自西洋文明输入吾国，最初促吾人之觉悟者为学术，相形见绌，举国所知矣；其次为政治，年来政象所证明，已有不克守缺抱残之势。继今以往，国人所怀疑莫决者，当为伦理问题。此而不能觉悟，则前之所谓觉悟者，非彻底之觉悟，盖犹在惝恍迷离之境。吾敢断言曰，伦理的觉悟，为吾人最后觉悟之最后觉悟。"伦理思想者，主要是人与人、人与制度关系的认识，其实质就是与政治制度相适应的意识形态。陈独秀认为"吾人果欲于政治上采用共和立宪制，复欲于伦理上保守纲常阶级制，以收新旧调和之效，自家冲撞，此绝对不可能之事"，因此将新伦理的建设视为实现共和政体的最后条件。在这里，陈独秀阐述了一种类似"历史终结论"的唯心主义历史观，而且是一种激进主义、全盘西化的态度："盖共和立宪制，以独立、平等、自由为原则，与纲常阶级制为绝对不可相容之物，存其一必废其一。"① 到了1917年发表《文学革命论》时，陈独秀就更为明确地指出，"盘踞吾人精神界根深蒂固之伦理道德文学艺术诸端"，是造成政治界三次革命"虎头蛇尾"的"其大部分"原因。②

因此，经历二次革命失败和流亡日本后，陈独秀1915年6月中旬从日本返回上海，他经过苦苦思索后的结论是：救中国、建共和，首先得进行思想革命。而要思想革命，首选办杂志。因此1915年9月15日陈独秀创立了《青年杂志》并撰写发刊词《敬告青年》。发刊词中，陈独秀以进化论的观点，看到了青年是社会进步的决定力量，他说："青年之于社会，犹新鲜活泼细胞之在人身。新陈代谢，陈腐朽败者无时不在天然淘汰之途，与新鲜活泼者以空间之位置及时间之生命。……社会遵新陈代谢之道则隆盛，陈腐朽败之分子充塞社会则社会亡。"但这个青年不是年龄意义上的青年，陈独秀号召的是能够"自觉其新鲜活泼之价值与责任""奋其智能，力排陈腐朽败者以去"的新青年。为此，陈独秀提出了"新鲜活泼而适于今巨之争存"新青年的六项标准：自主的而非奴隶的、进步的而非保守的、进取的而非退隐的、世界的而非锁国的、实利的而非虚文的、科学的而非想象的。这六项标准的主线是科学与民主，并以此为准绳，若有违反的，则"祖宗之所遗留，圣贤之垂教，政府之所提倡，社会之崇尚，皆一文不值也"。论述上，《敬告青年》一文采用了欧洲与中国、西方人与东方人对比的写法，尤其六项标准是逐条中西对比，处处赞扬近世欧洲文明，特别是法兰西文明，显示出非常激进的全盘西化、全盘否定传统文化的思想。③

与此同时，1916年9月1日李大钊在《新青年》第2卷第1号上发表《青春》一文，在文中揭露封建制度给中国带来的危害，并强调要寄希望

---

① 陈独秀：《吾人最后之觉悟》，《青年杂志》1916年第1卷第6号。
② 陈独秀著，王观泉导读：《〈独秀文存〉选》，贵州教育出版社2005年版，第80—83页。
③ 新文化运动的这一立场和态度，除了在当时就受到新旧保守主义者的批判外，在新文化运动内部也很快开始了反思和纠正。比如陈独秀1920年在《新文化运动是什么？》这类文章中就已经开始纠正对传统文化（包括国故）的偏见，包括对西方文化也提到了"固然不能满意"的态度。

于"青春中国之再生";号召青年"冲决过去历史之网罗,破坏陈腐学说之囹圄","本其理性,加以努力,进前而勿顾后,背黑暗而向光明,为世界进文明,为人类造幸福"。[1]

陈独秀、李大钊等人的"新青年"标准即是新文化运动早期人学"新人"的内涵,他们的人学观点体现了从集体国民向个体青年发展的特点。

新文化运动中期是自1917年年初到1918年年底及1919年年初的新文学运动时期,这是新文化运动人学理论发展的主要时期。

相比十几年前,王国维对人的知情意三分和审美无功利思想所受康德哲学的影响,梁启超《少年中国说》所受进化论、自然权利论和社会契约论等的影响,新文化运动中期影响我国的西方资产阶级人学观念和流派非常多也非常复杂。一般认为,"五四"前后对我国人学思想影响较大的西方哲学家有:尼采("重新估价一切"的超人学说和权力意志论)、易卜生(个人自由主义)、后期卢梭(浪漫主义和无情的自我剖析)、弗洛伊德(精神分析哲学、性和潜意识学说)、托尔斯泰(人道主义)等。

1918年6月15日胡适于《新青年》第4卷第6号发表《"易卜生主义"》,提倡个人本位主义。在文章中,胡适通过易卜生的戏剧,分析了法律、道德、宗教和社会对人性的戕害,并且指出社会"舆论"也就是大多数的"公论"和各种理所当然的习惯,扼杀了各种先知先觉的思想志士(《国民公敌》可能涉及更多的是人性和利益的问题)。在文章中,胡适指责"社会最大的罪恶莫过于摧折个人的个性,不使他自由发展",进而发出了"须使个人有自由意志"的召唤。胡适对于这个价值理性的实现,有着自己非常完整的工具理性的想法。在文章中,胡适非常认可易卜生的自救救人的思路。易卜生说:"我所最期望于你的,是一种真正纯粹的为我主义,要使你有时觉得天下只有关于我的事最要紧,其余的都算不得什么……你要想有益于社会,最好的法子莫如把你自己这块材料铸造成器……有的时候我真觉得全世界都像海上撞沉了船,最要紧的还是救出自己。"胡适认为这种先"救出自己"的"为我主义","其实是最有价值的利人主义",如果自己不先把自己救出来,谈何去救别人?而要救出自己,发展个人的个性,胡适认为:"须要有两个条件。第一,须使个人有自由

---

[1] 李大钊:《青春》,《新青年》1916年第2卷第1号。

意志。第二，须使个人担干系、负责任。"这两个条件就相当于权利和义务的辩证关系一样，个人自由意志实现的前提是需要自己承担责任的。因此，胡适说："自治的社会，共和的国家，只是要个人有自由选择之权，还要个人对于自己所行所为都负责任。若不如此，决不能造出自己独立的人格。"从逻辑上来讲，胡适诠释的"易卜生主义"是非常辩证的，但遗憾的是，后来大家只看到了其为我主义和自由主义，狭隘接受者有之，批评者有之，都失公允。

胡适之外，这一时期对艺术人学发展贡献和影响最大的是周作人。周作人是新文化运动有影响的代表性人物之一。周作人著的文学理论文章本身不多，主要有如下四篇：《人的文学》《思想革命》《新文学的要求》《平民文学》。但这四篇启蒙主义文艺理论著作，影响既大又远，对当时的文坛有着非常重要的指导意义，甚至形成一种文学思潮，在五四时期引起了关于"平民文学"的一场争论。其中，周作人所阐发的资本主义人本主义和人道主义人学观点对艺术人学思想的发展具有重要意义，对资产阶级艺术人学理论的建构事业起到了收官效果。尤其是《人的文学》一文，和胡适《建设的文学革命论》（1918年4月）一起，被列为五四新文学运动的纲领性宣言，是现代资产阶级艺术人学理论的扛鼎之作。

周作人1918年年底和1919年年初发表《人的文学》（1918年12月15日《新青年》第5卷第6号）和《平民文学》（1919年1月19日《每周评论》第5号），提倡人本主义的艺术人学思想。

在《人的文学》中，周作人开篇即主张"我们现在应该提倡的新文学，简单地说一句，是'人的文学'。应该排斥的，便是反对的非人的文学"。周作人认为"人的文学"就是人道的文学。周作人说人道不是他的发明，而是他的发现。他认为人道是随着人生来就有的："却不知世上生了人，便同时生了人道。无奈世人无知，偏不肯体人类的意志，走这正路，却迷入兽道鬼道里去，旁皇了多年，才得出来。"根据文章内容，周作人是根据对人的自然属性的分析，得出"人道"和"非人道"两种区分，那就是"灵与肉"是否一致："我们所信的人类正当生活，便是这灵肉一致的生活。所谓从动物进化的人，也便是指这灵肉一致的人，无非用别一说法罢了。"这是人道的。而"凡兽性的余留，与古代礼法可以阻碍人性向上的发展者，也都应排斥改正。"这是非人道的。人道和非人道做了区分后，接下来就要区分人的文学和非人的文学。因此他提出："我们希望从文学上起首，提倡一点人道主义思想，便是这个意思。"那么什么是"人的文学"呢？周作人认为以"人道主义为本，对于人生诸问题，加以记录研究的文字，便谓之人的文学"，否则则是非人的文学。但周作人的人性、人道主义基本上是来自对自然人性的理解，因此他把"利己"放在首位："但现在还须说明，我所说的人道主义，并非世间所谓'悲天悯人'或'博施济众'的慈善主义，乃是一种个人主义的人间本位主义。"但周作人认为人际关系的理想状态是"须营一种利己而又利他，利他即是利己的生活"，因此他要求"个人主义的人间本位主义"也要"从个人做起。要讲人道，爱人类，便须先使自己有人的资格，占得人的位置"。

周作人从人性、人道主义出发，主张个性解放，反对各种强加在人身上的、非自然又不人道的文学，反对的是两千年以来的"文以载道"的传统，具有强烈的反封建性。与此同时，这一理论，还间接批判了从维新运动到辛亥革命以来最新形成的国民主义艺术人学（比如梁启超的"灵"克"肉"思想）。因此周作人的《人的文学》对当时的文学革命影响很大，深深影响了五四时期表现个性解放主题的创作，"人的文学"成为五四时期文学的一个中心概念。钱理群在《周作人研究二十一讲》中评价说："《人的文学》一文的最大贡献，是把五四人的发现与文学的发现统一起来，将五四思想革命精神灌输到文学革命中去，在'人'的历史焦点上，找到了思想革命与文学革命的契合点。"①

由于受时代、理论资源和阶级立场等的局限，周作人的艺术人学思想基本上属于资产阶级唯心主义思想范畴，比如在实现"利己"这个问题上，周作人理解的利己其实是一种个体的解放，但他给的出路，一是物质，二是道德："第一，关于物质的生活，应该各尽人力所及，取人事所需。换一句话，便是各人以心力的劳作，换得适当的衣食住与医药，能保持健康的生存。第二，关于道德的生活，应该以爱智信勇四事为基本道德，革除一切人道以下或人力以上的因袭的礼法，使人人能享自由真实的幸福生活。这种'人的'理想生活，实行起来，实于世上的人无一不利。"由此可以看出周作人艺术人学的局限性：在生产力和生产关系极度落后、

---

① 钱理群：《周作人研究二十一讲》，中华书局2004年版，第24页。

民族存在极大危机的民国之初，这完全是一种资产阶级空想主义的思想。

《平民文学》是《人的文学》思想的一种具体化。在《平民文学》中，周作人进一步阐述"人的文学"的主张，强调文学须应用于人生上，提出"普遍"与"真挚"的原则，并申明"以真为主，以美即在其中"的文学观念，这对"五四"后尤其是"为人生"派的创作影响很大。

《平民文学》中，周作人首先将"平民"作为一种文学精神提了出来："平民的文学正与贵族的文学相反。但这两样名词，也不可十分拘泥，我们说贵族的平民的，并非说这种文学是专做给贵族，或平民看，专讲贵族或平民的生活，或是贵族或平民自己做的。不过说文学的精神的区别，指他普遍与否，真挚与否的区别。"应该说，在理论上，周作人的这种艺术人学思想，其中有许多民主成分，比如他说："平民文学应以普通的文体，记普遍的思想与事实。我们不必记英雄豪杰的事业，才子佳人的幸福，只应记载世间普通男女的悲欢成败。因为英雄豪杰才子佳人，是世上不常见的人。普通男女是大多数，我们也便是其中的一人，所以其事更为普遍，也更为切己。"因此说周作人强调的文学的精神，就是文学精神的普遍性和真挚性。

但我们要看到，周作人所称"平民"并不是指普通劳苦大众，更多指的是和封建贵族相对的资产阶级和小资产阶级。因此周作人在文章中特别强调："平民文学的意义，照上文所说，大略已可明白，还有我所最怕被人误会的两件事，非加说明不可——第一，平民文学决不单是通俗文学。白话的平民文学比古文原是更为通俗，但并非单以通俗为唯一之目的。因为平民文学不是专做给平民看的，乃是研究平民生活——人的生活——的文学。他的目的，并非要想将人类的思想趣味，竭力按下，同平民一样，乃是想将平民的生活提高，得到适当的一个地位。凡是先知或引路的人的话，本非全数的人尽能懂得，所以平民的文学，现在也不必个个'田夫野老'都可领会。"毫无疑问，周作人的立场是资产阶级和小资产阶级的。但尽管如此，我们也肯定周作人的这些思想认识对艺术人学理论发展的贡献。

胡适、周作人在五四时期对于"人"的本质、"人道主义"精神的多种理解中，找到了以个人主义、自由意志、利己再利他为核心的人本主义思想，基本上完成了资本主义艺术人学的理论建构，从而将基于人本主义和普遍人性论的资产阶级民主主义艺术人学理论推向了一个高峰。因此，1919年5月《新潮》第1卷第5号发表傅斯年《白话文学与心理的改革》一文，把胡适的《"易卜生主义"》《建设的文学革命论》与周作人的《人的文学》、陈独秀的《文学革命论》同视为"五四""文学革命的宣言书"。而胡适在20世纪30年代《〈中国新文学大系·建设理论集〉导言》里，为了剥夺左翼文艺运动的五四传统，仅把周作人的《人的文学》和他自己的《建设的文学革命论》称为五四文学革命的纲领。胡适这一说法固然招致了很多批评，但我们也应该承认胡适、周作人和陈独秀一样，他们的理论建树确实产生了很大影响。尤其是周作人的艺术人学思想，对20世纪20年代文学研究会一派产生了绝对的影响。1921年，茅盾发表《文学和人的关系及中国古来对于文学者身分的误认》就持"人的文学——真的文学"的思想。

但资产阶级艺术人学有着它自身不可逾越的阶级局限和时代局限。这个时期他们所谈的"人""平民""国民"概念还只能是限于指城市中的小资产阶级和资产阶级的知识分子，即市民阶级的知识分子。白话文指的还是知识分子的口头语。新文学作品的读者也主要限于城市小资产阶级和资产阶级知识分子，并没有普及到工农群众中去。文学与人民大众之间仍然存在明显的隔阂和距离。而已经深入人民群众的一些艺术形式（比如电影、说书）则继续宣传着封建思想，实际上使得人民群众继续受到奴化教育。因此，苏联十月革命胜利后，先进的知识分子开始选择马克思主义，中国艺术人学的发展掀开了崭新的一幕。

第三节　从人本、国民到阶级：
新文化运动后期中国马克思主义文艺理论主体观念的发生

新文化运动后期是指五四运动前后（可上溯到一战结束即1918年11月）到1927年无产阶级革命文学阵营（虽然内部出现了论争）建立之前的这个时期。

俄国十月革命之后，马克思列宁主义和无产阶级革命的思想开始在中国广泛传播。一战结束后，蔡元培发表《劳工神圣》的演讲，李大钊发表

《庶民的胜利》和《Bolshevism 的胜利》，加之一战开始后陈独秀、李大钊对人类新文明的探索，"劳工""庶民"很快成为知识界普遍认同的社会主体、政治主体和历史主体，甚至是新文明的主体。1919 年下半年到中国共产党成立之前，《新青年》刊登的关于马克思主义、十月革命和中国工人运动的文章达 130 余篇。而五四运动之后，原先处于民主主义同一阵营的新文化运动领军人物则开始分化。胡适在五四运动后不久，取得了《每周评论》领导权，而后挑起了"问题与主义"之争，发表了一些反对马克思主义和宣扬实用主义的文章。由此，艺术人学和审美大众化理论在资产阶级和无产阶级、自由主义和马克思主义两种不同思想体系中分头发展。而中国马克思主义文艺理论体系，在唯物史观的指引下，经历过人本、国民等主体论阶段，最后形成了以无产阶级为主体的主体观念，从而在主体性上为中国马克思主义文艺理论的发生作出了贡献。

一、"解放时代"：从"人的解放""民族解放"到"阶级解放"

在中国近现代艺术人学思想中，"解放"是个重要的概念和观念。学者王鸿认为：到了五四新文化运动时期，"'解放'开始逐步成为影响近代中国思想变迁的重要观念，它所代表的那种解脱一切束缚的思想趋向开启了一个前所未有的'解放时代'。同时，正是在这一时期，'解放'观念发生了一个内涵上的重要裂变，从作为启蒙观念的'个人解放'转变为作为革命观念的'阶级解放'和'民族解放'"①。

1915 年 9 月，陈独秀在《敬告青年》中说："世称近世欧洲历史为'解放历史'——破坏君权，求政治之解放也；否认教权，求宗教之解放也；均产说兴，求经济之解放也；女子参政运动，求女权之解放也。"陈独秀还对"解放"作了解读："解放云者，脱离夫奴隶之羁绊，以完其自主自由之人格之谓也。我有手足，自谋温饱；我有口舌，自陈好恶；我有心思，自崇所信；绝不认他人之越俎，亦不应主我而奴他人。盖自认为独立自主之人格以上，一切操行，一切权利，一切信仰，唯有听命各自固有之智能，断无盲从隶属他人之理。非然者，忠孝节义，奴隶之道德也。"②

---

① 王鸿：《"解放时代"的来临——五四时期"解放"观念的历史演变》，《中共党史研究》2019 年第 5 期。
② 陈独秀：《敬告青年》，《青年杂志》1915 年第 1 卷第 1 号。

1919年8月，刚刚经历了五四学生运动的蒋梦麟也以"解放"为出发点，对青年群体说："你有感情，为何不解放？你有思想，为何不解放？……这回五四运动，就是这解放的起点，改变你做人的态度，造成中国的文运复兴；解放感情，解放思想，要求人类本性的权利。"[1]1920年1月，陈独秀在《解放》一文中说："我们生在这解放时代。"[2]而综合他们"解放"思想中对于人性和自由等的启蒙主义诉求，可以说，五四新文化运动初中期的"解放"思想主要是民主主义的"人的解放"思想。

伴随"人的解放"的是"民族解放"思想。早在1919年2月，李大钊就指出："现在的时代是解放的时代，现代的文明是解放的文明。人民对于国家要求解放，地方对于中央要求解放，殖民地对于本国要求解放，弱小民族对于强大民族要求解放，农夫对于地主要求解放，工人对于资本家要求解放，女子对于男子要求解放，子弟对于亲长要求解放。现代政治或社会里边所起的运动，都是解放的运动！"[3]同样，当时"民族解放"的性质也是民主主义的。可见，"民族解放"不单纯是"人的解放"的转变或裂变。因此，上引王鸿的表述可做适当调整。

而五四运动之后，旧的世界观被打破后新的世界观又没有建立起来，社会思想文化很快转入低潮，整个社会充满着烦闷情绪，加上经济上的困顿，许多年轻人自杀，"人的解放"的所有乌托邦想象都变得非常渺茫。[4]1921年6月，文学研究会的郑振铎发表《血和泪的文学》（1921年6月《文学旬刊》第6期），主要就是对"五四"退潮之后低落的文学和社会情绪不满。也就是说，在价值理性建立后，当时人们没有找到实践价值理性的实用理性或工具理性。虽然当时人们提出了各种各样的实用主义设想，如李大钊在认可阶级斗争道路的同时，很长一段时间也没有放弃团结

---

[1] 蒋梦麟：《改变人生的态度》，《新教育》1919年第1卷第5期。
[2] 陈独秀：《解放》，《新青年》1920年第7卷第2号。
[3] 李大钊：《联治主义与世界组织》，《新潮》1919年第1卷第2号。
[4] 参见王鸿《"解放时代"的来临——五四时期"解放"观念的历史演变》（《中共党史研究》2019年第5期）对这个问题的论述。

互助的想法,①但这些实用主义的设想根本不可能改变社会现实,也不能实现真正的个体自由和民族解放。因此,随着俄国十月革命的影响、唯物史观和《共产党宣言》等马克思主义经典著作的传播,尤其是五卅运动的影响,通过阶级解放实现人类解放的科学社会主义理论和"阶级解放""全世界无产阶级联合"思想很快取得相对优势,个人主义、人道主义、人本主义的艺术人学开始向大众化的、社会主义、世界主义的艺术人学思想转化。如1925年,中国社会主义青年团中央机关刊物《中国青年》刊载《中国共产主义青年团第三次全国大会告世界青年无产阶级及各被压迫民族青年书》指出:"中国的青年、工人、农民、学生、妇女,处于这种列强帝国主义的侵略压迫之下,非努力奋斗,与各殖民地半殖民地的弱小民族同起民族革命,尤其非辅助世界无产阶级的革命,根本铲除资本主义,不能得到彻底的解放。"②1925年年底,郭沫若在他的《文艺论集·序》中写道:"我从前是尊重个性,敬仰自由的人,但在最近一两年间与水平线下的悲惨社会略略有所接触,觉得在大多数人完全不自由地失掉了自由、失掉了个性的时代,有少数人要求主张个性,主张自由,未免出于僭妄。"在认为少数人自由不可得的同时,郭沫若认为:"在大众未得发展个性,未得享受自由之时,少数先觉者倒应该牺牲自己的个性,牺牲自己的自由,以为大众请命,以争回大众人的个性与自由。"③郭沫若的这一认识,体现了马克思恩格斯在《共产党宣言》中所说的自由人联合体思想。早期共产党人在这个问题上有很多论述,这点我们在前面革命话语、阶级观念两章中有详细介绍,这里从略。

---

① 李大钊在一些文章中,论述了个人解放与人类解放的关系,但保留了许多民主主义的观点。他说:"现在世界进化的轨道,都是沿着一条线走,这条线就是达到世界大同的通衢,就是人类共同精神联贯的脉络。……这条线的渊源,就是个性解放,个性解放,断断不是单力求一个分裂就算了事,乃是为了一切个性,脱离了旧绊锁,重新改造一个普通广大的新组织。一方面是个性解放,一方面是大同团结。这个性解放运动,同时伴着一个大同团结的运动。这两种运动,似乎是相反,实在是相成。"(李大钊:《联治主义与世界组织》(1919年2月1日),《李大钊全集》第3卷,河北教育出版社1999年版,第150页)"故个人与社会并不冲突,而个人主义与社会主义亦决非矛盾。"(李大钊:《自由与秩序》(1921年1月15日),《李大钊全集》第3卷,河北教育出版社1999年版,第578页)

② 《中国共产主义青年团第三次全国大会告世界青年无产阶级及各被压迫民族青年书》,《中国青年》1925年第69期。

③ 郭沫若:《文艺论集·序》,《郭沫若全集(文学编)》第15卷,人民文学出版社1990年版,第146页。

总之，20世纪20年代初中期，也就是新文化运动后期，中国近现代艺术人学主体观念已经由人本主义过渡到社会主义艺术人学主体观念，但由于特殊历史条件等原因，无产阶级主体观念还不能迅速取得主导地位，还需要经历一个"国民"主体观念阶段。

二、"国民文学"与国民主体论

学者毛自鹏在其博士论文中，将"阶级解放"之前五四时期"人的解放"思想发展区分为五个阶段。他说："在五四时期，随着北洋军阀的混乱统治、资本主义的剥削和帝国主义的侵略加深，整个社会呈现极度混乱的局面。在这种情况下，各种思想观念庞杂叠出，都在试图寻找救国救民的真理。这其中，'人的解放'的探索大致经过了'人'的发现、社会改造、国民运动、组织政党、国民革命五个阶段，而以陈独秀、李大钊、毛泽东、瞿秋白、蔡和森、周恩来、李达为代表的早期中国共产党人高举马克思主义的旗帜，在传播马克思主义的过程中，逐步在新村主义、基尔特社会主义、无政府主义等其他社会主义思潮中胜出，成为引领时代进步的先进思潮，为时人走向社会主义指明了必须通过无产阶级革命的正确道路，但这个过程是异常艰难的。"①

虽然从艺术主体观念角度我们看不出有这么多的发展阶段，但清末民初以来的国民观念（当时的"新民"主要指的是"新国民"）、②中国国民党一系列的政党政治（1906年孙中山等人最早提出的"国民革命"口号、③1912年中国同盟会联合小党派改组为国民党、1919年正式称为中国国民党）、五四新文化运动时期的国民运动的影响，使得国民主体观念深

---

① 毛自鹏：《五四时期探索"人的解放"的历史与逻辑研究——从"人的发现"到"国民革命"》，博士学位论文，南京师范大学，2017年。
② 需要说明的是，在整个发展过程中，有的相对于民族问题、有的相对于立宪，"国民"概念的内涵是有变化的。
③ 1906年，孙中山与黄兴、章太炎在制定的《军政府宣言》一文中，首先提出了"国民革命"的口号："前代为英雄革命，今日为国民革命。所谓国民革命者，一国之人皆有自由、平等、博爱之精神，即皆负革命之责任。"孙中山：《中国同盟会方略·军政府宣言》，《孙中山全集》第1卷，中华书局1981年版，第296页。

入人心。[1]到了20世纪20年代初期，由于反帝反封建的超阶级联合革命的优先性，在共产国际的指导下，中国共产党"二大"后首先重提"国民革命"口号，主张以"国民革命"口号取代资产阶级的"民主革命"口号，旨在提高和扩大无产阶级在民主革命中的地位和话语权，但反过来也进一步强化了"国民"主体观念。

在文学领域，从1917年陈独秀《文学革命论》倡导"国民文学"到20世纪20年代文学研究会、创造社成立之初都赞同、主张"国民文学"。如创造社成立之初就打出了"国民文学"口号，郁达夫在《创造》季刊出版预告中即将"中国未来之国民文学"作为创造社的目标："创造社同人奋然兴起打破社会因袭，主张艺术独立，愿与天下之无名作家共兴起而造成中国未来之国民文学。"[2]五四新文学运动以来长期、共同的"国民文学"主张使得国民文学、国民主体性在艺术人学思想中具有强大的影响力，在后来的国民大革命时期更是成为事实上的主导思想。虽然包括李大钊等人的艺术人学思想都完成了从"立宪国民"到"无产阶级新人"的转变，[3]新兴的（无产阶级）阶级文学、阶级主体论在中国马克思主义文艺理论体系中还继续发展，但在这种历史条件和理论情势下，也不得不受到某种程度的抑制（包括自我抑制）。这种情况下，在工具理性和实用理性的作用下，文学国民主体性和阶级主体性之间发生博弈就在所难免，1923—1924年

---

[1] 清末民初一直到20世纪30年代，"国民"和"阶级"观念有个此消彼长的过程。据金观涛与刘青峰统计，戊戌变法后中国人开始认为国家是由"国民"组成的，"国民"使用次数在1903年达到了顶峰，但使用热度在民国成立后下降，"阶级"观念兴起，1922年"国民"与其他词汇配对使用重新回归并达到巅峰，比如"国民政府""国民党""国民革命"等，但到了20世纪20年代末30年代初，"阶级"观念又取得压倒性优势（参见金观涛、刘青峰《观念史研究：中国现代重要政治术语的形成》，法律出版社2009年版，第509—511页）。对于这个现象的学理分析，可参见谢丽萍、郭台辉《"国民"转向"阶级"的事件——话语分析：1895—1927》，《人文杂志》2022年第3期。

[2] 郁达夫：《纯文学季刊〈创造〉出版预告》，《郁达夫全集》第10卷，浙江大学出版社2007年版，第20页。

[3] 参见袁洪亮《李大钊国民性改造思想的时代性转变——从"立宪国民"到"无产阶级新人"》，《哲学研究》2010年第11期。

"国民文学"之争就是一个例子。①

1923—1925年,创造社成员发起并和文学研究会、《语丝》群体之间发生的"国民文学"论争,是文学革命向革命文学转变过程中的一场小争论,但在现代艺术人学发展上,这场争论却有从世界主义向民族主义转向的意味,也是一种"古今中外"性质的争论(尤其是穆木天、钱玄同等之间的争论)。而从"国民文学"主张者来看,论争各方的文学观念并无本质冲突,但主张者却在主体性问题上和阶级文学论者产生了冲突。早在1922年,(李)之常在《支配社会底文学论》中,在为第四阶级辩护的同时主张一种革命性的国民文学论:"侵害第四阶级底铁索,传统思想固然是一部分,现在底经济组织的确是主要的成分。第四阶级者要想扭断这条铁索,非将现在底经济组织推翻不可,非将无产阶级者联合起来,革第三阶级底命不可。"他说:"国民文学底功用是将一人底热情传达他人,站在新时代底莅临底前部。"②1923年年底,郑伯奇在写作引发讨论的《国民文学论》时,承认艺术与阶级有着密切的关系,因此,他一方面认可无产阶级文学主张的合理性,另一方面,他从"国民""民族"等本位出发(在价值理性上,这些都在"阶级"问题之上),延续五四新文学的民主主义立场,主张国民文学优先于阶级文学。他说:"所以我们不主张阶级文学而先提倡国民文学。凡同属于一个民族,对于自己的民族都有同一的感情——不管他是属于那一阶级。由这国民的自觉,慢慢可以进而为阶级的自觉。并且可以促进异阶级间的共感和同情。这样说来,国民文学实是阶级文学的先导。而因为国民文学之故可以引起各异阶级的好奇心和研究,这更是促进阶级文学的大动力。"所以,郑伯奇主张:"总而言之,阶级文学在今日的中国还太早,中国所要求的,正是国民文学。"③可以看出,"国民文学"主张的主体性是国民而不是阶级。

---

① 这里所谓"国民文学"之争并不指主张"国民文学"相同观点内的争论,而是指主体性之争。关于"国民文学"之争,参见董炳月《1923—1925:"国民文学"的倡导与论争》,《文艺研究》2019年第11期;高强《国民文学论争:分裂的"后五四"与文艺改塑的先兆》,《中国文学研究》2020年第2期。另刘婉明《个体与国家关系的重构——从"国民文学"论争看1920年代新文学阵营的分歧》[《福建论坛(人文社会科学版)》2019年第6期]对相关研究成果有个简要综述,可参考。
② (李)之常:《支配社会底文学论》,《文学旬刊》1922年第35期。
③ 郑伯奇:《国民文学论》(上),《创造周报》1923年第33号。

对于"国民文学"论争，学者刘婉明认为，创造社的"国民文学"主张是努力建构"我"（"新国民"）与"民族""民族国家"情感共同体（这里的"民族国家"相对的是以政府为代表的"政府国家"），在本质上和阶级主体论一样，"二者都越过政府，直接对国民/无产阶级说话"。所以，刘婉明认为这恰恰是创造社最先完成"左翼"转向的根本原因："随着'国民文学'里新国民的登场，创造社对马克思主义的接受便只是时间问题。"[①] 这种认识可能是基于"国民文学"主张中"国民"概念内涵的含混性而导析出的一种认识，有其合理性。考虑到国民主体论并没有完全否定阶级主体论，因此，我们这里只是认为国民主体论对阶级主体论造成了一定的抑制效果。

三、阶级主体论的确立

"国民文学"论争持续时间很短，但在其发生有限影响的同时（及之后），中国马克思主义文艺理论体系阶级主体论的建构却是如火如荼。我们前面第六章中按照发生类型对早期"无产阶级文学"进行了区分，这里我们再以时间为轴，将中国马克思主义文艺理论发生期阶级主体性的发展过程做个简单罗列。

1923年5月27日，郭沫若发表《我们的文学新运动》（《创造周报》第3号），提出以"无产阶级的精神"，"反抗资本主义的毒龙"。这是五四文学革命以来的新主体思想。同一时间，郁达夫发表《文学上的阶级斗争》，主张阶级文学。1924年6月10日，瞿秋白发表《赤俄新文艺时代的第一燕》（《小说月报》第15卷第6号），提出："难怪国际一切第一流的文学家至少也表同情于无产阶级。那时高唱凯旋的所谓'自由平等博爱'，渐渐显出实际上确是空泛；那时标榜权利的所谓'平民'，已经显出实际上确太含混。真正的平民只是无产阶级，真正的文化只是无产阶级的文化。"[②] 1924年8月1日，蒋光慈在《无产阶级革命与文化》（《新青年》季刊第3期）中，个人首次提出"无产阶级文化"的命题。他说：无产阶级

---

① 刘婉明：《个体与国家关系的重构——从"国民文学"论争看1920年代新文学阵营的分歧》，《福建论坛（人文社会科学版）》2019年第6期。
② 瞿秋白：《赤俄新文艺时代的第一燕》，《瞿秋白文集·文学编》第2卷，人民文学出版社1986年版，第250页。

革命不但解决面包问题，而且要解决文化问题，它为无产阶级文化的建立开辟了新途径。1925年5月，沈雁冰编译发表《论无产阶级艺术》(《文学周报》第172—176期)，它通过作品论述无产阶级艺术的产生，初步表达了作者对于无产阶级文学的主张。1926年5月16日，郭沫若发表《革命与文学》(《创造月刊》第1卷第3期)，提出了著名的"表同情于无产阶级的社会主义的写实主义的文学"这一口号。1927年2月1日，郁达夫发表《无产阶级专政和无产阶级的文学》(《洪水》第3卷第26期，署名曰归)说："在无产阶级专政的时期未达到以先，无产阶级的文学是不会发生的。"却说目前的中国不会出现无产阶级文学。

可以说，自1923年起，以无产阶级为本位的阶级主体论促成了新文化运动后期现代艺术人学思想发生一系列根本性转换，尤其是促成了艺术主体观念由抽象的国民、平民主体向无产阶级转换，"国民""平民"概念进一步无产阶级化、劳苦大众化，因此，到1928年"革命文学"论争时，无产阶级主体论得以强势确立。

四、人民主体论的萌发

在20世纪20年代初中期阶级主体性受到抑制、国民主体性盛极一时的同时，人民主体论也在萌发。

正如在本文前面所提到的，"人民"这个概念在我国也是古已有之。到了清末民初，"人民"概念和"国民""民"仍旧没有什么大区别。1911年11月，武昌起义后产生了中国历史上第一部具有近代意义的宪法草案《中华民国鄂州临时约法》(简称《鄂州约法》)；1912年3月，中华民国颁布了中国第一部资产阶级性质的宪法《中华民国临时约法》(简称《临时约法》)。这两部文献均载明"国民""人民""民"通用，如《中华民国临时约法》规定："第一条　中华民国由中华人民组织之。""第二条　中华民国之主权属于国民全体。"并且明确反对对人民的阶级划分："第五条　中华民国人民一律平等，无种族、阶级、宗教之区别。"[①]

但随着唯物史观、阶级观念的发展和阶级分析方法的创立，到20世

---

① 《中华民国临时约法（1911）年》，载赖骏楠编著《宪制道路与中国命运：中国近代宪法文献选编（1840—1949）》（上），中央编译出版社2017年版，第355页。

纪20年代初中期，以无产阶级为主体的"人民"概念在传统"民本""民众"思想的基础上，随着"劳工""群众""大众"等新概念（或概念的新内涵）发展起来，开始脱离"国—民"的关系架构（二者关系甚至发生对立调转），逐渐成为泛指广大社会中下层劳动民众的、占人口绝大部分的整体性社会概念，同时又转化为以阶级为划分标准、区分敌我功能的、具有革命性的现代经济、政治概念。

在这个过程中，毛泽东对人民主体论的萌发贡献和意义重大。第一，毛泽东从阶级分析的角度，将无产阶级和人民紧密联系在一起。早在1919年，"毛泽东从创办《湘江评论》开始，就已经对'国民'概念做出了新的解读和重新界定"，[1]他把"国民"概念解析为有产阶级和无产阶级两个组成部分，将二者对立起来。第二，毛泽东对"人民"进行了人群上的划分。1920年，毛泽东在《绝对赞成"湖南们罗主义"》中探讨什么是"最大多数的人民"时，第一次明确了"人民"概念的指涉对象是："（一）种田的农人，（二）做工的工人，（三）转运贸易的商人，（四）殷勤向学的学生，（五）其他不管闲事的老人及小孩子。"[2]第三，毛泽东开始从情感政治角度将"我们"和"人民"进行构建。在1919年的《民众的大联合》三篇文章中，毛泽东以"诸君！我们是农夫"这种情感呼告的句式，将"农夫，工人，学生，女子、小学教师，警察，车夫"在阶级情感上联系起来，解决了"我们是谁"的问题。[3]第四，毛泽东从敌我斗争的角度对"人民"的各个组成部分进行了阶级分析。1925年，毛泽东在《中国社会各阶级的分析》中，开头即提出"谁是我们的敌人？谁是我们的朋友？"，并系统回答了这个问题。与此同时，毛泽东还对"地主"等概念进行了阶级分析方法的改造，使之由一个传统的经济学概念转变为政治学概念。通过对比我们会发现，毛泽东这个时期使用的"人民"概念（包括他使用更为频繁的"平民"概念）与他后来20世纪30—40年代使用的"人民"概念在内涵上是基本一致的。

---

[1] 袁洪亮、马玉梅：《从"国民"到"人民"：概念变迁与毛泽东无产阶级革命者身份的确立（1912—1921）》，《人文杂志》2019年第1期。
[2] 毛泽东：《绝对赞成"湖南们罗主义"》，《毛泽东早期文稿》，湖南人民出版社2008年版，第458页。
[3] 毛泽东：《民众的大联合（二）》，《毛泽东早期文稿》，湖南人民出版社2008年版，第345页。

但这时的"人民"概念仅是作为主体观念的萌芽,包括毛泽东在内,"人民"概念并没有成熟,他在《中国社会各阶级的分析》中甚至没有使用"人民"这个概念。因此说,在20世纪20年代,人民主体论并没有马上超越阶级主体论占据主体论的主要地位,其主体地位的发生要延宕至20世纪30年代末到40年代初,人民主体论才真正成为包括中国马克思主义文艺理论在内各种理论体系的主体观念。

总之,在中国马克思主义文艺理论发生期,历史主体性意义上的阶级主体论的确立和人民主体论的萌芽,为新文化运动统一战线终结后新民主主义艺术人学"人的解放"(含阶级、民族、人类的解放)、"人民"话语体系的建构和20世纪30—40年代文艺大众化理论的建设奠定了基础。这对于中国马克思主义文艺理论的发生发展都具有重要意义。

第九章　现实主义与中国马克思主义文艺理论艺术论体系的发生

在艺术史论中，一般理解，现实主义有三种基本内涵。

第一种是作为创作精神、立场或倾向理解的现实主义。这种现实主义在内涵上没有什么特殊限制，是个大外延小内涵的概念，所以现实主义精神可以推溯到人类社会早期的艺术创作，比如《诗经》通常被称为中国现实主义传统的源头，但那时根本不存在什么现实主义的观念，更别说概念了。从本质上来讲，按照社会存在决定社会意识的唯物史观，一切观念都是现实的反映，所以现实主义甚至可以包括与狭义现实主义相对的浪漫主义、现代主义等各种艺术精神，这也是后来各种无边的、深化的、广阔道路的、开放体系等现实主义理论的认识论根源。反过来也一样，在西方艺术史上，浪漫主义（相对于古典主义）曾经也包括现实主义。比如巴尔扎克在20世纪20年代的中国还被视为"浪漫主义的殿军"，[1]而更早，左拉最先也是被作为精神上的浪漫主义者介绍进中国的。这种含义的现实主义可以区分主观性和客观性两种，因为有的现实主义精神或立场在作家艺术家的主观上是自觉的（一定程度上也包括那些有意伪饰的"现实主义"作家艺术家）；有的并没有现实主义精神的自觉，只是因为采取了现实主义创作方法而在艺术作品上有一种现实主义精神的客观体现或者反映（类似"镜子说"），其客观效果可能和作家主观意识或世界观正相反，这种现实主义也就是恩格斯以巴尔扎克为例所说的"现实主义的最伟大的胜利之一"。[2]而具有主观自觉性的现实主义精神、立场、倾向，也就是通常作为

---

[1] 铁樵：《〈自残〉译者弁言》，《东方杂志》1920年第17卷第7号。
[2] 恩格斯：《致玛格丽特·哈克奈斯》，《马克思恩格斯选集》第4卷，人民出版社2012年版，第591页。

原则理解的现实主义，即现实主义原则。①因此，现实主义原则不完全等同于现实主义精神。在认识论上，作为原则理解的现实主义通常被理解成反映论现实主义，②重在解释作家、作品、生活（包括历史或时代）三者的关系问题。而反映论现实主义的发生，则是中国马克思主义文艺理论发生学研究的重点内容之一。

第二种是作为创作方法和风格理解的现实主义。这种现实主义内涵虽然有很强的针对性和具体规定性，比如相对于浪漫主义等创作方法，现实主义要求纪实地、客观地再现生活的艺术手法和求真的态度，描写真实的人物关系、语言、社会环境、情节和细节，塑造典型形象，反映历史或时代本质等。高阶理论形态的现实主义还要求教育人民群众。同样，作为创作方法和风格理解的现实主义也是古已有之而且是客观存在的。而在19世纪末20世纪初的中国文坛，现代主义、浪漫主义和现实主义曾经三雄并竞，虽然梁启超、成之（吕思勉）等人很早就倡导写实派和写实主义，但现实主义创作方法、创作精神的影响力还是远远落后于浪漫主义的，如1907年鲁迅的《摩罗诗力说》在当时代表着浪漫主义影响力的高峰。后来经过林纾对狄更斯的介绍（1907—1908），1915年陈独秀倡导写实主义，尤其是五四新文学运动对写实主义的理论阐释（重点是对易卜生写实主义的介绍）与创作实践后，再经历过文学研究会的大力倡导和1922年关于自然主义创作方法的争论，现实主义才一骑绝尘地获得创作方法的主流地位。究其原因，其一是清末民初以来的现实政治、社会环境、历史境遇和社会心理等因素发挥了重要决定作用，现实主义在这一历史时期获得了超级理论地位。比如，1915年，陈独秀在最先使用"现实主义"概念的《今日之教育方针》中说："现实主义，诚今世贫弱国民教育之第一方针矣。"③因此，美国学者安敏成认为现实主义最初是作为一项文化变革的工具被引入中国的观点为国内不少学者所接受。④剧烈动荡的历史时代促使

---

① 参见陆梅林、龚依群、吕德申主编《马克思主义文艺学大辞典》，河南人民出版社1994年版，第164页。
② 参见陈思和《中国新文学发展中的现实主义》，《学术月刊》1986年第9期。
③ 陈独秀：《今日之教育方针》，《陈独秀文集》第1卷，人民出版社2013年版，第106—107页。
④ 参见黄灯《"现实主义"的进入和宏大叙事的萌芽》，《中山大学学报论丛》2007年第11期。

理论家们关注和反映现实问题的艺术理论。其二是在叙事学上，现实主义和小说存在着天然的联系。1902年，梁启超在《论小说与群治之关系》中说："人类之普通性，何以嗜他书不如其嗜小说？"[①]而晚清开始的小说新文体后来一家独大，也决定了现实主义理论在艺术理论体系中的重要地位。[②]其三是在小说理论内部，对晚清以来的艳情小说、黑幕小说等的不断斗争批判，使得现实主义小说理论得到了长足发展。其四是在现实主义理论内部，经过与自然主义、旧写实主义的辨析，现实主义的内涵（比如"真实性"）得以界定，从而把现实主义从自然派、写实派的模糊概念中区分出来。现实主义与写实主义名实之争是20世纪20年代现实主义理论构建的主要内容。其五是在创作实践上，"乡土小说派"和"为人生派"比早期的"问题小说"取得了更大的成就，这是现实主义成为主流的一个关键所在。1938年，茅盾在回忆文章《浪漫的与写实的》中说："'五四'以来短短的文艺史已经从事实上证明，有以浪漫主义出发的，有以未来主义象征主义出发的，甚至也有以不知是什么主义出发的，但时代的客观的需要是写实主义，所以写实文学成了主潮。"[③]其三、四、五几个原因又受到西方现实主义作家作品和理论的影响，[④]比如对现实主义内涵的科学界定就离不开法国现实主义的影响；[⑤]茅盾也曾指出："翻译文学曾为中国的现实主义文学的来临，作了开路先锋。"[⑥]因此，至20世纪20年代中后期，作为创作方法和风格理解的现实主义的中心和主流地位基本确立。之后，现实主义与马克思主义相结合，尤其是辩证唯物论成为现实主义的认识论基础之后，新旧唯物论和新旧现实主义分道扬镳，进一步抬高了现实主义的主流地位，二者甚至逐渐形成了"这样一种依存关系，现实主义文学依附于马

[①] 梁启超：《论小说与群治之关系》（1902年11月14日），载梁启超著，汤志钧、汤仁泽编《梁启超全集》第4集，中国人民大学出版社2018年版，第49页。

[②] 从发生学角度，包括经典马克思主义文艺理论在内，马克思主义文艺理论与小说这一文体在历史、文本和理论上有着很大程度的对应关系。

[③] 茅盾：《浪漫的与写实的》，《茅盾全集》第21卷，人民文学出版社1991年版，第389页。

[④] 从整个20世纪来看，中国现实主义理论的发展始终与世界现实主义理论存在着紧密联系。

[⑤] 参见朱杨《五四时期法国现实主义在中国的传播与接受》，硕士学位论文，西北民族大学，2019年。

[⑥] 茅盾：《现实主义的道路——杂谈二十年来的中国文学》，《茅盾全集》第22卷，黄山书社2012年版，第192页。

克思主义的深远影响成为中国新文学的主潮；马克思主义也通过现实主义的文学来实行它对文学的指导。现实主义要求文学能够反映社会发展的历史趋向，同时又可以说，唯有马克思主义才给作家提供了认识社会历史趋向的正确方法"①。以至"抗战前夕，已经基本上形成了独尊现实主义的趋势"②。而这种关系的建立和现实主义主流地位的确立过程正是我们中国马克思主义文艺理论发生学研究的重点内容之一。

第三种是作为特定文学思潮、流派和运动理解的现实主义，尤其是指西方（包括俄国）19世纪的现实主义思潮、20世纪30年代的苏联社会主义现实主义思潮等。如果不考虑席勒1795年《论素朴的诗与感伤的诗》的现实和理想相对的思想（乃至更早的亚里士多德的摹仿说、文艺复兴以来的镜子说），现在学界一般以美国学者韦勒克《文学研究中的现实主义概念》中的一个考证作为现实主义文学批评的开端："在法国，这个概念早在1826年就被应用到具体的文学上。一个作家在《法兰西信使报》上宣称：'有一种文学信条在日益流行，它主张不应忠实地摹仿艺术杰作而应摹仿自然提供的范本。这种信条可以被恰当地称为现实主义。根据某些征象，它将是19世纪的文学，真实的文学。'"③但"现实主义"一词开始流传，是由法国小说家尚弗勒里（或译商弗洛利、夏夫列里，Champfleury，1820—1889）1850年在《艺术中的现实主义》一文中首次使用的。1850年前后，法国画家库尔贝和小说家尚弗勒里等人第一次用"现实主义"一词来标明当时的新型文艺，并由杜朗蒂等人创办了一种名为《现实主义》的刊物。1855年，库尔贝举办个人画展，展出了一批写实性作品如《乡村姑娘》《采石工人》《带黑狗的自画像》《筛麦的女人》《浴女》，但作品受到上流社会的讥讽，说他"粗俗""不高雅""次等"。一气之下，库尔贝将自己的画展命名为"现实主义者库尔贝画展"并发表宣言，主张作家要研究现实，如实描写普通人的日常生活。他们（文章和宣言中）明确提出用现实主义这个新标记来代替浪漫主义这个旧标记，将狄德罗、司汤达、巴

---

① 陈思和：《中国新文学发展中的现实主义》，《学术月刊》1986年第9期。
② 旷新年：《从写实主义到现实主义——中国新文学对现实主义的理解、接受与阐释》，《华中师范大学学报（人文社会科学版）》2014年第4期。
③ ［美］勒内·韦勒克：《文学研究中的现实主义概念》，《批评的诸种概念》，罗钢、王馨钵、杨德友译，上海人民出版社2015年版，第214页。

尔扎克奉为楷模，主张"现实主义的任务在于创造为人民的文学"[①]。由于这批最早倡导者把现实主义视为类似浪漫主义的流派并看到其政治色彩，所以对现实主义并没有太长久的信心，但尽管如此，"现实主义"一词还是广泛流传起来了。而对于中国马克思主义文艺理论而言，作为思潮、流派和运动理解的现实主义发生较晚，因此还不足以成为这个时期发生学研究的主要内容。

在一般文艺理论研究领域（包括史论两个方面），这三种含义的现实主义都得到了充分阐释和研究，[②]成果汗牛充栋，在这里我们不做过多涉及。但在中国马克思主义文艺理论体系中，这三种含义显然无法体现现实主义在中国马克思主义文艺理论体系中的特殊性和重要性。这种特性甚至招致了韦勒克在《文学研究中现实主义的概念》文章一开始对现实主义在"苏联及其卫星国"文艺理论体系中的特殊性和重要性进行了讽刺。[③]

究其原因，一是因为，在中国马克思主义文艺理论体系中，现实主义具有意识形态性即原则性。现实主义本身就是一种意识形态（即作为"意识形态的现实主义"），或者说围绕着现实主义存在着一套意识形态话语体系（即"现实主义的意识形态"），这是现实主义在中国马克思主义文艺理论体系中具有重要地位的一个重要特征，也是20世纪现实主义从主流到定为一尊的根本原因。二是因为，中国马克思主义文艺理论的艺术论体系是以现实主义为中心建立起来的。这里所说的"艺术论体系"是艺术理论体系的一个部分，它相对于本质属性论、认识论、意义—价值论、地位—功能论、艺术生产论、发展论等范畴或论域，主要是以美的规律、艺术思维、艺术特征、创作方法（也包括现实主义之外的浪漫主义、现代主义等的创作方法问题）、作家作品、批评鉴赏、典型理论、悲剧理论、文学史论、理想艺术等为核心的理论体系部分。这部分也涉及文艺政策、无产阶级文化理论等内容。这种区分类似韦勒克文学理论的内外部研究之分，只是我们这里把基本属于内部研究范畴的理论体系称为艺术论体系；而现实

---

① 陆梅林、龚依群、吕德申主编：《马克思主义文艺学大辞典》，河南人民出版社1994年版，第164页。

② 当然现实主义也不仅限于这三种含义。随着艺术理论的发展，现实主义的含义也有很大的扩展，比如视为一种阅读经验或者历史叙事成规的叙事学的理解。

③ 在西方现当代文论中，现实主义基本上被视为是个用坏了的褒义词，实即贬义词。参见［英］达米安·格兰特《现实主义》，周发祥译，昆仑出版社1989年版。

主义处于这个艺术论体系的核心部分（当然其本身——尤其是其三种基本含义——也是艺术论体系讨论的重点内容）。这种区分法有一定的理论依据并有类似的研究。比如陆贵山、周忠厚主编的《马列文论导读》（作家出版社1991年版）将马克思主义文艺理论区分为"宏观文艺学""艺术规律"等部分。本研究的"艺术论体系"即相当于该书的"艺术规律"部分。此外，学者旷新年也有过类似表述："现实主义在中国现代文学理论批评中始终处于中心的位置，与现实主义相关的诠释与争论，构成了中国现代文学理论批评发展的主要历史脉络。中国现当代文学理论中有关真实性、典型、形象思维、世界观和创作方法等问题的争论都是围绕着现实主义展开的。"[①]他所说的围绕着现实主义展开的理论争论部分，即类似本研究的"艺术论体系"。

而现实主义意识形态性和现实主义艺术论体系是如何构建的，其发生过程和逻辑是什么，即是本章中国马克思主义文艺理论发生学研究的主要内容，也是现实主义和中国马克思主义文艺理论研究的一个全新内容。

概括而言，现实主义意识形态性和现实主义艺术论体系的发生过程是：自19世纪末期开始，现实主义（包括同义的写实主义、自然主义、新写实主义等概念）经历过早期以梁启超为代表的功利主义阶段，新文学运动时期以陈独秀和胡适为代表的进化论写实主义阶段和五四时期的科学主义写实主义阶段，后五四时期以茅盾和文学研究会为代表的"为人生"派的新自然主义写实主义阶段，再到早期共产党人和发生现实主义转向后的后期创造社的意识形态论写实主义阶段，至1926年郭沫若提出"表同情于无产阶级的社会主义的写实主义的文学"（《革命与文学》），[②]"我们现在所需要的文艺是站在第四阶级说话的文艺，这种文艺在形式上是写实主义的，在内容上是社会主义的"（《文艺家的觉悟》）前后，[③]无产阶级政治立场的确立使得现实主义的意识形态性最终建立。而其发生的逻辑则是，从进化论和科学主义到唯物论（包括唯物史观和唯物辩证法）的发展变

---

① 旷新年：《从写实主义到现实主义——中国新文学对现实主义的理解、接受与阐释》，《华中师范大学学报（人文社会科学版）》2014年第4期。
② 郭沫若：《革命与文学》，载饶鸿竞等编《中国文学史资料全编·现代卷·创造社资料（上）》，知识产权出版社2010年版，第112—119页。
③ （郭）沫若：《文艺家的觉悟》，载饶鸿竞等编《中国文学史资料全编·现代卷·创造社资料（上）》，知识产权出版社2010年版，第105—111页。

化，使得现实主义的认识论基础发生了根本变革，而反映论和无产阶级立场的结合，促进了现实主义意识形态性和现实主义艺术论体系——也就是后来革命文学论争中被命名为"新写实主义"的现实主义理论体系——的发生和逐渐形成，并对中国马克思主义文艺理论整个理论体系的发生产生重要影响。从历时性上来看，现实主义意识形态性的发生早于现实主义艺术论体系，后者在20世纪20年代后期经历过新写实主义理论倡导和对唯物辩证法创作方法的批判后，在20世纪30年代初期，经过瞿秋白、冯雪峰、周扬等的理论主导和批评实践，马克思主义现实主义概念逐渐代替新写实主义概念成为话语主流。现实主义意识形态性的发生是中国马克思主义文艺理论发生的重要标志，也是后来现实主义一系列失误——比如20世纪50年代以后现实主义反而失去洞察生活能力问题——的根源。

接下来，我们将结合历史，从认识论基础、现实主义意识形态性和现实主义艺术论体系的确立三个方面，研究中国马克思主义文艺理论现实主义艺术论体系的发生。

第一节　中国近现代现实主义观念的发展与辩证唯物论现实主义的确立

作为理论术语，现实主义在20世纪30年代初成为主流概念之前，经历过写实派、写实主义、新写实主义等主体概念或者话语阶段。参照老舍在20世纪30年代初期还在《文学概论讲义》中只使用"写实主义"这个概念情形反推，[①]在一定程度上可以说，"现实主义"这个概念主要是在马克思主义文艺理论体系中最先得以确立的。当然，在作为创作方法理解的现实主义确立之前，还有"新写实主义""唯物辩证法创作方法"等阶段，而"社会主义现实主义"是现实主义创作方法确立后引入的第一种现实主义理论主张。这是另外一个理论话题。

回到理论术语本身，就认识论基础而言，中国近现代现实主义概念和观念先后经历过心理—审美主义、进化论、人道主义、科学主义、人生主

---

① 舒舍予:《文学概论讲义》，北京出版社1984年版。

义等不同阶段，最后在 20 世纪中期将认识论建立在马克思主义唯物主义认识论基础上，从而为后来中国马克思主义文艺理论谱系中的现实主义理论体系的发展开辟了道路。

一、清末民初的心理—审美主义现实主义观

中国近现代现实主义观念的发端，始于 19 世纪末 20 世纪初，最初称为"写实派"，与"理想派"相对。现在学界普遍认为，1902 年，梁启超在《论小说与群治之关系》文章中首提"写实派小说""理想派小说"，被认为这是中国近现代现实主义观念最早的起源。

在这篇文章中，梁启超开篇即从读者心理需求的角度，回答了之所以"小说有不可思议之力""小说为文学之最上乘"的两种心理原因以及由此形成的两种小说风格：写实派小说和理想派小说。他说：

> 吾今且发一问：人类之普通性，何以嗜他书不如其嗜小说？……吾冥思之，穷鞫之，殆有两因：
>
> 凡人之性，常非能以现境界而自满足者也，而此蠢蠢躯壳，其所能触能受之境界，又顽狭短局而至有限也，故常欲于其直接以触以受之外，而间接有所触有所受，所谓身外之身，世界外之世界也。此等识想，不独利根众生有之，即钝根众生亦有焉，而导其根器使日趋于钝，日趋于利者，其力量无大于小说。小说者，常导人游于他境界，而变换其常触常受之空气者也。此其一。
>
> 人之恒情，于其所怀抱之想象，所经阅之境界，往往有行之不知、习矣不察者，无论为哀、为乐、为怨、为怒、为恋、为骇、为忧、为惭，常若知其然而不知其所以然，欲摹写其情状，而心不能自喻，口不能自宣，笔不能自传。有人焉和盘托出，澈底而发露之，则拍案叫绝曰：善哉善哉，如是如是。所谓："夫子言之，于我心有戚戚焉。"感人之深，莫此为甚。此其二。

梁启超认为，人的心理中有对理想境界（"他境界"）和现实境界（"现境界"）双重追求的"人之性""人之恒情"，而文学中又以小说为最能满足这两种心理需求的"能极其妙而神其技者"。梁启超进而认为，因

应人的这两种心理需求,形成了"理想派""写实派"两种小说。

> 此二者实文章之真谛,笔舌之能事,苟能批此窾、导此窍,则无论为何等之文,皆足以移人。而诸文之中能极其妙而神其技者,莫小说若,故曰,小说为文学之最上乘也。由前之说,则理想派小说尚焉;由后之说,则写实派小说尚焉。小说种目虽多,未有能出此两派范围外者也。

接下来,梁启超又从审美接受的角度,阐述了小说具有的四种心理作用("力")——"熏""浸""刺""提",从而为他从社会学角度倡导小说界革命以改良群治和新民的主张奠定了一个心理学基础。对这一理路,梁启超自己也说得很明确。他说:

> 小说之为体,其易入人也既如彼,其为用之易感人也又如此,故人类之普通性,嗜他文终不如其嗜小说。此殆心理学自然之作用,非人力之所得而易也……①

显然,梁启超的现实主义观念与中国传统实用主义功利主义文论观是一脉相承的,与现实主义要求对社会干预、关注的性能是一致的,也与后来社会主义现实主义要求教育人民群众的思想在逻辑理路上是一致的。

虽然梁启超的现实主义观念是功利主义的,但建立在心理学基础上的这一观念和它初步分析的现实主义的一些特征和原理,也赋予了中国现实主义理论最初的科学性内涵,这点同样对后来现实主义理论的发展意义深远。

梁启超之后,小说以至文学"写实""理想"二分法开始流传起来。只是许多二分法并不在这里讨论的现实主义观念发展的延长线上,和现实

---

① 梁启超:《论小说与群治之关系》(1902 年 11 月 14 日),载梁启超著,汤志钧、汤仁泽编《梁启超全集》第 4 集,中国人民大学出版社 2018 年版,第 49—52 页。

主义的三个基本含义相差甚远，所以这里不做过多的涉及。①

比梁启超略晚，王国维提出了类似的观点。1906年，他在《文学小言》一文中论述了主客观的两种文学态度和文学本质观：

> 文学中有二原质焉，曰景，曰情。前者以描写自然及人生之事实为主，后者则吾人对此种事实之精神的态度也，故前者客观的，后者主观的也；前者知识的，后者感情的也。自一方面言之，则必吾人之胸中洞然无物，而后其观物也深，而其体物也切；即客观的知识，实与主观的感情为反比例。自他方面言之，则激烈之感情，亦得为直观之对象、文学之材料；而观物与其描写之也，亦有无限之快乐伴之。要之，文学者，不外知识与感情交代之结果而已。苟无锐敏之知识与深邃之感情者，不足与于文学之事。此其所以但为天才游戏之事业，而不能以他道劝者也。②

在这段论述中，王国维虽然没有提及理想与写实二派，而是用主客观、知识激情等二分法来区分不同的文学态度和文学本质观（"二原质"），事实上包含了"写实""理想"二分的认识。后来，他在《人间词话》（作于1908—1909年）中又作了深入阐述："有造境，有写境，此理想与写实二派之所由分。然二者颇难分别，因大诗人所造之境必合乎自然，所写之境亦必邻于理想故也"，③并且最早提出了"写实""理想"统一论："自然中之物，互相关系，互相限制。然其写之于文学及美术中也，必遗其关系、限制之处。故虽写实家，亦理想家也。又虽如何虚构之境，其材料必求之

---

① 比如管达如认为："一切书籍皆记载事实界之事实，小说则记载理想界之事实。"（管达如：《说小说》，《小说月报》1912年第3卷第5、7—11号）吴趼人用纪实与理想的统一来解释侦探小说，他说："知彼之所谓侦探案，非尽纪实也，理想实居多数焉。……盖纪实，叙事耳；理想则必有超轶于实事之上，出于人人意想之外者，乃足以动人。"（中国老少年：《〈中国侦探案〉弁言》，《中国侦探案》，广智书局1906年版）曼殊用实事与理想区分侦探小说与才子小说："盖侦探所查之案情，实事也；才子所作之小说，理想也。实事者，天演也；理想者，人演也。"（饮冰等：《小说丛话》，《新小说》1905年第13号）
② 王国维：《文学小言》，《王国维文学美学论著集》，北岳文艺出版社1987年版，第25页。
③ 王国维：《人间词话》，《王国维文学美学论著集》，北岳文艺出版社1987年版，第348页。

于自然，而其构造亦必从自然之法律。故虽理想家亦写实家也。"①

显然，相比梁启超，王国维的"写实""理想"二分法已经更多的是从审美角度进行论述，不再是建立在经验主义的简单心理学知识的基础之上，而是建立在审美主义基础上。此后，从审美角度亦即艺术内部规律（这个时期还主要是针对风格、类型而言）来认识现实主义的研究范式逐渐形成。即使后来的现实主义理论所依据的认识论基础各不相同，但这一研究范式是作为分析基础存在的。

二、新文化运动初期的进化论现实主义观

辛亥革命后，开始出现对于现实主义的系统性论述。这个阶段，作为理论术语，"写实"被冠以了"主义"的名号并且获得了理论主体的地位，写实主义及与之相对的理想主义等概念开始出现并作为知识得到广泛传播和接受，其认识论基础逐渐也由心理学转移到进化论上来，并且在价值论上首开了现实主义、浪漫主义比较说的先河。

根据学者旷新年的考证，辛亥革命前后，开始出现"写实主义"的翻译。1910年8月6日，戴季陶在《中外日报》上发表的《剧评》中，使用了"写实主义"的概念："新剧注重实写，与近世文学中之写实主义互相关连。"1913年，戴季陶在《民权报》上连载的《爱之真理》中，将"写实主义"与"自然主义"勾连，作了这样的诠释："今则所谓自然主义之文学，皆注意于断片的描写，徒然提一物一事，不判其美恶，尽力描写之，此所谓写实主义也。"1911年出版的黄人编的《普通百科新大辞典》中收入了"写实主义"这一词条："文艺上与理想主义对立者，凡个人之理想，决不立为标准，惟直就平生客观上之自然对象，而一一实写，法国革勒培之画，即主倡此派者。"②

我们知道，在19世纪末20世纪初，进化论史观曾长期影响中国的思想文化界。但相对来讲，进化论文艺观体系建立是很晚的事情，其主体建构要到五四新文化运动时期。但在之前，历史学家吕思勉对现实主义理论

---

① 王国维：《人间词话》，《王国维文学美学论著集》，北岳文艺出版社1987年版，第349页。
② 旷新年：《从写实主义到现实主义——中国新文学对现实主义的理解、接受与阐释》，《华中师范大学学报（人文社会科学版）》2014年第4期。

的发展有特殊贡献。1914年,吕思勉以成之笔名发表长文《小说丛话》,最先或较早阐述了关于现实主义的几条原则认识。第一,文章中作为一个理论主体,现实主义以"写实主义"的名义出现,并且出现了和它相对的理论范畴——"理想主义"。成之说:"小说自其所载事迹之虚实言之,可别为写实主义及理想主义二者。"当然,他也不是绝对的二分法,他说:"又有一种小说,介乎理想与写实之间者,如《儒林外史》是。"第二,他辨析了"写实主义"文学创作和事实记录的区别,主张写实主义的本质是美的创造。成之说:"小说自其所载事迹之虚实言之,可别为写实主义及理想主义二者。写实主义者,事本实有,不借虚构,笔之于书,以传其真,或略加以润饰考订,遂成绝妙之小说者也。小说为美的制作,义主创造,不尚传述。然所谓制作云者,不过以天然之美的现象,未能尽符吾人之美的欲望,因而选择之,变化之,去其不美之部分,而增益之以他之美点,以成一纯美之物耳。夫天然之物,尽合乎吾人之美感者,固属甚鲜,然亦不能谓为绝无,且有时转为意造之境所不能到者。苟有此等现象,则吾人但能记述抄录之,而亦足成其为美的制作矣。此写实主义之由来也。此种著录,以其事出天然,竟可作历史读,较之意造之小说,实更为可贵。但必实有其事而后可作,不能强为耳。"第三,他提出并开创了进化论现实主义观。成之说:"小说发达之次序,本写实先而理想后,此文学进化之序也。"[①]不仅如此,在这里还可以看出,成之对"写实""理想"的认识既与梁启超的类型论一脉相承,又开创了一种历史主义(历时性)的现实主义观。他把"写实""理想"作为文学的不同历史形态,"从而把以往类型学的概念转换成为历史形态的概念"。[②]作为很早就追随梁启超"新史学"的历史学家,吕思勉在这点上的理论贡献是很大的。第四,他最先或较早开始对现实主义和浪漫主义文学进行价值比较。在考察文学史之后,成之既说"本写实先而理想后",又说"自文学上论之,终以理想小说为正格",开启了现实主义、浪漫主义价值和地位比较论的先河。只不过和后来人们崇尚现实主义不同,他这里从进化论的角度肯定理想小说高于写实小说。

后来,这种进化论现实主义观,由成之(吕思勉)到陈独秀、胡适,

[①] 成之:《小说丛话》,载陈平原、夏晓虹编《二十世纪中国小说理论资料·第一卷(1897—1916)》,北京大学出版社1989年版,第419页。

[②] 杨春时:《现代性与中国文学思潮》,生活·读书·新知三联书店2009年版,第393页。

从辛亥革命一直延伸到新文学运动初期，和科学主义、人道主义现实主义观一起，成为五四时期启蒙主义这个大范畴下现实主义理论的三大脉络。当然，在五四时期，进化论和科学主义是紧密结合在一起的，但就历时性而言，进化论现实主义的发生早于科学主义现实主义，只不过存在时间很短而已。

五四时期，自1915年资产阶级民主主义思想革命之始，陈独秀就高举现实主义精神旗帜。1915年，陈独秀在《今日之教育方针》中不仅认为现实主义为"今世贫弱国民教育之第一方针"，而且把写实主义视为现实主义精神在文学艺术领域的体现："此精神磅薄（礴）无所不至：见之伦理道德者，为乐利主义；见之政治者，为最大多数幸福主义；见之哲学者，曰经验论，曰唯物论；见之宗教者，曰无神论；见之文学美术者，曰写实主义，曰自然主义。"[1] 陈独秀还以进化论文艺观来看待欧洲现实主义文学思潮，并把它当作中国现代文学发展首先必经的阶段，进而积极倡导现实主义，成为这一阶段中国现实主义理论的最早倡导者。如同年，陈独秀在《现代欧洲文艺史谭》一文中，介绍、梳理欧洲各种文艺思潮时指出："十九世纪之末，科学大兴，宇宙人生之真相，日益暴露，所谓赤裸时代，所谓揭开假面时代，喧传欧土，自古相传之旧道德旧思想旧制度，一切破坏，文学艺术亦顺此潮流由理想主义再变而为写实主义更进而为自然主义。"[2] 如果说，陈独秀在《今日之教育方针》中"曰写实主义，曰自然主义"还看不出进化论意义上的差别的话，那么在《现代欧洲文艺史谭》中，他就已经明确提出了自然主义是写实主义进化的后果。可以看出，虽然陈独秀很早就倡导科学，但陈独秀这个阶段现实主义理论的认识论基础主要是进化论，并不是科学主义。这主要是因为，陈独秀在之前一个月为自己主编《青年杂志》所写发刊词《敬告青年》一文"六义"中，主张"实利的而非虚文的""科学的而非想象的"，其对于文学艺术领域内的"科学"概念还缺乏正确认识，甚至一定程度上将二者对立起来。这种情况后来得到了改观。次年2月，陈独秀在《青年杂志》上登载答复张永

---

[1] 陈独秀：《今日之教育方针》，《陈独秀文集》第1卷，人民出版社2013年版，第106—107页。
[2] 陈独秀：《现代欧洲文艺史谭》，《陈独秀文集》第1卷，人民出版社2013年版，第119页。

言的一封信，称："欧文中古典主义，乃模拟古代文体，语必典雅，援引希腊、罗马神话，以眩赡富，堆砌成篇，了无真意。……理想之义，视此较有活气，不为古人所囿。然或悬拟人格，或描写神圣，脱离现实，梦入想象之黄金世界，写实主义自然主义乃与自然科学实证哲学同时进步。此乃人类思想由虚入实之一贯精神也。"①从而将现实主义的认识论转入科学主义，调和了科学主义和艺术规律性之间的矛盾，既极大地促进了现实主义理论的发展，也促进了陈独秀写实主义理论的发展。1916年10月5日，陈独秀为商量胡适的《文学改良刍议》在《新青年》发表而致远在美国留学的胡适的信中，积极倡导进化论认识论意义上的"写实主义"。②不久（1917年2月），陈独秀发表《文学革命论》，倡导文学革命"三大主义：曰，推倒雕琢的阿谀的贵族文学，建设平易的抒情的国民文学；曰，推倒陈腐的铺张的古典文学，建设新鲜的立诚的写实文学；曰，推倒迂晦的艰涩的山林文学，建设明了的通俗的社会文学"，③从而在革命的意义上，将写实主义推向了理论前沿，为后来现实主义理论一家独大起到了很大的推动作用。当然，这个贡献并非陈独秀一人完成，同时代文学改良主义、文学革命主义论者都发挥了很大作用，比如胡适的《文学改良刍议》《文学进化论观念与戏剧改良》、周作人的《日本近三十年小说之发达》等，这里就不衍生论述了。

三、新文化运动中后期的科学主义现实主义观和对自然主义写实主义的批判

新文化运动受到西方科学主义思潮的广泛影响。陈独秀在1915年《青年杂志》创刊号的《敬告青年》中，以"自主的""进步的""进取的""世界的""实利的"和"科学的"六种精神作为新青年精神的纲领，而"实利"方面，他提到英国的约翰·穆勒（J. S. Mil）的"实利主义"和孔德（Auguste Comnte）的"实验哲学"，并以"综合客观之现象，诉之主

---

① 陈独秀：《答张永言》，《青年杂志》1916年第1卷第6号。
② 胡适：《寄陈独秀》，《中国新文学大系·建设理论集》，上海良友图书印刷公司1935年版，第31页。
③ 陈独秀：《文学革命论》，《陈独秀文集》第1卷，人民出版社2013年版，第202—203页。

观之理性而不矛盾之谓也"来界定"科学"的含义。但从广义来讲,进化论也属于科学主义的范畴,许多主张科学主义现实主义观的人也同时主张进化论现实主义观。比如胡愈之说:"在文艺进化史上,写实主义毕竟有重大的意义,决不是一件自生自灭的事情。我们中国现在科学思想已渐渐萌芽,将来的文艺思想,也必得经过写实主义的时期,才可望正规的发展。"[1]但二者在内涵上还是有很大区别,进化论是一种古今思维,是一种线性的进步主义历史观和今胜昔的必然主义思维方式,在认识上具有一定的机械性、经验性,比如陈独秀虽然认为自然主义极"淫鄙",但还是认为"视写实主义更进一步"[2];而科学主义则以求真为核心,更为接近现实主义的本质。因为在19世纪的西方,现实主义的出现,在现代性的理性主义本质上,它本身就是对资本主义社会和历史的一种客观观察、记录、描述和研究。因此,到了新文化运动中后期,科学主义成为现实主义认识论的基础,不仅人们对现实主义的理解更为接近现实主义的本质,也带来了对现实主义的科学分析和阐释,现实主义进入内涵和理论形态建构阶段,而不再仅仅停留在口号、类型、形态等一般或者表面认识阶段。因此,我们这里并不将进化论和科学主义混为一谈(虽然绝大部分研究者将其视为一回事),这里的科学主义主要指当时的自然科学实证主义和哲学上旧唯物主义反映论,后者在当时也被冠以科学的名义。而科学主义在近现代中国具有很崇高的话语地位,因此它也是促进现实主义创作方法成为主流的重要原因之一。[3]

早在1905年,《新小说》第13、15等号就有科学小说(科幻小说、科普小说的早期名称)的讨论并给予了很高的评价,但它不涉及科学主义现实主义观。科学主义现实主义观其实起源并不晚。根据学者俞兆平的考证,"科学主义视角的'写实主义'真正开始从科学主义视角论析写实主义文学思潮的,是管达如写于1912年的《说小说》一文"[4]。管达如在文章中批评当时的中国小说即使描景状物、反映社会上的事物都不切实际,

---

[1] (胡)愈之:《近世文学上的写实主义》,载贾植芳、陈思和主编《中外文学关系史资料汇编(1898—1937)》(上),广西师范大学出版社2004年版,第278页。
[2] 陈独秀:《答张永言》,《青年杂志》1916年第1卷第6号。
[3] 这个我们没有放在本章最前面关于创作方法成为主流的五个原因之中。
[4] 俞兆平:《中国现代三大文学思潮新论》,人民文学出版社2006年版,第158页。

"向壁虚造"。他说:"中国小说之所短,第一事即在不合实际。无论何事,读其纸上所述,一若著者曾经身历,情景逼真者然,然按之实际,则无一能合者。此由吾国社会,缺于核实之思想,凡事皆不重实验致之也。西洋则不然。彼其国之科学,已极发达,又其国民崇尚实际,凡事皆重实验,故决无容著述家向壁虚造之余地。著小说者,于社会上之一事一物,皆不能不留心观察,其关涉各种科学处,亦不能作外行语焉。夫小说者,社会之反映也。若凡事皆可向壁虚造,则与社会实际之情形,全不相合,失其本旨矣。敬告我国小说家,于此点不可不再三注意也。"[1]虽然就文本内容而言,管达如并不单论写实主义,说的是小说,但从逻辑上来讲,将其视为科学主义写实主义观也不为过。类似的情况还有1906年《新世界小说社报》第2期《论科学之发达可以辟旧小说之荒谬思想》一文。该文也主张将小说建立在科学主义的基础上,但又走上了一个极端,把一切艺术想象(比如古典小说中"日行八百里""腾云驾雾"之类的夸张、想象)统统视为"荒谬思想",将艺术想象和迷信混为一谈。[2]有此思想传统,所以后来陈独秀等一度将科学和想象对立起来(见前引),也就很好理解了。但这毕竟属于科学主义现实主义观发展的一个旁支,在此不做过多的涉及。

到了1920年,规模性的科学主义现实主义观论述开始出现。但需要说明的是,这个时期不论是使用自然主义还是写实主义的概念,科学主义主要针对的是自然主义,并不是真正的现实主义,也不是注入新内涵的新自然主义(如1922年之后的自然主义概念)。而且由于当时人们比较倾向于浪漫主义和现代主义,所以普遍地对于自然主义和自然主义意义上的写实主义(即旧写实主义)持批评态度。比如胡愈之的《近世文学上的写实主义》(1920年1月10日《东方杂志》第17卷第1号)和茅盾的《文学上的古典主义、浪漫主义和写实主义》(1920年9月5日《学生杂志》第7卷第9号)、《为新文学研究者进一解》(1920年9月15日《改造》第3卷第1号)等。

胡愈之在《近世文学上的写实主义》文章中,将写实主义和科学万能

---

[1] 管达如:《说小说》,载陈平原、夏晓虹编《二十世纪中国小说理论资料·第一卷(1897—1916)》,北京大学出版社1989年版,第382页。

[2] 《论科学之发达可以辟旧小说之荒谬思想》,载陈平原、夏晓虹编《二十世纪中国小说理论资料·第一卷(1897—1916)》,北京大学出版社1989年版,第188—191页。

的时代心理结合起来，揭示了科学主义与写实主义文学之间的因果关系：
"19世纪是科学万能时代。文化上各方面——政治，哲学，艺术等等——受了科学的影响。多少都带些物质的现实的倾向；在文学上这种影响更大；写实文学的勃兴，就为这缘故。"①接着，胡愈之就从这一科学主义视角出发，论述了写实主义最重要的几大特色："写实文学的特色是：（一）科学化。（二）长于丑恶描写。（三）注重人生问题。此外如印象的艺术手段，精密的个性及心理描写，也都是写实文学所特有的"等。②但他也深刻地指出了自然主义意义上的写实主义的各种弊端："但文艺思想的进化，是绵延不绝的；近代的写实主义，不过是文艺进化中的一段落，并不是文艺的止境，所以也很有许多的缺陷；这种缺陷，到了最近代，益发显露了。写实主义的缺陷在那里呢？第一，写实文学太偏于客观方面，缺乏慰藉的作用；慰藉是艺术的重要任务，对于生活困苦的近代人，艺术的慰藉，尤不可少；但写实文学却不能满足这种的要求。第二，写实主义的——机械的，物质的，定命的——人生观，和可怕的丑恶描写，很容易使人陷于悲观，因此减少奋斗的精神。第三，现代哲学上人格的唯心论——像柏格森，倭铿，詹美士的哲学——发达很快，欧美思想界受了不少的影响，唯物主义的写实文学，却不能与这种新思潮互相调和；这都可算是写实主义的缺陷了。"③胡愈之一方面从进化论和科学万能的角度主张应该引进写实主义，但另一方面又深刻地指出了写实主义的弊病：机械客观地表现人生的丑陋方面，让人们得不到慰藉，对未来看不到希望。可见胡愈之对旧写实主义的理解是很深刻的。所以，学者俞兆平认为，在五四时期，"对文学写实主义介绍、研究最为深入、详尽的，当数愈之1920年1月发表的《近世文学上的写实主义》一文"④。

和胡愈之一样，茅盾这个时期的《我们现在可以提倡表象主义的文学么？》《文学上的古典主义、浪漫主义和写实主义》《为新文学研究者进

---

① （胡）愈之：《近世文学上的写实主义》，载贾植芳、陈思和主编《中外文学关系史资料汇编（1898—1937）》（上），广西师范大学出版社2004年版，第277页。

② （胡）愈之：《近世文学上的写实主义》，载贾植芳、陈思和主编《中外文学关系史资料汇编（1898—1937）》（上），广西师范大学出版社2004年版，第284页。

③ （胡）愈之：《近世文学上的写实主义》，载贾植芳、陈思和主编《中外文学关系史资料汇编（1898—1937）》（上），广西师范大学出版社2004年版，第284页。

④ 俞兆平：《中国现代三大文学思潮新论》，人民文学出版社2006年版，第159页。

一解》《〈欧美新文学最近之趋势〉书后》等文章,也是立足于科学主义来认识写实主义,对写实主义的弊端有清醒认识,在肯定写实主义的同时也表现了对现代主义(也称为"新浪漫主义""表象主义"等)的追求。比如在《我们现在可以提倡表象主义的文学么?》(1920年2月)中,茅盾以自问自答的设问方式,在肯定写实主义是一种"有实力的革命文学"的同时表达了自己更为主张表象主义文学的主张。"问:写实主义对于恶社会的腐败根极力抨击,是一种有实力的革命文学,表象主义办不到这层,所以应该提倡写实,不是表象。""答:这些话我通通承认,但我们提倡写实一年多了,社会的恶根发露尽了,有什么反应呢?可知现在的社会人心的迷溺,不是一味药所可医好,我们该并时走几条路,所以表象该提倡了。"① 在《为新文学研究者进一解》(1920年9月)中指出:"文学上的自然主义极盛于十九世纪末二十年,正和科学的唯物主义并行,又是对于浪漫(romantic)文学末流的反动,在文学思潮进化史中自然有相当的供献,但决不能靠他去创造最高格的文学。观察(observation)和想象(imagination)是文学的两大原则,自然派文学只重观察,在当时原可补救浪漫文学只重想象的偏失;但就文学全部看来,过犹不及。……自然派只用分析的方法去观察人生表现人生,以致见的都是罪恶,其结果是使人失望,悲闷,正和浪漫文学的空想虚无使人失望一般,都不能引导健全的人生观。所以浪漫文学固然有缺点,自然文学的缺点更大。"② 均表达了超越旧写实主义、直追新浪漫主义的态度。而这和一年之后(1921年年底),茅盾基于"为人生"的艺术思想而转向现实主义、主张写实主义意义上的自然主义是不同的。③ 1921年12月,茅盾发表《文坛上的自然主义》,1922年又连续写了一系列介绍、评价自然主义(写实主义)的论文,引发了一场关于自然主义的大论战。茅盾在文章中,主要是借助科学为其立论的依据,强调自然主义与科学的联系,为写实主义(自然主义)呐喊宣传。比如在《自然主义与中国现代小说》(1922年7月)中,茅盾指出

---

① 茅盾:《我们现在可以提倡表象主义的文学么?》,《茅盾全集》第18卷,黄山书社2012年版,第30页。
② 茅盾:《为新文学研究者进一解》,《茅盾全集》第18卷,黄山书社2012年版,第41—42页。
③ 至于科学主义、"为人生派"和写实主义(自然主义)之间逻辑上的联系,参见俞兆平《中国现代三大文学思潮新论》,人民文学出版社2006年版,第213—219页。

当时中国小说不重描写、不知客观观察、游戏消遣态度这三大错误，提倡科学主义现实主义："自然主义是经过近代科学的洗礼的；他的描写法，题材，以及思想，都和近代科学有关。"[1]"我们应该学自然派作家，把科学上发见的原理应用到小说里，并该研究社会问题，男女问题，进化论种种学说。否则，恐怕没法免去内容单薄与用意浅显两个毛病。即使是天才的作者，这些预备似乎也是必要的。"[2] 当然，在这个倡导过程中，茅盾时时提醒左拉主义的危害。但茅盾倡导的"自然主义"并没有成功，这和他使用了自然主义这个过时的概念、和他不能严格区分真正的现实主义和自然主义有关。但不管怎样，他在倡导自然主义（写实主义）的同时，也把巴尔扎克、托尔斯泰等的现实主义一并介绍进入中国，也把科学主义和现实主义最大公约数的规定性"真"提炼了出来，脱"实"向"真"，为后来马克思主义现实主义理论的接受和发展奠定了基础，其意义是确定的。

此外，五四时期其他写实主义提倡者比如陈独秀、胡适、周作人、谢六逸、瞿世英、郭沫若也基本是站在科学主义与人道主义并行不悖的启蒙主义立场上，[3] 反复论证科学主义现实主义观的合理性。这种合理性在"科玄论战"之后更是具有一种权威性，为科学主义现实主义压倒当时方兴未艾的"新浪漫主义"而成为艺术创作理论的主流作出了不少贡献。对此，学者俞兆平说："'科玄论战'中，科学派取胜了，其科学的实证论，因果关系的决定论，渗透进每一学科的思维领域……遵从科学实证的写实主义一再扩展，并压倒了方兴未艾的'新浪漫主义'，成为那一时期的主潮。"[4]

四、辩证唯物论现实主义观

科学主义现实主义论者很早就认识到唯物论与写实主义之间的关系，并且一定程度上已经建立起了现实主义与反映论之间的理论联系。比如周

---

[1] 茅盾:《自然主义与中国现代小说》,《茅盾全集》第18卷，黄山书社2012年版，第269页。

[2] 茅盾:《自然主义与中国现代小说》,《茅盾全集》第18卷，黄山书社2012年版，第269—270页。

[3] 俞兆平在其《中国现代三大文学思潮新论》中将启蒙主义意义上的现实主义观列为单独一个类型"倾向于科学认知的意识形态视角的'写实主义'"，和其人文精神。（人民文学出版社2006年版，第164页）

[4] 俞兆平:《现代性与五四文学思潮》，厦门大学出版社2002年版，第38页。

作人不仅通过《人的文学》《平民文学》奠定了人道主义现实主义和后来的"为人生派"写实主义的理论基础，同时他还主张唯物论进化论的写实主义。1919年，他在《新青年》第6卷第2号上发表《再论"黑幕"》一文，在批判黑幕小说的同时，他还具体分析了写实小说的特点，"至于小说本是文学里的一个支流，自然应有文学的特质，简约的说一句，便是技巧与思想两件事。写实小说却更进一层，受过了'科学的洗礼'，用解剖学心理学的手法，写唯物论进化论的思想"[1]。就文字而言，周作人并没有严格区分科学主义、进化论、新旧唯物论等的不同。到了1920年，胡愈之就已经看出旧写实主义在旧唯物论上的弊端。他说，"写实文学，是受过科学洗礼的一种文学；所以写实作家的人生观，完全是机械的唯物的；他把人世一切的事情，都看作必然的结果，所以都是平平淡淡，并没一点奇异的地方"；[2] 在"写实派作家看来，爱情不过是从人类祖先——猴子——遗传下来的性欲本能，是人类万恶的源泉，并不是神圣的东西。他相信这种兽欲，是人类的本性，可以不必忌讳的，所以大着胆子细细的描写；无论怎样猥亵，怎样丑劣，他都不管"[3]。类似情况的还有后来的瞿世英。瞿世英1922年在《小说的研究（下篇）》中说："写实派不但有这种限制更有许多危险。一、写实派缺乏同情心。依照写实派的格言，他一定要描写实在，客观的去研究人生的各种现象，从事精密的观察，除去感情的元素，这样的作品一定缺乏同情心。结果或者将人生看得冷酷而机械，似乎与我毫无关系一般，这是很危险的。二、写实派主张描写事实，但只是事实实在是不够。艺术的目的，实在不仅是事实。艺术的目的是真是美。事实与真理是不同的。事实可以表现真理，却不能说事实即真理。除非小说家是用事实去解释真理的，若仅是事实，一定是没有生气的。小说家仅取其所观察的来做材料，实在是不够的。三、人类生活不仅是物质方面更有精神方面，心理方面。但我们所能客观观察的只是物质方面，身体方面，精神方面，心理方面，是为感觉所不及的。若依照写实派的信条，纯用客观

---

[1] 仲密（周作人）：《再论"黑幕"》，载严家炎编《二十世纪中国小说理论资料（第二卷）：1912—1927》，北京大学出版社1997年版，第75页。

[2] （胡）愈之：《近世文学上的写实主义》，载贾植芳、陈思和主编《中外文学关系史资料汇编（1898—1937）》（上），广西师范大学出版社2004年版，第281页。

[3] （胡）愈之：《近世文学上的写实主义》，载贾植芳、陈思和主编《中外文学关系史资料汇编（1898—1937）》（上），广西师范大学出版社2004年版，第282页。

描写，便只是描写了半个人（物质方面的）。不是人生的全部，不但如此，因为他只见到身体，所以人类也都看做冷酷而无情的动物，只是一架会活动的机器一般，是乌乎可！写实派的成功，是受了科学的影响，但在这些地方却又受了科学的阻碍了。"[1]胡愈之、瞿世英的这一些认识，一方面说明建立在科学主义和旧唯物主义基础之上的现实主义论已经不能满足理论发展的需要，另一方面虽然他们主张新浪漫主义（现代主义），但也已经蕴含着新旧唯物主义和新旧现实主义论开始分流的趋势，因为主观主义的新浪漫主义虽有其存在的合理性，但在20世纪20年代这种历史环境下，他们肯定不足以担当起主流地位，在这种情况下辩证唯物论现实主义论就必然成为主流。[2]这也是"为人生派"和"为艺术派"最终都转向现实主义的根本原因之一。[3]

所以，学者俞兆平认为："如果说我们把周作人的'人的文学'的理论简称为'人生论'的话，那么在此'人生论'基点上形成了相应的写实主义。由于历史前进的需求，这种写实主义逐步变革了旧有的质素，吸收了以'唯物史观'为主的新的理论成分，渐渐转化、形成了建立在唯物论基点上的写实主义。"[4]"至20世纪20年代末，马克思主义的科学的唯物史观、科学的唯物人生观在文学界的影响日益扩大，日益成为作家表现现实的创作指导原则。"[5]俞兆平的这一论断是科学的，但他在论述上也主要说明了科学的唯物人生观如何成为文学理论的哲学基础和认识论基础（这点我们在本书第二、三章，尤其是后者关于反映论认识论的介绍中有了详细说明，在此不再赘述），而对于中国马克思主义文艺理论谱系中的辩证唯物论现实主义观即反映论现实主义观的形成过程介绍得并不详细。在这里我们做个简略补充（部分史料在之前也已经使用过）。

如在"五四"之前，陈独秀在《文学革命论》（1917年2月1日《新

---

[1] 瞿世英：《小说的研究（下篇）》，载严家炎编《二十世纪中国小说理论资料（第二卷）：1912—1927》，北京大学出版社1997年版，第269页。

[2] 也有学者从话语权力争夺角度分析了现实主义成为主流的原因。参见李建立《中国现代文学理论中现实主义概念的演变》，硕士学位论文，河南大学，2008年。

[3] 关于这个问题不是本研究的重点。但这里（包括后面的两节）也实际上分析了创造社现实主义转向的三大原因：创造社在辩证唯物认识论、无产阶级意识形态和最早（以成仿吾为代表）对真正写实主义的学理分析三个方面都得风气之先。

[4] 俞兆平：《中国现代三大文学思潮新论》，人民文学出版社2006年版，第227—228页。

[5] 俞兆平：《中国现代三大文学思潮新论》，人民文学出版社2006年版，第241页。

青年》第 2 卷第 6 号）中提倡"建设新鲜的、立诚的写实文学"；"五四"之后，李大钊在《什么是新文学》（1920 年 1 月 4 日《星期日》第 26 号）中提倡"我们所要求的新文学，是为社会写实的文学"。这里的"社会写实"以及其他人使用的"社会写照""直写事实"等概念，都可以认为是"文学艺术是社会生活的反映"的早期认识。在中国最早使用"文学艺术是社会生活的反映"这一命题的则是瞿秋白。1920 年 7 月，瞿秋白在北京新中国杂志社出版的《俄罗斯名家短篇小说集》序言中明确说："文学只是社会的反映，文学家只是社会的喉舌。只有因社会的变动，而后影响于思想，因思想的变化，而后影响于文学。"[①] 蒋侠僧（蒋光慈）在《唯物史观对于人类社会历史发展的解释》（1924 年 8 月 1 日《新青年》季刊第 3 期）中除了阐释唯物史观的"意识是生活的反映"观点之外，还设问自答："现在就要发生问题了：既然一切意识的形式是社会生活的反映，则筑物对于基础是否有反感的作用？一切哲学、法律、艺术发生后，对于社会生活能无影响么？无产阶级独裁之政治的形式是否将资产阶级的生产制度变为社会主义的？社会主义思想是否形成一种力量？倘某种艺术是社会关系的产物，然而此种艺术既成之后，对此社会关系能无反感的作用么？""对于此问题，我们可以肯定地给一答案：筑物对于基础有相当的反感的作用。"1925 年，光赤（蒋光慈）在《现代中国社会与革命文学》（1925 年 1 月 1 日《民国日报》副刊《觉悟》）中说："自从文学革命以来，所谓写实主义一名词，漫溢于谈文学者的口里。我们以为文学是社会生活的反映，当然不反对写实主义，并且以为写实主义可以救中国文学内容空虚的毛病。不过我们莫要以为凡是写实的都是好文学，都是为我们所需要的文学。"和茅盾一样，蒋光慈显然不满足于文学艺术对社会生活做直观机械、自然主义的写实反映，他说："文学是社会生活的反映，一个文学家在消极方面表现社会的生活，在积极方面可以鼓动，提高，奋兴社会的情绪。"[②]

因此说，到 1925 年前后，辩证唯物论现实主义论基本就已经在中国马克思主义文艺理论谱系中建立起来了。

[①] 瞿秋白：《〈俄罗斯名家短篇小说集〉序》，《瞿秋白文集·文学编》第 2 卷，人民文学出版社 1986 年版，第 248 页。

[②] 蒋光慈：《现代中国社会与革命文学》，载方铭、马德俊主编《蒋光慈全集》第 6 卷，合肥工业大学出版社 2017 年版，第 62、61 页。

第二节　现实主义意识形态性的确立

学者俞兆平从20世纪20—30年代"科学认知""人文理解"（包括以人道主义为基础的为人生派理论和强调主体性等克服旧写实主义的一些理论）和"意识形态"三组关系来划分现实主义发展的三个阶段。但他对意识形态阶段的认定趋晚，基本到了20世纪30年代。[①]这个和理论史实有出入。依据理论史实，可以认为，五卅运动之后中国马克思主义文艺理论谱系中现实主义意识形态性的发生就已经开始甚至就基本确立了，至于后来的"新写实主义"和"社会主义现实主义"，不论是强调无产阶级还是社会主义，只不过是现实主义意识形态性在内涵或形态上的不同而已（或者是程度上的不同，比如从阶级性到政治性），而且现实主义意识形态性基本是与中国马克思主义文艺理论意识形态话语同步确立起来的。

1926年，郭沫若的无产阶级本位的文艺思想基本确立，他除了开始倡导无产阶级革命文学之外，还在现实主义意识形态化方面做了不少开创性工作。1926年5月1日，在《洪水》半月刊第2卷第16期上，郭沫若在《文艺家的觉悟》中两次斩钉截铁地表示："我们现在所需要的文艺是站在第四阶级说话的文艺，这种文艺在形式上是写实主义的，在内容上是社会主义的。"[②]紧接着，在（1926年）5月16日《创造月刊》第1卷第3期上，郭沫若发表《革命与文学》，进一步将无产阶级文学等同于革命文学、理想文学："而在欧洲今日的新兴文艺，在精神上是彻底表同情于无产阶级的社会主义的文艺，在形式上是彻底反对浪漫主义的写实主义的文艺。这种文艺，在我们现代要算是最新最进步的革命文学了"；"凡是表同情于无产阶级而且同时是反抗浪漫主义的便是革命文学"；在此基础上，郭沫若号召，"我们所要求的文学是表同情于无产阶级的社会主义的写实主义的文学"。[③]

这里，郭沫若虽然将无产阶级革命文学做了形式和内容两分，认为

---

①　参见俞兆平《中国现代三大文学思潮新论》第四章"科学认知与人文理解交错中的中国文学写实主义"第三节"向以意识形态为核心的人文理解倾斜的写实主义"，人民文学出版社2006年版，第185页。

②　（郭）沫若：《文艺家的觉悟》，载饶鸿兢等编《中国文学史资料全编·现代卷·创造社资料（上）》，知识产权出版社2010年版，第105—111页。

③　郭沫若：《革命与文学》，载饶鸿兢等编《中国文学史资料全编·现代卷·创造社资料（上）》，知识产权出版社2010年版，第112—119页。

形式是写实主义的、内容是社会主义的，但细究其文字，所谓形式和内容并不是很严格，我们甚至可以把他所说的形式理解成现实性、内容理解成理想性。因此，我们并不认为郭沫若在说一种严格形式意义上的现实主义。但我们可以明确的是，基于郭沫若的理论地位，以一种意识形态性来界定现实主义（不仅是创作方法）的原则基本确立。但它也同时开启了现实主义创作方法化和内容政治化的趋势。如果说，后来的新写实主义还强调无产阶级的现实主义的话，那么到了"社会主义现实主义"就开始有了更多的政治规定性。比如郭沫若本人在抗战时期，基本上就将现实主义和政治性等同起来了。他在这个时期的《国防、污池、炼狱》（《文学界》1936年6月14日第2号）一文中说："让我们推开窗子说句亮话吧。在目前的中国，只有进步的现实主义者才是真正的爱国主义者，而真正地有爱国情热的人，他所走的路也就是进步的现实主义的，虽然他没有明确的意识。""在这样的意识之下，我相信要进步的现实主义者才是真正的爱国主义者，而真正有爱国情热的人所走的也就是进步的现实主义者的路。"[①]此外，不仅在现实主义方面如此，在现代主义和浪漫主义方面也是意识形态化。郭沫若将现代主义视和浪漫主义视为资产阶级性质的艺术风格和创作方法，要求"彻底反对浪漫主义的写实主义的文艺"，从而将现实主义和浪漫主义、现代主义在意识形态性上完全对立起来了。这是现实主义意识形态原则的一体两面。

因此说，1926年前后，在唯物史观和唯物辩证法认识论和方法论基础上，在无产阶级阶级意识和意识形态观念共同作用下，现实主义意识形态原则就基本确立了。这对于后来中国马克思主义文艺理论的发展历程产生了很大的影响，因为第一种意识形态现实主义理论——新写实主义（这个我们在下一节论述）很快诞生。因此说，现实主义不仅成为中国马克思主义文艺理论艺术论体系的核心，也成为中国马克思主义文艺理论的核心。

[①] 北京师范大学中文系现代文学教学改革小组编：《中国现代文学史参考资料——中国革命文学的产生和发展（五四—1942）·第一卷·下册》，高等教育出版社1959年版，第535、536页。

第三节　现实主义艺术论体系的初步建立

在现实主义意识形态性确立的同时，现实主义也开始成为中国马克思主义文艺理论艺术论体系的核心，这个过程也可以称为现实主义的泛化。这个过程表现为三个阶段：一是 20 世纪 20 年代初期现实主义与自然主义（旧写实主义）的区别开始形成，现实主义的真实性内涵日益明确；二是 20 世纪后期以"新写实主义"为旗帜的意识形态性现实主义理论体系的早期建构；三是 20 世纪 30 年代对经典马克思主义现实主义理论和苏联社会主义现实主义理论的引进，以现实主义为核心的艺术论体系初步形成。

一、真实性作为现实主义本质规定性的提出

早在 1922 年，茅盾就开始以"真"作为中介，从更深的层面来论述科学与写实的关系。1922 年 8 月，他在《文学与人生》一文中写道："近代西洋的文学是写实的，就因为近代的时代精神是科学的。科学的精神重在求真，故文艺亦以求真为唯一目的。"[1] 把科学主义和现实主义最大公约数的规定性"真"提炼出来，对后来现实主义理论的发展发挥了重要作用。但由于茅盾这个时期还不能区分现实主义和自然主义，所以对二者之"真"的差别并没有明确区分。

真正在理论上促成现实主义"脱实向真"的是成仿吾、郁达夫和穆木天等人，他们在康德、黑格尔等西方哲学、美学的影响下，在梁启超"写实"和"理想"、茅盾"观察"和"想象"等二元论基础上，共同将表现和再现、写实和写真、真实和现实、主观和客观、真理和事实等范畴引入现实主义的讨论中。虽然他们的理论基础是"人的文学"，但他们共同对于主观真实和能动作用的强调，还是为现实主义艺术真实性理论的发展作出了最初的贡献。

1923 年，成仿吾在《写实主义与庸俗主义》（《创造周报》1923 年 6 月 10 日第 5 号）一文中提出和区分了"再现"和"表现"两个概念。文章率先指出"文学上的写实主义也有真假"。他说："不论什么东西，总有真的与假的。由明眼人看起来，真假本不难分辨，然而在一般人的眼里，却是

---

[1] 茅盾：《文学与人生》，《茅盾全集》第 18 卷，黄山书社 2012 年版，第 309 页。

每每不大分明。文学上的写实主义也有真假；这种真假之别，一般的人固然看不出来，即我们现在的文学家，也有不少的人不大明白。要想分别这种真假，我们还要多做一点关于写实的研究，然而我们的作家们太忙于发表了。假的写实主义，我依基欧（M.Guyau）叫做庸俗主义（Trivialisme）。我想在这里稍述写实主义与庸俗主义的异同及怎样免去庸俗的方法。"对于二者，他是这样区别的："真的写实主义我以后略称为真实主义。真实主义的文艺是以经验为基础的创造。一切的经验，不分美丑，皆可以为材料，只是由伟大的作家表现出来，便奇丑的亦每不见其丑。真实主义与庸俗主义的不同，只是一是表现（Expression）而一是再现（Representation）。再现没有创造的地步，惟表现乃如海阔天空，一任天才驰骋。"①遗憾的是，成仿吾后面将分析的重点放在如何"免于庸俗而不离真"的表现技法的介绍上去了。尽管如此，成仿吾在这里明确反对客观主义的再现主义的旧写实主义，而主张真的写实主义。学者陈思和高度肯定成仿吾的这一理论贡献，说成仿吾："第一次将写实主义文学区分为'真实主义'与'庸俗主义'两个概念，指出真实主义在观察现实时，要'捉住内部的生命'，而庸俗主义则是'观察不出乎外面的色彩，表现不出乎部分的形骸。'"②应该说，成仿吾对现实主义的主要贡献是再现和表现的二分方面，还没有上升到现实主义和自然主义的区别上来。

到了1926年，穆木天在《写实文学论》（《创造月刊》1926年第1卷第4期）一文中，不仅进一步发挥了成仿吾的观点，而且直接宣告了旧写实主义的灭亡。文章中，穆木天区别了"写实"和"写真"两个重要概念。他说："写实并不是要写得像，写实是要写得实。像未必准是实，实不必准要像，但写实并不是事实对不对的问题，这是事实实在不实在的问题。不管它真不真，只要是一种实在的世界，令我们感出写实味来，那就是好的写实文学"，明确提出"写实"和"写真"不是一回事："如艺术的画像与照相馆的照相不同，写实的作品与写真的东西也是不一样。写实是心理的要求，而写真则完全是物理的结果。写实是艺术的，而写真是科学的。写实是主观的，而写真是客观的。写实是具体的，而写真则是概

---

① 成仿吾：《写实主义与庸俗主义》，载贾植芳、陈思和主编《中外文学关系史资料汇编（1898—1937）》（上），广西师范大学出版社2004年版，第299—303页。
② 陈思和：《中国新文学发展中的现实主义》，《学术月刊》1986年第9期。

念的。写实是人的，而写真是物的。因为写实是要求即是'人间性'。写实味的深感即是人间性的满足。写实是一种人的要求。人不住地要认识自己。从要认识自己的内意识里发生出来的东西就是写实的要求。写实文学就是这种内意识的结晶。"穆木天接着对何谓"人间性"进行了充分论述，将科学和文学、态度和方法进行了区分，对现实主义文学中的各种主观因素（人格、感情、自我、时间、空间）进行了讨论并明确说："所以我说写实是一种诚挚的态度。因为写实文学是一种主观的有妥当性的人生的创造。"文章中，穆木天还把巴尔扎克与左拉进行了比较，认为巴尔扎克的《人间喜剧》体现了现实主义的真精神，而左拉的小说"简直不是文学，是科学的记录。于是宣告了写实主义的灭亡"[①]。陈思和认为穆木天的这一认识："它标志了中国作家对真正的西方现实主义开始理解与认识，同时也标志了现实主义与自然主义两种文学创作方法在理论上开始分袂。"[②]

这个时期郁达夫在《小说论》（1926）、《文学概说》（1927）、《日记文学》（1927）等著作中，提出和区分了"真实"和"现实"、"真理"和"事实"这样几组重要概念，不仅在理论上发展了关于现实主义艺术真实性的认识，而且在当时还引发了鲁迅等人参与了由郁达夫《日记文学》引发的对艺术真实性的讨论，尤其是艺术虚构和心理真实这些问题，对于现实主义理论的发展意义重大。在著作中，除了对旧写实主义进行批评之外，郁达夫指出现实"真"和艺术"真"的不同，"现实"（actuality）与"真实"（reality）不能弄混。

对此，郁达夫有一大段精彩论述，兹录于此：

> 小说的生命，是在小说中事实的逼真，上段刚才讲过，那么记实的新闻、精细的账目，说明科学的记载，从真实的一点上讲来，当然配得上称作小说，何以又没有艺术的价值呢？这一个问题的发生，是在把现实（Actuality）与真实（Reality）弄错了的原因。现实是具体的在物质界起来的事情，真实是抽象的在理想上应有的事情。以例来说，譬如一位母亲比儿子年纪大是真实，是真理，而实际上继娶的母

[①] 穆木天：《写实文学论》，载陈惇、刘象愚编选《穆木天文学评论选集》，北京师范大学出版社2000年版，第341—346页。

[②] 陈思和：《中国新文学发展中的现实主义》，《学术月刊》1986年第9期。

亲是可以比儿子的年纪还小的,这是现实,是事实。真实与现实,若辨不清的时候,再以真理与事实来一比,就可以明白。真理（Truth）是一般的法则,事实（Fact）是一般的法则当特殊表现时候的实事。例如"人是要死的"是一个法则（A general law），是真理,而"今天午前李某人死了"是一宗事实,是这法则的特殊表现（A special manifestation）。所以真实是属于真理的,现实是属于事实的。小说所要求的,是隐在一宗事实背后的真理,并不是这宗事实的全部。而这真理,又须天才者就各种事实加以选择,以一种妙法把事实整列起来的时候才显得出来。新闻记事,流水账,科学书等所以没有艺术价值的原因,是因为它们的事实还没有经过选择,整列的方法还不对的缘故。照相的价值,任凭你照得如何像,总没有洋画那么大的原因,也是如此。

郁达夫认为,真实是一种人文理解中"理想"性的事情,而现实仅是科学认知的物质性事情。"所以真实是属于真理的,现实是属于事实的。小说所要求的,是隐在一宗事实背后的真理,并不是这宗事实的全部。而这真理,又须天才者就各种事实加以选择,以一种妙法把事实整列起来的时候才显得出来。"他说:"现实是具体的在物质界起来的事情,真实是抽象的在理想上应有的事情。"如果结合郁达夫接下来的论断"总之小说在艺术上的价值,可以以真和美的两条件来决定",又说"不过事实上凡真的美的作品,它的社会价值,也一定是高的",据此我们可以认为,尽管谈论的是写实主义小说,郁达夫实际上提出了"真善美"三位一体的现实主义理论。①而这在中国马克思主义文艺理论现实主义理论发生史上是具有开创意义的。

此外,这个时期的其他文学家和理论家对现实主义有不少论述。比如鲁迅在1926年为韦丛芜翻译长篇小说《穷人》所作的《〈穷人〉小引》一文中,根据陀思妥耶夫斯基的思想提出"在高的意义上的写实主义"这一概念,主张刮骨疗毒式地将写实主义描写进人类灵魂深处。这都属于在

---

① 郁达夫:《小说论》,《郁达夫文集（国内版）》第5卷,花城出版社和生活·读书·新知三联书店香港分店1982年版,第17页。

区分新旧现实主义、主张理想性和人文性这个逻辑上对现实主义理论的发展。

总之，到20世纪20年代中期，理论家们对于新旧现实主义的差别已经非常清楚，现实主义真实性的本质规定性作为现实主义理论的基石基本建立起来，这为后来创作方法、倾向性、典型理论、歌颂暴露、大众化等现实主义问题的讨论奠定了基础。

二、以新写实主义为核心的无产阶级革命文学理论体系的建立

"革命文学"论争后，现实主义成为无产阶级革命文学理论体系建设的核心。这一方面在于，无产阶级革命文学理论本身就是一种政治立场非常明确的意识形态文学理论，这与意识形态性现实主义观——现实主义是无产阶级的——是一致的；另一方面在于，"革命文学"理论家们意识到可以以现实主义为中心进行无产阶级革命文学理论的体系性建设。因此，受日本和苏联无产阶级文化派理论的影响，"革命文学"理论家们先后引进了日本的新写实主义理论和苏联的唯物辩证法创作方法。

"新写实主义"是日本无产阶级现实主义的中国译名。1928年5月，日本藏原惟人发表《到无产阶级现实主义之路》，文章很快由林伯修翻译成中文，初载《太阳月刊》1928年7月停刊号。刊载时，题名改为《到新写实主义之路》，内文则用普罗列塔利亚写实主义，尽量避用"无产阶级"这个概念，和以"普罗文学"代替"无产阶级文学"是一个性质。[①] 藏原惟人文章的核心思想是区分写实主义和理想主义（浪漫主义），并且将二者和不同阶级对应起来，主张普罗列塔利亚写实主义。藏原惟人还对普罗列塔利亚写实主义的特点进行了说明，一是要求以无产阶级的观点、立场、眼光来观察世界、描写世界，二是描写无产阶级斗争的主题。藏原惟人的新写实主义理论被"革命文学"理论家们引以为无产阶级革命文学理论建设的重心。林伯修不但翻译了藏原惟人的《到无产阶级现实主义之路》，又在《1929年急待解决的几个关于文艺的问题》（《海风周报》1929年3月23日第12期）中，依据藏原惟人的解释，依据意识形态论——

---

① 但在之前，"新写实主义"这个概念已经出现并有其他含义，参见张大明《社会主义现实主义与中国革命文学》（上），《新文学史料》1998年第3期。

"普罗文学,是普罗的意德沃罗基的一种",提出中国普罗文学的写实主义的建设问题("第二个问题"),并明确说:"普罗文学的立场,应该是普罗列塔利亚写实主义的立场","这样看来,普罗文学,从它的内在的要求,是不能不走着这一条路——普罗列塔利亚写实主义之路。反过来说,就是如果不把普罗列塔利亚写实主义建设起来,便不能成为真实普罗文学。所以,这种写实主义的建设,成为一个当前的极为重要的问题。这要我们的作家及批评家有意识地积极地在这一方面来共同努力"。[①]

虽然"革命文学"理论家们对于新写实主义有不同的理解(这也不是我们这里研究的重点),但林伯修的这一认识在当时还是有很大的共同性,即"他们有意地将新写实主义作为建设无产阶级革命文学的理论"[②]。不仅如此,他们还开创了以现实主义为核心的艺术论传统,这也是后来现实主义理论始终处于中国马克思主义文艺理论核心这一历史特色形成的根源。

三、经典马克思主义现实主义理论的传播和"现实主义"名称的确立

由于长期受俄苏、日本无产阶级文学理论尤其是"左倾"文艺理论错误的影响,中国马克思主义文艺理论在发生阶段就形成了很大的偏差。在现实主义这个问题上也是如此,比如形成了以世界观代替创作方法、限定创作主题和题材的错误倾向;而紧随"新写实主义",钱杏邨等从苏联引入的"唯物辩证法创作方法"理论更是以哲学认识论代替创作方法的理论指向,将这种窄化倾向发展到极致。

因此,"革命文学"论争和"左联"成立初期,为了纠正中国马克思主义文艺理论早期的各种错误偏向,一方面,以鲁迅、茅盾为代表的实践型作家,主要结合"五四"以来现实主义文学经验和国外现实主义创作经验(比如托尔斯泰的现实主义创作),依据普列汉诺夫、托洛茨基、卢那察尔斯基等的理论,积极倡导现实主义的艺术性,丰富了当时人们对于现实主义的理解,对克服庸俗唯物主义和机械论发挥了重要作用。另一方面,以瞿秋白、周扬为代表的理论家们,则紧密跟踪苏联对经典马克思主义现实主义理论研究的最新成果,敏锐感受到苏联正在进行的对无产阶级

[①] 林伯修:《1929 年急待解决的几个关于文艺的问题》,载中国社会科学院文学研究所现代文学研究室编《"革命文学"论争资料选编》(下),知识产权出版社 2010 年版,第 601—602 页。

[②] 张大明:《社会主义现实主义与中国革命文学》(上),《新文学史料》1998 年第 3 期。

文化派、普列汉诺夫、托洛茨基主义、"唯物辩证法创作方法"的批判和"社会主义现实主义"的理论倡导，通过自身对高尔基等现实主义作家的研究，引进和倡导科学的现实主义理论，从而将中国现实主义理论的发展引导到正确途径并作出重要贡献。这其中，瞿秋白不仅将经典马克思主义现实主义理论介绍进中国，而且在以"现实主义"取代"写实主义"成为正式和主流的称谓方面也发挥了重要作用。

首先，1932年瞿秋白根据苏联公谟学院（苏联共产主义学院）的《文学遗产》第1—2期材料译述出版了论文集《"现实"——马克斯主义文艺论文集》。[①] 瞿秋白在论文集中着重介绍了马恩关于现实主义创作方法的论述，不仅间接介绍了恩格斯晚年关于现实主义的书信，而且撰述了《马克斯、恩格斯和文学上的现实主义》等重要文章。论文集第一次向左翼文坛介绍了恩格斯关于现实主义的基本原理，论述了关于现实主义文学的倾向性、作家世界观和创作方法的关系，要莎士比亚化不要席勒化，关于"典型环境中的典型性格"，关于作家和阶级的关系等重要问题。这全是当时困惑左翼文艺理论界的一些重要问题。这些文章和观点的译介，给当时左翼作家文艺创作中较流行的肤浅的革命浪漫主义倾向敲响了警钟，为纠正片面地、过度地强调世界观对创作方法的决定作用，甚至把世界观和创作方法机械等同起来的"左"倾错误提供了极有说服力的理论依据，从而确立了马克思主义文艺理论对中国革命文学运动的理论指导地位。因此，艾晓明说："由于瞿秋白的努力使中国文学界对马列主义文艺思想了解与苏联同步开始了。"[②] 与此同时，周扬也开始不遗余力地宣传现实主义理论，并最早介绍苏联"社会主义现实主义"创作方法到国内。1933年11月1日周扬在《现代》杂志上发表《关于"社会主义现实主义与革命的浪漫主义"——"唯物辩证法的创作方法"之否定》。周扬的文章是根据苏联作家协会筹备委员会书记长、"苏联最优秀的理论家之一"的吉尔波丁的报告编写的。全文分两大部分：一是分析"拉普"的错误；二是阐释社会主义现实主义。因此说，这种转向对于左翼文艺而言是整体性的。因此说，1932年前后，中国马克思主义文艺理论的发展回到了马克思列宁主义文艺

---

① 瞿秋白：《"现实"——马克斯主义文艺论文集》，《瞿秋白文集·文学编》第4卷，人民文学出版社1986年版，第225页。

② 艾晓明：《中国左翼文学思潮探源》，湖南文艺出版社1991年版，第173页。

理论创始人的基础上，这对确立马克思主义文艺理论，尤其是现实主义理论对中国革命文学运动的理论指导地位，对帮助中国马克思主义文艺理论发展摆脱苏俄、日本等国左翼文艺理论不科学成分的不良影响，逐渐走上独立、民族化的发展之路，具有重要影响。

其次，瞿秋白还在"现实主义"定名方面发挥了重要作用。我们前面说过，1915年，陈独秀在《今日之教育方针》中使用了"现实主义"这个概念，但在具体文学领域，陈独秀还是使用了"写实"这个概念；五四时期，在文学领域零星使用"现实主义"这个概念。① 总体而言，在20世纪20年代，文学理论还是普遍使用"写实主义"（也有使用"自然主义"）这个现实主义概念。但在中国马克思主义文艺理论谱系中，最早明确使用"现实主义"概念的是瞿秋白。1927年，瞿秋白在与蒋光慈合编的《俄罗斯文学》一书中使用了"现实主义"②（realism）这一新译法，瞿秋白这部分文章完成于1921—1922年，因此说这一译法很早就出现，但在当时没有产生很大影响。1932年，瞿秋白在《高尔基论文选集·写在前面》一文中明确以客观主义原因主张弃用"写实主义"而使用"现实主义"这个概念。他说："高尔基是新时代的最伟大的现实主义的艺术家。而他对于现实主义的了解是这样的！他——饶恕我把他来和中国的庸俗的新闻记者

---

① 旷新年在《从写实主义到现实主义——中国新文学对现实主义的理解、接受与阐释》[《华中师范大学学报（人文社会科学版）》2014年第4期]中有个考证，兹录于此：五四时期，朱希祖在翻译厨川白村的《文艺的进化》时已经出现了"现实主义"这一译法。1923年11月，商务印书馆出版的鸳鸯蝴蝶派杂志《小说世界》第4卷第9期上发表的忆秋生的《什么是客观态度》一文中用的是"现实主义"。而他在翻译《欧洲最近文艺思潮》时，对"Realism"的翻译颇费踌躇。他告诉我们，"Realism"的解释即使在欧洲也聚讼纷纭，"写实主义"和"现实主义"都不是确译。他较为倾向于"现实主义"这一译法，不过，他自己的选择大多是保留原文而不做翻译。《欧洲最近文艺思潮》将"Realism"定义为描写事物的本来面目，视之为自古就有的一种描写方法。五四时期，瞿秋白也使用普遍流行的"写实主义"这一译法，而在1921年至1922年旅俄期间所著的《俄国文学史》第六节《普希金》中以及书中其他地方都用"现实主义"来翻译"Realism"。《俄国文学史》经蒋光慈删改，作为《俄罗斯文学》下卷，由创造社出版部1927年出版。在艺术界，丰子恺对"realism"的翻译在1927—1928年间经过了一个从"写实主义"到"现实主义"的变化过程。瞿秋白1933年4月在《现代》杂志第2卷第6期上发表的《马克斯、恩格斯和文学上的现实主义》一文中，加了一个注释："现实主义 Realism，中国向来一般的译做'写实主义'。"1932年1月，冯雪峰在《新的小说的诞生——评丁玲的〈水〉》中也采用了"现实主义"这一新的译名。1932年12月，瞿秋白在为《高尔基论文选集》写的序言里说："他不会从现实主义'realism'的中国译名上望文生义的了解到这是描写现实的'写实主义'。写实——这仿佛只要把现实的事情写下来，或者'纯粹客观地'分析事实的原因结果——就够了。"

② 蒋光慈编：《俄罗斯文学》，创造社出版部1927年版，第157页。

比较罢——决不会把现实主义解释成为'纯粹的'客观主义,他不懂得中国文,他不会从现实主义'realism'的中国译名上望文生义的了解到这是描写现实的'写实主义'。写实——这仿佛只要把现实的事情写下来,或者'纯粹客观地'分析事实的原因结果——就够了。这其实至多也不过是自欺欺人的'客观主义',或者还是明知故犯的假装的客观主义。"[1]但由于这篇文章当时没有发表,所以其影响力不好明确,但论文集《"现实"——马克斯主义文艺论文集》中的《马克斯、恩格斯和文学上的现实主义》一文则有幸提前发表(本篇最初发表于《现代》1933年4月1日第2卷第6期)。至此,不论是否对译"realism","现实主义"的内涵得到了重新锻造并扬弃了"写实主义"这个概念,之后,文坛普遍采用"现实主义"这一概念,彻底扫清了中国马克思主义文艺理论以现实主义为核心建构艺术论体系的概念羁绊。

---

[1] 瞿秋白:《高尔基论文选集·写在前面》,《瞿秋白文集·文学编》第5卷,人民文学出版社1987年版,第324页。

结　语

　　1928年1月,"革命文学"论争初起时,革命文学作家顾仲起参加了蒋光慈、钱杏邨等人组织的太阳社,进入革命文学的主流阵营。与此同时,顾仲起说:"在近来的文艺上,有了一个新的趋势。这个新的趋势,便是由主观的到客观的,由自我的到社会的,由浪漫的到写实的,从唯心的到科学的。这,当然是文艺坛的新进步。"[①] 到了1932年,张东荪在《阶级问题》一文中说:"萨先生与萧先生都是反对共产主义的,我们愿表十三分的同意。但二位却于无意中,被马克斯把思想拘束着了。我看见好些人都是反对马克斯的,但他们的思想却都落在马克斯的窠臼中。我以为马克斯的可怕,不在其主张而在其范畴。"[②] 这两句话,从正反题两个方面,都深刻地反映、印证了在文艺理论领域,20世纪20年代中国马克思主义文艺理论发生和主体确立的过程、内容和结果。后者——阐释中国马克思主义文艺理论发生和主体确立的过程、内容和结果——正是本书研究的主要内容。

　　而如何完成这个研究任务,本书通过"四梁八柱"的借喻,对中国马克思主义文艺理论发生和主体确立过程进行了历史阐释。所谓"四梁",指的就是中国马克思主义文艺理论科学性、革命性、主体性、艺术性等本质规定性;所谓"八柱",指的就是支撑这些本质规定性的早期(中国马克思主义文艺理论发生阶段)几大关键性范畴:"唯物史观""唯物辩证法""科学主义""革命话语""阶级观念""意识形态""马克思主义艺术人学"和"现实主义"等。这几大关键性范畴(我也喻之为"理论骨架"或者"元话语")撑起了中国马克思主义文艺理论大厦最初最核心的架构。

[①] 顾仲起:《生活的血迹·告读者》,上海现代书局1928年版,第1页。
[②] 张东荪:《阶级问题》,载左玉河编《中国近代思想家文库:张东荪卷》,中国人民大学出版社2015年版,第328页。"萨先生与萧先生"指国民党文人萨孟武、萧淑宇。

这是本书设定的一个理论前提。但也正如本书绪论中提到的那样，学界对于中国马克思主义文艺理论的本质规定性有不同理解，相应地，对于支撑这些本质规定性的关键性概念有哪些、它们之间又是什么关系，同样会有不同的理解和分析。本书在绪论、正文及其有关注释中虽然有所说明，但显然是不够充分的。比如"社会主义"话语，虽然我们认为它也是支撑中国马克思主义文艺理论本质规定性的关键性概念之一，但它主要出现在20世纪30年代及以后，"社会主义现实主义"等概念就是典型例子。因此，对于有一定阶段性限定的发生学研究来讲，本书未将"社会主义"纳入关键性范畴进行讨论有其合理性。这点在逻辑上也很好理解，因为随着中国马克思主义文艺理论大厦日趋宏大，中国马克思主义文艺理论本质规定性的内涵会逐渐延伸、扩大，而支撑其的关键性概念和话语自然也必然地就会丰富起来。

　　总之，本书在自己设定的理论前提和框架中进行了初步尝试。需要说明的是，本书原计划有一章关于中国马克思主义文艺理论发生的历史描述，但鉴于相关研究成果很多，放在本书最后也显得内容重复，因此放弃了这一安排。

　　行文至此，除了如释重负的感觉之外，还有许多未完成的、笼统或草草了之的研究的遗憾。希望以后有机会加以弥补。

参考文献

（限本书直接参考之非全部文献[①]）

一、文集[②]

1. 马克思恩格斯：《马克思恩格斯全集》，人民出版社1956年版。
2. 马克思恩格斯：《马克思恩格斯全集》，人民出版社1995年版。
3. 马克思恩格斯：《马克思恩格斯选集》，人民出版社2012年版。
4. 列宁：《列宁全集》第2版（增订版），人民出版社2017年版。
5. 列宁：《列宁选集》第3版（修订版），人民出版社2012年版。
6. 毛泽东：《辩证法唯物论（讲授提纲）》，合江日报社1947年版。
7. 毛泽东：《毛泽东早期文稿》，湖南人民出版社2008年版。
8. 毛泽东：《毛泽东文集》，人民出版社1993年版。
9. 毛泽东：《毛泽东选集》，人民出版社1991年版。
10. 毛泽东：《毛泽东农村调查文集》，人民出版社1982年版。
11. 中共中央文献研究室编：《毛泽东书信选集》，中央文献出版社2003年版。
12. 李大钊：《李大钊全集》，河北教育出版社1999年版。
13. 李大钊：《李大钊全集》，人民出版社2006年版。
14. 李大钊：《李大钊全集（修订本）》，人民出版社2013年版。
15. 陈独秀：《〈独秀文存〉选》，贵州教育出版社2005年版。
16. 陈独秀：《陈独秀文集》，人民出版社2013年版。
17. 任建树主编：《陈独秀著作选编》，上海人民出版社2009年版。

[①] 本书写作过程中收集的参考文献约有5000余部（篇），现析出部分直接参考文献于此。
[②] 部分大型文献出版时间跨度太大的，以最早出版卷册时间为版本年。

18. 瞿秋白：《瞿秋白文集·政治理论编》，人民出版社2013年版。
19. 瞿秋白：《瞿秋白文集·文学编》，人民文学出版社1986年版。
20. 瞿秋白：《瞿秋白选集》，人民出版社1985年版。

（以下按拼音排序[①]）

21. 艾思奇：《艾思奇全书》，人民出版社2006年版。
22. 蔡元培：《蔡元培美学文选》，北京大学出版社1983年版。
23. 蔡元培：《蔡元培哲学论著》，河北人民出版社1985年版。
24. 蔡元培：《教育大辞书》，商务印书馆1930年版。
25. 刘晴波、彭国兴编：《陈天华集》，湖南人民出版社2011年版。
26. 陈望道：《陈望道文集》，上海人民出版社1990年版。
27. 成仿吾：《成仿吾文集》，山东大学出版社1985年版。
28. 冯雪峰：《冯雪峰论文集》，人民文学出版社1981年版。
29. 冯雪峰：《冯雪峰全集》，人民出版社2015年版。
30. 郭沫若：《郭沫若全集（文学编）》，人民文学出版社1989年版。
31. 郭沫若：《郭沫若文集》，人民文学出版社1990年版。
32. 胡适：《胡适文集》，北京大学出版社1998年版。
33. 方铭、马德俊主编：《蒋光慈全集》，合肥工业大学出版社2017年版。
34. 汪信砚主编：《李达全集》，人民出版社2016年版。
35. 梁启超：《梁启超全集》，中国人民大学出版社2018年版。
36. 吴嘉勋、李华兴编：《梁启超选集》，上海人民出版社1984年版。
37. 鲁迅：《鲁迅全集》，人民文学出版社2005年版。
38. 茅盾：《茅盾全集》，黄山书社2012年版。
39. 茅盾：《茅盾全集》，人民文学出版社1984年版。
40. 陈惇、刘象愚编选：《穆木天文学评论选集》，北京师范大学出版社2000年版。
41. 张立国、钟桂松编：《沈泽民文集》，浙江文艺出版社1997年版。

---

① 此处文集以作者非以整理者（编者）为序。如有不同文集，以主要引用文集为主。

42. 黄彦编:《孙文选集》,广东人民出版社 2006 年版。

43. 孙中山:《孙中山全集》,中华书局 1981、2006 年版。

44. 孙中山:《孙中山选集》第 2 版,人民出版社 2011 年版。

45. 姚金铭、王燕编:《王国维文集》,中国文史出版社 1997 年版。

46. 王国维:《王国维文学美学论著集》,北岳文艺出版社 1987 年版。

47. 王国维原著,佛雏校辑:《王国维哲学美学论文辑佚》,华东师范大学出版社 1993 年版。

48. 汪征鲁等主编:《严复全集》,福建教育出版社 2014 年版。

49. 郁达夫:《郁达夫全集》,浙江大学出版社 2007 年版。

50. 左玉河编:《中国近代思想家文库·张东荪卷》,中国人民大学出版社 2015 年版。

51. 汤志钧编:《章太炎政论选集》,中华书局 1977 年版。

52. 郑伯奇:《郑伯奇文集》,陕西人民出版社 1988 年版。

53. 广东省哲学社会科学研究所历史研究室编:《朱执信集》,中华书局 1979 年版。

二、资料(史料)集

54. 北京大学、北京师范大学、北京师范学院中文系中国现代文学教研室主编:《中国现代文学史参考资料·文学运动史料选》,上海教育出版社 1979 年版。

55. 北大哲学系现代中国哲学教研室编译资料室编:《中国现代哲学史教学资料选辑》,北京大学出版社 1988 年版。

56. 北京师范大学中文系现代文学教学改革小组编:《中国现代文学史参考资料》,高等教育出版社 1959 年版。

57. 蔡尚思主编:《中国现代思想史资料简编》,浙江人民出版社 1982 年版。

58. 蔡元培等著,陈平原导读:《〈中国新文学大系〉导言集》,贵州教育出版社 2014 年版。

59. 陈平原、夏晓虹编:《二十世纪中国小说理论资料·第一卷(1897—1916)》,北京大学出版社 1989 年版。

60. 严家炎编:《二十世纪中国小说理论资料·第二卷(1917—1927)》,

北京大学出版社 1997 年版。

61. 张枏、王忍之编:《辛亥革命前十年间时论选集》,生活·读书·新知三联书店 1960、1977 年版。

62. 赵家璧主编,胡适等选编:《中国新文学大系（1917—1927）》,上海良友图书公司 1935 年版。

63. 中共一大会址纪念馆编:《中共一大代表早期文稿选编（1917.11—1923.7）》,上海人民出版社 2011 年版。

64. 中共中央党校党史教研室选编:《中共党史参考资料》,人民出版社 1979 年版。

65. 中共中央文献研究室、中央档案馆编:《建党以来重要文献选编（1921—1949）》,中央文献出版社 2011 年版。

66. 中共中央文献研究室编:《毛泽东在七大的报告和讲话集》,中央文献出版社 1995 年版。

67. 中国社会科学院文学研究所现代文学研究室编:《中国文学史资料全编·现代卷》,知识产权出版社 2009 年版。

68. 中央档案馆编:《中共中央文件选集》,中共中央党校出版社 1989 年版。

69. 钟离蒙、杨凤麟主编:《中国现代哲学史资料汇编》《续编》共 49 册,辽宁大学哲学系 1981 年编。

三、研究著作·学术论文（国外部分）

70. ［德］黑格尔:《黑格尔全集.第 27 卷第 I 分册世界史哲学讲演录（1822—1823）》,刘立群等译,商务印书馆 2014 年版。

71. ［德］李博:《汉语中的马克思主义术语的起源与作用：从词汇—概念角度看日本和中国对马克思主义的接受》,赵倩、王草、葛平竹译,中国社会科学出版社 2003 年版。

72. ［法］德比亚齐:《文本发生学》,汪秀华译,天津人民出版社 2005 年版。

73. ［法］戈德曼:《马克思主义和人文科学》,罗国祥译,安徽文艺出版社 1989 年版。

74. ［法］吕西安·戈尔德曼:《论小说的社会学》,吴岳添译,中国社会科学出版社 1988 年版。

75.［法］雷蒙·阿隆：《知识分子的鸦片》，吕一民、顾航译，译林出版社 2005 年版。

76.［荷兰］佛克马、易布思：《二十世纪文学理论》，林书武等译，生活·读书·新知三联书店 1988 年版。

77.［美］伯纳尔：《一九〇七年以前中国的社会主义》，丘权政等译，福建人民出版社 1985 年版。

78.［美］郭颖颐：《中国现代思想中的唯科学主义（1900—1950）》，雷颐译，江苏人民出版社 1990 年版。

79.［美］海尔布隆纳：《马克思主义：赞成与反对》，马林梅译，东方出版社 2016 年版。

80.［美］海尔布隆纳：《马克思主义：赞成和反对》，易克信、杜章智译，中国社会科学院情报研究所 1982 年版。

81.［美］莫里斯·梅斯纳：《毛泽东的中国及其发展——中华人民共和国史》，张瑛等译，社会科学文献出版社 1992 年版。

82.［美］约翰·杜威：《哲学的改造》，许崇清译，商务印书馆 2004 年版。

83.［美］周锡瑞：《改良与革命：辛亥革命在两湖》，杨慎之译，江苏人民出版社 2007 年版。

84.［日］石川祯浩：《中国共产党成立史》，袁广泉译，中国社会科学出版社 2006 年版。

85.［瑞士］皮亚杰：《发生认识论原理》（纪念版），王宪钿等译，商务印书馆 2017 年版。

86.［斯洛伐克］玛利安·高利克：《中国现代文学批评发生史（1917—1930）》，陈圣生等译，社会科学文献出版社 1997 年版。

87.［苏］罗森塔尔主编：《马克思主义辩证法史：从马克思主义产生到列宁主义阶段之前》，汤侠声译，人民出版社 1986 年版。

88.［英］安纳·杰弗森等：《西方现代文学理论概述与比较》，陈昭全等译，湖南文艺出版社 1986 年版。

89.［英］彼得·卡尔佛特：《革命与反革命》，张长东等译，吉林人民出版社 2005 年版。

90. ［英］达米安·格兰特：《现实主义》，周发祥译，昆仑出版社 1989 年版。

91. ［英］弗朗西斯·马尔赫恩编：《当代马克思主义文学批评》，刘象愚等译，北京大学出版社 2002 年版。

92. ［英］雷蒙·威廉斯：《关键词：文化与社会的词汇》（2 版），刘建基译，生活·读书·新知三联书店 2016 年版。

93. ［英］李斯托威尔：《近代美学史评述》，蒋孔阳译，上海译文出版社 1980 年版。

94. ［英］李提摩太节译、蔡尔康述：《大同学》，《万国公报》第 121 册，1899 年 2 月，第 29 本。

95. ［英］特里·伊格尔顿：《文学事件》，阴志科译，河南大学出版社 2017 年版。

96. ［英］伊格尔顿：《历史中的哲学、政治、爱欲》，马海良译，中国社会科学出版社 1999 年版。

97. ［日］芦田肇：《鲁迅、冯雪峰对马克思主义文艺理论的接受（一）——水沫版、光华版〈科学的艺术论丛书〉版本、材源考》，张欣译，《中国现代文学研究丛刊》1993 年第 2 期。

98. ［日］手代木有儿：《梁启超的史界革命与明治时期的历史学——关于晚清的进化论和历史观》，《近代中国》第十四辑，上海社会科学院出版社 2004 年版。

四、研究著作·学术论文·学位论文（国内部分①）

99. 《艺术学》编委会编：《艺术发生学的研究与维度》，学林出版社 2010 年版。

100. 艾晓明：《中国左翼文学思潮探源》，湖南文艺出版社 1991 年版。

101. 安雅琴：《陈溥贤〈马克思的唯物史观〉与李大钊〈我的马克思主义观〉文本关系考——基于唯物史观的相关论述》，《中共党史研究》2016 年第 2 期。

102. 曹清华：《新文学中"无产阶级"一词的最初语义及功能考》，《求

---

① 以作者为顺序，研究著作和论文混列。含部分史料集。

是学刊》2011年第3期。

103. 曾宪亢:《中共对马克思恩格斯"Ideologie"概念翻译的历史考察》,《党史研究与教学》2018年第2期。

104. 常宏:《杜威的经验自然主义及其宗教观》,中央民族大学出版社2011年版。

105. 陈红娟:《〈共产党宣言〉汉译本中"阶级"概念的源起、语义与理解（1900—1920）》,《中共党史研究》2017年第8期。

106. 陈红娟:《中共革命话语体系中"阶级"概念的演变、理解与塑造（1921—1937）》,《中共党史研究》2018年第4期。

107. 陈红旗:《中国左翼文学的发生》,博士学位论文,吉林大学,2005年。

108. 陈建华:《"革命"的现代性:中国革命话语考论》,上海古籍出版社2000年版。

109. 陈建华:《二十世纪中俄文学关系》,高等教育出版社2002年版。

110. 陈金龙:《马克思主义中国化进程中的话语建构》,中山大学出版社2020年版。

111. 陈金龙:《十月革命与毛泽东革命话语的建构》,《现代哲学》2012年第3期。

112. 陈思和:《中国新文学发展中的现实主义》,《学术月刊》1986年第9期。

113. 程凯:《1920年代末文学知识分子的思想困境与唯物史观文学论的兴起》,《文史哲》2007年第3期。

114. 程美东:《五四时期"劳工神圣"的政治伦理》,《中国社会科学报》2021年12月1日。

115. 程正民:《文化多样性与20世纪马克思主义美学、文艺学的多种形态》,《湖北大学学报（哲学社会科学版）》2008年第6期。

116. 丛子钰:《早期创造社的宇宙观与科学隐喻》,《中国图书评论》2023年第5期。

117. 戴建秋:《皮亚杰发生认识论研究——基于马克思主义认识论的分析视角》,硕士学位论文,安徽大学,2013年。

118. 单继刚:《社会进化论:马克思主义哲学在中国的第一个理论形

态》,《哲学研究》2008 年第 8 期。

119. 邓斌、朱甜甜、彭卫民:《失控的革命话语——梁启超革命观的十年嬗变（1898—1907）》,《社会科学论坛》2015 年第 1 期。

120. 邓福星:《艺术的发生》,生活·读书·新知三联书店 2010 年版。

121. 丁晓强:《关于中国早期马克思主义传播者的一则考证》,《光明日报》2006 年 7 月 31 日。

122. 董炳月:《1923—1925:"国民文学"的倡导与论争》,《文艺研究》2019 年第 11 期。

123. 董根明:《严复的进化史观及其对新史学的影响》,《中国社会科学院研究生院学报》2014 年第 6 期。

124. 董学文、陈诚:《近三十年文艺意识形态论争与反思》,《商丘师范学院学报》2008 年第 2 期。

125. 董学文、凌玉建:《汉语语境中意识形态概念泛化源头略说——以李大钊 1919 年后一些文本为考察对象》,《湖南社会科学》2008 年第 4 期。

126. 董学文、凌玉建:《意识形态与早期中国现代文学理论——对"文学为意德沃罗基的一种"命题背景的考察》,《湖南师范大学社会科学学报》2008 年第 5 期。

127. 董学文、马建辉:《文学"审美意识形态论"献疑》,《文艺理论与批评》2006 年第 1 期。

128. 董学文:《文学理论研究"西马化"模式的反思》,《天津社会科学》2011 年第 3 期。

129. 樊洪业:《从"格致"到"科学"》,《自然辩证法通讯》1988 年第 3 期。

130. 范岱年:《唯科学主义在中国——历史的回顾与批判》,《科学文化评论》2005 年第 2 卷第 6 期。

131. 方红:《〈社会主义神髓〉的早期译介与马克思主义在中国的间接传播》,《外语研究》2016 年第 5 期。

132. 方红:《马克思主义在中国的早期翻译与传播》,上海三联书店 2016 年版。

133. 冯平:《发生学的方法，功能性的定义——马克思"人的本质"理论之新见》,《求是学刊》1987 年第 1 期。

134. 冯契主编:《哲学大辞典(修订本)》,上海辞书出版社2001年版。

135. 冯天瑜:《"革命"、"共和":清民之际政治中坚概念的形成》,《武汉大学学报(人文科学版)》2002年第1期。

136. 冯天瑜:《新语探源:中西日文化互动与近代汉字术语生成》,中华书局2004年版。

137. 冯宪光:《"西方马克思主义"美学研究》,重庆出版社1997年版。

138. 冯宪光:《"意识形态"(Ideology)的流转》,《社会科学研究》2007年第1期。

139. 冯宪光:《中国的马克思主义文艺理论不是从实践中总结出来的吗?》,《文艺报》1990年4月28日。

140. 冯友兰:《中国现代哲学史》,生活·读书·新知三联书店2009年版。

141. 冯自由:《冯自由回忆录:革命逸史》(上),东方出版社2011年版。

142. 复旦大学中文系文艺理论教研室编著:《马克思主义文艺理论发展史》(修订本),中国文联出版社2001年版。

143. 傅莹:《中国现代文学理论发生史》,上海文艺出版社2008年版。

144. 傅正义:《中国古、近代文学的怨刺性、人民性——兼与西方古、近代文学比较》,《社会科学研究》2000年第3期。

145. 高放、高敬增:《普列汉诺夫著作在中国民主革命时期的传播》,《教学与研究》1982年第4期。

146. 高华平、王齐洲、张三夕译注:《韩非子》,中华书局2010年版。

147. 高磊:《〈讲话〉的发生学研究》,博士学位论文,苏州大学,2009年。

148. 高强:《国民文学论争:分裂的"后五四"与文艺改塑的先兆》,《中国文学研究》2020年第2期。

149. 葛红兵:《中国文学的情感状态》,山东文艺出版社2008年版。

150. 葛懋春、蒋俊、李兴芝编:《无政府主义思想资料选》,北京大学出版社1984年版。

151. 巩富:《文学的发生学批评方法》,《内蒙古电大学刊》1991年第3期。

152. 顾海良总主编:《马克思主义中国化史》,中国人民大学出版社 2015 年版。

153. 顾颉刚编著:《古史辨》,上海古籍出版社 1982 年版。

154. 郭富平:《文艺意识形态学说论争的三个阶段——新时期以来的中国马克思主义文艺思想论争》,《美与时代(下)》2019 年第 2 期。

155. 郭辉、冯兵:《信仰的彷徨:五四时期费觉天思想研究》,《太原理工大学学报(社会科学版)》2010 年第 4 期。

156. 郭建宁:《近代中国哲学历史观的演进与变革》,《长沙水电师院学报(社会科学学报)》1994 年第 4 期。

157. 郭绍虞主编:《中国历代文论选》,上海古籍出版社 1986 年版。

158. 郭帅:《十九路军与"自由人"论争》,《中国现代文学研究丛刊》2018 年第 2 期。

159. 禾兮:《我党首倡无产阶级对民主革命领导权思想的是谁》,《社会科学研究》1986 年第 6 期。

160. 何平:《20 世纪历史思维中的"革命"观念》,《学术研究》2003 年第 1 期。

161. 胡亚敏:《马克思主义文学批评"中国形态"探讨》,《中国文学批评》2015 年第 4 期。

162. 胡言会:《李大钊文艺思想研究:兼论中国马克思主义与启蒙现代性的关系》,上海社会科学院出版社 2015 年版。

163. 户晓辉:《中国人审美心理的发生学研究》,中国社会科学出版社 2003 年版。

164. 黄灯:《"现实主义"的进入和宏大叙事的萌芽》,《中山大学学报论丛》2007 年第 11 期。

165. 黄冬娅:《对"阶级"理论传入中国的历史考察》,《二十一世纪》2003 年 6 月号。

166. 黄敏兰:《学术救国——知识分子历史观与中国政治》,河南人民出版社 1995 年版。

167. 黄玉军:《西学传入及对晚清历史观的影响——从天命、循环史观到进化史观的转变》,《济宁师范专科学校学报》2003 年第 2 期。

168. 黄宗智主编:《中国乡村研究》第 2 辑,商务印书馆 2003 年版。

169. 贾谊撰，阎振益、钟夏校注:《新书校注》，中华书局 2000 年版。

170. 贾植芳、陈思和主编:《中外文学关系史资料汇编（1898—1937）》，广西师范大学出版社 2004 年版。

171. 江明:《展读遗篇泪满襟——记李达和吕振羽的交往》，《文献》1980 年第 4 期。

172. 江庆柏:《〈随轺笔记〉（手稿）——一部唯一目击巴黎公社起义的中国日记》，《南京师范大学文学院学报》2002 年第 1 期。

173. 姜义华编:《社会主义学说在中国的初期传播》，复旦大学出版社 1984 年版。

174. 蒋梦麟:《改变人生的态度》，《新教育》1919 年第 1 卷第 5 期。

175. 茭公:《从天命史观向社会进化史观的过渡——论清代学人为中国社会自我演变所做的史观准备》，《南京大学学报（哲学·人文科学·社会科学）》2005 年第 6 期。

176. 金冲及主编:《毛泽东传（1893—1949）》，中央文献出版社 2004 年版。

177. 金观涛、刘青峰:《观念史研究：中国现代重要政治术语的形成》，法律出版社 2009 年版。

178. 金观涛、刘青锋:《中国近现代观念起源研究和数据库方法》，《史学月刊》2005 年第 5 期。

179. 金田:《"革命"一词源于西周》，《人才资源开发》2016 年第 9 期。

180. 金永兵:《关键词研究与马克思主义文论话语体系建设》，《求索》2019 年第 4 期。

181. 金永兵:《中国早期现代文学理论科学性的独特探索》上、下，《长江学术》2021 年第 1、2 期。

182. 旷新年:《从写实主义到现实主义——中国新文学对现实主义的理解、接受与阐释》，《华中师范大学学报（人文社会科学版）》2014 年第 4 期。

183. 旷新年:《回顾与反思：文艺反映论的潮起潮落》，《文艺争鸣》2013 年第 10 期。

184. 赖骏楠编著:《宪制道路与中国命运：中国近代宪法文献选编：1840—1949》，中央编译出版社 2017 年版。

185. 乐黛云主编:《欲望与幻象——东方与西方：国际比较文学学会第十三届年会（东京）中国学者论文集》，江西人民出版社1991年版。

186. 雷戈:《史观考——试论中国古代"历史观的空白"》，《学术月刊》2001年第5期。

187. 雷家军:《中国近现代革命文化基本问题研究》，博士学位论文，东北师范大学，2009年。

188. 李国泉:《马克思历史规律理论的当代诠释》，中央编译出版社2019年版。

189. 李禾风:《论瞿秋白对辩证唯物主义的传播》，硕士学位论文，武汉大学，2017年。

190. 李合亮:《中国近现代哲学的历史观》，《聊城大学学报（社会科学版）》2007年第1期。

191. 李何林编著:《近二十年中国文艺思潮论：1917—1937》，南开大学出版社2016年版。

192. 李建立:《中国现代文学理论中现实主义概念的演变》，硕士学位论文，河南大学，2008年。

193. 李金花:《20世纪30年代胡秋原与左翼论争再思考》，《东岳论丛》2018年第6期。

194. 李金花:《钱杏邨文学批评的"马克思主义理论资源"》，《西南民族大学学报（人文社会科学版）》2018年第2期。

195. 李金花:《试谈中国马克思主义文艺理论的前史形态（1898—1925）》，《汉语言文学研究》2021年第1期。

196. 李军林:《传统革命话语的历史发展及现代超越》，《湖南工业大学学报（社会科学版）》2010年第4期。

197. 李军林:《马克思主义在中国的早期传播及其话语体系的初步建构》，学习出版社2013年版。

198. 李丽:《科学主义在中国》，人民出版社2012年版。

199. 李林:《米勒博士与他的〈论中国的社会理论：二十世纪阶级概念的形成〉》，《近代史研究》1988年第3期。

200. 李欧梵、刘象愚主编:《批评的诸种概念》，上海人民出版社2015年版。

201. 李其驹、王炯华:《唯物史观在中国的最初传播》,《东岳论丛》1983 年第 5 期。

202. 李侍键:《清末"革命"话语正当性的建构》,硕士学位论文,暨南大学,2020 年。

203. 李维武:《辛亥革命前十年间中国现代革命观念的形成》,《学术界》2011 年第 7 期。

204. 李西建:《延安文艺与 20 世纪中国马克思主义文艺理论中国化》,陕西师范大学出版总社 2020 年版。

205. 李心峰主编:《艺术类型学》,文化艺术出版社 1998 年版。

206. 李修贵:《浅谈中国古代的历史观》,《沧桑》2009 年第 6 期。

207. 李衍柱主编:《马克思主义文艺理论在中国》,山东文艺出版社 1990 年版。

208. 李晔、张苹:《"意识形态"术语源流及汉语语境中的演化研究》,《党史研究与教学》2021 年第 2 期。

209. 李永进:《毛泽东新民主主义革命话语研究》,博士学位论文,清华大学,2017 年。

210. 李跃力:《"革命文学"的"史前史"——1928 年之前的"革命文学"观》,《中国现代文学研究丛刊》2016 年第 4 期。

211. 李泽厚:《中国现代思想史论》,东方出版社 1987 年版。

212. 李长林:《略议两部国人巴黎公社目击记》,《南京师范大学文学院学报》2003 年第 3 期。

213. 李志孝、安涛:《中国现代马克思主义文艺理论的特点与局限——兼论与西方学派、苏联学派的区别》,《天水行政学院学报》2011 年第 1 期。

214. 李志毓:《中国革命中的小资产阶级(1924—1928)》,《南京大学学报(哲学·人文科学·社会科学)》2015 年第 3 期。

215. 廖小平:《"选择哲学"的理论背景及其内在缺陷》,《长沙水电师院学报(社会科学版)》1991 年第 1 期。

216. 林代昭、潘国华编:《马克思主义在中国——从影响传入到传播》(下册),清华大学出版社 1983 年版。

217. 蔺淑英:《"五四"前后中国先进分子选择唯物史观探源》,《中共党史研究》2009 第 11 期。

218. 蔺淑英:《近年来唯物史观在新民主主义革命时期的传播及影响研究述评》,《中共党史研究》2010 年第 12 期。

219. 凌继尧:《文艺的形态学研究》,《安徽师大学报(哲学社会科学版)》1985 年第 4 期。

220. 凌继尧:《艺术殿堂的建构——卡冈〈艺术形态学〉导引》,江苏教育出版社 1990 年版。

221. 凌玉建:《百年寻踪 幻影成像:文艺与意识形态关系考述》,江西人民出版社 2013 年版。

222. 刘柏青:《三十年代左翼文艺所受日本无产阶级文艺思潮的影响》,《文学评论》1981 年第 6 期。

223. 刘钝:《"科玄论战"百年祭》,《中国科学报》2023 年 2 月 10 日。

224. 刘纲纪:《马克思主义美学研究与阐释的三种基本形态》,《文艺研究》2001 年第 1 期。

225. 刘纳:《嬗变——辛亥革命时期至五四时期的中国文学》,中国社会科学出版社 1998 年版。

226. 刘庆福:《列宁文艺论著在中国翻译出版情况》,《北京师范大学学报》1984 年第 4 期。

227. 刘庆福:《普列汉诺夫的文艺论著在中国之回顾》,《学术月刊》1985 年第 9 期。

228. 刘婉明:《个体与国家关系的重构——从"国民文学"论争看 1920 年代新文学阵营的分歧》,《福建论坛(人文社会科学版)》2019 年第 6 期。

229. 刘霞:《意识形态概念在近现代中国的生成与流变——兼与董学文先生商榷》,《理论导刊》2013 年第 8 期。

230. 刘永明:《1932 年:中国左翼文艺运动历史分期的时间逻辑》,《中国文学研究》2020 年第 2 期。

231. 刘永明:《马克思主义与艺术人民性:一种艺术共同体的想象与建构》,中国文联出版社 2018 年版。

232. 刘永明:《左翼文艺运动与中国马克思主义文艺理论的早期建设》,中国文联出版社 2007 年版。

233. 楼培敏:《发生学方法》,《社会科学》1986 年第 10 期。

234. 陆梅林、龚依群、吕德申主编:《马克思主义文艺学大辞典》,河南人民出版社 1994 年版。

235. 陆玉胜:《近代历史观的变革与启蒙》,《太原师范学院学报(社会科学版)》2019 年第 3 期。

236. 罗嗣亮:《阶级意识概念的流变:从卢卡奇到后期创造社》,《学术论坛》2006 年第 5 期。

237. 罗志田:《与改良相通的近代中国"大革命"》,《社会科学研究》2013 年第 5 期。

238. 吕德申主编:《马克思主义文艺理论发展史》,高等教育出版社 1990 年版。

239. 吕延勤主编:《马克思主义中国早期传播史料长编:1917—1927》(2 版),长江出版社 2020 年版。

240. 马鸣:《译介"马克斯主义的 X 光线":冯雪峰与"科学的艺术论丛书"》,《上海鲁迅研究》2020 年第 4 期。

241. 马庆玲:《近代历史观的嬗变——从变易史观到进化史观》,《哈尔滨市委党校学报》2008 年第 5 期。

242. 毛自鹏:《五四时期探索"人的解放"的历史与逻辑研究——从"人的发现"到"国民革命"》,博士学位论文,南京师范大学,2017 年。

243. 牟学苑:《拉夫卡迪奥·赫恩文学的发生学研究》,北京大学出版社 2010 年版。

244. 聂振斌:《中国美学思想述要》,暨南大学出版社 1993 年版。

245. 牛大勇、欧阳哲生主编:《五四的历史与历史中的五四:北京大学纪念五四运动 90 周年国际学术研讨会论文集》,北京大学出版社 2010 年版。

246. 彭立鸿:《普列汉诺夫与中国现代文艺思潮》,硕士学位论文,西南师范大学,2003 年。

247. 彭树涛、李建强:《马克思主义发生学方法的超越及意义》,《思想战线》2019 年第 1 期。

248. 彭树涛:《中国梦的发生学维度研究》,博士学位论文,上海交通大学,2018 年。

249. 亓子杰:《皮亚杰发生认识论的重大贡献》,《石油大学学报(社会科学版）》1992 年第 4 期。

250. 齐小刚：《文本发生学原理及其方法论意义》，《当代文坛》2009 年第 2 期。

251. 钱基博：《现代中国文学史（增订本）》，香港龙门书店 1965 年版。

252. 钱理群：《周作人研究二十一讲》，中华书局 2004 年版。

253. 丘权政、符致兴译：《孙中山访问第二国际书记处》，《近代史资料》1979 年第 3 期。

254. 邱若宏：《传播与启蒙：中国近代科学思潮研究》，湖南人民出版社 2004 年版。

255. 瞿林东：《天人古今与时势理道——中国古代历史观念的几个重要问题》，《史学史研究》2007 年第 2 期。

256. 瞿林东主编：《中国古代历史理论》（上、中、下卷），安徽人民出版社 2011 年版。

257. 任志锋：《毛泽东对马克思主义意识形态概念的解读》，《思想政治教育研究》2014 年第 6 期。

258. 散木：《毛泽东推荐给刘少奇的几本书》，《中国图书评论》2010 年第 1 期。

259. 沈国威：《科学》，江苏人民出版社 2023 年版。

260. 施蛰存：《沙上的脚迹》，辽宁教育出版社 1995 年版。

261. 宋建林、陈飞龙主编：《中国马克思主义艺术理论发展史》，生活·读书·新知三联书店 2011 年版。

262. 宋婕：《传统与现代："革命"概念之考究及其界说》，《广州城市职业学院学报》2009 年第 3 期。

263. 宋志明、许静：《近代启蒙哲学与新人的发现——康有为、谭嗣同、严复、梁启超思想合论》，《湖南农业大学学报（社会科学版）》2000 年第 9 期。

264. 梁启超著，宋志明选注：《新民说》，辽宁人民出版社 1994 年版。

265. 栗荣：《"阶级"概念的起源与中共早期的理论认知》，《党史研究与教学》2012 年第 2 期。

266. 孙飞宇：《方法论与生活世界》，生活·读书·新知三联书店 2018 年版。

267. 孙建华:《论马克思主义在中国的早期传播及其中国化的基础——从进化论"道"之裂变到唯物史观的确立》,《河南社会科学》2010年第1期。

268. 孙建华:《马克思主义中国化思想通史》,人民出版社2019年版。

269. 谈敏:《1917—1919:马克思主义经济学在中国的传播启蒙》,上海财经大学出版社2016年版。

270. 谭好哲:《后经典时期马克思主义文艺美学的形态与主题》,《山东大学学报(哲学社会科学版)》2011年第6期。

271. 谭善明:《从政治到审美:20世纪中马文论意识形态观念的发展轨迹及其与西马差异》,载钱中文主编《中国中外文艺理论研究·2011年卷》,中国社会科学出版社2012年版。

272. 谭善明:《审美超越意识形态的两条路线——中西马克思主义文论意识形态观念比较》,《太原大学学报》2008年第2期。

273. 谭善明:《文艺与意识形态的张力——中西马克思主义文论意识形态观念比较》,《长春工业大学学报(社会科学版)》2008年第1期。

274. 谭元亨:《中国历史哲学演进新析》,《现代哲学》1994年第4期。

275. 唐正东:《从预设论到内生性历史发生学——马克思主义哲学史研究方法反思》,《学术月刊》2005年第10期。

276. 陶德麟、何萍主编:《马克思主义哲学中国化:历史与反思》,北京师范大学出版社2007年版。

277. 陶水平:《西方马克思主义文艺学的历史地位与现实意义——兼谈建设有中国特色的马克思主义文艺学》,《晋阳学刊》1993年第6期。

278. 陶用舒:《三论无产阶级领导权的首倡——兼与赵楚芸、徐应麟二同志商榷》,《益阳师专学报》1993年第3期。

279. 涂途:《艺术反映论的来龙去脉》,《文艺理论与批评》1989年第1期。

280. 汪晖:《汪晖自选集》,广西师范大学出版社1997年版。

281. 汪晓云:《人文科学发生学:意义、方法与问题》,《光明日报》2005年1月11日。

282. 汪晓云:《艺术发生学与艺术人类学》,《广西民族大学学报(哲学社会科学版)》2009年第1期。

283. 王福湘:《悲壮的历程:中国革命现实主义文学思潮史》,广东人民出版社 2002 年版。

284. 王贵仁:《从传播"唯物史观"到建构"民生史观"——解析 1920 年代国民党人对唯物史观态度的转变轨迹》,《社科纵横》2009 年第 11 期。

285. 王贵仁:《二十年代国民党人的唯物史观探析》,《时代人物》2008 年第 5 期。

286. 王果明:《从"格致学"到"科学"——近代中国对"科学"认识的深化》,《中州学刊》1990 年第 2 期。

287. 王红霞:《唯物史观在中国早期传播的价值特点探析(1902—1921)》,《文史博览(理论)》2014 年第 2 期。

288. 王鸿:《"解放时代"的来临——五四时期"解放"观念的历史演变》,《中共党史研究》2019 年第 5 期。

289. 王杰主编:《马克思主义文艺理论》,高等教育出版社 2011 年版。

290. 王磊:《马克思主义辩证法在中国早期传播的一篇重要文献——〈马克思主义辩证法底几个规律〉译文作者考》,《党史研究与教学》2014 年第 5 期。

291. 王丕、王天林:《列宁反映论的实质之我见——与王振武同志商榷》,《心理学探新》1988 年第 3 期。

292. 王齐洲:《中国古代文学观念发生史》,人民文学出版社 2014 年版。

293. 王奇生:《从"泛阶级化"到"去阶级化"——阶级话语在中国的兴衰》,《苏区研究》2017 年第 4 期。

294. 王奇生:《高山滚石:20 世纪中国革命的连续与递进》,《华中师范大学学报(人文社会科学版)》2013 年第 5 期。

295. 王奇生:《革命与反革命:社会文化视野下的民国政治》,社会科学文献出版社 2010 年版。

296. 王天保:《论马克思主义文学批评的三种形态》,《贵州大学学报(社会科学版)》2020 年第 2 期。

297. 王先明:《革命:一个"世纪性"话语兴衰进退的历史反思》,《河北师范大学学报(哲学社会科学版)》2018 年第 6 期。

298. 王先霈:《关于"科学的艺术论丛书"谈片——鲁迅对普列汉诺夫

在马克思主义文论史上地位的论断》,《华中学术》2011年第1期。

299. 王玉樑:《论反映与建构——辩证唯物主义反映论与皮亚杰的建构说辨析》,《甘肃社会科学》1991年第1期。

300. 王振武:《认识定义新探》,《哲学研究》1986年第4期。

301. 危明星:《"整理思想的利器"——〈新潮〉同人的逻辑学译介与新文化运动中科学方法的分化》,《中国现代文学研究丛刊》2023年第2期。

302. 吴国盛:《什么是科学》(第二版),商务印书馆2023年版。

303. 吴国盛:《什么是科学》,广东人民出版社2016年版。

304. 吴舒洁:《"旧的东西中的新的东西的诞生":二十世纪三十年代左翼文学运动中丁玲"转变"的辩证法》,《文艺理论研究》2021年第1期。

305. 吴雁南等主编:《中国近代社会思潮(1840—1949)》,湖南教育出版社1998年版。

306. 吴则虞编著:《晏子春秋集释》,中华书局1962年版。

307. 夏中义、李圣传:《百年文论史案与"美学大讨论"——上海交通大学博士生导师夏中义先生访谈》,《社会科学家》2014年第7期。

308. 夏中义:《"百年中国文论史案"研究论纲》,《文学理论研究》2005年第6期。

309. 谢丽萍、郭台辉:《"国民"转向"阶级"的事件—话语分析:1895—1927》,《人文杂志》2022年第3期。

310. 徐海波:《意识形态与大众文化》,人民出版社2009年版。

311. 徐恒醇:《卢卡契关于审美发生学的理论》,《美学》(第四期),上海文艺出版社1982年版。

312. 徐行:《试论社会主义思潮在华传播的起始》,《南开学报》1999年第2期。

313. 许光伟:《保卫〈资本论〉:经济形态社会理论大纲》(修订版),社会科学文献出版社2017年版。

314. 许全兴:《有关"渊泉"的考证及其他》,《光明日报》2006年8月28日。

315. 薛晖:《清朝使臣记载的普法战争与巴黎公社》,《新疆师范大学学报(哲学社会科学版)》2001年第4期。

316. 严家炎编:《二十世纪中国小说理论资料(第二卷):1912—

1927》，北京大学出版社 1997 年版。

317. 欧阳跃峰：《社会主义学说在中国的早期传播》，《广州社会主义学院学报》2004 年第 1 期。

318. 杨春时：《现代性与中国文学思潮》，生活·读书·新知三联书店 2009 年版。

319. 杨令飞：《法国新小说发生学》，人民文学出版社 2012 年版。

320. 杨念群：《孙中山梁启超历史观比较论》，《近代史研究》1988 年第 1 期。

321. 杨章文：《"观念的秩序"："意识形态"概念的分歧、嬗变与马克思主义重构》，《中国地质大学学报（社会科学版）》2020 年第 5 期。

322. 俞吾金：《论哲学发生学》，《复旦学报（社会科学版）》1986 年第 1 期。

323. 俞兆平：《现代性与五四文学思潮》，厦门大学出版社 2002 年版。

324. 俞兆平：《中国现代三大文学思潮新论》，人民文学出版社 2006 年版。

325. 袁恩培、徐顺智：《论艺术学与艺术发生学学科建构——以格罗赛〈艺术的起源〉为研究对象》，《艺术百家》2012 年第 8 期。

326. 袁洪亮、马玉梅：《从"国民"到"人民"：概念变迁与毛泽东无产阶级革命者身份的确立（1912—1921）》，《人文杂志》2019 年第 1 期。

327. 袁洪亮：《李大钊国民性改造思想的时代性转变——从"立宪国民"到"无产阶级新人"》，《哲学研究》2010 年第 11 期。

328. 袁志英《毛泽东和〈宇宙之谜〉——三十年前翻译海克尔的〈宇宙之谜〉之谜》，《德国研究》2002 年第 3 期。

329. 胡为雄《毛泽东与〈宇宙之谜〉》，《毛泽东邓小平理论研究》2021 年第 2 期。

330. 张大明：《社会主义现实主义与中国革命文学（上）》，《新文学史料》1998 年第 4 期。

331. 张大明：《中国左翼文学编年史》，社会科学文献出版社 2013 年版。

332. 张广海：《"革命文学"论争与阶级文学理论的兴起》，博士学位论文，北京大学，2011 年。

333. 张国荣:《从"天演"到"进化"——清末民初进化论观念的生成与传播》,《淮北师范大学学报(哲学社会科学版)》2013年第3期。

334. 中国共产党创建史研究中心编:《中共创建史研究(第1辑)》,上海人民出版社2016年版。

335. 张立波:《唯物史观在中国的早期传播:批评与辩护》,《学习与探索》2010年第3期。

336. 张立军:《中国早期(1915—1930)俄苏马克思主义文论接受研究》,博士学位论文,辽宁大学,2019年。

337. 张丽军:《论1920年代中国文学的左翼化》,《文艺理论与批评》2012年第1期。

338. 张明国:《进化论在近代中国社会的传播过程、特点及其原因》,《科学技术与辩证法》1996年第3期。

339. 张乃和:《发生学方法与历史研究》,《史学集刊》2007年第5期。

340. 张清民:《科学主义与中国现代文学理论的兴起》,《江西社会科学》2008年第3期。

341. 陈铨亚:《马克思主义何时传入中国》,《光明日报》1987年9月16日。

342. 张文涛:《国民革命前后的阶级观念研究》,人民出版社2021年版。

343. 张秀琴:《马克思意识形态概念在中国的早期传播与接受:1919—1949》,《马克思主义与现实》2013年第1期。

344. 张永清、赵禹冰:《从现象学美学到马克思主义文论——张永清教授访谈》,《东北师大学报(哲学社会科学版)》2018年第6期。①

345. 张永清:《马克思主义文学反映论在新中国的确立与巩固》,《文艺研究》2021年第9期。

346. 张永清:《时代境遇中的马克思主义批评理论》,《文学评论》2016年第5期。

347. 赵璧如:《列宁的反映论和皮亚杰的发生认识论》,《心理学探新》1987年第2期。

---

① 文章正式署名为"赵禹冰、张永清"。

348. 赵璧如:《再论列宁的反映论和皮亚杰的发生认识论》,《中国社会科学》1988 年第 5 期。

349. 赵敦华:《杜威的进化发生学方法》,2004 年《中国现代外国哲学学会年会暨西方技术文化与后现代哲学学术研讨会会议手册·部分论文》。

350. 赵欣冉:《民国"科玄论战"视域下的艺术科学化探赜》,硕士学位论文,河南大学,2021 年。

351. 郑大华、邹小站主编:《西方思想在近代中国》,社会科学文献出版社 2005 年版。

352. 郑大华、粟孟林:《论康有为对"革命"的理解与迎拒》,《思想战线》2014 年第 1 期。

353. 郑工:《20 世纪中国艺术发生学研究》,《云南艺术学院学报》2003 年第 4 期。

354. 郑元者:《艺术之根:艺术起源学引论》,湖南教育出版社 1998 年版。

355. 支克坚:《论中国现代文学中的小资产阶级问题》,《中国现代文学研究丛刊》1999 年第 3 期。

356. 中共一大会址纪念馆编:《中国共产党创建史研究》,上海人民出版社 2012 年版。

357. 中共中央党史研究室第一研究部译:《联共(布)、共产国际与中国国民革命运动(1920—1925)》,北京图书馆出版社 1997 年版。

358. 中国法国史研究会编:《法国史论文集》,生活·读书·新知三联书店 1984 年版。

359. 中国社会科学院近代史研究所编:《中国社会科学院近代史研究所青年学术论坛》2001 年卷,社会科学文献出版社 2002 年版。

360. 钟天祥:《"主体性认识论"的谬误》,《辽宁教育学院学报(社会科学版)》1990 年第 2 期。

361. 周兵:《延安时期毛泽东"意识形态"概念辨析》,《湖南科技大学学报(社会科学版)》2009 年第 4 期。

362. 周程、纪秀芳:《究竟谁在中国最先使用了"科学"一词?》,《自然辩证法通讯》2009 年第 4 期。

363. 周和岭:《列宁的反映论原则与发生认识论的贡献》,《安徽省委党校学报》1989 年第 4 期。

364. 周民锋:《马克思意识形态概念的两个来源及其两重含义》,《学术研究》2008 年第 6 期。

365. 周淑芳:《瞿秋白在马克思主义中国化中的理论贡献》,武汉大学出版社 2016 年版。

366. 周作人:《中国新文学的源流》,华东师范大学出版社 1995 年版。

367. 朱德发:《五四文学初探》,山东人民出版社 1982 年版。

368. 朱发建:《最早引进"科学"一词的中国人辨析》,《吉首大学学报(社会科学版)》2005 年第 2 期。

369. 朱华:《近代中国科学救国思潮研究》,人民出版社 2010 年版。

370. 朱辉军:《马克思主义文艺理论的中国模式与苏联、西方模式之比较》,《天津社会科学》1992 年第 1 期。

371. 朱辉军:《马克思主义文艺理论与现代中国文学》,《文艺报》1990 年 1 月 6 日。

372. 朱辉军:《谈谈中国马克思主义文艺理论的产生——马克思主义文艺理论在中国之一》,《天津社会科学》1990 年第 6 期。

373. 朱辉军:《西学东渐——马克思主义文艺理论在中国》,北京燕山出版社 1994 年版。

374. 朱立元:《对反映论艺术观的历史反思》,《马克思主义美学研究》集刊 1999 年卷。

375. 朱丕智:《中国现当代文学理论之意识形态说批判》,《重庆师范大学学报(哲学社会科学版)》2010 年第 5 期。

376. 朱杨:《五四时期法国现实主义在中国的传播与接受》,硕士学位论文,西北民族大学,2019 年。

377. 朱印海等:《中西马克思主义文艺理论观念比较研究》,中国社会科学出版社 2010 年版。

378. 庄桂成:《中国文学批评现代转型发生论:1897—1917 年间的中国文学批评生态研究》,中国社会科学出版社 2007 年版。

后 记

2022年年底，本课题申请结项时，我写了一个说明。其部分内容已经转移到本书绪论中，但有些内容还需要在此说明。

首先，在具体论证上，本研究借用主编工程学的一些方法：在非核心内容或论证上（这个主要是相对于我而言），对于有学者已完成而本课题暂时不可能企及的基础研究成果，均直接引用、借鉴。比如唐正东、楼培敏、汪晓云、张乃和、彭树涛等的发生学研究，方维保、季剑青等的杜威、胡适发生学方法研究，陈金龙、李军林等的马克思主义中国传播研究，马庆玲的革命史观研究，田子渝、程凯等的唯物史观文学论研究，[美]郭颖颐、汪晖、邱若宏、李丽等的科学主义研究，陈建华、冯天瑜、王奇生等的革命话语研究，俞吾金、董学文、周民锋、张秀琴、刘霞等的意识形态研究，赵利栋、张文涛的阶级观念研究，温儒敏、俞兆平、旷新年等的现实主义研究，朱立元、张永清等的反映论研究，孙建华、李维武的无政府主义研究，袁洪亮、毛自鹏等的人学研究，等等。本书行文中并不刻意将借鉴他人的研究成果打磨成自己的行文表达形式，也不愿意以"有学者"之类的说法来代替真实的人名（但也不是完全没有），这种"弄巧"很浪费精力，对原研究者不尊重的同时，也增加阅读困难。当然，另一方面我自己也怕一不小心把他人的成果混进自己的表述中，弄个学术不端的嫌疑。需要说的是，全书参考借鉴的研究成果实在是太多，无法一一致谢，非常遗憾。

其次，本课题最初以集体名义立项，因三年疫情影响以及课题组成员都有各自繁重科研任务在身等客观原因，本课题由我一人完成。回过头来看，我的学术研究就是在参与集体课题的过程中走过来的，自己也是在学术课题中成长起来的，因此我对集体课题心存感激。虽然本课题的集体性质最终流于形式，但我还是对课题组成员给予我的帮助心存感激。

再次，更为广义的致谢。本课题在立项、在研阶段，得到中国艺术研究院时任院长韩子勇，主管科研工作副院长祝东力、后任副院长喻静和院学术委员会成员、科研处处长陈曦，本人所在部门马克思主义文艺理论研究所所长鲁太光等领导的支持；在具体工作流程上得到了曹贞华、胡月平、王佳、戴健、刘晓光、刘兆霖等许多同事的帮助；在一些学术场合（比如部门年终学术总结），部门同事和小年轻们的鼓励也给了我很大的信心。本课题申请结项后，鉴定专家的意见为本书的修改和质量的进一步提升提供了很大帮助。在出版环节，得到了中国文联出版社副总编辑邓友女的支持，责任编辑张超琪老师、未曾谋面的审校和版式设计老师们付出了许多辛苦。学界师友中，我和李正忠、陈飞龙、宋建林、朱辉军、胡亚敏、赵炎秋、张清民、金永兵、梁玉水、李金花等，有限地聊过我的研究计划，得到他们的诸多鼓励。张清民兄还笑喻我为学术研究"扫地僧"，倒是符合我这光头的形象，也契合我一直不在学术前沿、不参与理论热点的研究特点。本书勒口处的本人头像，为内蒙古师范大学张树天兄信手所得。2023年2月，在尊敬的陆贵山先生告别仪式上，丁国旗兄还关注我书出版情况。本书"绪论"定稿时还得到朱辉军兄的具体指导。有些章节曾与我指导的文艺学硕士研究生刘培郁、袁成浩、陈凌宇等进行过探讨，部分修改也属于教学相长的成果。不同章节还参加过不同学术研讨会，得到多位学术主持人和评议人的指导。对以上所有惠泽，我一并表示深深的谢意。饮水思源，我还要对我的学术导师涂武生（涂途）先生表示敬意。

值得一提的是，就本书自序内容，出版社副总编辑邓友女请于平先生征求黄昌勇先生意见，黄先生回复拙序"说的是事实"。在此，对黄昌勇先生之大度和于平先生之热情表示感谢！

此外，作为本课题的外围研究成果，2001—2002年两年，我有7篇文章以课题成果的名义，发表在《艺术学研究》《中外文论》《粤海风》《汉语言文学研究》《延安大学学报（哲学社会科学版）》等理论刊物上，其中一篇文章被人大复印报刊资料《文艺理论》全文转载，一篇文章获得中国文艺评论家协会第七届"啄木鸟杯"中国文艺评论年度推优入围终评作品。也借此机会，向各刊主编、学术主持人和责任编辑表示衷心感谢。

至本后记完成时，本书全部内容未曾单独发表。

最后要说的是，鉴于本研究的特点以及本人勤奋不足等主观原因，本书定存不少讹误、浅薄之处，还请方家批评指正。

期待学界的指导和交流。

是以为记。

刘永明

2023 年 4 月 7 日